Castelos de Marzipã

CIP-Brasil. Catalogação na fonte

Castelos de Marzipã / Lygia Barbiére Amaral, 1ª edição, 1ª reimpressão, Bragança Paulista, SP: Lachâtre, 2015.
384 p.
1.Espiritismo 2.Diabetes mellitus 3.Romance espírita I.Título. II.Bibliografia

CDD 133.9   CDU 133.7

Lygia Barbiére Amaral

© 2015 by Lygia Barbiére Amaral

Instituto Lachâtre
Caixa Postal 164 – cep 12.914-970 – Bragança Paulista – SP
Telefone: (11) 4063-5354
Página na internet: www.lachatre.org.br
Email: editora@lachatre.org.br

1ª edição – 1ª reimpressão – Julho de 2015
Do 3.001º ao 20.000º exemplar

Programação Visual
César França de Oliveira

Foto da Autora (Orelha)
André Vilhena e Ed Lobo

A reprodução parcial ou total desta obra, por qualquer meio, somente será permitida com a autorização por escrito da Editora
(Lei no 9.610 de 19.02.1998)

Esta edição foi impressa, em maio de 2015, pela Assahi Gráfica e Editora Ltda., de São Bernardo do Campo, SP, sendo tiradas três mil cópias em formato fechado 15,5 x 22,5cm, em papel Offset 63g/m² para o miolo e Cartão Supremo 300g/m² para a capa. O texto principal foi composto em Berkeley LT 11/13,3. A produção gráfica de capa e miolo é de César França de Oliveira.

Impresso no Brasil
Presita en Brazilo

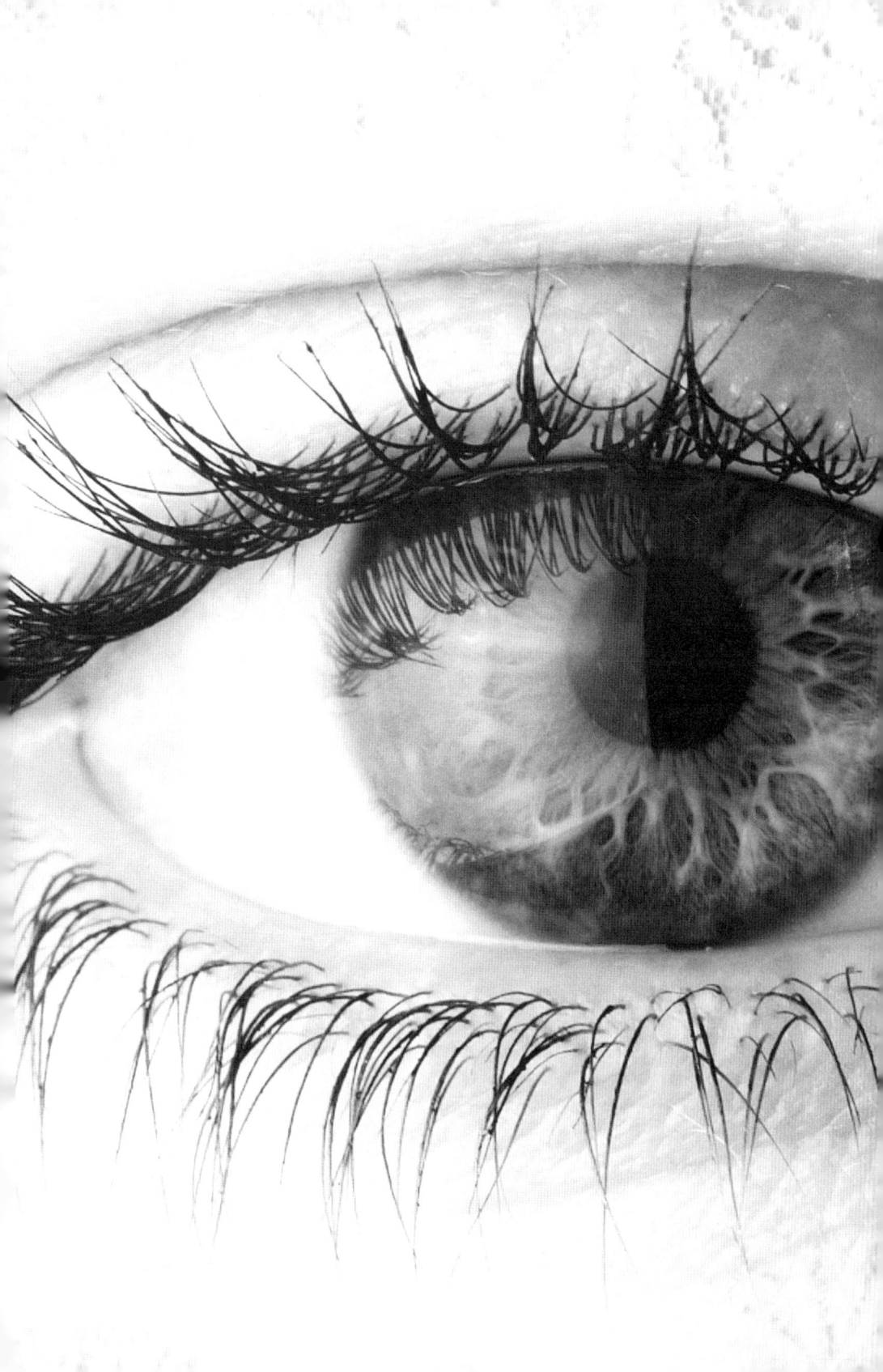

Dedicatória

Gostaria de dedicar este livro:

Ao querido e saudoso vovô Jorge, a minha dinda Dulce e também à Clarice: com eles aprendi, desde menina, como era difícil e delicado lidar com a doença do diabetes: "todo diabético é mentiroso e ladrão", dizia o vozinho, com um pedaço de goiabada escondido no bolso, para loucura da dinda e da Clarice – que, de tanto correr atrás dele, acabou ficando diabética também...

A minhas queridas filhas Alice e Sophia, musas inspiradoras e revisoras de todas as horas, que escutam capítulos, enriquecem as histórias com seus palpites e sugestões e sempre me abraçam quando me desespero, achando que não vou dar conta de chegar até o fim.

A minha amiga Marielle Costa Nobre, endocrinologista no diploma e MÉDICA com letras maiúsculas nas fichas de Deus, que ama tanto os seus pacientes que me pediu para que escrevesse este livro a fim de que pudesse ter mais um instrumento capaz de alertá-los para que vivam mais tempo; e ainda revisou cada página antes da publicação, com a Lavínia recém-nascida no colo.

A Roni Anderson Schiochet, Cristina Sugayama e Mônica Messias, a quem passei a admirar profundamente depois de ler suas biografias: eles desnudaram suas almas, sem pudores, para que tanta gente pudesse compreender o que sofre um diabético e muito enriqueceram o meu trabalho com estes seus depoimentos.

Ao meu aluno Caio Vítor, pelo desprendimento, doçura e sinceridade com que respondeu a todas as minhas muitas perguntas sobre o seu diabetes; ao meu amigo Aldo dos Santos, que tanto me ensinou com seu exemplo alegre de perseverança e resignação.

A todos os dependentes espirituais, de todas as dimensões do universo, prisioneiros das mais variadas compulsões, desde o açúcar até as drogas, todos aqueles que ainda acham que precisam buscar fora aquilo que ainda não conseguiram encontrar por dentro: que este livro possa ser força e impulso para que nunca desistam de lutar, começar de novo quantas vezes for preciso, perseverar, conquistar a disciplina que um dia vieram buscar neste mundo e consigam sair vitoriosos dessa prova.

Com todo amor,

Lygia Barbiére Amaral
fev.-set.2014

Fechei os olhos e pedi um favor ao vento: leve tudo que for desnecessário. Ando cansada de bagagens pesadas. Daqui para frente quero apenas o que couber no coração.
Cora Coralina

A mãe levou seu filho ao mahatma Gandhi e implorou:
– Por favor, mahatma, peça ao meu filho para não comer muito açúcar, pois faz mal à saúde.
Gandhi, depois de uma pausa, pediu:
– Traga seu filho daqui a duas semanas.
Duas semanas depois, ela voltou com o filho. Gandhi olhou bem fundo nos olhos do garoto e disse:
– Não coma muito açúcar, pois faz mal à saúde.
Agradecida, mas, perplexa, a mulher perguntou:
– Por que me pediu duas semanas? Podia ter dito a mesma coisa antes!
E Gandhi respondeu:
– Há duas semanas, eu estava comendo açúcar. Não posso exigir dos outros aquilo que não pratico.

Açúcar Refinado

Jonas

PARTE 1

— De um momento para outro, até o açúcar pode se tornar amargo – Babete ia mexendo com cuidado a panela quente, ao mesmo tempo em que explicava à filha. – Depois que o açúcar é colocado no fogo, nem sempre é fácil identificar o momento em que o doce está exatamente no ponto... Se, por uma mínima fração de segundos, acontecer de passar do ponto, a calda perde de uma só vez o paladar agradável, fica com um gosto horrível...

A sensação era de que eu voltava para casa. Uma alegria tão grande que parecia irradiar-se de mim. Ao mesmo tempo, a emoção era tanta que sentia vontade de chorar. Por um instante, tive mesmo a impressão saudosa de rever minha esposa ao fogão de avental, em suas lições de culinária a nossa filha querida. E pensar que, hoje, minha filhinha tão amada já é mulher feita, ensinando sua própria filha... Parecia-se tanto com a mãe a minha Babete... Fazia tanto tempo que eu não via esta cena... Com toda a certeza, minha esposa também gostaria de estar ali para presenciar aquele quadro.

Aproximei-me das duas e fiquei um tempo a observá-las, sem que elas pudessem me ver. Fênix, minha neta, também já era uma mocinha. Como eu gostaria de ter podido vê-la crescer, feito-lhe as vontades como um avô amoroso... Babete parecia mais empolgada do que nunca. Notei que, embora tentasse disfarçar, estava extremamente feliz pela presença de minha neta em sua casa, e mais ainda pela oportunidade de ensinar-lhe alguma coisa sobre cozinha. Só de olhar a cena, eu podia sentir todos os pensamentos que lhe emanavam do íntimo, dos gestos, do olhar, como se todo o seu corpo falasse por ela.

Beijei-lhe a testa, como sempre fazia quando vivíamos na mesma casa como pai e filha; beijei também minha neta com muito carinho. Babete imediatamente se emocionou, mesmo sem saber que eu estava ali. Seus olhos se encheram de água e ela, sem entender o porquê, recordou-se rapidamente de todas as vezes em que eu entrava na cozinha e a surpreendia fazendo seus doces. Seu coração bateu mais forte a este pensamento e ela se sentiu fragilizada de tantas saudades dos pais.

– Você está chorando, mãe? – a filha percebeu quando uma lágrima escorreu-lhe dos olhos.

– Não foi nada... Não sei por quê, de repente me lembrei de meus pais... Especialmente do meu pai – ela respondeu, limpando rapidamente o rosto. – Quase como se ele estivesse aqui, agora, olhando para nós... – ela imaginou, como quem conta uma bobagem que lhe passou pela mente. – Eu quase posso sentir seu perfume...

Foi preciso que eu entrasse em oração e me concentrasse muito no que tinha vindo efetivamente fazer ali. Não podia me deixar levar pela emoção. Era tão difícil vê-las sem que elas pudessem me ver... Vinha visitá-las todas as vezes que me era permitido, que não eram tantas quanto eu gostaria, justamente por não estar ainda preparado para o contato direto com encarnados tão amados. Mesmo depois de quase vinte anos de partida... Mas daquela vez, depois de muito implorar e de grande esforço para poder merecer, obtivera permissão para vir em missão de auxílio, em atendimento às preces de minha sogra.

Todas as noites, dona Zuleika orava, pedindo a Deus para que iluminasse os caminhos de sua neta, que enviasse um anjo bom que a prevenisse, que a poupasse na medida do possível dos sofrimentos que a avó antevia para seu futuro.

Efetivamente, eu fora informado de que minha querida Babete, que completaria trinta e nove anos no dia seguinte, estava prestes a iniciar um momento bastante delicado em sua vida. Elas ainda não sabiam de nada. Deus, no entanto, em sua infinita misericórdia, providencia o socorro antes mesmo do momento da prova.

Minha filha desligou o fogo e levantou a colher de maneira a verificar a consistência do doce já pronto. Maria Elisabete, ou simplesmente Babete, como todos a chamavam desde garota, era exímia cozinheira; fazia doces como ninguém. No dia a dia, porém, quem olhava para aquela empresária bem sucedida, com os dedos cheios de anéis, sempre de unhas feitas e cabelos muito perfumados, dificilmente poderia imaginá-la envolvida com este tipo de ocupação.

Fazer doces sempre fora seu *hobbie* favorito. Mais do que isto, fora a maneira que encontrara, desde menina, para esquecer-se de suas tristezas e preocupações. Se estava alegre, comemorava fazendo a torta mais saborosa que encontrasse no grosso livro de receitas que um dia pertencera a sua mãe. Se estava triste, escolhia então uma sobremesa bem sofisticada em suas revistas, de preferência a mais difícil e de preparo mais meticuloso, para depois oferecer aos amigos como se fosse o troféu da vitória sobre suas próprias emoções, sem imaginar que os sentimentos continuavam do mesmo jeito, no mesmo lugar, apenas camuflados pelos elogios que sempre vinham depois da primeira garfada ou colherada de doce. Lamentavelmente, porém, elogios não curam feridas, e eu mesmo demorei bastante tempo até conseguir compreender isso, já no mundo espiritual.

Babete não era muito diferente de mim. Não adiantava ninguém falar que aquilo não era bom, nunca adiantou, porque minha filha era extremamente teimosa. Não gostava de reprimendas, de ouvir 'nãos', sempre fizera apenas o que tinha vontade. Em parte pelos mimos que recebera como filha única, mas sobretudo por sua personalidade forte, que eu e minha esposa infelizmente não soubemos como podar. É impressionante a clareza, a simplicidade com que conseguimos enxergar nossos erros quando de volta à pátria espiritual!

O mesmo, porém, dificilmente se verifica quando ainda estamos encarnados na Terra. Como era de se esperar, em nome de sua avassaladora paixão pelos doces, Babete vivia lutando contra a balança. Não se conformava com os quilos acima do peso que gostaria de estar e, por mais que se esforçasse em dietas súbitas e radicais, não conseguia jamais eliminá-los em definitivo. Nunca fora exatamente uma jovem nem uma mulher muito obesa, embora se visse assim sempre que se olhava no espelho. Em verdade, mantinha sempre uma média de quinze a vinte quilos acima do peso ideal mostrado nas tabelas convencionais. Isso, porém, já era suficiente para incomodá-la demais.

Talvez numa tentativa de enganar a si própria, costumava atribuir o sobrepeso a "uma questão de metabolismo hereditário", já que sua mãe, de biótipo semelhante, também sempre fora um pouco mais cheinha.

– É incrível! Só de engolir um pouco mais de ar eu já engordo! Basta um brigadeirozinho para aumentar quinhentos gramas na balança! – dizia sempre, querendo justificar sua enorme dificuldade em seguir à risca os muitos regimes já iniciados, sem conseguir confessar a ninguém sua enorme dificuldade de parar, depois de comer apenas um brigadeiro. Como é comum acontecer com os etilistas com relação ao álcool, Babete era daquelas que não conseguiam sossegar enquanto não vissem o fundo da panela de doce.

Sentada à mesa, com o iPhone a menos de dez centímetros de distância das mãos, a jovem Fênix observava tudo com ar pensativo e olhos muito brilhantes. De tempos em tempos, quase como um cacoete, ela tocava no aparelho com os dedos, como a certificar-se de que ele estava ali e que não chegara nenhuma mensagem. Tinha dezenove anos – exatamente o mesmo tempo que fazia desde que eu e a avó dela partíramos da Terra, vítimas de brusco acidente de carro.

Fênix era uma menina esbelta e charmosa. Tinha mesmo o jeito dessas modelos que fotografam para revistas de moda. Mas não se dera conta ainda de sua própria beleza. Ao contrário da mãe, tinha até um certo complexo por se achar muito magra. Vendo-as agora, imaginava que o que talvez faltasse a ambas fosse uma pitada de amor próprio, a capacidade de reconhecerem e aceitarem suas qualidades e virtudes, a despeito dos defeitos que todo ser humano carrega consigo.

Embora parecesse atenta a cada gesto da mãe, Fênix tinha um olhar distante; não dava para ter certeza se sua mente participava da cena tanto quanto o corpo ali presente. "Pelo menos você teve um pai...", pensava consigo em seu silêncio. "Não sabe o quanto é horrível a gente passar a vida sem conhecer as próprias origens, sem saber o que é um abraço de pai... E ainda por cima depois de ser trocada pela mãe por um namorado qualquer..." Dava para perceber que carregava consigo um grande ressentimento e, de certa forma, eu me sentia um pouco culpado por isso.

"Sentimento de culpa só é útil para impulsionar-nos no caminho da reparação", lembrei-me então das palavras de meu mentor e procurei mais uma vez concentrar-me na tarefa que me trouxera até ali.

– Você entendeu direitinho como é que se faz? – Babete perguntou do fogão.

– Essa calda serve para qualquer pudim? – Fênix respondeu, como se voltasse de muito longe dali.

– Quase todos – respondeu a mãe, enquanto retirava agora do forno um aromático flã de laranjas. – Você prestou atenção à receita?

Fênix, porém, permanecia focada em seus próprios pensamentos. Mesmo enquanto conversavam, ela continuava distante, mal conseguia ouvir o que a mãe dizia. "E se acontecer comigo a mesma coisa que aconteceu com ela?", refletia apreensiva. "O que eu faria se estivesse no lugar dela?"

– Está tudo bem, Fênix? – Babete percebeu sua ausência.

– E aquela parte amarelinha que tem no pudim de claras? Também faz parte da calda? – a jovem fugiu do assunto, enquanto a mãe desenformava o doce.

– Aquilo é um creme à parte, que a gente faz e coloca ao redor, antes de pôr a calda. Mas isto só no pudim de claras... Você quer que eu faça um pudim de claras? – minha filha se empolgou. – Ainda não fiz todas as sobremesas que tinha planejado para amanhã e posso...

– Não precisa, mãe! – Fênix a cortou.

– Mas eu sei que você gosta, não me custa nada, é só...

– Já disse que não precisa – novamente interrompeu a mãe de maneira ríspida. – Só queria mesmo aprender como você faz esse negócio de laranjas que todo mundo adora. Mas estou achando que não vou dar conta – ela imaginou, sentindo-se incapaz.

– Que bobagem! É claro que vai, filha... No começo é assim mesmo, a gente acha tudo muito complicado. Você quer que eu explique de novo? – Babete insistiu, aproximando-se maternal.

– Não, eu não quero – Fênix fugiu de seu carinho. – Já entendi. Se resolver, eu faço.

Babete lançou-lhe um olhar interrogativo, antes de voltar ao fogão.

– Que mal lhe pergunte, por que é que de uma hora para outra você resolveu se interessar tanto por essas coisas de cozinha? Nunca foi disso... – comentou, como quem não quer nada, enquanto derramava lentamente a calda por sobre o pudim no prato.

– Ah... – desconversou a jovem, jogando nervosamente para o lado os longos cabelos escuros e cacheados. Parecia extremamente incomodada. Levantou da mesa com rapidez e já foi recolhendo tudo o que era seu: celular, canetas, estojo, o caderno onde fizera suas anotações. – Por nada.

Continuou por um tempo guardando as coisas em silêncio até sentir-se na obrigação de dar uma explicação.

– É que o Matheus talvez vá lá em casa amanhã à noite para estudar e...

– E... – incentivou a mãe.

– Nada!. Só queria fazer uma surpresa para o meu amigo. Pronto – resumiu um tanto quanto constrangida.

– Você? Fazendo um pudim para o Matheus? Vejo que está ficando mesmo sério esse seu relacionamento... – observou a mãe, ainda arrumando no prato seu pudim. – Por que ao invés disso você não traz seu namorado aqui para jantar amanhã? Estou preparando uma reunião para poucos convidados e...

"Só pode estar louca", Fênix pensou.

– Ele não é meu namorado! – protestou com rispidez.

"Não fale assim com sua mãe" – chocado, tentei intuí-la, mas ela não me deu a menor atenção.

– Como não? – insistiu Babete. – Você vai ao cinema com o Matheus, estuda com ele para as provas, vão juntos às festas e... Já faz pelos menos uns três meses que vocês estão nessa de "ficar juntos". Por que não assumem de uma vez que estão...

Fênix ficou muito brava ao ouvir isso. Sequer a deixou terminar a frase:

– Quem te disse isso? Desde quando você toma conta da minha vida? Aliás, desde quando você se importa com o que eu faço ou deixo de fazer? – respondeu agressiva.

– Fênix! – Babete assustou-se. – Não tem por que você se exaltar desse jeito! Vovó apenas comentou comigo que você tem saído com esse rapaz e...

— A vovó... Eu devia ter imaginado! – Fênix respondeu, terminando de fechar a bolsa com raiva. – Sempre a vovó...

— Não vejo nada de mais nisso, filha... Afinal de contas...

— Esquece, mãe – disse, sapecando-lhe no rosto um beijo seco de despedida, já com a bolsa a tiracolo. – Você não entende nada. Além disso, você sabe que eu não gosto de ficar trazendo ninguém aqui nesta casa... – disse, pegando uma banana na fruteira que ficava perto da porta.

— É meu aniversário, Fênix! Ficaria muito triste se você não viesse! – insistiu minha filha.

— Você quer viver com esse cara, tudo bem. Mas eu não gosto dele, não quero comemorar nada com ele! Nada! Entendeu bem? – ela sentenciou, batendo a porta atrás de si.

Mas se arrependeu logo em seguida.

— Amanhã eu ligo para a gente combinar alguma coisa – abriu de novo a porta só para dizer.

Parecia uma panela de pressão fervendo quando entrou no elevador. Tive o ímpeto de acompanhá-la para tentar acalmá-la no caminho, mas olhei para trás e percebi que minha filha precisava mais de mim naquele momento.

Babete não disse nada. Apenas abaixou a cabeça e continuou arrumando o flã como se nada tivesse acontecido. Os grandes olhos azuis, contudo, denunciavam o que de fato se passava em seu íntimo. Logo, uma torrente de lágrimas salgadas se misturava também à calda doce do pudim. Por mais que se esforçasse, ela não conseguia entender, de jeito nenhum, como sua Fênix, tão doce, havia se transformado nessa menina agressiva.

Aproximei-me com cuidado e murmurei palavras de encorajamento e consolação. Babete não conseguia ouvir o que eu dizia, mas de alguma forma absorveu minhas vibrações como pensamentos confortadores. Limpou as lágrimas, pegou no armário um pote de farinha de trigo e pôs-se a preparar a massa para as empadinhas. "Fênix sempre gostou tanto das minhas empadinhas", não pôde deixar de pensar.

Faziam já cinco anos que as duas permaneciam nesta disputa. Fênix tinha quatorze anos quando ela e Zeca decidiram morar juntos e, já de princípio, minha neta mostrara-se contrária ao relacionamento dos dois. Desde o primeiro momento em que os dois se viram, ela nunca gostou dele.

Segundo fiquei sabendo depois, foram tantas as brigas entre mãe e filha por causa disso que Fênix acabou indo morar com d. Zuleica, a avó materna de Babete, que também não simpatizava nada com o novo namorado da neta. Babete nunca se conformou com isto. Nem Fênix, tampouco. E assim, na impossibilidade de dizerem uma à outra o quanto se amavam, acabavam brigando toda vez que se encontravam.

"Afinal de contas, será que eu preciso ser crucificada por querer refazer minha vida com o homem que amo?", pensava consigo, magoada, enquanto decorava com frutas secas o seu pudim já frio. "Por que é que elas têm tanta implicância com o coitado do Zeca?"

Fênix e vó Zuleika faziam questão de insistir que Zeca só estava interessado em usufruir de seu dinheiro e de sua posição social. Mas como podiam ter tanta certeza se mal o conheciam? – Babete não podia entender. "Só porque ele trabalhava como *personal trainer* numa academia de ginástica quando os dois se conheceram? Porque vivera do subúrbio do Rio de Janeiro antes de se mudar para lá? Ou, talvez, pelos comentários de que ele já estivera envolvido com outra mulher mais velha, antes dela. Mas, afinal, o que elas queriam? Ele já tinha vinte e seis anos quando os dois se conheceram. Não era natural que um homem de vinte e seis anos tivesse tido outras namoradas antes de encontrar a pessoa com quem iria querer dividir seus dias?, pensava consigo, chorando sozinha as suas lágrimas. "E o que tem de mais ele gostar de mulheres mais velhas?", ela mesma tentava se convencer.

– Ah, as pessoas falam mais que a boca! – resmungou alto, sem querer, enquanto voltava a verificar a massa das empadinhas que deixara por alguns momentos descansando.

– Falando sozinha? – Zeca a surpreendeu de repente.

Fazia já algum tempo, havia entrado pela porta da sala sem fazer nenhum barulho. Na medida do possível, também evitava os encontros com Fênix para não se aborrecer.

– Ô, meu bem, que bom que você chegou... – ela se aproximou, desejando muito que ele a protegesse. – Às vezes me sinto tão só...

– Pessoa solitária não fala sozinha. Já dizia o poeta que "a solidão é o silêncio que a gente faz dentro de si mesmo"[1] – Zeca, porém, esquivou-se.

Babete sorriu.

– Fazia tempo que eu não te ouvia citando Mário Quintana...

Ele nada respondeu. Parecia agitado. Começou a comer uma banana, largou de lado, agora procurava uma água mais fresca na geladeira. Havia voltado há pouco da academia, as roupas e os cabelos grudados no corpo de tão suados.

– Você está estranho, nem falou direito comigo... – ela reclamou.

– Estou melado de suor – respondeu ele, enchendo o copo de água.

Babete ia dizer "não tem problema", queria apenas um abraço. Mas a essas alturas ele já estava do outro lado da cozinha.

– Mas, afinal, o que aconteceu? – perguntou, sem muito interesse, abrindo de novo a geladeira em busca de algo que ele mesmo não sabia o que era.

---

[1] *In*: Quintana, Mário. *Para viver com poesia*. Seleção e organização Márcio Vassalo. 2ª Ed. São Paulo: Globo, 2010.

Não trabalhava mais como *personal trainer*. Por sinal, agora tinha seu próprio treinador. Fiquei preocupado ao perceber que ele não estava sozinho. Duas figuras de estranho aspecto o acompanhavam, mas não puderam me ver, posto que transitavam por uma faixa vibratória bem menos elevada. Estremeci a esta constatação.

– Nada... Estava apenas me lembrando de minha mãe. Ela fazia sempre este pudim para o meu aniversário... – ela disfarçou, voltando a suas empadinhas.

De imediato, postei-me atrás de minha filha, de forma a impedir que as duas estranhas entidades pudessem envolvê-las com suas vibrações. Mas de nada adiantou o escudo que tentei criar em torno dela. O sentimento de mágoa e de tristeza de Babete eram tão grandes que em instantes abriu-se, como uma cratera, enorme buraco no escudo luminoso que eu tentara projetar sobre ela, impedindo a minha proteção.

– Sei... – o marido respondeu, indiferente, antes de virar o copo que novamente enchera de água.

Esticou os olhos para o pudim e gostou do que viu:

– Está bonito isso... – saboreou com antecedência. – Bom, acho que vou subir para tomar um banho – anunciou, sempre agitado.

Babete entristeceu mais ainda. Sentiu-se tomada por estranha fraqueza, como se toda a felicidade dela dependesse da atenção que recebia de Zeca.

Minha filha era uma mulher forte, mas acreditava-se bem mais frágil do que era; não tinha consciência de nem um décimo de suas virtudes e atributos. Dona de imenso e generoso coração, por sinal era uma mulher lindíssima na flor de seus trinta e nove anos. As feições delicadas, os cabelos lisos e volumosos, de um castanho-claro mesclado de tons dourados; seus expressivos olhos azuis, que faziam lembrar os de uma pantera. Mas parecera perder a noção de toda a sua beleza depois de nossa partida, como se no íntimo se culpasse por tudo o que aconteceu, como se alguém pudesse interferir no destino que nos fora reservado por Deus.

Auscultando-lhe os pensamentos, percebi que tinha muito medo de vir a perder o marido adorado em função de seu pequeno excesso de peso. Envolvida agora pelas energias deixadas por aquelas duas entidades, imaginava o dia em que Zeca a abandonaria por causa de outra mulher, mais jovem e de formas perfeitas. Aos poucos, foi se sentindo dominar pela imagem da mulher ideal que ela mesma criara em sua mente. Tudo porque o marido suado não a abraçara como de costume. Como estava carente a minha filha!, lamentei compungido.

Olhando de fora, eles até pareciam o casal perfeito. Eram jovens, bonitos, falantes e vistosos. Nas muitas fotos espalhadas pela casa, via-os sempre cercados de amigos, invariavelmente bem vestidos, numa vida social movimentada. Pareciam estar presentes em todos os eventos importantes e badalados da cidade em que viviam.

Já fora informado de que os ciúmes eram o grande problema da relação. Babete vivia permanentemente ameaçada pela beleza física do marido. Afinal, ela era sete anos mais velha do que ele. Assim, embora fizesse sempre questão de dizer a si mesma que não havia nada demais em um homem mais jovem se apaixonar por uma mulher de sua idade, ela mesma viva obcecada em disfarçar qualquer pequena olheira ou ruguinha que lhe aparecesse.

O que à primeira vista poderia parecer apenas um capricho, ano após ano fora tomando proporções alarmantes. A cada dia, Babete mais compulsivamente se empenhava em tentar dissolver a diferença de idade entre os dois. Fazia plásticas, regimes, tratamentos de pele, tudo o que havia de mais moderno e revolucionário em matéria de renovação celular, como se a felicidade entre os dois dependesse única e exclusivamente dessas coisas.

Fênix e minha antiga sogra, por sua vez, tinham suas razões para não gostar de Zeca. Em princípio, eu mesmo não simpatizei nada com ele. José Renato – este era seu nome de verdade – não era propriamente um mau-caráter. Mas também não era dessas pessoas batalhadoras, que se esforçam muito para conseguir as coisas na vida. Era, por assim dizer, um adepto da lei do menor esforço. Todavia, depois de tudo o que eu fizera minha filha sofrer por não aceitar seu namoro com o pai de minha neta, me sentira na obrigação de ao menos tentar entender o relacionamento dos dois.

Quando, numa das muitas conversas que tivera com meu mentor antes de vir, fora informado de que Zeca não tinha aparecido na vida de Babete por acaso e que ele era uma peça indispensável para que ela despertasse como ser espiritual, passei a me esforçar ainda mais para não julgar ou rotular o rapaz, convencido de que, com seu jeito simples, ele talvez em algum momento pudesse ajudar minha filha a colocar os pés no chão, a não viver tão preocupada com as aparências e as convenções sociais. E de que ela, uma moça culta e tão trabalhadora, de sua parte, também poderia incentivá-lo a lutar um pouco mais pelo próprio crescimento.

Mas não foi exatamente o que aconteceu na prática. Aos poucos, José Renato começou a afastar todos os antigos amigos de minha filha. Dizia que eram arrogantes e preconceituosos, possivelmente sentia-se incomodado com o grande vão cultural que parecia ficar evidente entre eles, sempre que se encontravam. Para Zeca, que fizera apenas um curso técnico de enfermagem e sequer concluíra a faculdade particular de educação física por dificuldades financeiras, embora tivesse feito questão de se declarar formado no currículo, era uma humilhação conviver com pessoas que tivessem um diploma de verdade.

Babete sabia de todos os seus segredos, mas não dividia isso com ninguém. Ao contrário, vivia insistindo com ele para que voltasse para a faculdade, que obtivesse o diploma e depois até se formasse em outra carreira, se assim achasse melhor. Ela tinha condições de oferecer isto a ele, mas Zeca, por orgulho, nunca aceitara. Em lugar disso, preferira encher a casa com seus amigos fúteis e aduladores da academia, quase todos pessoas vazias que jamais teriam a condição de enxergá-los com a profundidade e a sabedoria de um verdadeiro amigo.

O que mais me preocupava naquele momento, porém, era a presença daquelas duas entidades que pareciam contribuir para aumentar ainda mais o desequilíbrio de minha filha. Quem seriam? Por que estariam na casa ao lado de Zeca?, perguntava-me preocupado. Alguma coisa começava a me dizer que minha missão naquela casa não se resumia apenas a acompanhar minha filha no momento da prova que se aproximava. Sentia que algo de muito mais grave estava prestes a acontecer.

– Estou pensando em fazer uma lipoaspiração... – ela entrou no quarto e disse ao marido, olhando para o próprio corpo no imenso espelho que ficava diante da cama do casal. – O que você acha?

Ele tinha acabado de sair do banho.

– Eu, se fosse você, não mexia com isso agora. Não faz nem seis meses que você fez uma plástica nos seios – ele comentou, enxugando os dedos dos pés com a toalha.

"Vai sair caro", foi tudo o que consegui captar de seus pensamentos. Achei estranho.

– Mas você não acha que eu estou gorda? – ela insistiu, ainda se olhando no espelho.

– Quantas vezes vou ter que te dizer que gosto de você do jeito que é? – ele a abraçou pelas costas.

Babete sentiu um alívio no peito quando ele disse isso. Pessoalmente, contudo, não senti verdade nas palavras dele. Havia algo de errado. Olhando agora, eu não o reconhecia como o mesmo de antes, até o seu jeito de falar e vestir estavam diferentes. Tudo nele parecia acelerado. E ainda por cima a presença daquelas duas entidades. O tempo todo ele parecia agir em sintonia com elas. Agucei ainda mais minha atenção para tentar entender o que de fato estava acontecendo.

– Babete... – ele abriu de repente a pasta onde carregavam o *laptop* e tirou de lá um envelope. – Precisava que assinasse para mim alguns documentos...

– São os papéis referentes à venda daquele iate de que você me falou? – ela perguntou, escolhendo um brinco diante do espelho.

Eu deixara para minha filha uma fábrica de barcos e uma empresa de turismo marítimo, dessas que organizam passeios de escuna pelo litoral. Desde que ela e Zeca foram morar juntos, ele passara a ajudá-la na gestão de ambas. Só não imaginava que agora estivesse à frente da administração de tudo, como de súbito me pareceu. Fechei os olhos apreensivo, torcendo para que não estivesse acontecendo o que eu tivera a impressão de captar.

– Tem duas folhas em branco... – Babete observou.

– Ah! – ele disfarçou, ajeitando os cabelos no espelho. – É que eu nem tive tempo de mandar digitar ainda... – justificou.

"Não assine isso!" – gritei ao lado dela, intuindo o pior.

Babete, contudo, parecia agora imune a minhas palavras.

– Que tal estou? – ele se aproximou de maneira que ela pudesse sentir-lhe o perfume enquanto assinava.

Estava agora rodeada por aquelas entidades, que pareciam brincar de roda em volta dela, confundindo-lhe ainda mais as ideias.

– É o perfume que eu te dei? – ela se deixou seduzir, assinando rapidamente os papéis sem sequer prestar atenção ao que estava fazendo. – Tem certeza de que devemos mesmo sair esta noite com o pessoal do clube?

Saí do quarto um tanto quanto transtornado. Por alguma razão, eu não conseguia ter acesso à mente de Zeca. Era como se estivesse de alguma forma protegida, blindada por aquelas duas estranhas entidades. "Mas como", eu me perguntava, "se eu havia aprendido que espíritos inferiores não têm como esconder nada dos que se encontram num padrão vibratório superior?" Uma raiva muito forte começou a tomar conta de mim. Sentia-me indignado. Foi neste momento que percebi que os dois espíritos obscuros me observavam agora lá do fundo o corredor. Só então compreendi que meus sentimentos haviam feito com que se igualassem os nossos padrões. Imediatamente tentei elevar os pensamentos, de maneira a desaparecer do campo de visão da sinistra dupla. Contudo, meu medo foi maior.

– Onde pensa que vai, pateta? – fui de repente surpreendido pela voz de um terceiro a meu lado.

Minha filha acordou de madrugada com o aparelho celular, cujo toque era uma música alta e barulhenta. Despertei subitamente junto com ela. José Renato não estava no quarto.

– Não chegou até agora? Como assim, vovó? – ela verificou as horas no antigo rádio-relógio que ficava ao lado da cama. – São quase cinco horas da manhã! A senhora tem certeza de que ela disse que iria para casa quando saísse daqui? Será que não foi dormir na casa de alguma colega e a senhora esqueceu?

Eu assistia a tudo sem poder fazer nada. Sequer compreendia como tinha ido parar de novo lá dentro do quarto. Havia sido aprisionado pela entidades trevosas dentro de uma espécie de jaula fluídica. Além disso, eles haviam como que paralisado todo o meu corpo, de forma que eu mal conseguia me mover. Era como se eu tivesse ingerido algum tipo de calmante, cujo efeito ainda não cessara por completo. O que teriam feito comigo? Não conseguia me lembrar de nada depois do momento em que fora surpreendido por aquela entidade assustadora.

Babete chorava compulsivamente quando Zeca entrou no quarto. Estava todo arrumado, parecia ter acabado de chegar da rua.

– Onde você estava? – ela perguntou num soluço.

– Estava sem sono, resolvi dar uma volta para comprar um pão – ele respondeu sem encará-la nos olhos.

– Um pão? A esta hora? – estranhou minha filha.

– É. Estava com vontade – ele respondeu, tirando os sapatos.

– E cadê o pão? – ela quis saber.

– Estava tudo fechado, não encontrei.

– Que coisa... – ela respondeu confusa.

Contou-lhe então sobre o telefonema que acabara de receber da avó.

– Calma, não deve ter acontecido nada demais... Notícia ruim chega rápido, se...

– E não chegou, Zeca? Você acha normal a minha avó telefonar para cá às cinco horas da madrugada procurando pela Fênix? Pegue o catálogo! Precisamos ligar para as delegacias, para todos os hospitais!

O desespero dela me deixava também em estado de grande aflição, mas quanto mais eu me agitava interiormente, mais paralisado ficava. "Meu Deus! Eu fui enviado para ajudar! Por que está acontecendo tudo isto comigo? Alguém me ajude, por misericórdia!", pensei. Só então lembrei-me de orar. Aos poucos, a mente foi como que desanuviando, as ideias foram ficando mais claras, consegui mexer meu corpo naturalmente. "Os que se encontram afinados, por se manterem entre si num plano de perfeita sintonia de pensamentos, podem dispor, à vontade, do processo de conversação mental, independentemente de qualquer distância", lembrei-me do que ouvira em uma das aulas a que assistira no mundo espiritual.

Concentrei-me então em fervorosa oração ao Pai e, enquanto explicava, em pensamentos, a dolorosa e desagradável situação em que me encontrava, implorei o auxílio de meu amigos no plano espiritual, pedindo que não me desamparassem naquela hora difícil, que eu conseguisse concretizar ao menos a tarefa que me trouxera até ali. Instantes depois, eu ainda me sentia envolvido pela força de minhas próprias palavras, quando uma luz muito forte brilhou diante de mim e nela reconheci a figura de Augustus, meu mentor na espiritualidade.

– Graças a Deus, você veio! – exclamei agradecido.

– De certa forma, estive aqui o tempo todo. Ou imaginou que estaria sozinho logo em sua primeira tarefa? – ele sorriu bondoso. – Estava apenas aguardando que me chamasse.

– Mas como? – eu não conseguia entender. – Por que então deixou que eles me aprisionassem? Por que não fez nada para impedir? Tenho a impressão de que me doparam!

– Você deixou que eles o aprisionassem. Descobrir como agir numa situação dessas também faz parte do aprendizado. Por que demorou tanto a se lembrar da prece? – questionou o mentor.

Abaixei a cabeça envergonhado. Percebia agora que meus braços e pernas estavam como que formigando; pouco a pouco eu começava a reassumir o controle de meus movimentos.

– Tem razão...– concordei.

A jaula havia sumido completamente. Do outro lado do quarto, as três entidades trevosas pareciam ocupadas discutindo alguma coisa e nada repararam. De novo tive a sensação de que elas não me viam. Mas não tinha certeza se isso era real ou apenas uma impressão de minha mente.

– Como pode? – perguntei cismado.

– A única coisa capaz de nos manter aprisionados é o pensamento. Você é um pássaro preso quando prende as suas qualidades. Seja otimista. Por mais escura seja a noite, sempre haverá a fatalidade de um novo amanhecer! – Augustus respondeu.

Compreendi o que ele estava dizendo. Meus pensamentos de raiva e indignação haviam permitido que eu me ligasse àquelas entidades, abrindo brechas para que tudo aquilo acontecesse. Exatamente como tinha sucedido a minha filha, no momento em que eu tentara protegê-la na cozinha. Do outro lado do quarto, as entidades continuavam a discutir.

– E se ele se tornasse nosso aliado? – ouvi quando um deles sugeriu e percebi que estavam falando de mim.

– Procure não se fixar tanto neles. Alinhe seus pensamentos – recomendou Augustus.

– Onde ele foi? Como conseguiu sair daqui? – um deles percebeu minha ausência.

Os três começaram a procurar pelo quarto, dizendo palavras sujas.

– Me ajude – pedi humildemente, com medo de acabar me entregando sem querer. – Preciso descobrir onde está minha neta, mas não me sinto mais seguro o suficiente para prosseguir na tarefa sozinho – admiti. – Será que consigo sair daqui sem que eles me vejam?

– Não deixe que um momento de descuido abale toda a sua segurança. Jamais asile sentimentos de medo em seu coração. Tenha sempre a certeza de que só está aqui porque tem condições para isso! De qualquer forma, continuarei com você – enfatizou o mentor. – Venha comigo – ele convidou.

Em instantes, nos transportamos para uma praia deserta. Fênix estava sentada rente ao mar, bem próxima a imenso paredão de pedras. Notei que estava de mãos dadas com um rapaz. De tempos em tempos uma onda vinha e molhava-lhes a ponta dos pés. "Será que eu conto?", ela se perguntava, com o coração disparado, olhando para o mar. "Conversamos a noite inteira sobre a minha relação com a minha mãe e até agora não consegui dizer o que precisava... Ai, meu Deus, será que eu conto?"

O dia amanhecia. Os primeiros barcos de pescadores começavam a atracar com suas redes carregadas de peixes, enquanto garças se juntavam em ruidosa euforia em torno dos barcos, prontas a buscar sua parte na pesca daquele dia.

– Em que você está pensando agora? – o rapaz perguntou.

– Nada... – ela não teve coragem de dizer o que queria. – Adoro ver quando eles chegam... – comentou simplesmente, olhando para os pescadores puxando a embarcação.

– É incrível morar numa cidade onde a gente ainda pode ver uma cena como esta, você não acha? – ele observou. – É por isso que eu escolhi a oceanografia... Adoro tudo o que está ligado ao mar...

Só de chegar perto, podíamos perceber o que se passava na mente de ambos. Matheus cursava o primeiro ano de faculdade, mas já tinha claro na mente o futuro que queria para si. Fênix, por sua vez, não tinha certeza ainda do que queria fazer. Tentara medicina no ano anterior, mas não conseguira ser aprovada. Agora fazia cursinho e pensava em tentar vestibular para psicologia, mas ainda não estava certa se era isto mesmo o que queria.

– Fico na dúvida se estou querendo fazer psicologia só para resolver meus próprios problemas – ela confessou, em meio a muitas divagações.

– Acho que na hora certa você vai saber... O mais importante é que se prepare bem para fazer as provas – tornou ele. – Hoje à tarde eu vou lá na casa de sua avó para estudar mais um pouco com você.

Os dois haviam estudado juntos na escola e Matheus agora a estava ajudando a estudar de novo para as provas.

– Dona Zuleika está esperando você para o jantar... – ela de novo parecia longe, enquanto falava. – Quer saber? Se minha avó não fosse ficar tão brava, eu até comprava um peixe para levar para casa! – ela comentou. – Não é maravilhoso a gente chegar em casa de manhã cedo, com um peixe fresquinho debaixo do braço?

Não parecia nem um pouco preocupada. Tive vontade de me aproximar e ralhar com ela por sua irresponsabilidade, mas Augustus me deteve a tempo:

– Não estamos aqui para interferir no livre-arbítrio dos encarnados, nem para lhes chamar a atenção. Na condição em que nos encontramos, cabe-nos observar, entender as razões de cada um sem julgá-los e, na medida do possível, inspirar-lhes boas resoluções – esclareceu.

– Você sempre fala "minha avó"... Afinal de contas, até hoje eu não entendi. Ela é sua avó ou sua bisavó? – perguntou Matheus, olhando as ondas que batiam nas pedras.

– Ah, é minha bisavó, mas de tanto ouvir a minha mãe chamá-la de vó, eu acabei me acostumando... Na verdade, ela é a coisa mais querida, mais valiosa que eu tenho nesta vida... – disse Fênix com ternura.

– Ela não parece gostar muito de mim... – ele observou.

– Impressão sua. É o jeito dela mesmo. Minha avó é super fechada, mas aos poucos ela vai se abrindo... Não acabei de dizer que ela está te esperando para o jantar? Você vai ver... Qualquer dia desses vai estar fazendo biscoitos de polvilho especialmente para você... É que, embora tenha anos que a gente se conheça, faz pouco tempo que você começou a ir lá em casa – explicou Fênix.

– Tem certeza de que ela não vai acordar de repente e se assustar quando perceber que você não dormiu em casa? – o rapaz preocupou-se.

– Que nada! Minha avó dorme igual a uma pedra. Só preciso chegar lá antes das sete, porque todos os dias, às sete em ponto, ela levanta para ir buscar pão na padaria. Isto é sagrado! – Fênix lembrou divertida. – E seus pais? Não reclamam quando você chega tarde em casa?

– Cedo, você quer dizer... – corrigiu Matheus. – Na verdade eles não estão em casa... Viajaram ontem à noite para a serra, devem ficar lá até domingo... Nós temos uma casa lá e os dois resolveram tirar alguns dias de folga para cuidar de umas obras que precisavam fazer por lá... Esses negócios de infiltração, sabe?

– A noite passou tão depressa que eu nem percebi. Que horas a gente chegou aqui? – Fênix tentou recapitular.

– Acho que umas oito... Já eram uma sete horas quando você me ligou... – disse Matheus.

– E você nem se importou em passar a noite toda aqui conversando comigo... – ela observou.

– Fiquei porque estava a fim, ora essa! É importante para mim o que você sente! – ele disse, fazendo um carinho na mão dela.

– Obrigada – Fênix respondeu com os olhos cheios d'água.

Ficava sempre muito emocionada quando alguém se preocupava com ela. Permaneceram os dois em silêncio por um tempo, observando o trabalho dos pescadores separando os peixes.

– E você não tem medo de dormir sozinho no apartamento quando seus pais não estão? – Fênix perguntou de repente.

– Preferia que você pudesse ir comigo para lá, mas tenho medo que o porteiro comente qualquer coisa com meus pais... – disse ele.

– Não, eu não perguntei por isso! – Fênix corou levemente. – É que eu tenho pavor de ficar sozinha numa casa!

Ele a beijou.

– Bobinha! Eu é que queria poder ir para a casa da sua avó para te proteger de todos os seus medos!

De novo ela abaixou a cabeça envergonhada. Ficava tímida sempre que não sabia o que dizer.

– Acho que nós estamos andando depressa demais... – ela disse por fim. – Tenho muito medo de me apaixonar de verdade por você e depois...

– Pois fique sabendo que eu já estou apaixonado por você! – de novo ele a beijou.

– Acho que esta foi a noite mais linda que eu já passei em toda a minha vida – ela disse baixinho.

– Mais do que aquela tarde em que roubamos a escuna lá da empresa da sua mãe e fomos até a ilha? – ele lembrou romântico.

– Ah... Todas as vezes que a gente ficou junto foram muito especiais... – de novo ela ficou envergonhada.

– Isso já está passando dos limites! Eles roubaram uma escuna! Passaram uma tarde sozinhos em uma ilha! – protestei chocado. – Onde vai parar tudo isso? Precisamos interferir! Ela é apenas uma criança!

– Calma...Você sabe que eles não roubaram de verdade. Apenas pegaram emprestado – corrigiu Augustus. – De mais a mais, sua neta não é mais uma criança. Vai me dizer que você nunca se apaixonou, que nunca fez loucuras quando tinha a idade deles?

– É perigoso! É muito perigoso! Imagine se... – comecei a argumentar.

Augustus, porém, nem deixou que eu terminasse meu raciocínio:

– Lembre-se de que não cai uma folha de uma árvore sem o conhecimento de Deus.

– Mas eles precisam dar notícias! A avó está muito preocupada, a mãe está apreensiva! – eu não podia me conformar.

– Cada um é responsável pelo resultado das próprias escolhas – observou Augustus. – Veja, eles já estão indo embora...

De fato, pouco tempo depois Fênix descia de um táxi na frente do edifício em que morava com a avó e encontrava um verdadeiro circo montado. Babete tinha trazido um carro de polícia; estava agora cercada por vários policiais mostrando uma foto da filha, enquanto dona Zuleika, de camisola, chorava ao lado do porteiro, observada por alguns vizinhos que tinham o costume de caminhar de manhã cedo.

– Segue viagem! – disse Fênix, fechando depressa a porta do táxi.

– Tem certeza? – Matheus ainda perguntou lá de dentro.

– Some! Vai embora rápido! – Fênix saiu correndo em direção ao prédio, enquanto o motorista arrancava com o carro.

– Fênix! Aonde você estava até uma hora dessas? – Babete estava até ofegante de tão ansiosa.

Zeca também estava lá. Fênix olhou para ele de longe, mas não o cumprimentou.

– Tá tudo bem, mãe. O que é que aconteceu aqui? – embora fosse ela a errada, mal conseguia conter sua irritação.

– Fênix! – a avó a abraçou chorosa. – Desse jeito você mata sua vó!

– Eu não falei que estava tudo bem? – disse Zeca, aproximando-se de Babete.

Novamente estava acompanhado por duas entidades, mas o pior de todos não parecia estar ali.

– Onde você estava, minha filha? – insistiu dona Zuleika.

– Ah, vó, sabe o que foi? Eu fui estudar na casa da Elisa, minha amiga, e acabei ficando por lá, de tão cansada quando a gente acabou. Daí, de repente, quando eram mais ou menos umas cinco horas, eu abri os olhos e pensei: Meu Deus, eu esqueci de avisar para a minha avó! Daí, como era muito tarde, achei melhor pegar um táxi e vir correndo para casa, antes que a senhora acordasse! – ela explicou desajeitada.

– Ela está mentindo! – observei decepcionado.

– Sem julgar, para inspirar-lhes boas resoluções – enfatizou Augustus.

Babete também percebeu que ela estava mentindo, mas não disse nada. Ao invés disso, tratou de despachar os policiais.

– Não era a Elisa que estava no táxi, era? – insinuou Zeca, com certa ironia velada.

Fênix respirou fundo, olhou para ele com muita raiva, chegou a abrir a boca, disposta a dizer-lhe um monte de verdades.

"Você não está em condições de discutir com ninguém", Augustus sugeriu a seu lado. Ela sentiu sua sugestão e obedeceu, mesmo sem ter consciência de onde vinha aquele pensamento.

– Sinto muito – respondeu apenas. – Vem vó, vamos subir... Se eu soubesse que a senhora ia ficar neste estado, juro que nem tinha saído... – abraçou dona Zuleika e foi andando com ela em direção ao interior do prédio, deixando Zeca para trás.

– Eu já estou velha, Fênix... Não aguento mais um susto desses... – dona Zuleika, frágil, se deixou acolher.

Nem se lembraram de se despedir de Babete, muito menos que já fosse aniversário dela. Depois que elas entraram, minha filha ainda ficou um tempo parada diante do prédio, com um olhar muito triste. Os policiais já tinham ido embora.

– Vem, vamos para casa – Zeca a resgatou.

Augustus observava toda a cena ponderadamente. Seu olhar parecia ao mesmo tempo atento e desconfiado, era como se visse mais alguma coisa que eu não conseguia identificar.

– Vamos subir – disse por fim. – Precisamos checar alguns detalhes.

Não entendi nada, mas obedeci. Começava a perceber que eu estava ali como mero aprendiz e não ainda como o espírito protetor que eu gostaria de ser e que imaginava que fosse.

Encontramos Fênix saindo do banheiro, já pronta para dormir. Disfarçadamente, ela carregava nas mãos uma caixa de comprimidos.

– São pílulas do dia seguinte! – li seus pensamentos e constatei estarrecido.

Com um olhar apenas, porém, Augustus me convidou à oração, enquanto ele se aproximava de Fênix, de maneira a envolvê-la em suas vibrações. "Você não precisa fazer isto", disse-lhe em pensamentos. "Vai se arrepender muito, se fizer".

Ela retirou da caixa a cartela com o comprimido e ficou olhando por um tempo, sem coragem de retirá-lo dali. As palavras de Augustus pareciam ecoar em sua mente, enquanto o mentor aplicava-lhe passes calmantes.

– Você não vai à aula, minha filha? – dona Zuleika veio da cozinha perguntando.

Fênix guardou depressa a caixa na gaveta.

– Ah, vovó... Nem dormi direito esta noite; também estou com um pouco de cólicas... – ela explicou, já entrando na cama.

– Então descansa, filha... Mas não vai ficar faltando toda hora porque isso não é bom – a avó a cobriu com carinho.

Fênix ficou olhando para o rosto enrugado da avó e se emocionou.

– Vó, desculpa... Não queria ter feito isso com a senhora... Prometo que eu vou tentar ser mais responsável da próxima vez... – reconheceu.

– Tudo bem, filha, está desculpada – dona Zuleika, sempre um pouco trêmula, por causa da idade, terminou de cobri-la e em seguida curvou-se para dar-lhe um beijinho. – Mas não vai fazer mais isso, hein? Durma com Deus!

O dia começava a clarear; o próprio quarto, mesmo com as janelas fechadas, não estava mais tão escuro. Fênix sentiu muita vontade de chorar. "E agora, meu Deus, o que é que eu faço?", se perguntou, sentindo as lágrimas molharem seu travesseiro.

Novamente Augustus se aproximou e mais uma vez a envolveu em passes de reconforto que aos poucos iam dissolvendo as formas escuras que pareciam emanar de seus pensamentos. Em instantes, ela dormia.

– Será que ela não está se sentindo assim por estar prestes a entrar naqueles dias? – perguntei. – Ainda há pouco ela disse que estava com cólicas.

Lembrava-me de que Babete sempre ficava emocionalmente muito abalada quando atravessava esse período.

– Ao que tudo indica, vai ter apenas uma pequena hemorragia, mas vai ficar tudo bem – garantiu Augustus, ainda concentrado em sua tarefa.

O tempo todo ele parecia dirigir sua energia para a região do útero da menina. Só depois que o passe fluídico terminou tive coragem de perguntar:

– Como assim ela vai ter uma pequena hemorragia? É alguma coisa séria? – eu continuava preocupado.

– Na verdade sua neta está grávida. Mas não se preocupe. Este tipo de hemorragia é comum de acontecer logo no início. Muitas mulheres até pensam que não estão grávidas por causa disso.

– Grávida? – eu mal podia conter meu assombro. – Meu Deus! Mas isso não estava previsto! Ou será que estava? – indaguei confuso.

Até então imaginava ter vindo apenas para amparar minha filha, atendendo às preces de minha sogra. Mas tantas coisas estavam acontecendo ao mesmo tempo que eu já nem sabia se estava à altura de proteger as duas como até então me julgava capaz. Até porque me sentia muito cansado, necessitado do alimento espiritual que costumava absorver no contato amistoso com os companheiros da colônia, através do amor e do entendimento recíprocos. Interessante que, na colônia, atravessava dias seguidos de muito serviço, sem alimentação comum, no treinamento de elevação a que muitos de nós se consagravam. E então bastava-me a presença dos amigos, as manifestações de afeto, a absorção de elementos puros contidos no ar e na água. Ali, contudo, a psicosfera era bem diferente, mais parecia um vasto campo de batalhas energéticas entre os encarnados.

– Não seria melhor se viesse outro espírito para ajudar? – pela primeira vez cogitei. – Talvez eu ainda não esteja preparado como imaginava antes de pedir para vir!

Só agora eu compreendia o motivo pelo qual as equipes do mundo espiritual haviam protelado tanto para aprovar meu pedido, me obrigado a passar tanto tempo entre trabalhos e cursos. Augustus sorriu bondoso. Seu sorriso era quase como um abraço apertado, de tão confortador. Era como se ele me compreendesse em minhas mais íntimas fraquezas, sem, contudo, jamais me condenar por nada – o que aumentava ainda mais a minha vergonha diante de sua grandeza e iluminação.

– Não se preocupe. Você necessita desta experiência, mas a espiritualidade não descuida um só minuto das necessidades de todos os nossos tutelados, sejam eles encarnados ou desencarnados – ele esclareceu.

– Quer dizer então que já tem outro espírito vindo para me substituir? – deduzi apressado.

– Quero dizer que existe já toda uma equipe escolhida e preparada para fazer parte de nossa missão de auxílio. E que você é parte integrante e muito importante nesta equipe – Augustus complementou.

Fiquei contente, mas ao mesmo tempo não pude deixar de sentir certa apreensão. Começava a perceber que o trabalho da espiritualidade é muito mais complexo de que poderíamos supor quando encarnado ou mesmo nos primeiros tempos em que voltamos ao mundo espiritual, imaginando que só por termos mudado de plano, automaticamente já estamos aptos a interceder por nossos entes queridos. Em meu íntimo, começava a me dar conta também do quanto fora prepotente em minha última existência, do quanto ainda carregava traços tão fortes desta característica dentro de mim. Sem a proteção do invólucro material e em contato com o antigo meio em que vivíamos, parece que temos noção mais exata de nossas imperfeições, que se mostram naturalmente sem que tenhamos como escondê-las de nós mesmos. É grande a responsabilidade exigida de um espírito em um momento como aquele.

Enquanto eu refletia sobre tudo isto, Augustus continuava examinando minha neta. Quase caí para trás quando ele me informou:

– Parece que a situação é um pouco mais delicada do que imaginávamos... Um dos espíritos do grupo dos trevosos que perseguem seu genro parece estar de alguma forma ligado ao feto que sua neta está gestando...

– Como assim? – perguntei assustado. – Por que essa ligação?

– É o que nós agora vamos ter de descobrir – disse Augustus.

Naquela manhã, Babete acordou cercada de buquês de rosas vermelhas e pétalas espalhadas por todo o quarto. Já passava das onze da manhã. Com o susto que levara com o suposto sumiço de Fênix de madrugada, acabara se esquecendo até de que era seu aniversário. Zeca, porém, não esquecera. Já havia deixado encomendadas cinco dúzias de rosas, que foram entregues no apartamento antes das oito da manhã. Ao lado do travesseiro, embrulhada para presente de maneira especial, a maior de todas as surpresas:

– Bombons de marzipã! Não acredito! – exclamou Babete, retirando da caixa, com cuidado, um delicado confeito em forma de rosa.

De longe reconheci a etiqueta da loja de São Paulo, de onde provavelmente Zeca mandara vir os bombons, uma antiga confeitaria especializada em guloseimas exóticas. Eu mesmo descobrira essa loja, muitos anos atrás. Encontrava-me em viagem de negócios, quando minha esposa Marlene, ainda grávida de Babete, sentira um súbito desejo de comer os deliciosos docinhos de *marzapane* que experimentáramos durante nossa lua de mel na Itália.

É, na verdade, um doce preparado a partir de uma pasta feita de amêndoas moídas, açúcar e clara de ovos, e que pode ser moldada nos mais diversos formatos. Tamanho era o desejo de Marlene na ocasião, que virei São Paulo inteira até encontrar a confeitaria que preparava os bombons por encomenda. Só então eu ficaria sabendo que a tal pasta é de origem árabe e que também é extremamente apreciada na Dinamarca, onde é ingrediente de metade das sobremesas tradicionais do país. Dizem, por sinal, que o marzipã é levado tão a sério por lá que existe uma lei que determina que sua receita contenha, no mínimo sessenta por cento de amêndoas em sua constituição.² Doces lembranças dos tempos em que eu vivia na Terra...

— E pensar que tem gente que compara isso com pasta americana... — disse Babete, saboreando com deleite sua primeira mordida. — A diferença está no sabor, na textura, na cor! — ela exclamou, abocanhando mais um pedacinho.

O fato é que Babete era louca por marzipã desde que veio ao mundo. A cada aniversário seu, como uma demonstração de amor e de gratidão por minha esposa, eu mandava vir uma caixa de São Paulo. Tinha posses para isso. Logo que começou a dar seus primeiros passos, Babete logo se encantou por eles. Passei então a encomendar duas caixas ao invés de uma. Pouco antes de meu desencarne, descobri que havia até uma confeitaria que importava bombons recheados de marzipã diretamente de Salzburg, na Áustria. Chamavam-se Mozartkugeln e cheguei a encomendá-los algumas vezes para elas. Era uma alegria ver Babete se deleitando com aqueles doces, quase um símbolo dos áureos tempos em que eu fora próspero na Terra, em todos os sentidos. Um sentimento nostálgico que eu revivia agora graças ao gesto inesperado de meu genro...

— Ah, meu pai... Você não tem ideia do quanto me lembro do senhor cada vez que como estes bombons... Saudades dos tempos em que eu me sentia como se fosse a princesa de seu castelo de marzipã... — minha filha também se comoveu, compartilhando-me os pensamentos, como se pudesse de alguma forma sentir minha presença a seu lado.

Imediatamente entrei em prece, buscando o reequilíbrio. Não era meu objetivo contribuir para desestabilizá-la naquele dia. Babete ainda passou algum tempo olhando para os bombons dentro da caixa, como se cada qual guardasse um pedaço de seu passado, antes de abrir o cartão que o marido deixara ao lado da caixa.

"Nada convém que se repita... Só em linguagem amorosa agrada, a mesma coisa cem mil vezes dita" — Mário Quintana,³ estava escrito no alto. "Então, para que não se esqueça, mais uma vez eu digo: Você enche a minha vida de alegria e perfume! Parabéns pelo aniversário! Todo amor, Zeca", vinha logo abaixo.

Babete suspirou satisfeita ao ler; das coisas que ela mais gostava no marido era aquela sua mania de viver citando poesia. Deixou-se de novo cair sobre seus muitos travesseiros macios, na cama cheia de edredons, apesar do calor de quase quarenta graus lá fora. O ar condicionado fazia com que se sentisse como num país da Europa, uma autêntica dinamarquesa saboreando seus bombons. Sentou-se de novo na cama, atraída pelo cheiro que vinha da caixa,

---
² Cf. informações contidas no site: testadoprovadoeaprovado.blogspot.com/.../marzipa-caseiro.html e também no site KVALI FOOD, onde seu autor ensina várias receitas tradicionais da Dinamarca.
³ In: Quintana, Mário. *Para viver com poesia*. Seleção e organização Márcio Vassalo. 2ª Ed. São Paulo: Globo, 2010.

e saboreou mais um. Em seguida, ainda de boca cheia, tomou nas mãos um dos buquês e aproximou-o do rosto, de maneira a aspirar o perfume.

– Que lindo... – suspirou apaixonada. – E pensar que alguém ainda tem a coragem de reclamar do Zeca... – pensou, lembrando-se da filha e da avó.

Só então ela se deu conta de que nenhuma das duas havia sequer se lembrado que era seu aniversário naquela tumultuada madrugada e voltou a ficar triste.

– Ainda bem que eu tenho o Zeca – disse, apertando uma rosa por entre os dedos.

De tão aberta, a flor se desfolhou por inteiro. Parecia até um sinal.

Apesar do aparente romantismo, havia algo de artificial em toda aquela extravagância. Eu não conseguia ainda, porém, entender os verdadeiros sentimentos daquele rapaz com relação a minha filha. Lembrei-me então dos papéis e vistoriei rapidamente o quarto com o olhar. Não estavam mais lá. Algo me dizia que não havia uma boa intenção por trás daquelas folhas em branco, e nem mesmo das flores e dos marzipãs.

Babete levantou da cama e foi até a penteadeira que um dia fora de sua mãe. Sentou-se na banqueta e ficou por alguns instantes olhando para o nosso retrato. Era uma foto muito antiga, tirada na praia no dia em que ficaríamos noivos. Eu e minha esposa Marlene estávamos muito felizes nesse dia. Babete apertou a foto contra o peito e começou a chorar.

Me aproximei comovido e beijei-lhe os cabelos com muito carinho:

– Filha, não estou tão longe quanto você imagina... – disse-lhe num abraço apertado.

Babete, porém, ao invés de se sentir confortada, chorou ainda mais. Olhei para Augustus desesperado, tentando entender o que acontecia.

– Afaste-se – o mentor pediu delicadamente. – Quando misturadas às dela, suas lembranças e sentimentos de saudade e nostalgia tendem a nocauteá-la emocionalmente. – Sugiro que vá dar uma volta na praia, que procure se fortalecer junto às forças da natureza de forma a repor suas energias, enquanto trabalho no refazimento dela.

De fato, minha filha parecia bem melhor quando voltei ao apartamento naquela noite. A casa, enfeitada de rosas por todos os lados, estava cheia de amigos que tinham vindo prestar sua homenagem à aniversariante, até Fênix pensara melhor e decidira vir ver a mãe. Tanta gente que a empregada e os garçons especialmente contratados não estavam conseguindo dar conta de todos os detalhes necessários.

Babete estava na cozinha arrumando uma bandeja de canapés com sua amiga Cris, a única que lhe restara de seu antigo círculo. Estava contente com a visita desta amiga que durante muitos anos se mantivera afastada, desde antes de ela se juntar a Zeca. Notei que ela tinha uma energia diferente dos outros convidados. Era como se uma tênue luz a envolvesse.

Segundo me relatara Augustus, tinha sido para minha filha uma surpresa muito grande quando Cris telefonara naquela tarde. Babete mal conseguira conter sua alegria quando a amiga aceitara seu convite para a festa daquela noite. Embora tivesse muito tempo que não se viam, as duas conversavam como se nenhum dia houvesse se passado desde a última vez em que se encontraram.

– Espere... – refleti de repente. – Você tem alguma coisa a ver com isso? Foi você quem fez com que ela se lembrasse do aniversário de minha filha, não foi? – indaguei ao mentor.

Ele, contudo, nada respondeu. Fênix estava vindo em direção à cozinha e ele me pareceu preocupado. Minha neta se lembrava bastante da presença de "tia Cris" em sua casa nos tempos em que ainda era criança, nunca tinha entendido por que sumira de repente. Queria participar da conversa das duas, mas sem querer acabou ouvindo o que não devia:

– E o Marcelo, nunca mais te ligou? – Cris estava perguntando a Babete justo no momento em que ela chegava ao corredor de entrada da cozinha.

Fênix parou imediatamente onde estava. Sabia que Marcelo era seu pai. Aliás, a única coisa que ela sabia sobre ele era que seu nome era Marcelo. Com o coração disparado, entrou depressa no vão atrás da porta da cozinha e ficou ali escondida, esperando pela resposta da mãe.

– Ah, Cris... Nem acredito que se lembre mais do meu aniversário... Já faz tanto tempo... A última vez que ele me ligou foi antes de eu conhecer o Zeca... Parece até que ele sentiu que eu estava com alguém e sumiu de vez – respondeu Babete, ainda arrumando os canapés na bandeja.

– Não seria melhor se nós tentássemos alertar as duas da proximidade de Fênix? – eu me preocupei.

– Deixe – foi tudo o que o mentor respondeu.

Logo veio um garçom para buscar a bandeja. Entrou e saiu sem perceber Fênix atrás da porta. As duas amigas esperaram que ele se afastasse para continuar a conversa:

– Você nunca, em nenhum momento, pensou em contar para ele sobre a Fênix? – questionou Cris.

– De maneira alguma – respondeu Babete, esticando-se para pegar mais uma bandeja no alto do armário. – No mínimo, a família dele iria questionar, iriam exigir um exame de DNA! Já pensou? – ela ironizou, voltando com a bandeja.

– E o que tem isso demais? – argumentou Cris.

– Imagine se eu iria fazer a minha filha passar por um constrangimento desses... – tirou do forno um tabuleiro de salgados e passou a arrumá-los na bandeja que acabara de pegar. – Experimenta que delícia! – convidou, oferecendo o tabuleiro à amiga.

– Não, obrigada – disse Cris. – Há anos que eu me tornei diabética, não posso comer nada dessas coisas que tem aqui, embora me lembre bem de como eram deliciosas todas as receitas que você preparava – ela comentou.

– É mesmo, tinha me esquecido... Desculpe, não tem nada que eu possa te oferecer? – Babete perguntou constrangida.

– Não se preocupe, eu jantei antes de vir para cá. Sabe, demorei um pouco para me conscientizar, mas hoje levo super a sério a minha dieta e todos os cuidados relativos à doença – respondeu Cris bem humorada.

– Foi por isso que você sumiu um tempão, não foi? – lembrou Babete, pegando agora os guardanapos para colocar no canto da bandeja. – Nossa, mas é complicada a vida de um diabético. Todos os que conheci até hoje vivem sabotando a dieta...

– No começo era muito difícil frequentar a casa das pessoas, dizer que não podia comer o que me ofereciam, como estou fazendo agora. Precisei realmente me afastar de quase todo mundo até me acostumar como o novo estilo de vida a que fui obrigada a adotar. O problema não eram as pessoas, nem a dieta, era eu mesma que ficava com vergonha de dizer que não podia comer... Mas, graças a Deus, tudo isso passou e agora está tudo sob controle. Garanto a você que levo uma vida normal e, se duvidar, até mais saudável do que a de qualquer pessoa comum! Deixa eu te ajudar a servir! – ela tomou nas mãos a bandeja e já foi se encaminhando para a sala, sem aparentar qualquer problema.

Babete aproveitou para pegar uma jarra com gelo e foi atrás dela. As duas passaram conversando animadas pelo corredor sem notar Fênix. Ela chorava em silêncio atrás da porta. Augustus se aproximou e, vibrando em pensamentos, procurou reconfortá-la. "Sua mãe agiu dessa forma porque achava que assim estava fazendo o melhor por você. Ela só queria protegê--la", sugeriu-lhe.

Na sala, enquanto isso, cercado por um grupo de amigos, Zeca falava sobre suas insatisfações com relação à cidade:

– Este lugar é muito devagar... Já repararam como tudo demora a acontecer por aqui? Até os filmes demoram a chegar no cinema! E quando chegam, dificilmente agradam a Babete. Sinceramente, fico aborrecido quando minha esposa lê sobre um filme que está estreando no Rio ou em São Paulo e precisamos esperar que chegue na locadora para poder assistir!

– Gente, como ele é fofo! – observou Cris, achando lindo o jeito como ele parecia se importar com a amiga.

Babete também gostou do comentário. Colocou a jarra de gelo no meio da mesinha que ficava no centro e correu a segurar na mão dele, toda orgulhosa. Ao vê-los juntos, mesmo tendo acabado de simpatizar com Zeca, Cris teve uma sensação ruim. Mas não disse nada.

– Não gostei dela! – comentou uma das entidades que sempre acompanhava Zeca, encarando-a com certo despeito. – Não é das nossas!

– Uma cidade grande tem muito mais opções culturais! – concordou um dos convidados. – Sem falar na variedade de restaurantes! Sabe que fui outro dia a São Paulo e levei minha esposa para comer em um restaurante finlandês?

– É por isso que eu tenho pensado em levar Babete para o Rio. É outra vida! – comentou Zeca.

Babete levou um susto. O marido nunca havia comentado nada sobre isso com ela. Lançou um olhar para Cris, que, contudo, agora parecia estranha. Talvez não estivesse se sentindo muito bem, Babete teve esta impressão. Pensou em ir até a amiga, mas o marido a deteve, influenciado pela outra entidade a seu lado.

– Você ouviu o que eu disse, mozinho? – ele a segurou pela cintura, impedindo-a de passar.

Senti náuseas só de ouvi-lo se referir a minha filha deste jeito, mas procurei me concentrar na oração.

– Ouvi. Você está mesmo falando sério? – ela se voltou incrédula.

– Ah, eu queria te fazer uma surpresa, mas acabei falando sem querer... – ele a segurou num abraço a sua frente.

"Será que isso tem alguma coisa a ver com aqueles papéis?", me perguntei. "Ou será que está simplesmente mentindo?", de súbito me ocorreu.

– Como assim me levar para o Rio? – Babete perguntou, gostando da ideia.

Olhou de novo para checar como estava a amiga, mas ela tinha voltado para a cozinha.

– Estive vendo os preços de alguns apartamentos, entregamos sempre muitos pedidos de barcos para lá. Quem sabe não é o momento de ampliarmos a fábrica?

Babete estava estupefata, mal podia acreditar no que ouvia. Jamais imaginara que o marido estivesse tão empenhado nos negócios. De tão vaidosa, nem percebeu os olhares estranhos que ele parecia trocar com um sujeito da roda enquanto falava, um tal de Luquinha. Havia certa cumplicidade entre os dois. Notei que o tal sujeito também estava cercado por entidades trevosas de aspecto semelhante às que acompanhavam meu genro. Preocupei-me ainda mais com isso.

Foi preciso que Augustus me chamasse a atenção para que eu desviasse um pouco o pensamento. Estava muito assustado com o que via; percebia agora que a casa estava repleta desse tipo de espíritos, que agiam como se participassem de uma festa à parte, sendo que dois deles, os mesmos que sempre acompanhavam meu genro, pareciam agora espreitar cada canto da casa. Tive a sensação de que estavam a minha procura e senti um calafrio ao vê-los.

– Mude a sua sintonia. Fênix não está bem – o mentor alertou-me. – Vou buscar ajuda – disse.

– Espere, eu... – ele já não estava mais lá.

De novo eu estava sozinho no meio daquelas sinistras entidades. "Fênix!", senti como se o mentor me dissesse em pensamentos. Olhei em direção à cozinha e percebi que minha neta estava muito pálida, encostada agora à parede da sala. Ao que tudo indicava, ela também tinha ouvido os comentários da roda de amigos de Zeca e Babete.

– Está tudo bem? – Cris se aproximou.

– E o Maracanã, então? – na roda, outro amigo comentou. – Meu sonho era assistir a um jogo no Maracanã!

– Sabem que eu estava pensando justamente nisto? Estou querendo ver o preço do camarote; quem sabe a gente faz um rateio e vamos todos do nosso grupo assistir a uma final de campeonato? – Zeca sugeriu, enchendo de bebida os copos dos amigos. Luquinha neste momento dirigiu-lhe um olhar cúmplice que, num primeiro momento, não entendi.

– Eu acho uma ótima ideia! – disse um deles.

– Eu sugiro um brinde! – disse outro.

Minha neta, ouvindo isso, encostou suas duas mãos na parede. A visão ficou turva e de repente ela começou a ver tudo rodar. Tentei aplicar-lhe um passe revigorante, mas não houve tempo.

– Fênix! – gritou Cris.

– Ela vai desmaiar! – constatei.

Nem bem eu acabei de falar, ela caiu estatelada no chão. O barulho chamou a atenção de todos. Babete veio correndo em seu auxílio.

– Será que ela bebeu? – alguém perguntou.

– Minha filha não bebe! – respondeu Babete, verificando-lhe os pulsos. – Ela está gelada!

– Vamos chamar uma ambulância – sugeriu Cris.

Neste exato momento, tocou a campainha. Zeca foi atender e não entendeu de imediato quem era ao abrir a porta.

– Boa noite! – disse o rapaz. – Eu sou o Matheus.

Para meu alívio, notei que estava acompanhado de Augustus.

– A avó de Fênix me disse que ela estava aqui e... Será que eu poderia falar com ela rapidinho?

4

Saí do apartamento. Não estava mais suportando ver tudo aquilo sem poder fazer nada, sentia-me sufocado. Afinal de contas, eram a minha filha e a minha neta! Como eu poderia assistir impassível a tudo o que estava acontecendo sem interferir no livre-arbítrio de ambas? Era quase impossível me conformar!

Sentei-me numa praia que ficava ali perto, a mesma onde eu fora me reabastecer de forças naquela tarde, e fiquei por alguns instantes sob uma amendoeira, tentando me concentrar no movimento das ondas do mar. Queria muito desvincular-me daquelas impressões, sabia que tudo aquilo me era prejudicial. Ao mesmo tempo, envergonhava-me por conservar ainda pensamentos tão possessivos em torno de meus entes queridos. Era como se, no íntimo, eu considerasse ainda minha filha e minha neta como minhas propriedades pessoais. Foi quando voltaram-me à mente as lições que aprendera na espiritualidade.

"A hipertrofia do sentimento é mal comum de quase todos nós, há tanto tempo prisioneiros da condição exclusivista. Em família, isolamo-nos frequentemente no cadinho do sangue e esquecemos o resto das obrigações, solidários apenas com os nossos",[4] aprendera nas aulas de estudo sobre a obra de André Luiz, uma das cadeiras indispensáveis do curso de preparação que eu fizera no mundo espiritual.

É interessante como uma vez em contato com o mundo material até mesmo os conceitos que pareciam mais solidamente assimilados por nossas mentes caem por terra ao simples contato com aqueles que amamos. Por que será que é tão difícil auxiliar nossos entes queridos?

---

[4] Frase de André Luiz no livro *Nosso lar*, cap. 23. Brasília: FEB, 1944.

"Observe a si mesmo, a fim de perceber com clareza se você se sente realmente preparado para manter a precisa serenidade, esperar com fé e agir de acordo com os preceitos divinos ao se deparar com as provas por que estejam passando aqueles que lhe são mais caros ao coração", alertara-me o mentor quando eu pedira para vir. Na verdade, é preciso admitir, eu não pedira simplesmente: eu havia implorado por aquela chance!

"Não devemos esquecer que somos criaturas falíveis", destacara o colaborador do Ministério da Comunicação antes de entregar-me a resposta de que meu pedido fora aceito pelos órgãos competentes, encarregados de avaliar a oportunidade e o merecimento exigidos para cada tarefa solicitada. "Criatura alguma auxiliará com justiça, experimentando desequilíbrios do sentimento e do raciocínio. Por isso é tão indispensável a preparação conveniente, antes de novos contatos com os parentes terrenos. Lembre-se de que a esmagadora porcentagem de encarnados não alcançou, ainda, nem mesmo o domínio próprio e vive às tontas, nos altos e baixos das flutuações de ordem material. Você se considera pronto para lidar com esta realidade?"[5]

Arrependia-me agora amargamente pelo momento em que dissera que sim. Por que será que tudo parecia tão diferente, tão mais simples e fácil quando analisávamos as questões à distância, envoltos no clima de harmonia das esferas espirituais de estudo e aprendizado?

– É o mesmo que acontece com aqueles que decidem reencarnar – Augustus me surpreendeu, surgindo de repente a meu lado. – O grande desafio consiste justamente em conseguir agir no mundo físico com a mesma lucidez de propósitos que experimentamos na dimensão espiritual, de forma a confirmar o aprendizado consolidado.

– Faz muito tempo que você está aqui? O que aconteceu com minha neta? Quem a socorreu? – perguntei apreensivo.

– Está tudo sob controle. Ao que me parece, você é quem agora inspira cuidados. O que exatamente o deixou tão desequilibrado?

Fiquei por alguns instantes olhando o mar antes de criar coragem para responder:

– Não consigo aceitar... Não acho justo isto! Como a espiritualidade pode permitir que uma menina tão jovem e despreparada como minha neta fique grávida aos dezenove anos? – desabafei por fim. – Ela não tem estrutura sequer para cuidar dela mesma!

Augustus manteve o silêncio por alguns instantes, sem, contudo, tirar os olhos de mim, inteiramente atento ao que eu ainda tinha a dizer. Incrível como ele sempre sabia quando eu ainda tinha algo a dizer. Até quando eu mesmo não tinha exata consciência do que guardava dentro de mim.

---
[5] Alerta de Lísias a André no mesmo capítulo citado do livro *Nosso lar*.

– O que precisamente o incomoda? – perguntou.
Parei para refletir.
– Não era isso o que eu desejava para ela... – deixei escapar.
– Assim como também não era isso o que desejava para sua filha, quando sua neta veio ao mundo... – lembrou Augustus.
Abaixei os olhos envergonhado. Eu tinha reagido de forma extremamente colérica e desequilibrada ao descobrir sobre a gravidez de Maria Elisabete. Proibira-a de voltar a encontrar-se com o rapaz, chegara mesmo ao ponto de dizer que me envergonhava de ser seu pai por causa disso. Para meu desespero, no entanto, por uma fatalidade, acabara desencarnando antes mesmo de esfriar a cabeça e pedir-lhe desculpas, o que até hoje pesava em minha consciência. Por misericórdia divina, não era eu quem estava dirigindo; estávamos eu e Marlene a bordo de um táxi sob intensa chuva, o veículo derrapou de repente no meio do trânsito, desencarnamos os dois de imediato, só o motorista permaneceu com vida. Se fosse eu quem estivesse ao volante iria me sentir ainda mais culpado. Afinal, além de não ajudar em absolutamente nada, minha atitude causara danos psíquicos profundos tanto em minha neta que estava sendo gestada, quanto em minha filha, que acabou escondendo a gravidez do companheiro só para honrar minha vontade.
– No entanto, depois de se adaptar ao mundo espiritual, foram-lhe dadas todas as perspectivas para que compreendesse melhor as razões do ocorrido... – lembrou Augustus.
– Sim, compreendi que Fênix precisava ter vindo. Aliás, sem ela não sei como minha filha teria sobrevivido ao choque de nossa súbita partida. Babete agarrou-se à nenezinha como sua grande motivação para continuar sua trajetória na Terra, modificou-se muito para atender aos pré-requisitos da tarefa de mãe. Durante quinze anos, por sinal, Fênix foi a luz e a força de Babete... – reconheci. – Tanto que eu hoje a amo como a joia mais preciosa de nossa família, o presente mais raro que Deus poderia ter nos mandado – me emocionei. – Por isso não...
– E quem lhe garante que não amará também este espírito que agora se prepara para vir, do mesmo jeito como hoje ama sua neta? Não terá ele uma tarefa tão importante como a que trouxe Fênix à Terra? – questionou Augustus.
– Uma criança, neste momento, só vai atrapalhar a vida dela! A menina ainda nem entrou para a faculdade! – resisti.
– Uma coisa é certa: não cai uma única folha de uma árvore sem que seja do conhecimento de Deus – Augustus mais uma vez repetiu a frase com que sempre desmontava todos os meus argumentos.

— Então quer dizer que isso foi planejado com antecedência no mundo espiritual? Não posso crer! — protestei.

— Nem tudo o que acontece é planejado milimetricamente no mundo espiritual, como muitos imaginam. Existem alguns fatos que fazem parte da nossa programação reencarnatória, mas a sua concretização no mundo físico não é uma coisa rígida. Vai depender do merecimento da pessoa, do aproveitamento que estiver sendo feito da oportunidade, do bem que estiver espalhando em torno de si; em suma: do conjunto de todos os seus comportamentos no dia a dia, que tanto poderão apressar os acontecimentos previamente programados, quanto adiá-los ao máximo ou mesmo suprimi-los da existência do ser encarnado. Como sabiamente disse o apóstolo Pedro...

— ... "um ato de amor cobre uma multidão de pecados" — eu imediatamente me lembrei e completei a frase.[6]

Sentia-me vencido. Voltei a fixar minha atenção nas ondas do mar que arrebentavam na praia sob o céu límpido e estrelado.

— Quer dizer então que a minha neta não tinha nenhum merecimento? — deduzi entristecido.

— Não necessariamente. E quem lhe garante que não aconteceu justamente o contrário? Por ação da misericórdia divina, sua neta pode ter tido sua prova antecipada como um meio de fazê-la repensar suas atitudes, de trazê-la para um caminho melhor do que naturalmente tenderia a seguir se isto não acontecesse — esclareceu Augustus.

— Esta criança será então um bem para ela? — aventei.

— Toda prova traz consigo sempre muitas lições e também muitas possibilidades de evolução espiritual. Mas, sobretudo, devemos ter em mente que quando uma prova chega à vida de uma pessoa é porque tudo já foi exaustivamente analisado pela espiritualidade e concluiu-se que o encarnado dispunha de todas as condições para superá-la — garantiu Augustus.

Sentindo-me um pouco mais conformado depois daquela conversa, voltei com Augustus para a festa no apartamento de Babete. Fênix saía do banheiro reanimada e, acima de tudo, feliz com a constatação que imaginava ter acabado de fazer ao perceber sua roupa íntima manchada por uma gotinha de sangue. Além disso, sentia muitas cólicas.

— Tem certeza de que está tudo bem? — Matheus foi logo perguntando.

Ele a esperava ansioso no corredor, ao lado de Cris e Babete.

— Coisas de mulher, não se preocupe — respondeu Fênix.

No calor da confusão, nem perceberam que dois dos convidados de Zeca, que também pareciam aguardar os acontecimentos no corredor, entraram no banheiro de maneira um tanto quanto suspeita. E não entraram

---

[6] Conforme a primeira epístola de Pedro (I Pedro 4,8).

sozinhos: havia várias entidades trevosas junto com eles. Encarnados e desencarnados pareciam tomados por uma afobação fora do comum. Augustus era o único que permanecia atento ao que se passava. Eu mesmo só tinha olhos para minha neta.

– Acabei nem te oferecendo nada até agora – constatou Babete constrangida, dirigindo-se a Matheus. – Você aceita alguma coisa para beber? Não quer experimentar uns salgadinhos?

– Não senhora – ele respondeu envergonhado. – Eu jantei antes de vir para cá. Só vim mesmo porque precisava muito falar com a Fênix...

Cris cutucou a amiga discretamente.

– Ah! Então vocês fiquem à vontade. – Babete entendeu. – Vou verificar se deixei alguma comida no forno. Se precisarem de qualquer coisa é só chamar... Está tudo bem, filha?

Fênix fez um sinal afirmativo com a cabeça e as duas saíram a cochichar qualquer coisa baixinho, deixando o casal sozinho no corredor. No caminho ainda cruzaram com Zeca, que também vinha em direção ao banheiro. Havia algo de estranho no ar, mas não consegui identificar o que fosse. Como sempre, ele andava acompanhado daquelas duas entidades escuras, que agora pareciam sempre à espreita de alguma coisa, como se no íntimo tivessem a certeza de que eu estava por ali, embora não me enxergassem. Foi preciso me concentrar muito para não sair da sintonia no momento em que passaram por nós.

– Até agora não entendi como é que foi que você veio parar aqui – Fênix comentou com Matheus, um pouco sem jeito.

– Na verdade eu tinha uma coisa muito importante para falar com você – ele voltou a enfatizar. – Quer dizer, aconteceu uma coisa que eu precisava falar com você... Então fiquei esperando dar a hora que a gente tinha marcado de estudar e...

– Mas eu te mandei uma mensagem avisando que não ia poder estudar hoje – observou Fênix.– Você não recebeu?

– Recebi. Só que eu achei que você ia estar em casa, não imaginei que tivesse resolvido vir na festa da sua mãe. Então fui até a casa da sua avó e...

– A minha avó é muito louca mesmo! Imagine! Mandar você aqui! – indignou-se Fênix.

De tão envolvidos na conversa, nem perceberam quando Zeca entrou também discretamente no banheiro, sem que os outros dois tivessem saído.

– O que está acontecendo lá dentro? – perguntei desconfiado.

Augustus, no entanto, apenas fez sinal para que eu silenciasse e continuamos os dois no corredor. Não entendia por que não entrávamos logo no banheiro para verificar o que estava acontecendo.

— Você não gostou que eu tivesse vindo? – perguntou Matheus, tocando as mãos de minha neta num carinho.

— Aqui não! – protestei sem pensar.

— Aqui não! – Fênix puxou depressa a mão, repetindo minhas palavras.

— Minha mãe! – ela esticou o olhar em direção ao corredor por onde Babete havia seguido.

Fiquei assustado. Não imaginava que ela pudesse captar tão bem meus pensamentos. Augustus me olhou de maneira a me advertir. Compreendi de imediato e procurei entrar em prece. Não seria nada agradável me ver frente a frente com aquelas entidades de novo.

— Sua mãe parece tão legal, não entendo por que...

— Afinal o que é que você tinha de tão importante para me dizer? – Fênix mudou propositalmente de assunto.

Matheus respirou fundo.

— É que...

Neste momento, Zeca e os amigos saíram todos juntos do banheiro conversando alto e passaram por eles. Estavam agora cercados por um número muito maior de entidades, que faziam mais barulho do que eles, embora os encarnados não pudessem escutar.

— E aí, Fênix! Sabe que hoje você está muito bonita? – ele disse ao passar por minha neta.

Fênix estremeceu com o elogio. Sentiu-se arrepiar da cabeça aos pés. Não posso negar que, apesar de todo o meu esforço em vibrar diferente, também fiquei indignado ao perceber sua vibração. Zeca parecia mais animado e falante do que de costume, havia algo nele que me incomodava.

— Diga a ela para não responder – pediu Augustus, novamente mudando o foco de minha atenção.

— Eu? – estranhei.

— Sim. Agora mesmo você conseguiu! – incentivou-me o mentor.

Entendi que estava sendo mais uma vez testado. Imediatamente obedeci e, para minha surpresa, ela fez conforme eu havia pedido. Apenas abaixou a cabeça e disse:

— Muito obrigada. Agora, se me dá licença – puxou rapidamente Matheus em direção à varanda.

— Espere aí! Não vai nem me apresentar ao seu amigo? – Zeca, que parecia completamente influenciado pelas entidades que o cercavam, continuou a insistir no intuito de provocá-la.

— Não dê ouvidos. Siga em frente – disse a minha neta com firmeza.

— Você está pálida... Tem certeza de que está tudo bem? – estranhou Matheus.

— Não sei... Talvez seja uma virose. Não entendo o que está acontecendo, estou sentindo muito mal-estar...

— Acho melhor a gente ir até o hospital — sugeriu Matheus. — Eu vim hoje com o carro da minha mãe, num instante te levo lá.

Fênix não se opôs, não disse que sim, nem não. Sua pressão estava muito baixa, tinha a sensação de que estava prestes a desmaiar de novo. Rapidamente Matheus explicou tudo a Babete e comprometeu-se de ligar assim que tivessem algum diagnóstico.

— Tem certeza de que não querem que eu vá junto? — Maria Elisabete ainda insistiu, enquanto os dois esperavam o elevador..

— Não precisa, mãe. Deve ser só uma virose que eu peguei. É seu aniversário, não ficaria bem você sair e deixar todos os seus convidados — Fênix argumentou, sentindo-se cada vez mais tonta.

Cris até pensou em se oferecer para ajudar, mas imaginou que os dois estivessem querendo ficar sozinhos e ficou quieta. Seguimos junto com eles. Minha neta tinha os lábios roxos no momento em que entrou na sala da médica de plantão para ser examinada. Por coincidência, era uma ginecologista.

Constrangido, Matheus apoiou Fênix até deitá-la na maca que havia na sala e foi esperar do lado de fora.

— Realmente a sua pressão está muito baixa, vou precisar colocá-la um pouquinho no soro... — avaliou a doutora, depois de medir sua pressão, fazendo um sinal para a enfermeira que estava na sala.

— Vai doer? Mas o que é que eu tenho? Não é só uma tonteira por causa da menstruação? — Fênix estava ansiosa.

A médica continuou apalpando tecnicamente seu corpo sem nada dizer por alguns momentos, que para Fênix pareceram uma eternidade.

— Pode ser que eu esteja enganada, mas estou achando que você está grávida — a doutora disse por fim, auscultando-lhe o ventre, enquanto a enfermeira pegava os apetrechos para furar seu braço e colocá-la no soro.

— Não é possível! Eu acabei de ficar menstruada! — protestou Fênix.

— O que ocorre é que muitas mulheres têm sangramentos no início da gravidez que podem se parecer muito com uma menstruação normal. Esse tipo de sangramento é conhecido como sangramento de escape ou *spotting*. O sangramento também pode ocorrer quando o óvulo fertilizado se implanta na parede do útero, um processo que se inicia seis dias depois da fertilização... O sangramento de implantação ou nidação, porém, costuma ser bem mais leve que uma menstruação normal, durante um ou dois dias — explicou a médica. — Há quantos dias você teve a sua última relação?

— Tem mais ou menos umas três semanas... — Fênix respondeu, muito envergonhada. — Na verdade não foi a última, foi a primeira...

— Por isso é importante confirmarmos com alguns exames. Eu vou fazer o pedido para você — a médica respondeu sem dar muita atenção ao seu comentário.

— Mas eu estou com cólicas! — Fênix voltou a argumentar. — Ai! — ela protestou com a picada da agulha.

— Os primeiros sintomas da gravidez também podem ser muito parecidos com os da menstruação, até com um pouco de cólica — continuou a médica, já escrevendo a prescrição. — Apenas uma pergunta... Você se preveniu de alguma forma?

— Não — admitiu Fênix.

Quase uma hora depois, quando ela finalmente deixou a sala da emergência, Matheus já tinha roído quase todas as unhas de preocupação.

— Está tudo bem? Você melhorou? O que a médica falou? — ele a bombardeou de perguntas enquanto caminhavam até o carro.

— Nada de mais. Parece que é mesmo uma virose — Fênix mentiu, ainda sem saber o que fazer diante daquela suspeita.

— Você precisa que eu pare em uma farmácia para comprar algum medicamento? — ele perguntou, gentil, antes de dar a partida, percebendo a receita dobrada que ela apertava nas mãos.

— Não, não... Isso é só o pedido de alguns exames... Por causa da virose — fez questão de arrematar. — Mas o que é que você tinha de tão importante para me contar quando eu comecei a passar mal na varanda? Até agora você não me disse!

Matheus parou novamente o carro para responder.

— Por que ele está estacionando? — não compreendi de imediato.

Augustus, porém, não respondeu.

— Meus pais me ligaram hoje, parece que eles conversaram com alguns amigos e agora estão querendo que eu vá fazer um intercâmbio no Canadá. Eu estou muito confuso, não sei se eu quero ir... — ele por fim desabafou. — O que você acha?

Fênix gelou. O que diria?, pensou desnorteada.

5

— Caramba! Tudo isso?!!! – Zeca se assustou a tomar nas mãos a conta da vidraçaria.

Ele e Babete tinham ido buscar alguns quadros que ela mandara emoldurar. Minha filha estava tão encantada com a beleza das molduras escolhidas que fizera questão de levar o marido com ela para que desfrutassem juntos do maravilhoso impacto de ver suas pinturas "com cara de telas de artistas de verdade". Por mais bonitas que fossem, porém, as molduras não tinham o poder de modificar a essência do que fora ali retratado, constatei com um olhar de triste compaixão. Eram muito escuros, muito tristes os seus quadros! Pareciam mais o esboço de uma grande confusão mental.

Pelo olhar de meu genro, percebi que ele pensava a mesma coisa. Ainda assim, fez o possível para elogiar os quadros de forma a não decepcionar minha filha. Fiquei sem ação. Não sabia avaliar de imediato se ele estava fazendo o que era correto. O que seria pior? Feri-la em seus sentimentos ou deixar que se imaginasse algo que não era?, perguntava-me em silêncio, enquanto um funcionário da loja ajudava a colocar os quadros na mala do carro.

— Uma grande artista! – Zeca fez questão de repetir várias vezes enquanto dirigia.

— Você acha então que eu deveria mesmo abandonar minhas funções na empresa para me dedicar única e exclusivamente aos quadros? – ela se empolgou, olhando atentamente para o único quadro que fizera questão de trazer nas mãos desembrulhado.

Era o menorzinho de todos. Formado por borrões de diversas cores, uma composição estranha, nada harmoniosa. Mas Babete parecia ver naquela tela algo que retratava uma parte de si mesma e não conseguia parar de olhá-lo.

— Você gostou deste? – quis confirmar com o marido, sem tirar os olhos da pintura diante de si. – Sinceramente, eu adorei esta moldura! – ela suspirou.

— Ficou muito bonito – respondeu Zeca, sem sequer olhar para o lado. – Por que você não pendura no escritório?

— É, estava mesmo pensando em fazer isso... Na verdade, estou na dúvida entre este e alguns outros que eu terminei semana passada... Você nem viu... Queria tanto que me desse sua opinião...

O carro parou diante de uma casa luxuosa, uma espécie de salão de beleza muito requintado, onde minha filha tinha hora marcada com uma esteticista e uma podóloga.

— Nossa, esqueci a chave de casa! – Babete constatou no momento em que descia do carro.

Costumava usar as chaves penduradas para o lado de fora da bolsa numa espécie de mosquetão feminino, mas, ao trocar de bolsa naquela manhã, acabara deixando o chaveiro para trás.

— Não tem problema – disse Zeca. – Você não disse que vai para a empresa quando sair daí? Eu também vou estar lá, voltamos juntos para casa. No final do dia, aproveito para ir com você no ateliê para ver os quadros novos – ele resolveu.

Era relativamente recente este novo *hobbie* de Babete. Da última vez em que a visitara, o apartamento estava cheio de quadros, desses em tamanho gigantesco. Só não imaginava que tivesse agora seu próprio ateliê. Pela conversa, descobri que se tratava na verdade de uma salinha com varanda, nos fundos da empresa, onde ela agora guardava seus quadros e também pintava em seus momentos de folga. Pelo que me lembrava, era uma sala bem pequena, com grandes janelas de vidro e vista para o mar. Um local bem pitoresco, por sinal. Outrora eu o utilizava para reuniões com clientes.

— Então tudo bem. Já estou atrasada! Nos encontramos na empresa – ela concordou, descendo do carro. – Pode deixar que, quando eu terminar aqui, eu como qualquer coisa e vou para lá de táxi.

Os dois se despediram e ele arrancou com o carro. Agora, pelo que eu estava percebendo, era praticamente só ele quem dirigia o carro de Babete. Por que minha filha se prestava a esse papel?, me perguntava sem conseguir entender. Ela, que sempre quisera ser uma mulher independente, agora sendo levada pelo marido para todo lado... Ao menos, não tinha comprado um carro para ele com o dinheiro dela, pensei, tentando controlar minha indignação. De qualquer maneira, achei melhor ir junto com Zeca. Estava mesmo querendo verificar sobre aqueles papéis. Mal virou a esquina, porém, ele mudou completamente o itinerário, seguindo em direção oposta à da empresa.

— Para onde estará indo? – perguntei sem entender.

– Prepare-se. Procure manter-se firme na oração, pois o dia hoje nos reserva muitas surpresas. A equipe de socorro já nos aguarda no local para onde ele está indo – avisou Augustus, surgindo mais uma vez a meu lado.

– Então está lá a equipe? – perguntei surpreso, lembrando de quando Augustus me dissera que eu era apenas um dos integrantes de toda uma equipe escalada para cuidar do caso.

Eu tinha ficado bastante assustado com aquela advertência. Andava mesmo bastante desconfiado de meu genro, mas não imaginava que fosse séria a este ponto a situação.

Tempos depois, Zeca estacionava diante de uma casa abandonada situada em uma região erma e distante da cidade.

– Convém tomarmos muito cuidado. A casa toda encontra-se guardada por sentinelas do grupo de espíritos que se instalou no local. Aqui é uma espécie de quartel general deles, toda atenção é pouca para não entrarmos em sua faixa de sintonia – advertiu-nos Isaura, uma das integrantes da equipe de socorro enviada por nossa colônia que logo veio nos receber.

Eu estava cada vez mais chocado, mal sabia o que dizer. Afinal, que lugar era aquele? O que significaria tudo aquilo?

– Mantenha a calma – pediu Augustus. – Seu genro embrenhou-se em negócios escusos, mas, como ainda é iniciante no grupo, são grandes as possibilidades de conseguirmos socorrê-lo a tempo.

Talvez por um excesso de ingenuidade de minha parte, eu sequer conseguia compreender direito o que meus amigos diziam. O que estaria acontecendo, afinal? Seria meu genro um bandido?

Por precaução, Augustus achou melhor que permanecêssemos na guarita de socorro invisível montada por nossos companheiros da colônia. De lá pude ver quando Zeca subiu as escadas chamando por seu amigo Luquinha..

– Tem alguma coisa a ver com drogas? – deduzi de repente.

– Sim. Ao que conseguimos descobrir, faz cerca de dois meses que Zeca inadvertidamente se ligou a este grupo – informou-me o companheiro encarregado da vigilância. – Mas a principal questão não é esta, e sim o que eles estão planejando fazer. Seu genro não tem noção da cilada em que está prestes a se meter.

– Como assim? – não entendi.

Estava tão chocado emocionalmente que, se estivesse encarnado, acho que teria tido um ataque cardíaco ao tomar posse de todas aquelas informações.

– Contenha sua ansiedade – aconselhou-me a outra companheira que se encontrava no local. – Pense que nenhum filho, por mais transviado que se encontre, jamais escapa do olhar vigilante e misericordioso do Pai. Não estamos aqui para julgar e nem para condenar ninguém, mas apenas para auxiliar os que no momento quiserem ser auxiliados. Não nos esqueçamos de que todos, sem exceção, viemos de um passado de erros, mas estamos predestinados à luz.

Pelo olhar que me dirigiu, Augustus parecia concordar com ela em gênero, número e grau. Percebi então que havia um homem armado, uma espécie de segurança encarnado, guardando a entrada da casa. De novo me assustei:

– Meu Deus! Mas tudo isto é muito sério! Até que ponto Zeca está envolvido com esta quadrilha?

Neste momento, Zeca e Luquinha chegaram a uma varanda na parte alta da casa, onde pareciam conversar sobre algo muito importante. Percebi que Luquinha usava tênis e roupas de ginástica. Lembrei-me de imediato da academia que meu genro e minha filha frequentavam – ela, bem menos do que ele. Ao que fora informado, na festa de minha filha praticamente só havia pessoas da academia e o tal Luquinha estava lá. Seria ele também um *personal trainer*? O mesmo que treinava o meu genro? Haveria alguma ligação entre a academia de ginástica e toda aquela tramoia? Estava claro para mim que Babete corria sério perigo, cuja extensão eu mal conseguia avaliar por enquanto. Nós precisávamos fazer algo para ajudar! Mas o quê? – as perguntas se sucediam sem parar em minha mente.

– Esta será uma batalha que competirá aos encarnados vencerem. Nós, porém, nos limitaremos a protegê-los, vigiando e orando fervorosamente – novamente fui advertido pelos companheiros da colônia e procurei concentrar-me em oração, de maneira a elevar os pensamentos.

Zeca e Luquinha estavam agora diante de imenso mapa aberto. Como não estivéssemos sujeitos aos limites da visão material, podíamos enxergar tudo nitidamente de onde estávamos, quase como se o papel em que fora impresso o mapa fosse de plástico transparente.

– A mercadoria vai ser entregue aqui dentro de poucos dias – disse Luquinha, apontando para um ponto marcado no mapa.

Era uma outra cidade litorânea, conhecida por sua extensa zona portuária, em cujas proximidades estavam instaladas várias plataformas de petróleo; um local por onde circulava muito dinheiro.

Sem imaginar que pudesse estar sendo observado, Luquinha foi detalhando todo o plano da quadrilha passo a passo. Era uma carga muito grande que estava sendo esperada. Deveria ser usada para abastecer algumas poucas cidades da região, com que Luquinha já havia se comprometido, mas o grosso precisava ser enviado para o exterior, onde a droga também já estava negociada. O mais curioso era que toda a carga deveria ser escondida dentro de um carregamento de aparelhos de ginástica que Zeca deveria receber como se fossem equipamentos por ele mesmo encomendados para a abertura de uma nova academia. Ele tinha nas mãos documentos falsos, comprovando tudo, os papéis haviam sido reconhecidos em cartório com a assinatura de minha filha!

– Compreenda bem a chance que estou te dando... – destacou Luquinha. – Você está entrando no negócio como sócio. Não é qualquer um que entra assim de cara, já ganhando em cima. Só estou fazendo isto porque sou seu camarada e algo me diz que você tem habilidade para a coisa... Mas preste atenção: a grana não pode atrasar!

– Eu sei, eu sei... Já estou com praticamente tudo providenciado – respondeu Zeca.

– Então eu vou precisar que você vá hoje mesmo até lá e verifique no porto se está tudo do jeito como eles querem. Na hora, não pode dar nada errado, entendeu bem? – especificou Luquinha.

– Mas tem que ser hoje? – perguntou Zeca, consultando o relógio. – A outra cidade fica a quase duas horas daqui, não sei se vou ter tempo de resolver tudo para estar de volta no fim da tarde...

– Se vira – disse Luquinha, fechando o mapa e entrando de novo na casa.

Fiquei horrorizado só de imaginar o que poderia estar por trás daquele sinistro diálogo. Os dois passaram ainda bastante tempo dentro da casa resolvendo detalhes, mal percebi quantas horas haviam se passado. O clima próximo ao posto de socorro era bem pesado, era imensa a quantidade de desencarnados entrando e saindo daquela casa. Quando dei por mim, Zeca e Luquinha já estavam cada qual em seu carro.

– E agora, o que faremos? – perguntei apreensivo.

– Vamos nos dividir. Uma parte da equipe irá com Zeca até a outra cidade e outra parte irá com Luquinha até a academia, enquanto os vigilantes e socorristas mais experientes permanecem aqui no local – determinou nossa colega Isaura.

Eu e Augustus seguimos com Luquinha até a academia. Era necessário que verificássemos quantas pessoas mais estavam envolvidas no plano, em que medida a academia como um todo estava ligada a isto, se havia encarnados inocentes correndo algum tipo de risco.

– Você tem certeza de que ele não ligou, não deixou nenhum recado? – minha filha perguntava mais uma vez à secretária no momento em que finalmente chegamos à empresa.

– Não, Babete. Infelizmente, até agora Zeca não deu nenhuma notícia – a secretária respondeu, já de saída.

A noite começava a cair. Babete ainda permaneceu um tempo na parte que dava para a praia, onde ficavam estacionados os barcos já prontos para serem entregues, depois subiu para o seu ateliê. "O que estaria acontecendo?", ela se perguntava, verificando mais uma vez o celular. Mas não havia nenhuma ligação. Tentou discar para Zeca, mas o número dele continuava fora de área.

Resolveu então trabalhar em uma tela, para ver se o tempo passava mais depressa. Tinha certeza absoluta de que Zeca chegaria a qualquer momento. Abriu as tintas, separou os pincéis, mas, quando estava terminando de amarrar o avental sentiu uma forte tontura e achou melhor ir para casa. Na verdade, mal tinha almoçado naquele dia, tinha comido apenas alguns biscoitinhos com um suco ao sair da esteticista.

"Quem sabe eu não entendi errado e ele marcou de me encontrar em casa mesmo? Vai ver tinha algum cliente para visitar e eu nem registrei quando ele falou", ela tentava convencer-se, enquanto seguia no táxi. A tontura, porém, estava cada vez mais forte.

Chegando ao condomínio, porém, nem sinal do marido de novo.

– Nossa, como a senhora está pálida! – observou o porteiro.

Ele também não sabia nada a respeito de Zeca. Se ao menos ela tivesse a chave de casa... Mas a empregada já tinha ido embora, não havia nem jeito de entrar. Babete virou nervosamente a bolsa na mesa do porteiro, na esperança de que a chave estivesse caída lá dentro, mas não estava. E ela cada vez mais gelada. A essas alturas, suava frio.

– O que é que ela tem? – perguntei preocupado.

– Ao que tudo indica, a falta prolongada de alimento espiritual unida a uma má alimentação do corpo físico e ao constante hábito de cultivar a tristeza, a insatisfação e os pensamentos negativos a estão deixando doente – lamentou Augustus. – Vou providenciar algum socorro imediato..

– Coma estas frutas... A senhora precisa se alimentar... Estão fresquinhas, minha esposa acabou de deixar aqui na portaria – o porteiro ofereceu-lhe uma pera e uma banana, inspirado por ele.

Minha filha olhou para as frutas, pensou em não aceitar. Na verdade, não era muito fã de comer frutas. Mas estava sentindo tanta fome que não resistiu. Em instantes, seu organismo começou a se reequilibrar.

Tentou então ligar para a empregada, para pedir se poderia voltar e abrir a porta, mas o telefone também estava fora de área.

– Já, já seu Zeca deve estar chegando – o porteiro tentou tranquilizá-la.

Babete sentou-se no sofá da portaria para esperar. Sim, Zeca já deveria estar quase chegando, quis firmemente acreditar. Tentou ligar de novo, mas o telefone continuava fora de área. Três horas se passaram e nada. Babete começou a ficar com fome novamente. Mas a essas alturas começou a esperar pelo pior. E se tivesse acontecido alguma coisa? E se ela saísse para comer e chegasse alguém trazendo notícias dele?

– Ai, meu Deus, o que é que eu faço? – perguntou-se ao verificar mais uma vez o relógio.

O tempo todo, tentávamos de tudo para acalmá-la. Passes, orações, pensamentos revigorantes. Sugerimos, inclusive, que fosse até algum restaurante e fizesse uma alimentação saudável. Mas ela estava tão tensa, tão fora da sintonia que simplesmente repelia todas as nossas energias. Logo, uma das entidades que eu sempre vira acompanhando Zeca aproximou-se de Babete passando a sugerir-lhe imagens do marido acidentado em algum lugar. Minha filha não tinha qualquer defesa, não tinha hábito de fazer uma prece sequer. Era preciso fazer algo para que ela não se desequilibrasse ainda mais.

– Por que ele está importunando minha filha? Não é o Zeca que está ligado a eles? – sem querer indignei-me.

Por muito pouco não entrei de novo na faixa de sintonia do obsessor. Eu tinha realmente muita dificuldade em controlar meus sentimentos quando percebia que minha filha era colocada em uma situação de prova. Decidimos então que eu iria até a casa de dona Zuleika para tentar fazer com que ela ou Fênix tivessem a ideia de ligar para Babete e a chamassem para ir para lá, enquanto Augustus permaneceria ao lado de minha filha, protegendo-a na medida do possível.

Mal podia imaginar a confusão que encontraria também por lá. Fênix estava aos prantos, sentada ao lado de um pudim de laranja não exatamente muito simétrico.

– Fica calma, filha, vai ver que o menino esqueceu... – dona Zuleika, sempre em elevada sintonia, tentava consolar a bisneta. – Vocês não brigaram ontem, brigaram?

– Não vó, a gente não brigou... Mas também não ficou um clima muito legal depois que a gente saiu do hospital – Fênix respondeu, ainda chorosa.

– Eu não consigo entender direito essas suas descrições... O que você quer dizer com "não ficou um clima muito legal"? Estava chovendo? – a senhorinha tentou esclarecer.

– Não, vó! Não tem nada a ver com chuva! A questão é que ele não ficou muito satisfeito com o que eu respondi. – explicou minha neta.

– Mas o que você respondeu? – dona Zuleika tentou se lembrar.

Pelas minhas contas, embora aparentemente conservada, minha sogra devia beirar os noventa anos. "Babete", sugeri a seu lado. "é preciso saber como está Babete!", reforcei.

– Onde você guardou aquele papel onde eu anotei o número do celular de sua mãe? – ela começou a procurar pela casa.

– Vó, presta atenção: ele falou para mim que os pais dele estavam querendo mandá-lo para fazer um intercâmbio no Canadá e ele me perguntou se eu queria que ele fosse ou não! – explicou Fênix.

– E você falou que queria, sua burra?! – perguntou a bisavó, enquanto vasculhava uma gaveta.

Dona Zuleika sempre tivera a mania de chamar todo mundo de burro. No princípio, logo que me casei com Marlene, estranhei muito esse hábito. Com o tempo, porém, compreendi que não era uma coisa agressiva, nem por maldade. Era só um jeito de falar, quase como uma espécie de gíria da sua época que ela se acostumara a dizer.

– Não me chama de burra, vó! A senhora não entende nada! Claro que eu falei para ele ir! Como é que eu ia pedir para ele ficar?

– Porque você gosta dele, ora essa! – deduziu dona Zuleika. – Ou não gosta mais?... Acho que é este aqui... – ela disse, pegando o papelzinho na gaveta.

– Gosto, vó... Se a senhora soubesse... – ela se interrompeu antes de terminar a frase. – O pior de tudo é que eu não consigo imaginar a minha vida sem ele! Sabe quando só de se imaginar sem a pessoa a gente sente uma dor bem aqui no meio do peito? – ela começava a chorar novamente.

– É... Eu estou viúva há trinta e dois anos... – suspirou dona Zuleika, olhando agora de óculos o papelzinho com o telefone anotado.

– Mas eu não quero ficar que nem viúva, vó! Pior que viúva, só mãe solteira! – Fênix respondeu aos prantos.

– Como assim, Fênix? – dona Zuleika não entendeu a comparação. – O que você quer dizer com isso? – ela tirou os óculos para encarar a bisneta.

– Nada, vó... – Fênix levantou com o pudim nas mãos. – Não quero dizer nada... Para dizer a verdade, o que eu queria era morrer!

– Espere aí! Onde você vai com esse doce? – dona Zuleika foi atrás com o telefone na mão.

– Eu vou jogar fora. Ficou uma droga! – Fênix respondeu da cozinha.

– Não faça isso! – gritou Zuleika.

Neste momento, ouviram a campainha. Augustus conseguira cumprir a tarefa antes de mim: convencera Babete a ir até a casa de dona Zuleika.

– Você? – Fênix abriu a porta ainda sustentando o prato com o pudim nas mãos.

– Eu ia agora mesmo ligar para saber como você estava! – a avó mostrou-lhe o telefone.

– Vovó! – Babete se atirou nos braços de Zuleika.

Sentaram de novo as três na mesa com o pudim assimétrico. Babete contou-lhes detalhadamente toda a sua angústia. Enquanto conversavam, as três iam beliscando o doce devagarinho.

– Isso está me parecendo armação... – refletiu Fênix, ainda fungando depois de ter chorado tanto. – Até que não ficou tão ruim... – disse, referindo-se ao flã.

– Eu queria entender por que você tem tanta implicância com ele! E se aconteceu alguma coisa, Fênix? – Babete se irritou, enquanto cortava com dificuldade mais uma fatia do pudim, que parecia cada vez mais mole.

Iniciou-se então a mesma discussão de sempre. Não havia meios de fazer com que ouvissem as nossas inspirações. Babete e Fênix brigavam e comiam sem parar, dona Zuleika só sacudia a cabeça.

Já tinham comido quase todo o flã quando o celular finalmente tocou na bolsa de Babete.

– Eu não acredito que você vai atender esse cara depois de tudo isso! – protestou Fênix, enfiando a faca no meio do que restara do pudim com muita raiva.

– Mas é claro que eu vou! – respondeu Babete, revirando a bolsa em busca do telefone.

– São duas horas da manhã! – Fênix mostrou o relógio indignada.

– E você sabe que horas vó Zuleika me ligou outro dia para me dizer que você não tinha chegado? – rebateu Babete, pegando finalmente o aparelho. – Alô?

Fênix levantou da mesa e se trancou no quarto; Babete foi até a janela para ouvir melhor. Dona Zuleika ficou em oração, novamente pedindo a Deus que iluminasse o caminho e o coração daquelas duas.

– O que ele disse, filha? – vó Zuleika perguntou, quando Babete desligou o telefone.

– Tadinho, vó... Eu aqui maldando, pensando tudo de pior que podia ter acontecido e o Zeca preparando uma surpresa para mim... – Babete sentou de novo na mesa, segurando o celular comovida.

– Uma surpresa? – Zuleika imaginou que não tivesse ouvido direito.

– É, vó! Para a senhora ver como ele não é nada do que a senhora e a Fênix pensam! Estava até agora em outra cidade, procurando uma galeria de arte para fazer uma exposição dos meus quadros...

– Uma exposição? – dona Zuleika não engoliu aquilo.

– Uma *vernissage*! – Babete se empolgou e pegou com a faca o pedacinho que restara do pudim. – Não é o máximo? Sabe que até que não ficou ruim este flã... – ela repetiu as palavras da filha.

– Babete, presta atenção! Você tem certeza de que esse rapaz não está mentindo para você? – dona Zuleika captou minhas palavras.

– Mas é claro que não, vovó! – ela havia mudado completamente o tom de voz. – A gente tinha até combinado de ficar hoje até mais tarde no ateliê para que o Zeca visse os quadros novos que eu pintei. Daí ele disse que ficou pensando onde poderia fazer uma exposição a minha altura e acabou indo parar lá! As pessoas aqui não entendem nada de arte, o Zeca tem razão!

– Alguma coisa me diz que tem caroço nesse angu! – desconfiou dona Zuleika. – E como é que do nada ele foi parar lá em outra cidade?

Ela não queria dizer textualmente, mas sabia que a neta, embora tivesse inventado essa mania de pintar de uns tempos para cá, não tinha lá muito jeito para a coisa. Será que o marido não via isso? Seus quadros não tinham nada de artístico! Como faria uma exposição em uma cidade maior?, pensava em silêncio, preocupada.

– Lá vem a senhora com essas suas expressões malucas, do tempo que todo mundo andava de bonde! – debochou Babete. – Quer saber? Agora que eu já me acalmei, eu vou dormir! – ela se levantou da mesa.

– Ele vem te buscar? – quis saber a avó, levantando atrás dela.

– Não, não... Achei melhor não. Ele disse que está bastante cansado, vou ficar por aqui mesmo hoje, amanhã volto para casa. Posso?

– Mas é claro que sim, minha filha! Esta casa também é sua! – disse dona Zuleika, já entrando para arrumar a outra cama que ficava em seu quarto.

Babete entrou atrás dela, falando sem parar dos quadros e da exposição, nem perceberam que um celular de novo estava tocando na sala. Desta vez, o de Fênix. Ninguém atendeu.

6

Fênix estava trêmula. Não que estivesse passando mal, mas de nervoso mesmo. Depois de uma semana de silêncio, Matheus havia finalmente telefonado, convidando-a para sair.

Não estava exatamente normal, do jeito como sempre fora. Havia algo de estranho em sua voz, mais sóbria e objetiva, quase formal. Fênix logo deduziu que desta vez era realmente sério o que ele tinha a dizer e por pouco não começou a chorar ali mesmo, no telefone, morrendo de medo do que estaria por vir. "Com toda certeza, ele vai dizer que já está tudo certo para sua viagem ao Canadá, que acha melhor terminarmos nossa história por aqui", imaginou, já prevendo seu triste desfecho.

Naquele mesmo dia ela tinha ido ao laboratório buscar o resultado de seus exames, mas não tivera coragem de abrir. Guardara na bolsa o envelope lacrado, ainda sem saber como proceder.

Augustus e eu nos desdobrávamos para transmitir-lhe boas inspirações, mas minha neta estava tão fechada em si, sentindo-se já tão derrotada em suas ideias pessimistas que era quase impossível ter qualquer acesso a ela.

– Fico com medo que ela venha a fazer alguma bobagem – desabafei com Augustus naquela manhã, sem perceber já me deixando contaminar pelo negativismo de Fênix.

– O que é isso! – Augustus me advertiu de imediato. – Somos nós que devemos influenciá-la e não ao contrário! – alertou-me. – Confie!

Apesar de toda a sua sensação de fracasso, no fundo ainda restava uma pequena fagulha de esperança no coração de minha neta. Se arrumou toda com esmero, colocou até os sapatos de salto que ganhara recentemente da mãe. "Se for para terminar tudo, que ao menos eu pareça inatingível! Que ele tenha a sensação de que está deixando para trás uma mulher muito interessante!", pensou consigo, no momento em que entravam no restaurante.

Era um restaurante chiquérrimo de comida japonesa, recém-inaugurado na cidade. Fênix jamais imaginava que Matheus um dia pudesse levá-la a um local como aquele. "Por que será que ele me trouxe aqui?", questionava em silêncio.

– Nunca te vi tão bonita – ele comentou.

– Não pensava que você fosse me trazer aqui... – ela disse, olhando o espaço ao redor. – Não é muito caro?

– Não se preocupe. Ganhei um dinheiro do meu avô, deu até para colocar gasolina no carro! – ele brincou.

Era a segunda vez que ela andava de carro com Matheus – a primeira tinha sido em sua inusitada ida para o hospital. O pior era que tudo aquilo só fazia com que ela ficasse ainda mais encantada por ele. "Preciso agir como uma mulher madura", ela tentava mentalmente se programar. "Daqui a pouco ele vai terminar tudo e eu vou dizer que somos apenas bons amigos... Depois vou chegar em casa, abrir aquele exame e, qualquer que seja o resultado... ele jamais vai saber!"

– Por que ela faz isso com ela mesma? – preocupei-me ao perceber como se torturava com aqueles pensamentos.

– Fênix, você está me ouvindo? – Matheus perguntou, depois de enxaguar as mãos na toalha úmida e morna que lhes fora oferecida pelo garçom.

– Hã? – ela voltou a si de repente. – Você falou comigo?

– Sim! Perguntei se você prefere *sushi* ou *sashimi*!

– Ah... – ela parecia mesmo fora de órbita. – Tanto faz. Gosto dos dois, mas... – já ia perguntar de novo se não ia sair muito caro aquele jantar, mas desta vez se conteve.

– Então vamos pedir um combinado! – decidiu Matheus. – Este aqui do barco – disse, mostrando o cardápio para o garçom.

Enquanto o atendente saía para providenciar o pedido, ficaram os dois por longo tempo se olhando, sem saber o que dizer. "E se ela não aceitar?", Matheus pensava consigo. "E se eu não aguentar e chorar?", Fênix por sua vez se inquietava. Neste instante, os dois tiveram sua atenção voltada para o enorme grupo que estava entrando no restaurante.

– Não acredito! – exclamou Fênix.

– Você conhece essas pessoas? – quis saber Matheus.

– São os amigos de Babete e de Zeca – ela sempre chamava a mãe pelo nome quando falava dela para outra pessoa. – Olha lá! É o mesmo pessoal que estava lá na casa dela outro dia... Se não me engano, são todos da academia.

– Para dizer a verdade, eu não prestei atenção a nada naquele dia... – ele virou-se para ver melhor. – Sua mãe e o Zeca vieram também? – havia tanta gente conversando perto da porta, aguardando que a mesa fosse arrumada, que ele não conseguiu identificar de imediato.

– Olha lá minha mãe, de vestido preto faiscante... Eu a reconheceria até no meio de uma floresta escura!

– É muito bonita a sua mãe, por que você fala assim? – questionou Matheus.

– A vontade que eu tinha era de arrancar esses sapatos!... – Fênix falou alto consigo mesma, esquecendo-se até de que Matheus estava a seu lado.

– O que você tem afinal de contas? – Matheus não estava entendendo nada. – Quer ir até lá falar com eles?

– De jeito nenhum! Aliás, se pudesse, eu queria sair daqui agora! – ela comentou mal-humorada.

Olhei para Augustus apreensivo; pelo olhar de meu mentor percebi que não tinha acontecido por acaso aquele encontro.

– Posso ver se o garçom já fez o pedido – disse Matheus, querendo tranquilizá-la. – Se não tiver feito, nós podemos sair discretamente e ir para um outro lugar, se você quiser...

Contudo, já era tarde. O grupo estava vindo na direção deles, a enorme mesa preparada para eles ficava bem atrás de onde estavam sentados. A primeira coisa que Babete viu foi a filha.

– Fênix! Matheus! O que estão fazendo aqui? – ela afastou-se do grupo e veio cumprimentá-los.

– O mesmo que você, eu imagino... – Fênix respondeu com certa ironia.

Minha filha, porém, estava tão satisfeita que nem deu atenção ao comentário.

– Não querem sentar conosco? Marcamos este jantar para comemorar a minha primeira *vernissage*!

– Como assim? – Matheus não compreendeu o que ela estava querendo dizer.

– *Vernissage*? – estranhou Fênix. – Mas o que é isso?

– *Vernissage* é um termo francês que significa envernizamento. Geralmente é utilizado para designar a pré-estreia de algo ou uma recepção que acontece como abertura de uma exposição de quadros – Babete explicou, toda cheia de si.

– Quer dizer então que você vai fazer uma exposição de quadros? – Fênix deduziu incrédula.

– Exatamente! Zeca preparou tudo para mim. Vai ser numa super galeria de arte que fica lá em São Sebastião! – anunciou Babete. – Nem te contei antes, porque fiquei sabendo hoje da notícia!

– Sei... – disse Fênix.

– Puxa, que legal – comentou Matheus. – Não sabia que você pintava...

— Então, vocês não querem sentar com a gente? — Babete insistiu.

Matheus olhou para Fênix, sem saber o que dizer. Para sorte dos dois, no entanto, o garçom acabava de chegar com o pedido.

— Não vai dar — explicou Fênix ao vê-lo. — Nossa comida acabou de chegar...

Babete ia dizer qualquer coisa, mas Zeca a chamou na mesa e ela ficou de voltar depois.

— Por pouco... — suspirou Fênix.

— Não entendo... Por que você tem tanta raiva deles? — perguntou Matheus, enquanto o garçom arrumava os pratos e a bebida sobre a mesa.

— Nossa, que drinque mais sofisticado! O que é isso? Não tem álcool, tem? — Fênix preferiu mudar de assunto.

Também me preocupei. Não gostava que minha neta bebesse. Ainda mais naquela quantidade! Era um copo comprido, decorado com um guarda-chuvinha japonês e algumas frutas, contendo um líquido vermelho e borbulhante.

— Chama-se mar vermelho, achei que você ia gostar. É feito com groselha e refrigerante de limão — explicou Matheus, para meu alívio.

Comecei a simpatizar com aquele rapaz. Era educado e atencioso apesar de tudo.

— Que delícia... — provou Fênix. — Mas também deve ser caro! Você está gastando muito comigo!

— É uma ocasião especial — respondeu Matheus, esticando seu próprio copo para um brinde.

— Quer dizer então que você vai mesmo para o Canadá? — Fênix olhou para ele triste.

Ele tomou um gole antes de responder:

— Vou... Mas antes quero te fazer uma proposta.

— Uma proposta? — estranhou Fênix, colocando de volta no prato o *sushi* que acabara de pegar para comer.

Matheus tirou do bolso um saquinho de veludo e estendeu a ela:

— Trouxe isto aqui para você...

Fênix abriu o saquinho com as mãos trêmulas. Ao fundo, embora fosse um restaurante oriental, tocava uma delicada canção de Joan Baez.[7]

— É um anel? Que lindo! — exclamou minha neta, tomando nas mãos a grossa aliança toda trabalhada com símbolos que pareciam de origem inca.

"O que será que ele está querendo dizer com isso?", no íntimo ela se perguntava, sentindo suas mãos tremerem de tanta emoção. Matheus pegou delicadamente o anel em suas mãos e disse:

---

[7] Cantora norte-americana de música *folk*, conhecida por seu estilo vocal distinto e opiniões políticas apresentadas abertamente.

– Eu vou para o Canadá. Naquele dia que eu te contei da proposta dos meus pais, estava torcendo para você pedir para eu não ir; tudo o que eu queria era ficar aqui, vivendo este momento com você...

Os olhos de Fênix se encheram de lágrimas ao ouvir isso.

– Mas você é tão legal que, mesmo gostando de mim como eu sei, eu sinto que você gosta, me mostrou que eu não poderia perder essa oportunidade e até me fez ver como esse intercâmbio pode ser importante para a minha carreira... para que um dia a gente possa construir uma vida juntos – ele continuou, segurando o anel como quem segura uma pedra muito preciosa.

– Não entendo... – Fênix deixou escapar.

– O que eu quero te propor, ou melhor, o que eu quero te pedir com este anel é que você espere por mim... – ele disse por fim.

– É claro que eu vou esperar... – Fênix disse, sem conseguir segurar mais as lágrimas.

– Não quero que você chore – Matheus colocou-lhe o anel no dedo anular da mão direita e beijou depois a mão dela antes de dizer: – Tudo o que eu quero é que você tenha a certeza de que, mesmo não podendo deixar de ir, o tempo todo que eu estiver lá, eu vou estar pensando em você...

Apertaram-se as mãos com muita emoção.

– Que música linda... – comentou Fênix. – Para o resto da minha vida, acho que eu nunca mais vou esquecer esta música.

– Já sei! – disse Matheus, levantando-se da mesa. – Eu vou lá dentro perguntar que música é essa. A gente precisa baixar essa música da *internet*!

– Matheus! – Fênix tentou chamá-lo.

Ia dizer: vamos comer primeiro, depois você pergunta! Mas não deu tempo. Ele já estava, a essas alturas, lá no fundo perguntando. Fez-se de repente um silêncio, provavelmente o gerente tirou o CD para verificar o nome da música, ela imaginou, rindo sozinha da situação. Foi quando sem querer ouviu um grito vindo da outra mesa e só então se lembrou que a mãe estava lá. De pronto, seus sentidos como que se aguçaram e ela começou a prestar atenção à conversa do grupo.

– Não acredito! Então vocês vão mesmo morar no Rio? – a mesma mulher escandalosa que tinha dado o grito agora perguntava.

– É um projeto, né? – Babete respondeu. – O Zeca está olhando tudo, parece até que já encontrou uma cobertura que ele disse que é a minha cara!

Fênix gelou ao ouvir isso. Então a mãe iria mesmo embora da cidade?, ela se lembrou do comentário que ouvira durante a festa, pouco antes de desmaiar.

– Projeto, nada! No final desta semana já vou assinar todos os papéis. No mês que vem já vamos estar morando no Rio – anunciou Zeca.

— Eu sempre quis morar no Rio — disse outra voz de mulher, que Fênix logo rotulou de deslumbrada em sua raiva contida.

"Não é possível... Eu não posso estar ouvindo isso... Só pode ser um pesadelo...", minha neta pensava, contando os segundos para que o namorado voltasse.

O grupo começou então a comentar sobre a *vernissage*; Zeca lembrou dos jogos no Maracanã; logo todos na mesa estavam fazendo encomendas de ingresso, combinando já de depositar o dinheiro na conta do marido de Babete para que pudesse reservar o tal camarote quando estivesse no Rio.

— Mas a gente pode muito bem comprar pela *internet* — lembrou alguém na mesa.

— Ah, mas conheço uma pessoa no Rio que me garantiu que consegue bem mais barato — prometeu Zeca.

Fênix estava com vontade de gritar de ódio e nada de Matheus voltar lá de dentro. "Deve estar vendo toda a coleção de CDs do gerente", ela pensou consigo, molhando um *sushi* no pratinho com *shoyu*.

— Olha o que eu consegui! — disse Matheus, voltando finalmente lá de dentro com um CD nas mãos. — Chama-se "For Sasha", o gerente gravou o CD todo rapidinho para mim!

Fênix porém, a essas alturas, havia saído completamente do clima. Só conseguia pensar no absurdo que era a mãe decidir uma coisa dessas sem ao menos comunicar nada a ela, que era sua filha.

— Está tudo bem? — estranhou Matheus.

— Ai, Matheus... Me leva embora daqui? — ela pediu, quase implorando.

Saíram os dois do restaurante sem sequer se despedir.

7

O mês passou voando. Para meu desespero, minha filha assinou muitos e muitos papéis em branco, imaginando que o marido estivesse cuidando da mudança para o Rio. Chegaram mesmo a negociar a venda do apartamento em que moravam. "E quanto a Fênix? Este patrimônio também pertence a ela por direito!", tentei sugerir-lhe por diversas vezes. Ela, contudo, sempre respondia a si mesma que estava investindo no patrimônio de sua própria filha.

– E se Fênix ficar sem nenhuma herança? – já intuindo o pior, tentei argumentar com o mentor, numa das vezes em que Augustus me chamou a atenção por estar me preocupando excessivamente com isso.

– A mais importante herança que os pais podem deixar a seus filhos são os valores morais que conseguem plantar na alma de seus descendentes, seus próprios exemplos de superação, sua humildade em aceitar as próprias limitações e sua coragem em lutar pela própria transformação – o mentor advertiu-me.

– Eu, no entanto, além de me preocupar em trabalhar por toda uma existência para garantir o futuro de Babete, optei por gastar todos os bônus-hora[8] que com esforço adquiri no mundo espiritual para poder estar aqui agora ajudando minha filha – lembrei.

– Podemos perfeitamente gastar nossos bônus-hora em favor das almas queridas, a misericórdia divina nos permite esse grandioso gesto de

---

[8] Segundo explica André Luiz no livro *Nosso lar*, todos os que trabalham no plano espiritual recebem bônus-hora, que não é propriamente uma moeda, mas ficha de serviço individual, funcionando como valor aquisitivo. Espíritos que se esforçam na obtenção do bônus-hora conseguem certas prerrogativas na comunidade social, as quais também podem ser utilizadas em favor dos amigos. A ficha de serviço de um trabalhador dedicado pode, por exemplo, autorizá-lo a interceder por seus entes queridos, tanto encarnados quanto desencarnados, e até mesmo garantir-lhes assistência e moradia no plano espiritual. Cf. capítulo 22 de *Nosso lar:* "O Bônus-hora". Brasília, FEB, 1944. Neste mesmo capítulo encontram-se as explicações a respeito do tema 'herança'.

despojamento e abnegação. Todavia, não convém esquecer que o objetivo real de pais generosos, estejam eles na Terra ou no plano maior, consiste em aproximar-se dos filhos com o objetivo de lapidá-los num clima constante de muito amor e compreensão, jamais perdendo de vista o fato de que eles não são "seus filhos", porém "almas eternas" em estágio temporário nesta condição, criaturas de Deus a caminho da luz –[9] enfatizou o mentor.

Calei-me envergonhado. O tempo todo aquelas horríveis presenças escuras desfilando pela casa, influenciando os encarnados, dominando situações, determinando atitudes. Será que isto também faria parte do processo de lapidação de Babete?, em silêncio eu me perguntava.

Ficava imaginando o que aconteceria se não estivéssemos ali, cuidando de cada um dos encarnados sem que percebessem, mesmo quando resistiam a nossos conselhos. Perdi as contas das vezes que eu mesmo vacilei, me deixando levar por sentimentos de raiva e indignação, as muitas circunstâncias em que, querendo ajudar, por pouco não atrapalhei ainda mais. Era-me ainda extremamente difícil o aprendizado, reconhecer a condição, que era minha também, de que todos, encarnados e desencarnados, somos seres em processo de desenvolvimento e evolução.

Aos poucos, diante de minha própria impotência em ajudar os seres que mais amava, começava a compreender que evoluir é experimentar choques existenciais. A cada novo choque, dia após dia, nos transformávamos interiormente; só assim nos víamos compelidos a crescer, independentemente de nossa vontade.

– Mas por quê – no auge de minha angústia perguntei ao mentor –, por que é tão mais fácil os encarnados atenderem às sugestões dos obsessores do que às de seus protetores e de todos aqueles que só lhes desejam o bem?

– Os encarnados não são diferentes de nós, espíritos. A morte é apenas uma continuação da vida – enfatizou Augustus. – A verdade é que nosso ascendente moral sobre estes seres ainda desprovidos de luz ainda é bastante hesitante, daí a necessidade de tanto preparo, de tanto estudo para que mereçamos ao menos fazer parte de uma equipe de auxílio. Além disso, nossas matrizes de culpa do passado estão fixadas em nós de tal forma que funcionam como verdadeiros *plugs* de conexão. Com tudo isso, não é de admirar que tão facilmente nos tornemos presas fáceis desses infelizes irmãos atormentadores e atormentados...[10]

A despeito de nossas muitas reflexões, chegou finalmente o momento da prova que nenhum pai desejaria para sua filha.

– Nossa, mas o caminhão já levou tudo? – Babete constatou, surpresa, depois de passar o dia inteiro no salão de beleza.

---

[9] Cf. explica o espírito Hammed, através da psicografia de Francisco do Espírito Santo Neto, no livro *Renovando atitudes*. Catanduva, SP: Boa Nova Editora, 1997, cap. "Galho Verde".

[10] Afirmativa de Manoel Philomeno de Miranda citada por Suely Caldas Schubert no capítulo 4 da terceira parte do livro *Obsessão/ Desobsessão*. Brasília: FEB, 7ª edição, 1981.

Ela havia arrumado os cabelos, preparado as unhas, feito massagem e maquiagem especialmente para aquela noite, quando aconteceria sua tão esperada vernissage. Pelo que fora combinado, no dia seguinte, após o sucesso da exposição e a esperada venda de muitos quadros, os dois partiriam para o novo apartamento com vista para o mar, num bairro chique do Rio de Janeiro, e começariam juntos uma nova etapa de suas vidas.

– Ué, você não sabia? – estranhou Zeca. – A ideia é chegarmos amanhã, praticamente junto com a mudança! – ele a envolveu, beijando-lhe os lábios de leve.

– Puxa... – ela saiu andando pela casa vazia. – É tão estranho ver o apartamento assim pelado... Você não deixou nem um lençol para a gente dormir? – ela constatou ao ver o colchão que restara sozinho no meio do quarto imenso.

– É só para a gente dormir esta noite. Esse colchão está tão velho, achei melhor deixar por aqui quando nós sairmos – explicou ele, enquanto enviava ao mesmo tempo uma mensagem pelo celular. – Até já encomendei um colchão novo para ser entregue no nosso apartamento!

– Mas você deixou roupas no meu armário – ela observou, abrindo a porta do guarda-roupas.

– Deixei porque te conheço! Sabia que ainda iria ficar em dúvida sobre o que vestir para a *vernissage*, amanhã para viajar... Isso que tem aí é fácil de enfiar em qualquer mala amanhã antes de sairmos – ele explicou.

– Que coisa! – ela continuava verificando os cabides. – Você despachou meus melhores vestidos! Mas deixou todas as peças mais velhas, algumas até que eu praticamente já nem uso... Como é que eu vou viajar amanhã? E a roupa que eu tinha comprado para colocar hoje à noite?

– Está aqui a roupa, Babete! – ele pegou o cabide pendurado atrás da porta do banheiro. – Por que é que você gosta tanto de dificultar as coisas?

– É... talvez seja mais fácil assim... acho que você tem razão. Só estou achando que não vai caber tudo em apenas uma mala... Acho que vou precisar de umas duas ou três, talvez quatro... – ela se convenceu por fim. – Mas... e a geladeira? – assustou-se de novo ao entrar na cozinha.

Estava se sentindo tão ansiosa, perceber que não tinham mais nenhuma reserva de comida, nenhum lugar onde encontrar algo que lhe adoçasse a boca era para ela desesperador.

– Você não queria que nós levássemos a geladeira no carro, não é mesmo? – ironizou Zeca. – Não se preocupe. Comprei três garrafas de água mineral para passarmos a noite.

– Água mineral... certo – ela respondeu, desanimada, enchendo um copo de água. – É que é tão estranho ir embora desse jeito... Pensar na mudança justo nesta noite que para mim é tão especial... – ela lamentou, novamente olhando a casa vazia.

— Para mim também, meu amor... Esta noite é especial para nós! — ele a abraçou, sensual. — Agora vai se arrumar, porque não podemos nos atrasar!

A *vernissage* transcorreu sem grandes emoções. Como fosse em outra cidade a tal galeria, apenas meia dúzia de pessoas compareceram. Um fracasso total. Babete passou quase a noite inteira circulando sozinha por entre os garçons, enquanto Zeca, lá fora, falava ao telefone. "Negócios", ele diria ao ser cobrado por ela. "Ou você se esqueceu de que estamos abrindo uma filial da empresa no Rio?"

Já eram quase dez horas da noite quando Fênix chegou, acompanhada de d. Zuleika e Matheus. A equipe espiritual tivera bastante trabalho para convencer minha neta a perdoar e auxiliar a mãe naquelas circunstâncias. Babete abraçou a filha emocionada.

— Que bom que você veio! Tinha certeza de que não iria me abandonar em um momento como este! — disse, à beira das lágrimas.

— Ai, mãe, eu vim... Mas não consigo me conformar que você esteja mesmo se mudando para o Rio amanhã... — Fênix confessou, também emocionada.

Desde a noite no restaurante japonês, as duas não se viam. Tinham brigado feio pelo telefone e, depois disso, Fênix tomara a decisão de não falar mais com Babete. Ao receber em casa o convite para a exposição, contudo, e de saber pela avó que Babete estaria de partida no dia seguinte, acabara por enfraquecer as próprias defesas. Ainda assim, só fora possível convencê-la através das muitas argumentações de Matheus e de dona Zuleika, sempre dóceis a nossas sugestões. Mediante todo este esforço conjunto, estava ali agora para se despedir da mãe.

— Está muito bem organizada a exposição — dona Zuleika comentou, sem achar nada melhor para dizer. — Sabe que estou até pensando em comprar um quadro seu? — sempre desejosa de ajudar à neta, ela absorveu subitamente uma das ideias de nossa equipe espiritual.

— O que é isso, vovó! Para a senhora, eu não vendo. É só dizer de qual gostou que eu dou para a senhora de presente — Babete ofereceu. — Mas tem certeza mesmo de que a senhora gostou de algum?

Estava se sentindo arrasada, a pior das pintoras do mundo a minha filha. Dona Zuleika, com seu enorme coração de mãe, compreendeu a dor da neta e conseguiu realmente encontrar um quadro que a agradou. Era uma dessas pinturas que a gente só percebe com nitidez quando está longe, tinha borrões azulados onde a avó enxergou imensa praia com uma moça sentada ao fundo, o mais solar de todos os quadros expostos.

— Sabe que eu também achei muito bonita esta tela? — comentou Matheus.

— Jura? — Babete mal conseguia acreditar no que ouvia.

— Eu vou mandar embrulhar para a senhora — disse ela, sem ter certeza direito como seria o certo fazer.

CASTELOS DE MARZIPÃ | 69

— De jeito nenhum! — disse dona Zuleika. — E desmanchar sua exposição? Deixa o quadro aí. Quando a mostra acabar, você me vende. Faço questão de comprar. Só não tenho como acertar agora — a senhora disse, ainda olhando para o quadro — porque, como você sabe, só no final do mês recebo a aposentadoria de seu avô...

— Acho que tem que colocar uma plaquinha de vendido — opinou Matheus.

Babete ficou tão feliz que até se esqueceu de como se sentia minutos atrás.

O funcionário da galeria fez um sinal indicando que era hora de fechar. Babete compreendeu.

— É estranho... Nem a Cris conseguiu vir... — ela constatou, verificando o livro de presenças. — Quer saber? Nós podíamos todos ir comer uma pizza num restaurante aqui perto. O que vocês acham? — ela olhou para a filha, quase arrependida de sua decisão de deixar a cidade no dia seguinte.

Zeca voltou para casa sozinho "para terminar de resolver o que precisava". Babete ficou na companhia da avó, de Fênix e de Matheus. Fazia tempo que as três não saíam juntas para uma pizza.

— E você, Matheus, quando viaja para o Canadá? — Babete perguntou, quando Fênix se levantou para ir ao banheiro.

— Ainda não está certa a data — ele disse. — Sabe que estou quase desistindo?

Babete percebeu que ele usava um anel igual ao da filha, na mão direita.

— Estou vendo que vocês dois estão bastante envolvidos — ela constatou.

— Mas com certeza eles vão continuar juntos depois dessa viagem — disse dona Zuleika. — Sabe que até eu já estou começando a achar que não vou suportar viver naquela casa sem o Matheus aparecer toda tarde para tomar suco de caju? — ela brincou.

— Toda decisão de mudança é muito difícil... A gente fica mesmo com vontade de voltar atrás... — divagou Babete.

A noite toda ela parecia triste e pensativa.

— Você se arrependeu, minha filha? — quis saber a avó.

— Não sei, vovó... Acho que não... Eu vou ser feliz no Rio, eu sei que vou... A senhora não viu? Aqui ninguém valoriza a minha arte... O Zeca tem certeza de que eu vou ser uma artista plástica de sucesso no Rio! — justificou ela.

— Ah, minha filha... Ninguém consegue ser feliz se não estiver bem consigo mesmo... Não adianta fugir! É preciso enfrentar de frente os nossos conflitos, nossas dificuldades, cada um dos problemas que nos incomodam, para que possamos vencer nosso lado mais atrasado, descobrir quem realmente somos! Nossas angústias não conhecem as divisas da geografia, permanecem conosco aonde quer que a gente vá! Não é se mudando daqui que você vai resolver todos os seus problemas! — aconselhou dona Zuleika, inspirada pelos espíritos de luz ali presentes.

– Vocês não estão achando que a Fênix está demorando demais no banheiro? – Babete mudou de assunto, como sempre fazia nessas ocasiões.

– Tudo bem... – disse Fênix, voltando à mesa. – Acho que eu fiquei muito tempo sem comer, acabei ficando enjoada quando comi um salgadinho lá na exposição...

Ninguém desconfiou de nada, embora seus enjoos viessem se tornando cada vez mais constantes.

No dia seguinte, ao despertar no velho colchão sem lençóis, Babete estranhou ao ver Zeca já mexendo no *laptop* dela.

– O que você está fazendo? – ela se aproximou sonolenta.

– Nada demais... – ele fechou rapidamente o computador. – Estava apenas enviando um *e-mail* para um possível cliente. Ele é dono de uma empresa de turismo e está interessado em encomendar uma frota de escunas – disse, já se encaminhando para a porta. – Depois você dá uma olhada – ele ainda blefou.

– Legal. Você vai sair? – ela percebeu que ele pegou a chave do carro.

– Vou colocar gasolina para ir adiantando. Se arruma logo que daqui a uma meia hora eu volto para te buscar – disse, beijando-a levemente nos lábios, como de costume.

Depois que ele bateu a porta, Babete sentiu uma vontade irresistível de chorar diante do armário aberto. No quarto restavam apenas as malas que deveria encher rapidamente com todas as suas roupas, algumas poucas caixas de enfeites que também haviam ficado.

– Estranho... Ele deixou todas as minhas bijuterias, mas levou a caixa grande onde estavam minhas joias... – observou sem entender. – Teria sido melhor se eu levasse as joias comigo... Ai, por que será que esta hora está sendo tão difícil para mim?

– Se ao menos ela tivesse um livro de mensagens, um texto qualquer que pudéssemos fazer chegar até seus olhos, de forma a fortalecê-la – Isaura, que viera em meu auxílio naquele momento delicado, chegou a lamentar.

Mas não havia nada. Nem texto, nem livro, nem qualquer semente de fé no coração de minha filha. Há tempos ela não seguia nenhuma religião, não se dedicava um único segundo do dia ao culto do espírito, como se a vida fosse apenas uma sucessão de valores materiais descartáveis, desprovida de uma finalidade maior Eu sentia muita dor ao fazer esta constatação.

– Quer saber? Não vou levar nenhuma destas roupas – decidiu, fechando o armário, depois de pegar um vestido indiano que há anos não usava. – Vou começar uma vida nova, comprar tudo novo!

Tomou então a pequena malinha de mão que Zeca deixara ao lado do armário e guardou com cuidado o vestido e os acessórios que usara na exposição, alguns poucos cremes que tinham ficado no banheiro.

— O Zeca não deixou nenhum perfume! — constatou estarrecida. — Até que é bonito este vestido! — disse a si mesma, olhando-se no único espelho que resta. — É tão estranho começar a vida de novo do zero... Mas, como dizia meu pai, para quem tem dinheiro, não há problema — concluiu, terminando de pentear os cabelos.

Ainda era muito grande o remorso que eu carregava pelos valores que deixei de ensinar a minha filha. Por mais que fosse aconselhado pelos mentores a não me ater a este tipo de sentimento, nestas ocasiões eu sentia recrudescer dentro de mim todos os meus arrependimentos.

— Que esquisito... Faz mais de uma hora que ele saiu — Babete comentou, olhando no relógio. — Ai, meu Deus, por que está demorando tanto? — um sentimento de angústia apertou seu coração.

"O *laptop*!", "ele levou o *laptop*", Isaura aproveitou a menção a Deus para alertá-la.

Babete pegou o celular na bolsa e ligou para o marido. O telefone tocou muitas vezes, até que ele finalmente atendeu.

— Não se preocupe... É que eu peguei um baita engarrafamento aqui na praia. Logo, logo estou aí. Você já está pronta? — ele perguntou, do outro lado da linha.

— Estou...

"O *laptop*!", Isaura insistiu. A intenção era deixá-la de sobreaviso.

Neste momento, ela olhou para a escada que dava para a varanda e se lembrou de ter visto o marido ali sentado, mexendo no *laptop*. Vasculhou rapidamente toda a casa com o olhar antes de perguntar:

— Você levou o meu *laptop*?

— Levei. Já está até guardado na mala do carro, por quê? — ele estranhou a pergunta.

— É quase surreal uma pessoa sair para botar gasolina levando o *laptop*! — ela respondeu.

— Nada demais. Eu só queria ganhar tempo — Zeca mais que depressa justificou. — Estou chegando!

— Então tá. Estou te esperando — ela se preparou para desligar.

Zeca ficou alguns minutos em silêncio na linha, antes de dizer:

— Babete...

— O que foi? — ela perguntou, imaginando que ele ia pedir para que procurasse alguma coisa que tivesse esquecido.

— Nada... Queria só dizer que eu te amo — ele respondeu.

— Também te amo, seu bobo!

Foram estas as últimas frases que os dois trocaram naquele dia. Depois de quase uma hora de espera, ela tentou ligar de novo para o celular, mas o telefone estava fora de área. Zeca nunca mais voltou.

8

Eu não podia me conformar. A casa estava repleta de amigos de luz, eu havia utilizado todo o merecimento que conseguira conquistar durante o tempo em que prestara serviços no bem no mundo espiritual para conseguir este auxílio no socorro a meus entes queridos. Todavia, era como se ninguém quisesse a nossa ajuda. Ficávamos praticamente o tempo todo de pés e mãos atados, em respeito ao livre-arbítrio dos encarnados. Ninguém orava, ninguém pedia ajuda. Ao contrário, a única coisa que ouvíamos eram protestos revoltados, muita amargura, blasfêmias contra Deus. Logo, nada podíamos fazer. Restava-nos somente a alternativa de orar por cada um deles, inclusive pelos irmãos sofredores já desencarnados que ali se reuniam por afinidade, pedindo a Deus que os inspirasse ao menos para que se fizessem mais receptivos a nossa influência.

– Maldita vida! Só coisas ruins me acontecem! O que, afinal, Deus tem contra mim? – gritava Babete em seu desespero. – Eu tenho raiva de Deus!!!

Nosso único canal era dona Zuleika, que fazia suas preces diariamente com grande devoção e sinceridade de propósitos.

– Minha filha, não fale desse jeito! Agradeça a Deus porque você tem ao menos um lugar para viver, uma avó e uma filha que te amam incondicionalmente! – por diversas vezes ela advertiu Babete.

– Incondicionalmente? A senhora pode até ser, mas já viu como a Fênix me olha? Às vezes penso que seria melhor que eu morresse a ter de sobreviver deste jeito! – refutava minha filha, inconsolável.

Além de ter sido obrigada a entregar o apartamento logo em seguida à partida de Zeca – porque, afinal, já havia até sido pago pelos novos moradores, no dia seguinte ela descobriu que as duas empresas que eu deixara também haviam sido vendidas. Babete ficou sem nada, literalmente. Restaram-lhe apenas as malas cheias de roupa que, na última hora, ela acabou chegando à conclusão de que seria melhor levar consigo.

Fora preciso mudar-se para a casa da avó com o que sobrara de seus pertences: as roupas que Zeca havia deixado no guarda-roupas, as várias caixas de bijuterias, os quadros da exposição. E ainda teria de arranjar dinheiro para pagar todas as despesas da *vernissage*.

Minha filha caiu em uma depressão tremenda. Mal se levantava do sofá da sala, chorava dia e noite, dominada por intensa apatia e melancolia. Não quis sequer tirar as roupas das malas para arrumar no novo espaço que a avó oferecera para ela, dentro de seu próprio guarda-roupas. Até porque não caberia tudo lá. Tirou apenas o essencial para usar naqueles dias e deixou todo o resto na sala, ao lado da porta. Quase como se, inconscientemente, conservasse a esperança de que, em algum momento, tomado de arrependimento, Zeca ainda apareceria para buscá-la.

– Babete, levanta! E se você voltasse a frequentar a academia? Você tinha tantos amigos lá... – sugeriu, ingenuamente, dona Zuleika. – De mais a mais, sempre ouvi dizer que exercícios físicos ajudam a liberar substâncias que favorecem o reequilíbrio emocional das pessoas...

Do sofá em que se encontrava deitada, Babete apenas esticou os olhos em direção à avó, pousando-os mais uma vez nas malas empilhadas ao lado da porta. Voltaram-lhe à mente imagens de Zeca na academia, o dia em que o conheceu, os tempos em que ele era seu *personal trainer*, as tardes em que chegava suado da academia procurando algo para comer na geladeira. Acabou caindo novamente em pranto convulsivo.

– Eu não me conformo, vovó... Eu não me conformo... – era tudo o que conseguia dizer.

Nestas ocasiões, Fênix simplesmente virava as costas e se fechava no quarto: achava o fim da picada aqueles ataques. Se tivesse como, até saía de casa para não assistir a estes 'espetáculos', como rotulava as crises de sua mãe. Até porque, ela mesma vivia suas próprias crises, sem que ninguém percebesse. Embora ainda nem tivesse sinal de barriga, não sabia ainda o que fazer quando ela começasse a crescer, não tinha coragem de dividir seu segredo com ninguém. E muito menos com Matheus, que estava com sua viagem marcada para o início do mês seguinte. E, com tudo isso, obviamente não ia sequer a um médico para fazer os necessários acompanhamentos.

Desesperada com a agressividade entre mãe e filha e com o persistente estado de depressão de Babete, dona Zuleika não via outra alternativa senão fazer os mais variados bolos, doces e guloseimas para agradar às duas. Todos os dias, ia cedo para a cozinha e tentava fazer uma receita diferente. E assim como Marlene, sua filha e minha esposa desencarnada, e a própria

Babete, também tinha ela uma mão maravilhosa. Podia-se até mesmo dizer que era um traço genético comum entre as três.

– Que tal uns pãezinhos de queijo? – no meio da manhã ela chegava com a cesta de pães quentinhos para Babete, que então se sentava no sofá e comia compulsivamente, até não restar mais nenhuma migalha na cesta.

Logo nas primeiras mordidas, experimentava um prazer incrível, envolvida pela sensação momentânea de satisfação e bem-estar. Afinal, a alimentação ainda é vista como algo ligado a sentimentos de ternura e amorosidade pela cultura humana. Nosso primeiro contato com o afeto é por meio da amamentação; cozinhar para os outros é um sinal de carinho; quase todo encontro humano acontece ao redor de uma mesa. A cada nova mordida, Babete comia para substituir a tão grande falta de atenção e carinho de que se sentia vítima (embora não percebesse a avó amorosa a seu lado), numa tentativa de aplacar de uma só vez a solidão e a baixa autoestima, preencher simbolicamente seu imenso vazio emocional.

E quanto mais comia, mais sua fome parecia aumentar. Até chegar à metade da cesta, e começar a se sentir culpada por estar comendo. Experimentava, então, muita raiva contra si mesma. Tudo isso em um único lanche. "Estou engordando, estou me transformando em uma bola de gorda", pensava em silêncio. Mas ainda assim não conseguia parar. Comia agora para vingar-se de si mesma, aumentar seu peso como um castigo por não ter conseguido se saciar apenas com um ou dois pãezinhos, como seria para ela desejável, de acordo com tudo o que já lera sobre obesidade, com todas as consultas por que já passara em diferentes endocrinologistas. Ao final de tudo, quando começava a se sentir mal depois de tanto comer, vinha a crise de arrependimento. "Eu não devia ter feito isso. Agora minha situação piorou ainda mais. Merecia uma surra por ter comido deste jeito!" Vinha então a tristeza, incontrolável, incomensurável, que a abatia de uma tal forma que ela subitamente se sentia tomada por terrível enjoo, quase sempre seguido por um sono irresistível. Deitava-se então de novo no sofá com a TV ligada, virava-se para o lado e dormia até a que a avó de novo aparecesse com alguma nova guloseima.

"Não ofereça mais tanta comida para ela... Leve apenas um mínimo possível, o necessário para que obtenha energia para levantar-se", por muitas vezes tentei sugerir a minha sogra. Mas, sob este aspecto, dona Zuleika era inflexível. Por mais que sentisse na mente as ideias que lhe eram inspiradas pelos amigos espirituais ali presentes, preferia seguir sua convicção própria de que aquele era o único remédio para combater o desânimo da neta. E voltava de tarde com um bolo, uns biscoitinhos, uma receita nova que acabara de aprender na padaria ou com a empregada do andar debaixo.

Fênix também se sentia beneficiada com o método da avó. A única forma que conseguira pensar para disfarçar ao máximo a gravidez era comendo todos os quitutes preparados por dona Zuleika. "Se eu engordar naturalmente, ninguém vai perceber que estou grávida", imaginava em sua fantasia adolescente. Nem por um instante lhe passava pela cabeça que engordaria além do necessário comendo daquela forma.

E assim passavam-se os dias, entre muitas guloseimas e os terços que dona Zuleika orava com cada vez mais fervor, pedindo auxílio para a filha e para a neta, mas sem espaço para ouvir as nossas respostas, enfiando os pés pelas mãos ao invés de ajudar e ainda achando que fazia isto por inspiração divina.

Até o dia em que Cris ficou sabendo do ocorrido e, seguindo nossas sugestões, foi pesquisando em vários lugares até conseguir obter o endereço de dona Zuleika.

– Minha filha! Louvado seja Deus! Não tem ideia do quanto Babete estava precisando da sua visita! – dona Zuleika, agradecida, foi logo convidando-a a entrar.

– Estou vindo direto do trabalho. Estava tão ansiosa para ver minha amiga que, hoje, quando consegui descobrir onde a senhora morava, nem pensei duas vezes! – Cris explicou simpática.

– Fez muito bem! Senta, filha! – dona Zuleika mostrou a poltrona ao lado do sofá onde Babete dormia.

– Faz muito tempo que ela está dormindo? – Cris perguntou, um tanto quanto constrangida.

– Agora só fica desse jeito... – dona Zuleika olhou desconsolada para a neta. – Mal se levanta daí, dorme o dia inteirinho...

Cris abaixou-se no chão e fez um carinho na amiga:

– Babete! Sou eu... Estou aqui, amiga... Vamos conversar um pouquinho?

Babete abriu os olhos, ainda sonolenta. Naquela noite havia encontrado no armário do banheiro uma caixa de antidepressivo; decidira tomar um comprimido para ver se conseguia se sentir melhor, mesmo sem qualquer recomendação médica.

– Estou com uma fome... – foi logo dizendo, sem sequer atentar para o detalhe de que o remédio ingerido tinha também o poder de aumentar o apetite.

– Pois eu vou tirar do forno um bolo de milho que acabei de fazer! – anunciou contente dona Zuleika. – Você vai provar, Cristina, e depois me dizer se você gostou! É uma receita muito antiga da família, minha avó já...

– Desculpa, dona Zuleika, mas eu não posso comer bolo. Eu sou diabética... – Cris a interrompeu.

– Puxa! Mas nem um pedacinho? – insistiu a avó de Babete, frustrada.

– Não mesmo, dona Zuleika. É uma questão de disciplina que estou tentando levar super a sério na minha vida. Me desculpe!... Mas não se preocupe, eu fiz um lanche logo que saí do trabalho – respondeu Cris.

– Então vai aceitar pelo menos um suquinho de caju! É de polpa, não tem nem um pouquinho de açúcar! – ofereceu a senhora.

Foi até lá dentro e voltou com o bolo e a jarra de suco. Babete permanecia em silêncio, não encontrava o que dizer. Só depois de uma fatia de bolo, se sentiu minimamente disposta para sentar e conversar um pouquinho. Ela reparou na bolsa grande de Cris.

– Bonita sua bolsa... Mas é imensa! O que você carrega aí dentro?

– Ah... – sorriu Cris. – É por causa do *laptop*. Como ando muito de ônibus e não posso ir trabalhar sem ele, carrego nesta bolsa para disfarçar – ela justificou. – Comprei numa feirinha de artesanato, cheia de produtos inspirados na cultura africana! Todo mundo adora este desenho...

– *Laptop*...– divagou Babete. – Até isso ele levou... Não tenho mais nem como verificar minhas mensagens... – disse, com um olhar triste e distante. – Também, para quê eu vou querer ver mensagem a essas alturas?

– Ora essa! Para receber o apoio de seus amigos! Então foi por isso! Não imagina quantas mensagens eu te mandei, tentando descobrir onde estava! É muito importante a gente poder contar com os amigos nessas horas! – Cris se mantinha firme no intuito de animá-la.

– Amigos? – Babete repetiu triste. – Sinceramente, acho que a única amiga que eu tenho é você...

Cris observou, compungida, que seus lindos olhos azuis haviam perdido completamente o brilho.

Não diga bobagens! – pediu, já abrindo a bolsa e tirando de lá de dentro o computador. – Vamos ver aqui...– ela ligou o computador.

– O que você vai fazer? – estranhou Babete.

– Eu vou entrar na sua página, ora essa. Você não tem uma página na internet? Qual é a sua senha?

Babete disse e sentou-se um pouco mais perto de Cris, sentindo uma leve vontade de confirmar se ela tinha razão.

– Está vendo? Tem muitas mensagens aqui! – Cris foi correndo rapidamente os recados pela tela, só para mostrar a quantidade.

– Espere! – Babete percebeu algo que havia escapado ao olhar de Cris.

Incentivada pela amiga, tomou no colo o computador e abriu ela mesma aquela mensagem.

– É do Zeca – ela explicou com os olhos cheios de água.

Cris abriu a boca, sem saber o que dizer, olhou assustada para dona Zuleika. As duas se aproximaram da tela para ver do que se tratava.

– Eu tinha certeza de que ele iria me dar uma justificativa! – imaginou Babete, enquanto o computador abria a 'janela' para que a mensagem aparecesse.

Eu também não sabia o que fazer. Minha vontade era conseguir provocar algum tipo de curto, contribuir para o acontecimento de qualquer coisa que fizesse o computador parar de funcionar. Mas logo caí em mim e percebi que não iria adiantar. Minha filha certamente daria um jeito de encontrar outro computador, agora que sabia que a mensagem estava ali.

"Babete, por favor, não me odeie. Prometo um dia reparar todo o mal causado. Zeca."

Um lágrima escorreu pelos olhos de minha filha, que apenas levantou do colo o computador, passando-o de volta para a amiga.

Sem dizer nada, entrou no banheiro e trancou a porta.

– Eu não devia ter dado esta sugestão... – lamentou Cris, depois de ler a mensagem. – Nunca imaginei que...

– Não tem problema, filha. Já é hora de Babete começar a enfrentar a realidade – disse Zuleika, inspirada agora por Augustus, que acabara de chegar.

Achei estranho que ele tivesse vindo sem que eu chamasse. Compreendi de imediato que era também para mim a frase que acabara de transmitir por intermédio de dona Zuleika. Antes mesmo, porém, que eu tivesse como perguntar qualquer coisa, fomos surpreendidos pelo forte estrondo vindo do banheiro.

Cris e dona Zuleika correram imediatamente para lá. Tinha acontecido o pior.

Açúcar de Confeiteiro

Fênix

PARTE 2

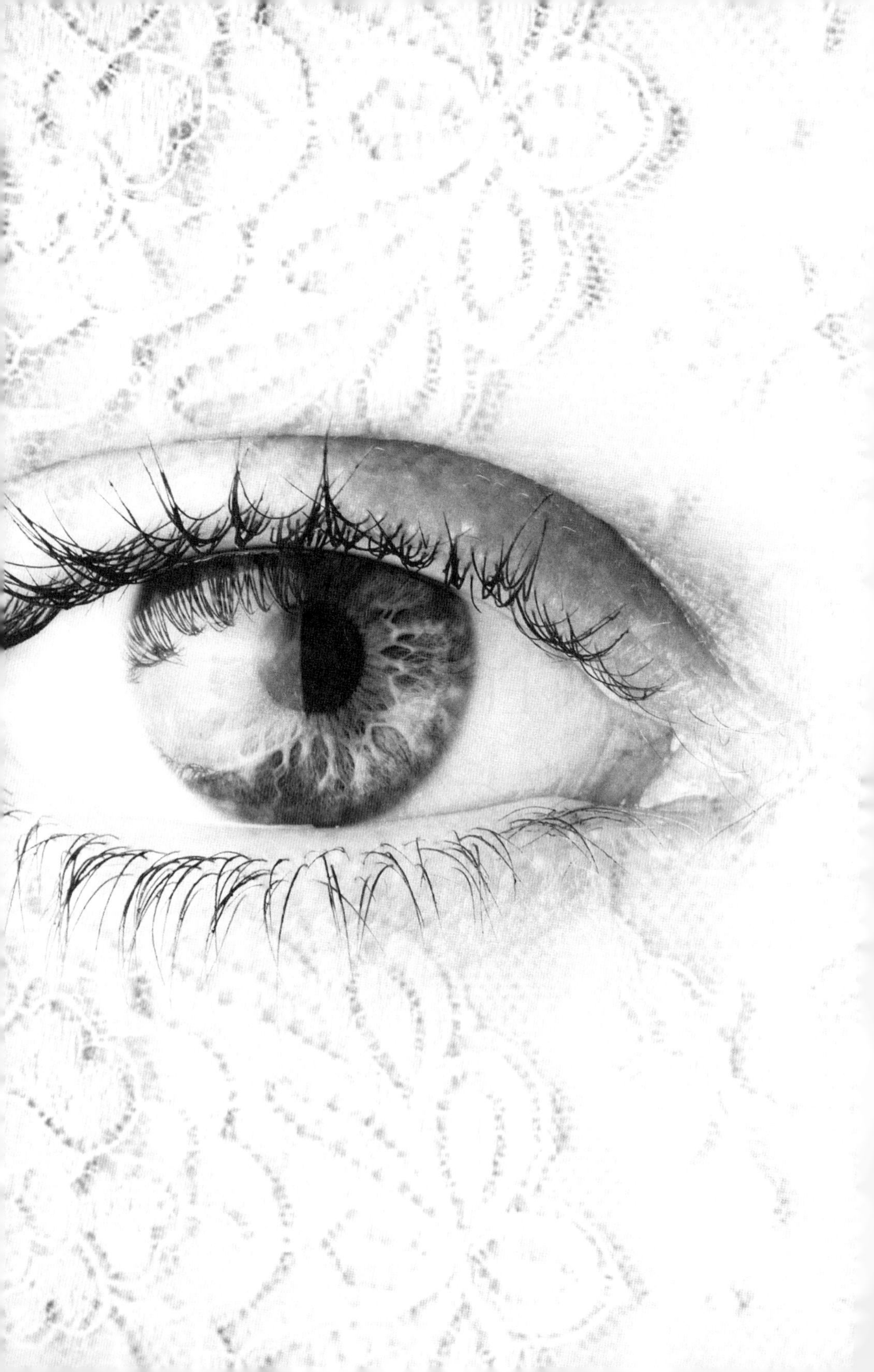

1

Ninguém nunca conseguiu localizar o aneurisma de minha mãe, Babete. Naquela ocasião, depois de ser levada às pressas para o hospital, ela foi medicada por um neurologista que, preocupado com os resultados da tomografia, deu a ela imediatamente um remédio para estancar o sangramento e a transferiu para um hospital maior, onde ela permaneceu vários dias em observação numa UTI.

Para mim, foi um choque. Pior até do que quando o Zeca aplicou aquele golpe. Aliás, eu sempre tive a certeza de que ele iria aprontar! Estava escrito na cara dele! Mas Babete (depois que saí de casa, eu passei a chamá-la quase sempre pelo nome, nem sei explicar o porquê) nunca me deu muito crédito quando eu falava essas coisas. Achava que Zeca era o seu príncipe encantado, um presente dos céus! Agora acho que ela está vendo bem o presente que recebeu...

Apesar de tudo isto, na hora em que eu soube que ela tinha sido levada para um hospital naquelas condições, eu senti muito medo de ficar sem ela, o maior de todos os medos que eu já tive na vida. Talvez até porque eu esteja grávida, porque esteja agora passando pela mesma experiência por que um dia ela passou quando me trouxe para este mundo.

Não tive ainda a coragem de contar nada para ela. Ainda mais com tudo isto acontecendo. Mas sei dizer que a coisa que eu mais quero neste mundo é que ela esteja perto de mim na hora em que o meu filho ou a minha filha nascer. Mais até do que o Matheus.

O Matheus... Não sei ainda o que vai ser deste nosso relacionamento. Não imaginava que eu iria me apaixonar deste jeito pelo Matheus! Somos colegas desde o sétimo ano, sempre fomos amigos, sem segundas intenções de nenhuma das partes. Mas talvez tenha sido justamente por esta imensa amizade que nós acabamos nos descobrindo apaixonados um pelo outro.

Nunca conheci ninguém que tivesse tanto a ver comigo como o Matheus, que me entendesse tanto, que me conhecesse tão profundamente. Mais do que o meu namorado, o Matheus é o meu melhor amigo.

Só que nem como melhor amigo eu estou conseguindo dividir com ele este problema do bebê. Fico com a sensação de que ele não vai acreditar, que vai achar que eu já estava grávida quando tudo aconteceu, sei lá. Porque não é nada fácil acreditar que uma garota engravidou quando ela e o namorado tiveram o seu primeiro relacionamento mais íntimo. Eu mesma custei a acreditar quando aquela médica falou. Fiquei com ódio daquela mulher, nunca mais quis voltar naquele hospital.

Agora, no entanto, eu vou ter que arrumar algum médico, porque já faz quase três meses que eu estou com esta criança aqui dentro. Alguém, em alguma hora, vai ter que verificar se está tudo bem com ela.

Às vezes penso que seria tudo muito mais fácil se eu simplesmente tirasse o bebê, se encerrasse esta história sozinha sem contar para ninguém. Mas eu não tenho coragem. Fico morrendo de vontade de chorar só de pensar, tomada por um medo tão grande que quase me paralisa. E nem é só por causa do receio que eu tenho dessas clínicas que fazem essas coisas. Mas porque, de alguma forma, eu sinto amor por esta criancinha, mesmo a despeito de toda a confusão que ela já está causando na minha vida. É um amor tão estranho, que eu nem sei como explicar, que cresce a todo instante mesmo sem eu querer. Não sei se por causa do Matheus, por eu ter nascido de uma maneira tão parecida ou porque eu sempre gostei muito de crianças. Não sei se eu devia sentir por este bebê este amor tão grande mesmo antes de aparecer qualquer barriga. Mas o fato é que eu já sinto. E só de pensar em ficar sem ele, já me dá um desespero terrível, que de alguma forma é parecido com o medo que eu tenho de ficar sem Babete... Como tenho sentido medos ultimamente! Eu não era assim!

Só que preciso decidir logo se eu vou ou não contar para o Matheus. Falta menos de um mês para ele viajar para o Canadá, já estamos em contagem regressiva.

Fico com a sensação de que a mãe dele inventou tudo isso só porque percebeu o quanto nós dois estávamos ficando envolvidos. Ela já disse, mais de mil vezes, na minha cara, que acha que nenhum jovem deveria se envolver tão seriamente com a nossa idade, que um rapaz de dezenove anos tem que se dedicar primeiro a sua formação profissional, aproveitar a vida enquanto pode. Ela teve a coragem de dizer isto num dia em que eu estava lá!

O Matheus não responde nada; ela às vezes fala tanto que ele simplesmente deleta. Eu sei que ele não pensa assim. Só fico um pouco preocupada que, de tanto ela falar na cabeça dele, ele acabe concordando com ela...

Então fico me lembrando das palavras de Babete no dia em que sem querer eu ouvi um pedaço da conversa dela com a Cris, sobre o meu pai. "No mínimo, a família dele iria questionar, iriam exigir um exame de DNA! Já pensou? Imagine se eu iria fazer a minha filha passar por um constrangimento desses...", ela disse.

Lembro dessas palavras todos os dias, muitas vezes no mesmo dia. Na hora, eu fiquei com muita raiva, pensei que Babete era uma grande egoísta, que só tinha pensado nela quando tomou esta decisão. Mas agora, depois que a ficha caiu que eu estou com uma criança aqui dentro, eu comecei a entender o que ela disse. Por nada deste mundo eu quero que a mãe do Matheus me olhe com cara de nojo, que questione de alguma forma se o meu bebê é ou não do filho dela. Eu ficaria profundamente ofendida com isso.

Queria tanto ter coragem de contar tudo para a minha mãe. Com toda a certeza, a Babete antiga iria dar um ataque, falar sem parar e até me xingar. Mas depois ia ficar tudo bem. Ela ia acabar se conformando. Até porque, antes, ela seria capaz de tudo para que eu ficasse amiga dela de novo, do jeito como nós éramos antes desse Zeca aparecer.

Mas agora eu já não tenho mais certeza de nada. Babete está muito esquisita, muito diferente do que ela sempre foi. Parece até que jogaram um monte de sacos de cimento por cima dela e ela mal consegue se levantar por causa do peso. Desde que veio para a casa da vó Zuleika, eu nunca vi a minha mãe sorrir.

Não sei como é que vão ficar as coisas daqui para frente. O médico que cuidou dela no hospital disse que o aneurisma não é mais um problema. Ninguém encontrou, porque ele provavelmente era muito pequeno e fechou com a medicação. Agora basta fazer alguns exames de tempos em tempos para ter certeza de que está tudo bem. O grande problema, porém, pelo que eu entendi, é o que causou esse aneurisma. De tanto examinar a minha mãe, o médico acabou descobrindo que ela tem um negócio chamado "síndrome metabólica"; os exames deram "alteração inicial de glicemia".

Eu nunca tinha ouvido falar nisso. Pelo que ele explicou para mim e para vó Zuleika, é uma combinação de desordens médicas que aumentam o risco de desenvolver diabetes e doenças cardiovasculares. O médico disse que ela afeta uma em cada cinco pessoas, sendo que o risco aumenta com a idade. E também que alguns estudos estimam que nos Estados Unidos essa síndrome já atinja até vinte e cinco por cento da população. Sei lá porque tudo eles comparam com os Estados Unidos! Acho que é só para confundir ainda mais a cabeça da gente!

Os médicos gostam de citar uma porção de estatísticas, mas o que exatamente causa essa síndrome, pelo que entendi, ninguém ainda descobriu totalmente. O que se sabe é que a maioria dos pacientes são mais velhos, obesos, sedentários e apresentam um grau de resistência à insulina, sendo que o estresse também pode ser um fator contribuinte. Embora Babete não tenha nem quarenta anos, acredito que os outros fatores têm tudo a ver com ela. O médico falou que a hipertensão, resultante do conjunto de todos estes fatores pode ter sido a causa do aneurisma. Vou acabar virando especialista nesses termos e doenças, de tanto levar minha mãe para fazer consultas!

Já andei até pesquisando sobre o assunto. Descobri que a tal síndrome metabólica, que até bem pouco tempo atrás era conhecida como "síndrome x" – parece até uma mistura de biologia com matemática!, é sempre causada por um grupo de sintomas que na verdade refletem um distúrbio metabólico geral. É como se o funcionamento do corpo entrasse numa espécie de colapso. O mais curioso é que esse resultado pode ser provocado pelo acúmulo de várias causas diferentes, que podem ser: o diabetes do tipo 2, obesidade com incapacidade de perder peso, colesterol alto, pressão alta, taxa de triglicerídios alta, baixo HDL (que é o que eles chamam de colesterol bom), doença cardíaca coronariana.

Acho que os únicos fatores que não apareceram em Babete foram a doença cardíaca coronariana e a tal diabetes do tipo 2 (eu nem sabia que existiam tipos diferentes de diabetes, para mim era tudo uma coisa só!). Sendo assim, acho que a síndrome de minha mãe poderia ser até chamada de 'xy', pelo acúmulo de tantos fatores! Fico me perguntando como é que tudo isso aparece de repente numa pessoa! Mas o médico disse que é um processo, que as coisas vão acontecendo lentamente sem que a pessoa perceba, principalmente quando não tem o hábito de fazer exames periódicos.

De tudo isso, o que mais me preocupa é a obesidade de Babete. Minha mãe engordou muito desde que veio morar com a gente. Só que parece que ela nem liga. Ela nem se arruma mais, não se cuida. Se duvidar, acho que nem se olha mais direito no espelho. Fico angustiada de ver Babete desse jeito. Ela nunca foi assim. Sempre foi uma mulher vaidosa, bem tratada, que fazia questão de andar sempre bem arrumada. Pelo menos por fora... O pior é que agora ela vai ter que entrar na dieta. Sinceramente, não sei se ela vai conseguir.

– Afinal de contas, quantos quilos a sua mãe engordou? – Matheus perguntou, quando falei com ele sobre a síndrome.

– Não sei ao certo. O médico explicou que o problema não se resume apenas em a pessoa engordar. A questão é o local onde a gordura se acumula – expliquei.

– Como assim? – tudo aquilo era tão novo para Matheus quanto para mim.

– Ele falou que tem pessoas que tendem a engordar nas coxas, nas pernas e nos quadris. Por incrível que pareça, estas pessoas correm muito menos risco do que aquelas cuja gordura se deposita preferencialmente na região abdominal e na parte superior do corpo – detalhei para ele as informações de que me lembrava..

– Mas que diferença faz? Eu não entendo! – insistiu Matheus.

– Ele disse que, quando as células de gordura se acumulam nessa região crítica, envolvem também todos os órgãos ali localizados. Mas o fator mais preocupante é que o excesso de gordura dificulta a absorção de glicose pelo organismo, o que com o tempo pode acabar levando ao diabetes – continuei.

– Quanta complicação... Mas, afinal de contas, a sua mãe é diabética? – quis saber Matheus.

– Não, ela não é. Mas corre grande risco de ficar se não seguir os cuidados necessários – repeti para ele as palavras do médico.

Ainda estávamos conversando, quando Babete chegou da rua com vó Zuleika. As duas estavam carregadas de sacolas, estavam acabando de vir do supermercado. Depois do susto do aneurisma, ela tinha melhorado um pouco. Estava mais ativa, não ficava mais tanto tempo chorando dentro de casa, até acompanhava vovó nas compras de vez em quando.

– Passamos na padaria também! Precisam ver que delícia de rosca que eu comprei para o nosso lanche! De creme com recheio de frutas cítricas! – Babete anunciou, entrando na cozinha com as sacolas. – Sabem que eu estou até pensando em aprender a fazer roscas? – ela disse, enquanto vó Zuleika começava a preparar um café.

Olhei angustiada para Matheus e ele de imediato captou minha preocupação:

– Mas, por tudo o que você acaba de me contar, ela não deveria estar de dieta? – ele perguntou baixinho.

– Pois é... – admiti aborrecida. – Vai alguém dizer isso para ela! Vira uma onça! Outro dia me jogou um pacote de pão, como se eu estivesse querendo que ela não comesse só para ficar com tudo. Sinceramente, já nem sei o que fazer...

– Mas o que ela diz? Não sabe que tem que fazer dieta? Não ouviu essas explicações todas que você me deu? – estranhou Matheus.

– Ouviu e não ouviu. Sabe quando uma coisa entra por um lado e sai pelo outro? – continuei cochichando, enquanto as duas preparavam a mesa para o café da tarde.

– Mas o que ela diz então?

– Diz que tudo isso é bobagem, que ela está ótima, que aneurisma é uma coisa genética, que não tem nada a ver com pressão alta, nem com regime. Ela garante que tudo é emocional, que, se ninguém ficar pegando no pé dela, logo, logo ela vai estar boa... – suspirei.

Andava realmente cansada de ficar vigiando Babete. Nunca na minha vida eu pensara que um dia fosse ter de fazer esse papel. Ela comia de tudo, sem nenhum critério! As coisas com que o médico tinha pedido para que tomasse cuidado, do tipo açúcar, pão, manteiga, frituras e doces em geral, eram o que ela mais comia. Ela parecia mesmo tomada por um desejo de grávida, comia agora muito mais do que comia antes. Não podia ver uma padaria, uma confeitaria, que logo entrava e não saía de lá com menos de três ou quatro pacotinhos de coisas confeitadas, cheias de açúcar.

– Mas assim ela só vai se prejudicar – Matheus observou, enquanto Babete se esbaldava passando geleia por cima do pão de creme.

– Sabe que eu às vezes penso se no fundo ela não está tentando se matar? – desabafei arrasada.

Ficamos um tempo de longe, observando enquanto ela colocava as coisas na mesa. Ia beliscando, provando de tudo que ia arrumando nas cestinhas para servir. Ultimamente aquilo vinha me dando uma tristeza tão grande que eu nem estava conseguindo comer direito. Até porque os enjoos estavam cada vez piores e eu não queria que ninguém percebesse que eu passava mal sempre que comia.

– Vocês não vêm lanchar? – vó Zuleika chamou, colocando o bule de café fumegante sobre a mesa.

Acabamos sentando. Já estávamos nos servindo, quando Babete viu o envelope com o nome dela que eu tinha deixado no canto e resolveu abrir para ver o que era. Na parte da frente tinha um carimbo de urgente. Babete abriu a carta que tinha dentro, correu os olhos pelo texto e bateu na mesa com muita raiva.

– Não é possível! Vocês acreditam que os novos donos do meu apartamento estão me cobrando uma fortuna em condomínios atrasados?

– Mas você não pagava os condomínios, minha filha? – estranhou dona Zuleika, se servindo de um pouco de café.

– Pagava, vó... – ela baixou a cabeça arrasada. – Todos os meses eu dava o dinheiro para o Zeca ir no banco pagar...

– Já entendi tudo – disse Matheus. – E agora? Como é que você vai provar isso? – ele também se preocupou.

– Não vou ter como provar – Babete encheu a boca com um pedaço imenso de rosca. – Até porque as pastas com os recibos foram junto com a mudança...

– E como é que você vai pagar? É muito dinheiro? – perguntei.

– Muito, Fênix. Cinco anos de atraso, mais juros e correção monetária. Sendo que o condomínio nunca foi dos mais baratos – ela disse com a voz cheia de amargura.

– Meu Deus! Como vamos fazer? – angustiou-se vó Zuleika.

– Não se preocupem. Eu amanhã vou ao banco tentar fazer um empréstimo – Babete respondeu vencida.

– E se o banco não quiser emprestar? – questionei. – Você esqueceu que nem tem mais conta corrente? Aquele danado...– Matheus apertou minha mão debaixo da mesa antes que eu terminasse de expressar minha indignação.

– A gente vai ter que dar um jeito, Fênix. Ainda não sei qual, mas nós vamos ter que resolver isso... – minha mãe garantiu.

2

Cheguei de tarde do cursinho e encontrei vó Zuleika e Babete diante de várias pilhas de roupas espalhadas pelo sofá, pelo tapete, por cada canto da sala. Havia também um monte de bijuterias sobre a mesa de jantar.

– O que significa isto? – perguntei assustada.

– Sua mãe teve uma ótima ideia – exclamou vó Zuleika, dobrando algumas blusas. – Vamos fazer um bazar com as antigas roupas e bijuterias dela!

– Antigas nada, vovó! Sabe que tem coisa aqui que eu nem usei? Olha só esta saia! Está até com etiqueta – ela veio lá de dentro segurando uma garrafa de água com um copo emborcado em cima e parou para mostrar a saia. – Paguei uma nota por ela! Acho que dá para cobrar pelo menos metade do preço – ela avaliou, enchendo agora o copo de água. – Meu Deus, que sede! Acho que só esta manhã já bebi umas três garrafas de água! Será que tem alguma coisa a ver com a roupa?

– Reparei mesmo, filha... – disse dona Zuleika. – Mas não sei se tem a ver com a roupa... – ela cheirou um casaco que tinha nas mãos. – Nem estão com odor muito forte de guardado...

– Vocês estão ficando malucas ou é impressão minha? – eu não conseguia acreditar no que estava vendo.

Babete sempre tivera tanto luxo com aquelas roupas dela, não gostava de me emprestar sequer uma peça quando eu tinha alguma festa. Como poderia agora querer se desfazer de tudo sem qualquer apego?

– Eu não disse que iria dar um jeito? – ela disse, notando meu espanto, enquanto virava no copo mais um pouco de água. – De que adianta ter três malas cheias de roupas de grife e não ter dinheiro para pagar as contas? Ai, meu Deus... – ela saiu correndo em direção ao banheiro. – A água não para no organismo! – ela gritou lá de dentro.

– Mas... como é que vocês vão vender isso? Aonde? – questionei, ainda incrédula, verificando as roupas sobre o sofá.

– Esta é uma questão que ainda não resolvemos – disse dona Zuleika, dobrando uma suéter.

– Sua avó pensou na garagem de uma senhora amiga dela, a dona Aparecida – disse Babete, de novo vindo lá de dentro. – Só que a casa fica muito afastada do centro, não sei se teria o efeito que nós precisamos... – ela observou, agora olhando um vestido. – Meu Deus... Eu estava uns dez quilos mais magra quando comprei este vestido...

– E o que faz você achar que as pessoas vão querer comprar todas essas coisas? – perguntei.

– Ora essa, sua mãe era uma pessoa de grande destaque social até pouco tempo atrás! Vivia saindo em jornais e revistas, todas as mulheres da cidade a invejavam – respondeu vó Zuleika.

– Mas você acha que elas vão querer comprar suas roupas mesmo depois de tudo o que aconteceu? – duvidei.

– Filha, você ainda não viveu nada... Não sabe do que uma mulher invejosa é capaz... – ela fez uma cara estranha, parecia que estava sentindo algo de errado.

– Está tudo bem? – perguntei.

– Acho que sim. É que de vez em quando me vem uma sensação de enjoo...

– Também, com a quantidade de água que você bebeu desde que acordou! – comentou dona Zuleika.

– Não é isso, vovó... – respondeu Babete, ainda com cara de quem está sentindo muito mal estar. – Se a senhora soubesse o gosto estranho que estou sentindo na boca... Parece até que tomei um vidro de acetona...

– Você não... – assustei-me de imediato.

– Mas é claro que não, Fênix! – Babete captou no ato o que eu estava pensando. – Isso é uma coisa que eu jamais faria! – ela garantiu, tomando agora um vestido nas mãos.

Era um vestido muito bonito, todo bordado com contas importadas.

– Comprei este vestido especialmente para a inauguração de um iate feito pela empresa... – ela recordou com certa nostalgia.

– Estou começando a captar o espírito da coisa! – eu disse, tendo uma ideia. – Neste caso, precisamos caprichar na estratégia de divulgação!

– Agora fui eu que não entendi – respondeu Babete, verificando uma calça de couro de marca que trouxera da Argentina. – E pensar que eu ia deixar tudo isso no apartamento... Onde eu estava com a cabeça! Aliás, nem sei onde eu estava com a cabeça quando comprei tudo isto... – ela continuava mexendo na pilha de roupas.

— Então! Você sempre foi uma mulher chiquérrima! Precisamos fazer deste bazar uma coisa glamourosa! Não pode ser simplesmente o bazar onde uma *socialite* falida está vendendo suas roupas para pagar suas dívidas. Ia desvalorizar a mercadoria!

— Ainda não compreendi onde você quer chegar — Babete deixou de lado as roupas para prestar atenção ao que eu tinha a dizer.

De novo ela parecia estranha. O rosto muito abatido, o olhar triste e derrotado. Parecia mesmo que ela não entendia nada do que eu estava dizendo. Sua mente, seu coração, toda ela estava muito longe dali. Mas onde estaria? — eu tentava descobrir em silêncio.

— Por enquanto, como você mal sai de casa, ninguém tem certeza de nada. São apenas boatos que circulam — tentei começar a explicar.

— Boatos que circulam... — ela repetiu, de novo mexendo nas roupas. — E pensar que a minha vida virou uma fofoca...

— Não fala assim, filha... — vó Zuleika tentou animá-la.

— Aí é que tá! Você precisa dar a volta por cima! — insisti. — Olha isto aqui! — não pude deixar de reparar numa blusa dourada, fabricada na Turquia, toda feita de uma renda muito delicada.

— Fênix! Eu não... — Babete tentou me interromper, mas eu não deixei.

— Minha ideia era você aparecer triunfal, dizendo que está se mudando para a Europa, que decidiu vender tudo porque não teria como viajar carregando tanta bagagem! — sugeri, animada. — Não seria o máximo?

— Não sei se eu gosto dessa ideia... — disse Babete. — Fale um pouco mais — ela pediu.

— A diferença é que não estariam comprando as coisas de uma pessoa falida, mas de uma mulher sempre surpreendente, a caminho de uma situação ainda mais desejável e invejável por todas! Não é a inveja a matéria-prima que movimenta sua grife? — brinquei.

Babete, no entanto, não pareceu se empolgar tanto quanto eu imaginava. Continuava olhando para as próprias roupas, triste e pensativa.

— Acho que essa menina daria uma boa publicitária — comentou vó Zuleika. — Tem cada ideia! Mas onde faríamos tudo isso?

— Que tal no clube que a minha mãe frequentava sempre? — sugeri.

— Seria demais para mim... — suspirou Babete. — É muita humilhação, Fênix!

— Babete, você não está entendendo! Mais do que nunca, você precisa vestir a personagem! Você é uma mulher chiquérrima que está se mudando para a Europa! — de novo insisti, colocando na frente dela a blusa dourada da Turquia. — Você continua especial! Até porque não é a roupa, nem a situação financeira que fazem que uma pessoa seja ou não especial!

– Não sei se eu consigo... – minha mãe se olhou no espelho grande que ficava atrás da mesa de jantar, depois tirou a blusa da frente e a dobrou calmamente sobre a pilha de roupas já separada para a venda.

Pela primeira vez senti pena dela. Estava realmente abatida e acabada... Ainda assim, uma força, que nem sei de onde veio, me impeliu a levantar seu ânimo.

– É claro que consegue! Você é uma mulher lindíssima! Muito mais bonita do que eu, até! O importante é a gente sair desta situação difícil! Não é isso o que você quer?

– Lindíssima... Ah!... – ela suspirou com desdém. – E quando elas descobrirem que eu não fui? Que eu nunca saí daqui e estou vivendo de favor na casa da minha avó? – disse me encarando com seus olhos fundos, antes de entrar de novo na cozinha para buscar mais água.

– De favor, não, Babete! Se eu tenho este apartamento foi porque um dia seus pais o compraram para mim. De mais a mais, você é como se fosse minha filha também! Vocês duas! – protestou dona Zuleika.

Babete beijou o rosto da avó, antes de virar seu copo de água.

– Tudo bem, vovó... Eu te agradeço muito por isto... Só que eu estou arrasada, não vou conseguir... – ela começou de novo a se fixar na tristeza.

– E se a gente se mudasse de verdade daqui? – sugeri, agora pensando também no transtorno que seria quando todos na cidade descobrissem a minha gravidez.

– Acho melhor não pensar tantas bobagens. Se a sua mãe não se sente bem fazendo este papel de rica, que graças a Deus ela não precisa mais interpretar, deixa ela fazer o bazar lá na garagem da Aparecida mesmo. Tenho certeza que as pessoas de lá vão querer comprar as roupas dela – opinou vó Zuleika, dobrando algumas blusas. – Afinal, todo mundo gosta de se vestir bem!

– Aí é que tá, vovó! As roupas são a única coisa que temos. E são coisas boas! Olha só isso! – peguei no sofá um vestido todo bordado que estava me chamando a atenção. – A questão é a gente conseguir um preço justo por elas, um preço que compense para a minha mãe se desfazer de tudo. Comprar, todo mundo vai querer comprar! O negócio é encontrar o melhor mercado! – argumentei.

No final das contas, as duas acabaram concordando com a minha teoria. Fiquei de ir eu mesma mais tarde no clube com Matheus. O charme e o encanto se esvaziariam se a própria Babete negociasse o bazar – que eu já estava pensando em chamar de *"Garage Sale"*. Afinal, teoricamente, ela estaria ocupadíssima em providenciar os papéis da viagem.

Foi tudo muito mais fácil do que imaginávamos. Babete sempre tinha sido muito admirada no clube; a própria mulher do presidente já se empolgou logo de saída. Eu e Matheus marcamos o evento para a semana seguinte. Era o tempo de preparar todas as roupas, tirar qualquer pequena manchinha que tivesse passado despercebida, deixar tudo em condições de ser exposto como se nunca tivesse nem saído da boutique.

Matheus era um super parceiro, comprou a causa logo de saída, me deu a maior força na hora de conversar com o pessoal da diretoria.

— Mas então quer dizer que você está indo para o Canadá e as duas para a Europa? Como é que vai ficar o casalzinho? – a esposa de um dos diretores fez questão de cutucar com certa ironia.

— Pois é. Estou fazendo de tudo para convencer a mãe dela a trocar a Europa pelo Canadá, mas a questão é que a mãe dela recebeu propostas de trabalho muito interessantes na Europa – ele tirou de letra o comentário. – A Fênix descobriu um curso de cinema na Itália com o Bernardo Bertolucci! Não é todo dia que aparece uma oportunidade como essa! – disse, piscando para mim de uma maneira toda especial.

Mais tarde, quando ele veio me trazer em casa de carro, ficamos um tempo rindo de como havíamos conseguido convencer todo mundo de nossa história fantástica e glamorosa.

— Cara! De onde você tirou aquela ideia de curso com o Bernardo Bertolucci? Por um momento, sabe que eu até me vi na Itália aprendendo a fazer cinema? – comentei, morrendo de rir.

— Pois eu acho que você daria uma ótima cineasta! – ele sorriu. – Você é sempre tão cheia de ideias!

— Sabe que eu nunca tinha pensado nisto antes? De qualquer maneira, na Itália é que nunca ia ser! – lamentei.

— E por que não? Você nunca ouviu dizer que é de sonhos que se constrói a realidade? – ele me instigou. – Sabe, desde a época de escola, eu sempre adorei o seu jeito de escrever!

— Você nunca tinha me dito isso antes... – corei, envergonhada.

— A única coisa triste nisso tudo é que eu vou ter de viajar de verdade, e falta menos de um mês para eu ter que ir... – ele quebrou o clima de repente.

Também fiquei triste. Pensei na barriga, em todos os meus problemas e me veio uma vontade enorme de chorar. Não consegui segurar. Matheus também começou a chorar e nós ficamos um tempo ali abraçados.

— No fundo, tudo o que eu queria de verdade era que vocês fossem comigo para o Canadá... – ele disse. – Quem sabe a gente encontra um curso de cinema por lá?

— Para com isso! Você sabe que a gente não pode, que não estamos conseguindo nem pagar as contas direito. Ainda mais agora, com toda esta dívida que o Zeca deixou para a Babete... – argumentei chateada.

Foi uma despedida triste a daquela noite. Subi com uma sensação horrível de impotência. Minha vontade era voltar lá no passado e desviar aquele infeliz do Zeca do caminho da minha mãe antes que eles se conhecessem... Será que as coisas tinham mesmo que ser assim? Será que a vida de Babete não teria sido muito diferente se ele nunca tivesse cruzado com ela?

Abri a porta da cozinha e, para minha tristeza ainda maior, encontrei Babete devorando uma panela de brigadeiro. Perdi a paciência com ela.

– Eu não acredito! Eu fazendo tudo para te ajudar e você nem para contribuir o mínimo, seguindo direitinho a dieta? – disse, arrancando a panela das mãos dela.

Sem querer, eu tinha virado a mãe e ela, a filha.

– Me dá isso aqui, Fênix! – ela veio brava atrás de mim.

– Não dou! – disse, abrindo rapidamente a torneira da pia e enchendo a panela de água.

Eu estava com muita raiva. Inconscientemente, talvez até me vingasse de tudo por que estava passando agora, em função do problema dela, da sua obstinada teimosia em nunca ter escutado o que eu sempre falei. Mas ao mesmo tempo estava de verdade preocupada com a saúde de Babete, com tudo o que o médico havia explicado para nós. Eu não queria que ela piorasse!

– Grande bobagem tudo isso! – mostrando-se ressentida, ela já foi logo abrindo um pacote de pão francês que estava em cima da mesa. – Não posso comer meu doce? – ela encheu a boca de pão. – Pronto, então como pão! – disse de boca cheia. – Ninguém vai me impedir de comer!

Parecia até criança. Fiquei tão desnorteada que larguei a panela de qualquer jeito dentro da pia, a torneira aberta e corri para dentro.

– Quer saber? Faz o que quiser! É a sua vida! Desisti de tentar te ajudar!

– O que é que está acontecendo aqui? – vó Zuleika veio lá do quarto de camisola. – Vocês duas estão brigando de novo?

– É a Babete, vó! Olha lá na pia o que ela tava comendo! Só falta agora devorar um pote de doce de leite por cima! Ou quem sabe uma goiabada? – ironizei.

– Sabe que você me deu uma boa ideia? – Babete me enfrentou.

– Parem com isso vocês duas! – gritou vovó. – Por hoje chega!

– É muito fácil para vocês ficarem apontando: pode comer isso, não pode comer aquilo! Pensam que é fácil para mim? Vocês podem comer de tudo, na hora em que bem entenderem! Eu não. Nem manteiga posso passar mais no pão! – ela começou a chorar. – Isso lá é vida?

– Filha, eu sei que é difícil para você. Estou até tentando me policiar para não fazer mais coisas que você não possa comer. Mas você precisa pensar que comida não é tudo. A gente não veio a este mundo só para comer! – vó Zuleika tentou ponderadamente argumentar.

— Você precisa pensar na sua saúde! — argumentei de longe.

Babete enterrou a cabeça por entre os braços em cima da mesa e começou a chorar.

— Não fica assim... — não aguentei e voltei para perto dela. — A gente só quer o seu bem...

— Assisti hoje a um programa de entrevistas na televisão, onde um médico dizia que a pessoa com síndrome metabólica é comparável a alguém andando em um carro com pneu careca e freio ruim em dia de chuva! — disse dona Zuleika.

— Nem carro mais eu tenho... — chorava Babete. — Vocês acreditam que eu liguei para o Detran e descobri que o Zeca passou até o carro para o nome dele sem eu saber?

— Não tem como você dar queixa contra ele? Eu estou dizendo isto desde o princípio! — insisti.

— Imagine os riscos para o coração de quem é, ao mesmo tempo, obeso e tem pressão, colesterol e triglicérides elevados? Não pode ficar comendo qualquer coisa! — vó Zuleika continuava falando sem parar; tinha ficado verdadeiramente impressionada com as palavras que ouvira do médico no programa de entrevistas.

— Fala, mãe, por que você não dá queixa na polícia contra ele? Por que você não fez isso até hoje? — novamente tentei imprensá-la.

— Porque eu não quero, Fênix! Eu não vou fazer isso. Não quero transformar o Zeca em um bandido fichado pela polícia! — Babete explodiu.

Minha vontade era de acertar um soco na cara dela! Que ódio! Eu ali tentando fazer tudo para ajudar, dando a maior força para ela e a boba querendo proteger aquele safado.

— E por acaso ele não é um bandido? Que nome você dá para tudo o que ele fez com você? — ainda perguntei, antes de sair da cozinha.

Minha avó continuou lá, falando sobre a dieta que fora recomendada na televisão, como se Babete estivesse minimamente interessada no que ela estava dizendo:

— Eles recomendaram o consumo de óleos vegetais, verduras, legumes, frutas, leguminosas, cereais integrais, carnes e leites magros. Tem tudo isso aí! Eu comprei tudo para você! — parecia até que ela nunca mais ia parar de falar.

— Tá, vó, eu sei... — respondeu Babete, ainda com a cabeça escondida entre os braços.

— Além disso, é muito importante a redução na ingestão de açúcares, doces, refrigerantes e até mesmo do sal usado no preparo e no tempero dos alimentos. Ele aconselharam a nem colocar mais o saleiro sobre a mesa... — vó Zuleika continuava lembrando.

– Ela sabe disso, vó. Tá tudo escrito lá na receita que o médico deu para ela. Agora pergunta se ela abre? Se lê alguma coisa? – me exaltei. – Sabe o que às vezes eu acho? Babete faz tudo isso só para chamar a atenção!

– Chega com isso, menina! – pediu vó Zuleika, nervosa. – Não vai ser desse jeito que você vai convencer sua mãe de nada!

Babete estava quieta, mal se mexia. De repente, vó Zuleika teve um *insight* e resolveu sacudi-la:

– Babete! Babete! O que está acontecendo com você?

Ela parecia meio lerda, demorou um tempo para responder:

– Estou com muito enjoo; ao mesmo tempo me bateu um cansaço tão grande que eu mal tenho forças de me levantar daqui para vomitar... Será que podiam pegar para mim um copo de água?

– Ela está respirando muito ofegante! – observei. – Ai, vó! Será que está tendo outro aneurisma?

– A gente precisava levar sua mãe no médico... – disse vó Zuleika, já voltando com o copo. – Babete! Você está melhor?

– Ai, não sei... – ela disse depois de beber rapidamente toda a água do copo. – Minha barriga está doendo muito... Onde é que eu tô?... – ela parecia estar entrando numa espécie de estado de confusão mental. – Estou vendo tudo muito turvo, não estou entendendo...

– Depressa! Vamos chamar uma ambulância! – decidiu vó Zuleika.

– E se eles demorarem? É melhor a gente ligar para o Matheus. Ele leva a gente no hospital! – resolvi, já pegando o telefone. – Ela está muito esquisita...

– O Zeca... Ele foi botar gasolina no carro... – Babete dizia, como se delirasse. – Estou com muita sede... – de novo ela pediu água.

Estava agora quase prostrada sobre a mesa.

– O Matheus está vindo – avisei a minha avó.

Com muita dificuldade, conseguimos carregar Babete até a porta do edifício. Ela parecia mole, o tempo todo falando coisas desconexas; estava muito esquisita. Assim que o carro parou, abri a porta desesperada, louca para ver Matheus. Para minha surpresa, no entanto, quem estava lá dentro não era ele, mas dona Vera e seu Heraldo, os pais dele. Eu quase caí para trás de tanto susto. Matheus sequer estava no carro.

3

— Queria, por favor, pedir a você que parasse de ficar ligando a toda hora para o Matheus... – com uma elegância formal, quase forçada, dona Vera começou a dizer.

Estávamos na sala de espera do hospital. Babete estava lá dentro fazendo uma porção de exames; minha avó andava o tempo todo de um lado para o outro, preocupada. Os médicos disseram que minha mãe estava em um estado de pré-coma quando chegou.

— Ela é diabética? – vi quando os enfermeiros perguntaram a minha avó.

— Não que eu saiba – respondeu vó Zuleika, ainda trêmula de susto.

— Ela tem síndrome metabólica – informei de onde estava. – Desculpe, como assim? – voltei-me de novo para dona Vera.

Eu não tivera coragem de comentar nada na hora em que entramos no carro. Nem mesmo por Matheus eu havia perguntado. Minha avó foi entrando com Babete, eu apenas entrei junto, morrendo de vergonha. Eles já sabiam de tudo e nos levaram até o hospital sem fazer muitas perguntas. Seu Heraldo ainda comentou qualquer coisa, no sentido de nos tranquilizar, mas dona Vera foi o tempo todo séria, não deu nenhum sorriso. "Imagine se ela sequer sonhasse que eu estou grávida do filho dela...", eu pensava comigo no caminho.

— Como assim o quê? – ela se fez de desentendida.

— A senhora não quer mais que eu fale com o Matheus? Quer que eu brigue com ele para sempre? – tentei me fazer entender.

— Não é nada disso – seu Heraldo interferiu. – A Vera só está preocupada...

Dona Vera, porém, não gostou que ele entrasse na conversa e logo o interrompeu:

— Vamos falar claramente, Heraldo, que esta situação já foi longe demais! O menino chegou em casa quase dez horas da noite e já queria sair de novo! Nos últimos tempos ele não tem feito nada da vida senão se preocupar com os seus problemas! O Matheus precisa se concentrar mais nos estudos!

Fiquei gelada quando ela disse isso. Tive ímpetos de dizer uma porção de desaforos, quase como se estivesse com um caroço de manga entalado na minha garganta. Foi preciso um esforço fora do comum para me segurar. "Ela é avó do filho que eu estou esperando", tentava pensar.

– Olha aqui, Fênix, nós já nos conhecemos há muitos anos, eu não tenho nada contra você – ela ainda assim continuou –, mas sinceramente não estou nada satisfeita com esse seu namoro com meu filho... Ele acabou de entrar para a faculdade, você sabe disso! Todos os dias tem trabalhos e pesquisas para fazer; não pode ficar o tempo todo se sujeitando aos seus caprichos e necessidades! Meu filho não tem idade para assumir um relacionamento com você, ele tem outras prioridades neste momento!

Eu tremia da cabeça aos pés. Do jeito como ela falava, me sentia como se fosse uma qualquer. Era como se eu também não estudasse, que só tivesse como objetivo na vida atrapalhar a vida do filho dela de uma maneira egoísta e insensata. Ou então, que estivesse com ele só pensando em me beneficiar a suas custas. "Será que toda aquela implicância era porque eu não tinha passado no vestibular?", pensava comigo.

– Foi ele quem pediu para que a senhora me dissesse isso? – a raiva profunda que eu estava sentindo me fez perguntar.

No entanto, ao invés de responder a minha pergunta, ela continuou a me atacar:

– Sua mãe está sendo mal falada em toda a cidade. O Matheus já se envolveu demais nesta história para o meu gosto!

– Vera, não fale assim... – seu Heraldo ainda tentou contê-la.

– Agora eu vou até o fim! – ela se desvencilhou dele e continuou olhando para mim exaltada. – Soube até que o meu filho andou indo no clube e inventando mentiras para ajudar vocês a realizarem um bazar de roupas. Só não falei toda a verdade na hora para a pessoa que me contou porque tenho muita pena da sua mãe! De mais a mais...

De repente eu já não conseguia ouvir mais nada do que ela estava dizendo."Tenho pena da sua mãe", aquilo soava como uma bordoada. Comecei também a sentir tonturas, um suor estranho descendo pela minha cabeça. Era um suor quente como se algo dentro de mim estivesse cozinhando. Junto com tudo isso veio o enjoo. "Só falta agora eu vomitar aqui na frente dela! Não posso fazer isso, ela não pode saber...", tentava, desesperadamente me controlar.

Neste minuto, para meu alívio, Matheus chegou.

– Como é que está sua mãe? – ele perguntou, olhando de forma desafiadora para dona Vera.

Ela o fuzilou com o olhar. Seu Heraldo, porém, ao contrário da esposa, pareceu apoiar o filho, abraçando-o de forma terna e compreensiva. Mas a essas alturas eu não tinha mais certeza de nada. Matheus segurou minhas duas mãos como se não estivesse nem aí para a mãe dele.

– Você está gelada... Está tudo bem? – ele perguntou preocupado.

Dona Vera não disse nada. Apenas respirou fundo, como a demonstrar que já estava saturada com a situação. Sentou-se então no sofá, pegou uma revista e começou a folheá-la com uma rapidez fora do comum.

Matheus trouxe um copo de água e me senti um pouco melhor. Mas não podia nem olhar para a mãe dele que já começava a passar mal de novo.

– O médico está vindo! – anunciou vovó, quebrando aquele clima tenso.

– Foi exatamente o que imaginávamos. Sua neta teve uma alteração metabólica, decorrente da elevação de açúcar no sangue – ele informou.

– Mas o que é isso, doutor? – seu Heraldo perguntou.

– Isso costuma ocorrer quando os níveis de glicose no sangue sobem muito além do normal. Faz muito tempo que ela é diabética? – ele quis saber.

Eu e minha avó não entendemos nada. Primeiro o enfermeiro, depois o médico. Por que estariam insistindo tanto naquela pergunta? Minha mãe nunca tinha sido diabética, não havia ninguém na família com esta doença, segundo vó Zuleika. Confusas, fomos seguindo o médico pelo corredor que levava aos quartos. Foi quando me lembrei então dos tais sintomas de que o outro doutor havia falado, quando nos explicou sobre a síndrome metabólica, da outra vez em que ela passou mal. Só que, até então, nós não tínhamos considerado a diabetes como um destes sintomas.

– Peraí, doutor. Explica direito para nós... Ela está diabética? – tentei organizar meu raciocínio, antes de entrar no quarto para ver minha mãe.

– Tudo indica que sim. O quadro de alteração de visão, com desidratação, mal-estar intenso e fraqueza muscular indica uma complicação aguda, que precisa ser tratada o quanto antes para que ela se sinta melhor – ele começou a explicar.

– Então quer dizer que é grave? Mas como é que tudo isso aconteceu de repente, doutor? – eu estava tão nervosa que mal conseguia controlar minha ansiedade.

– Quando há falta de insulina ou dificuldade de ação deste hormônio e o organismo se vê sem reservas de açúcar para atender às necessidades da pessoa e sobretudo do cérebro, já que o corpo não consegue captar a glicose como fonte de energia, as células se veem obrigadas a utilizar outras vias que não o açúcar para manter seu funcionamento. Uma das alternativas encontradas é usar os estoques de gordura e músculos para obter a energia que falta, levando à fraqueza, ao cansaço e demais sintomas da doença – ele esclareceu.

– Mas então ela já está diabética? Pelo amor de Deus, doutor, explica isso direto para a gente – pediu vovó, visivelmente nervosa.

– Ao que tudo indica, o pâncreas dela já está bastante comprometido. É comum a própria gordura acumulada impedir que as células absorvam a glicose, desregulando aos poucos toda a produção de insulina. É preciso agora tomar muito cuidado para não agravar ainda mais a doença. Tivemos de entrar imediatamente com a insulina. Daqui para frente, ela vai precisar levar o tratamento muito a sério – ele informou, antes de entrar conosco no quarto onde Babete agora estava sendo medicada.

Matheus e os pais dele ficaram na recepção. Eu mal tivera tempo de dizer qualquer coisa antes de entrar. Minha mãe estava deitada em uma cama, desacordada e muito pálida, com uma agulha no braço que estava ligada a dois tubos diferentes.

– Mas essa insulina Babete vai ter que usar isso direto para sempre? – vó Zuleika continuava preocupada.

– Depois que conseguirmos controlar a hiperglicemia, que é o excesso de açúcar no sangue, e desintoxicar o pâncreas, tentaremos ir retirando devagar. Mas tudo vai depender de como vai reagir o organismo dela – esclareceu o médico.

– Há quanto tempo será que ela estava com esse excesso de açúcar no sangue para chegar a este ponto? – minha avó voltou a perguntar.

– Geralmente as pessoas começam a ter alterações da glicemia em torno de cinco anos antes da manifestação clínica da doença.– ele explicou, enquanto preenchia as prescrições médicas que orientariam o tratamento durante a madrugada.

– Mas como é que isso não apareceu antes em nenhum exame? – estranhou vovó.

– Muitas vezes a doença já começa a se insinuar no exame pós-prandial, que é aquele exame feito após a alimentação, mas as pessoas costumam fazer rastreamento somente com a glicemia de jejum. Pelo que estou vendo aqui nos exames que me trouxeram, o resultado da glicemia de jejum dela já tinha dado alterado da última vez... – ele verificou mais uma vez o envelope que minha avó trouxera com os últimos exames de Babete.

– Mas, doutor, eu não entendo! O senhor não acabou de dizer que o organismo dela estava sem açúcar e por isso queimou gordura? Como é que ela pode estar ao mesmo tempo com excesso de açúcar no sangue? – perguntei confusa.

– A questão toda é a insulina. Ela é como se fosse uma chave para jogar o açúcar para dentro da célula. Quando a produção de insulina fica deficiente...

– Produção deficiente? Espera aí, doutor, desculpe a minha ignorância, mas a insulina não é o remédio que a minha neta teve de tomar por causa dos sintomas do diabetes? Sempre imaginei que a insulina fosse um medicamento! – interferiu vó Zuleika.

Como nunca tinha acontecido nenhum caso na família, tudo aquilo era novo para ela também.

– A insulina na verdade é um hormônio produzido pelo pâncreas, que, como disse, funciona como se fosse uma chave para abrir a porta das células para que elas consigam absorver a glicose liberada pelos alimentos e transformar tudo isso em energia, em combustível para manter todo o organismo em funcionamento – ele explicou. – Quando o organismo não produz a quantidade necessária de insulina, o sangue fica doce, açucarado, mas o açúcar não é absorvido pelo organismo – acrescentou, enquanto assinava a receita que acabara de concluir.

– Ah! Daí a necessidade de tomar a insulina artificial, para tentar regular todo esse processo! – concluí, lembrando-me de minhas aulas de biologia. – Entendi agora...

– No começo é assim mesmo. A família sofre um pouco até conseguir compreender o que é efetivamente o diabetes. Mas logo vocês se acostumam a lidar com isso. O mais importante, porém, é que ela siga corretamente a dieta – ele fez questão de destacar.

– Doutor, mas e se ela não quiser fazer a dieta? – vó Zuleika de novo se preocupou.

– Ela vai ter de seguir. Do contrário, ela pode vir a manifestar as complicações da doença – ele reiterou, já na porta do quarto.

– E quanto tempo ela vai ficar no hospital? – eu quis saber. – Ela precisa ficar aqui só para tomar insulina?

– Para tratar este quadro é preciso não apenas administrar insulina, mas também fazer hidratação endovenosa, corrigir os níveis de potássio no sangue, acompanhar os níveis de consciência do paciente. O tempo de internação vai depender da capacidade de cada organismo em responder a tudo isto – ele detalhou, antes de seguir para outro quarto, onde outro paciente o aguardava.

Naquele momento, decidi que iria chegar em casa e esconder tudo o que estivesse fora da dieta. Se dependesse de mim, minha mãe não iria nunca mais fazer nenhuma bobagem. De agora em diante, eu iria controlar a dieta dela, imaginava, com prepotência e ingenuidade.

Por sorte, nós ainda dispúnhamos da carteirinha do plano de saúde da empresa que outrora pertencera a nossa família, o qual ainda vigorava até o final daquele mês. Deixei vó Zuleika mais um pouco no quarto e corri para levar as últimas notícias a Matheus na recepção. Chegando lá, porém, constatei que ele e seus pais tinham ido embora sem deixar nenhum recado.

Babete ficou no hospital e voltamos vó Zuleika e eu para casa de táxi.

No dia seguinte, de manhã bem cedo, Matheus ligou. Eu tinha passado a noite em claro, só pensando no problema de minha mãe.

— Preciso muito falar com você — ele disse. — Tem que ser agora.

Marcamos encontro numa praia aqui perto de casa. É uma praia poluída, imprópria para banhos, mas ainda assim tem uma vista muito bonita. Vó Zuleika voltou para o hospital. O médico tinha avisado que Babete ainda ficaria sonolenta o dia todo por causa dos medicamentos, mas mesmo assim vovó fez questão de ir para lá ficar com ela. Até porque seria preciso, pelo que tínhamos entendido, aplicar nela injeções de insulina periodicamente, e vovó queria aprender como fazer isto para poder ajudá-la quando necessário.

— Você não imagina que sensação horrível é saber que vamos ter que enfiar uma agulha na barriga da minha mãe várias vezes por dia para aplicar a tal injeção! – comentei, assim que ele chegou. Será que em algum momento ela vai conseguir fazer isso sozinha?

— Todo diabético consegue – Matheus respondeu. – Meu pai disse que são injeções intramusculares. Não precisam ser aplicadas necessariamente na barriga. Só que a maioria das pessoas prefere, porque acha mais fácil desse jeito...

— É... – tornei pensativa. – O médico disse que pode ser que ela melhore e fique sem insulina, só com medicamentos...

Ele parecia distante. Achei melhor nem perguntar por que ele tinha ido embora do hospital daquele jeito, era óbvio que tinha alguma coisa a ver com a mãe dele.

— Eu sinto muito por meus pais terem aparecido daquele jeito... Eu tive de explicar onde estava indo para pedir o carro emprestado de novo para eles e... Bem, o resto você já sabe... – ele explicou, sem graça.

— Eu entendi. Não queria ter causado todo esse problema na sua família... – respondi magoada.

Nem por um minuto eu conseguia esquecer as palavras que ouvira da mãe dele.

— Você não causou nenhum problema – ele disse. – Eu ia ficar chateado se você pedisse ajuda a outra pessoa... A questão é que a minha mãe colocou na cabeça esse negócio de que eu não tinha nada que arrumar namorada sério a essas alturas do campeonato e...

— Você quer terminar? – perguntei, com o coração quase saindo pela boca de tanto medo da resposta.
— De jeito nenhum! – ele disse. – Eu não tenho nenhuma dúvida – disse, beijando levemente meus lábios. – Você é a pessoa que eu quero do meu lado para o resto da minha vida...
Fiquei com vontade de chorar quando ele falou. Nós nos abraçamos com força ali mesmo, sentados naquele banco de pedra de frente para a praia. Estavam ficando cada vez mais difíceis os nossos encontros, doía só de pensar que dentro de alguns dias não teríamos mais como estar juntos.
— Por que tem que sempre ser assim? – perguntei, com lágrimas nos olhos.
— Assim como? – Matheus não entendeu.
— Tem sempre uma mãe difícil no meio de uma grande história de amor – solucei.
Pensava na avó que eu nunca conheci quando disse isso, no pai de quem até hoje só sabia o primeiro nome. Será que ele também tinha amado minha mãe do mesmo jeito como eu tinha certeza de ser amada por Matheus? Por que não tinha feito nada quando minha mãe se afastou, como nunca desconfiou de nada quando a barriga dela apareceu? Teria também se mudado para algum lugar fora do Brasil? E quanto a mim? Deveria ou não contar a verdade a Matheus? Todas estas perguntas passavam tão rápido pela minha cabeça que eu sentia como se me afogasse dentro de meu próprio cérebro.
— Eu tenho uma coisa para dizer para você... – sem querer dissemos juntos.
Por insistência minha, Matheus foi o primeiro a falar:
— Minha mãe antecipou a data da viagem. Ela me contou hoje cedo. Vou ter de embarcar na próxima sexta – ele disse, apertando minhas mãos.
Choramos juntos.
— Vai passar rápido – eu disse, entre lágrimas. – Eu tenho certeza de que vai passar muito rápido...
— Podemos nos falar pela internet, várias vezes por dia se você quiser... – ele sugeriu, tentando me confortar. – Veja, eu trouxe isto para você! – ele me disse, entregando-me um CD.
— Tem a música que ouvimos naquele dia no restaurante, tem também uma seleção que eu fiz do Capital Inicial,[11] com todas as suas músicas favoritas. Quero que se lembre de mim quando você ouvir a canção "Cai a noite". Certamente, vai ser assim que eu vou estar me sentindo, quando estiver longe de você.

---

[11] Banda de *rock* brasileira formada em Brasília, Distrito Federal, em 1982, depois que o grupo Aborto Elétrico encerrou as atividades, dando início também à banda Legião Urbana.

— E se você se apaixonar por outra garota, no Canadá? – perguntei, rodando no dedo o meu anel.

— Isso é impossível – ele riu, olhando também para o anel no dedo dele. – Primeiro porque no meu coração só cabe você... Depois, porque a 'dona Vera' me inscreveu em um programa onde uma das cláusulas é que o estudante não pode namorar ninguém durante o período do intercâmbio! – ele riu.

— Até que ela não é tão ruim quanto eu pensava... – brinquei.

— Ela não é má... Apenas se preocupa excessivamente com cada minuto do meu futuro, como se tivesse o poder de controlar por completo tudo em minha vida. Ainda mais porque sou filho único – ele explicou. – Mas acho que ela não te odeia tanto quanto você pensa! Ela só anda um pouco estressada com tantos detalhes da viagem.

— Não foi o que pareceu ontem... – sorri. – Até porque eu também sou filha única e... Bem, mas quanto tempo você vai ficar fora afinal?

— Esta é a pior parte da conversa...– ele rodeou. – Antes seriam apenas três meses, mas, com este novo programa a que minha mãe aderiu, a duração do intercâmbio é de um ano... – ele abaixou os olhos, triste.

Eu não disse nada. Apenas olhei para o sol subindo lá na extremidade do mar e respirei fundo. Ele não estaria aqui quando nascesse o nosso bebê, foi a primeira coisa que me veio à mente.

— Quem sabe você não vai até lá me visitar? – ele sugeriu, ainda apertando minhas mãos.

— Impossível! – respondi de imediato.

"E agora, como iria contar para ele?", me perguntava aflita. "Talvez fosse melhor simplesmente interromper a gravidez. Era o único jeito", uma lágrima desceu de meus olhos quando pensei nisto.

— O que você tinha para me dizer? – Matheus perguntou.

— Nada – respondi, tentando controlar o choro.

— Como assim nada? Tinha alguma coisa que você queria me dizer, antes que eu contasse da antecipação da viagem – ele insistiu.

— Não foi nada – balancei a cabeça. – Talvez tenha sido uma bobagem a gente ter iniciado tudo isso algum dia...

— Você se arrepende de tudo o que a gente passou junto? – ele perguntou.

Eu não conseguia mais parar de chorar. Tinha a sensação de que o bebê também chorava por dentro de mim. E agora, o que fazer?, minha cabeça estava tão confusa, eu não conseguia enxergar uma solução.

— Você ainda não me respondeu... – ele insistiu.

— Não sei... Eu queria muito ir para casa... – pedi. – Estou preocupada com Babete... Ela vai precisar de um endocrinologista quando sair do hospital, ainda estamos procurando alguém que seja de confiança – expliquei.

– Tem certeza de que não era importante o que você tinha para me dizer? – Matheus me olhou no fundo dos olhos.

– Queria dizer que, que... – quase saiu. – Não. Deixa para lá... Não era importante.

Ficou um clima estranho entre nós. Tinha vontade de abraçá-lo, mas não sabia mais como fazer isso.

Ele tomou o ônibus para a faculdade e voltei para casa a pé, pela praia, de óculos escuros. Assim ninguém poderia ver que meus olhos não conseguiam parar de chorar. Estava quase chegando, quando avistei a farmácia e me lembrei que minha avó tinha pedido para que eu comprasse uma garrafa de álcool quando voltasse. O que tinha lá em casa estava quase acabando. Agora precisaríamos de álcool para preparar a pele de Babete a cada nova injeção. Vó Zuleika tinha esperança de que ela voltasse naquele dia ainda para casa.

"E agora o que é que eu faço?", a cabeça não parava um minuto de perguntar. "Vou ter que encontrar um jeito de tirar essa criança. Não sei como, mas vou", algo dentro de mim respondia, fazendo com que as lágrimas descessem em maior quantidade.

– Está tudo bem? – perguntou o atendente da farmácia, no momento em que eu estava indo pagar.

Era óbvio que ele tinha reparado no meu rosto molhado.

– Tudo... É que estou com uma alergia terrível no olho – respondi.

Foi quando, por acaso, me deparei com uma pilha de papéis ao lado do caixa. Eram pequenos livretos, feitos de um maço de folhas dobradas ao meio, com a capa impressa no mesmo papel do miolo. "Ame a vida por mim", estava escrito na frente.[12] Senti uma grande curiosidade de ver do que se tratava.

– Pode pegar, é cortesia – me ofereceu o rapaz. – Não quer ver também algum colírio para a alergia?

– Não, não... Obrigada – disse, já pegando o livrinho. – Eu vou ao médico, hoje – menti, já de saída.

Quase não acreditei quando abri a primeira página, já no elevador. Havia uma foto de uma mão humana, segurando minúsculos pezinhos como se fossem dois grãozinhos de milho. "Estes pés perfeitamente bem feitos demonstram que o corpinho do bebê está completamente formado às dez semanas de gestação. Com apenas dezoito dias, o coração humano começa a bater", estava escrito na legenda. De imediato senti-me tomada por terrível mal-estar.

---

[12] Encontrei por acaso este livreto numa farmácia na cidade de São Lourenço, que fica próxima ao Hospital de lá. Mas não tem qualquer referência ao autor, nem a seu ano de publicação. Parece algo que partiu da iniciativa particular de alguém (N. A.)

Abri a porta de casa e fui correndo em direção ao banheiro para vomitar. Só no caminho percebi que vovó já tinha voltado para casa. Mas nem tive jeito de perguntar o que tinha acontecido. O enjoo era demais. Para que ninguém desconfiasse de nada, quando acontecia isto eu abria todas as torneiras para que elas não pudessem ouvir. A imagem do livrinho, porém, não me saía da cabeça.

– Fênix, o que está acontecendo? – vovó ficou batendo na porta.

– Nada, vó – tentei disfarçar a voz o máximo que podia.

Mas ela me conhecia muito bem.

– Abra, Fênix, eu sei que você está chorando... – ela pediu, do lado de fora.

– Deixa vó... Só estou com muita cólica, é isso – tentei disfarçar.

Enquanto isso, sentada no chão ao lado do vaso fechado, eu folheava o livrinho tentando me recompor. Era todo ele sobre gestação e aborto, parecia até de propósito. Havia, inclusive, uma parte que era uma cópia de uma reportagem publicada na revista Seleções.[13] "Nossa vida antes de nascermos: extraordinárias e controversas descobertas demonstram que os pais podem exercer uma influência jamais suspeitada sobre os seus filhos ainda por nascer" dizia o título. Logo em seguida, o relato de uma jovem que havia abortado sua criança.

"Perguntava-me a mim mesma se teria sido menino ou menina. Qual era a cor de seu cabelo? Deitava-me na cama em casa e depois sonhava que isto nunca tivesse acontecido, que eu tinha tido uma criança viva, que ela estava choramingando no quarto ao lado. Mas então acordava e encarava a terrível realidade", dizia um dos parágrafos.

A essas alturas, não consegui mais disfarçar os soluços, que escapavam alto como gritos desesperados de dentro de mim.

– Fênix abra! – insistia minha avó do lado de fora do banheiro.

Mas eu não queria ver ninguém.

---

[13] *Seleções* é o nome que recebem as versões brasileira e portuguesa da *Reader's Digest*, revista mensal de variedades criada em 1922, nos EUA, publicada em trinta e cinco línguas e distribuída em cento e vinte países, vendida predominantemente por assinatura.

4

— Não se preocupem, eu vou com ela — Cris fez questão de acompanhar Babete em sua primeira consulta.

Ao saber do diagnóstico do médico de plantão no hospital, ela mesma se prontificara a conseguir uma consulta com sua própria endocrinologista de confiança. Fazia apenas um dia que minha mãe havia voltado para casa.

Maldita a hora em que eu pedi para ir junto: chegando lá, a tal doutora Melissa Lelly estava com um barrigão.

— Para quando é o bebê? — Babete foi logo perguntando.

Ela sempre ficava toda encantada quando encontrava uma mulher grávida. Ficava me perguntando se também ficaria assim quando soubesse da minha situação.

— É para o início do mês que vem, está quase chegando! — respondeu a doutora, fazendo um carinho na barriga. — É uma menina!

Precisei contar até cento e cinquenta e dois para não chorar ali mesmo. Respirei fundo e pendurei um sorriso forçado no rosto para tentar prestar atenção.

— Costumo dizer que a história do diabetes se estende por mais de três mil e quinhentos anos, e que vivemos à véspera do epílogo, que será a cura definitiva da doença — disse a doutora Lelly.

— Você disse três mil e quinhentos anos? — minha mãe se assustou.

— Exatamente. A primeira descrição de que se dispõe associada a manifestações compatíveis com o diabetes foi encontrada em um papiro achado num túmulo em Tebas, possivelmente escrito por Hesy-ha no idioma egípcio. Descrevia um grande vazamento de urina e se propunha a tratar o problema com grãos de trigo, frutas e cerveja doce. Em seguida, em torno do século IV a. C, médicos hindus relataram o encontro de formigas e moscas na urina de

certas pessoas e batizaram a situação de "urina de mel" –[14] contou a doutora, que, como já dava para ver, há anos era uma estudiosa do assunto.
– Mas até agora você só falou de urina. O que tem a ver urina com diabetes? – minha mãe perguntou.
– O excesso de urina, chamado em medicina de poliúria, é um dos primeiros sinais e sintomas do diabetes. Quando há uma elevada concentração de glicose no sangue, geralmente acima de 180 miligramas por decilitro, o corpo precisa arranjar meios de eliminar este excesso.
– Por isso a sede e a vontade de urinar que senti nos dias anteriores à crise – lembrou Babete.
– Exatamente. O caminho mais fácil de eliminação do excesso de glicose acumulado é pelos rins, através da urina. Como não podemos eliminar açúcar puro, o rim precisa diluí-lo com água. Portanto, quanto maior for a glicemia, que é a concentração de glicose no sangue, maior a sede e mais urina o paciente eliminará – complementou a doutora.
– Daí a diabetes também ser chamada de urina doce – acrescentou Cris.
– Meu Deus! Por isso então as moscas e as formigas que os antigos observaram? – deduziu Babete. – Que horror...
– Exatamente. Costumo dizer que uma das maneiras mais fáceis de confirmar se o paciente tem diabetes, sobretudo no caso dos homens, é observar a quantidade de formigas no banheiro. As formigas entram no vaso mesmo! –[15] acrescentou a endocrinologista.
– Não, isto nunca aconteceu – Babete refletiu, ainda impressionada. – Tenho pavor de formigas! – ela fez uma careta de asco. – Mas é verdade que eu tenho urinado uma quantidade fora do comum. Tem noites em que me levanto cinco vezes para fazer xixi! Mas nunca imaginei que fosse por causa disso. Achava que era porque tenho bebido muita água.
– A sede é o principal mecanismo de defesa do organismo contra a desidratação. Para vocês terem uma ideia, tenho um paciente que estava ingerindo doze litros de água por dia quando descobriu que tinha diabetes! E olha que na época ele tinha apenas dez anos de idade! Pensem comigo: se o paciente diabético urina em excesso, ele perderá mais água do que era suposto, logo correndo sério risco de ficar desidratado. Em geral, a pessoa acaba entrando em um ciclo vicioso antes de descobrir a doença. O excesso de glicose aumenta a quantidade de água perdida na urina, causando desi-

---

[14] *In*: *Diabetes Mellitus*/ [coordenação] Ruy Lyra, Ney Cavalcanti; prefácio david R. Matthews. Rio de Janeiro: Diagraphic, 2006, cap. 1: "A história do diabetes" (capítulo escrito pelo dr. Thomaz Cruz, chefe do serviço e coordenador da disciplina de endocrinologia e doenças metabólicas do Hospital Universitário Professor Edgard Santos da FAMED/UFBA).
[15] Cf. palestra realizada pela dra. Marielle Costa Nobre, no Programa Diabetes.com Vida, da Unimed Circuito das Águas, em 26/02/2014.

dratação, que por sua vez causa sede excessiva, fazendo com que o paciente beba muita água. Mas, como a glicose continua muito alta no sangue, ele permanece urinando a toda hora – detalhou a dra. Melissa.

Neste ponto da explicação, lembrei que há tempos vovó vinha dizendo que a minha mãe andava bebendo muita água. Não tinha uma vez que a gente abrisse a geladeira e encontrasse uma garrafa de água gelada, porque ela também não tinha o hábito de encher de novo as garrafas e, por causa disso, vó Zuleika vivia reclamando.

– Outro sintoma importante que caracteriza a doença é o cansaço crônico, que ocorre tanto em função da desidratação que eu acabei de explicar, quanto da incapacidade das células em receber glicose, que é a principal fonte de energia das células, o combustível do nosso organismo – continuou a médica.

– E a insulina nisso tudo? – quis saber Babete.

– Quem promove a entrada de glicose no sangue para dentro das células é a insulina, que no diabetes tipo 1 é inexistente e no diabetes tipo 2 não é produzida satisfatoriamente. O *diabetes mellitus*, tanto do tipo 1 quanto do tipo 2, se caracteriza essencialmente pela incapacidade do organismo em transportar glicose para as células, reduzindo, consequentemente, a capacidade de produção de energia do corpo – de novo a dra. Lelly explicou.

– A gente achava que ela só queria dormir porque estava deprimida – deixei escapar.

– Na verdade, como as células não conseguem glicose para gerar energia, o corpo interpreta este fato como se o paciente estivesse em jejum. Só que o organismo precisa de energia para funcionar e o único modo que ele conhece para obter este combustível é através da alimentação. Por isso, a pessoa geralmente também sente muita fome – lembrou a doutora.

– Acho que eu engordei uns dez quilos nestes últimos tempos – lamentou Babete.

Enquanto elas conversavam, eu só conseguia olhar para a barriga da dra. Lelly. Será que a minha iria ficar daquele tamanho também? Quanto tempo ela teria demorado para descobrir o sexo da criança? Será que já dava para saber? Será que deste tamanho já mexe? O dela deve mexer muito... Será que dói quando chuta? Eu estava hipnotizada por aquela barriga. Cris notou que eu estava distante e discretamente tocou em meu braço, como que me despertando daquele transe.

– O que de mais importante eu tenho a dizer a você, hoje, Babete, e a Cristina sabe bem disso – ela lançou um olhar cúmplice para Cris –, é que o controle do seu diabetes depende de quatro fatores: dieta, exercícios, medicação e conhecimento sobre a doença. Os pacientes que prestam atenção a estes quatro fatores conseguem levar uma vida praticamente normal. Aliás, os pesquisadores costumam dizer que a dieta do diabético é a mesma que qualquer pessoa saudável deveria ter – enfatizou a médica grávida; de novo eu só conseguia pensar que ela estava grávida!

– É importante dizer para ela que o tratamento não se resume apenas em controlar as taxas de glicemia, como muitas pessoas pensam! É preciso fazer por onde para manter estas taxas! – lembrou Cris.

– Sim – concordou a doutora. – Para isto é essencial seguir uma dieta equilibrada, e também não abandonar nunca, sem orientação médica, o remédio que estiver tomando.

– Tem gente que faz isso, doutora? – eu perguntei surpresa.

– Infelizmente sim. E não são poucos – lamentou ela.

– Mas por que uma pessoa age dessa forma? – eu não conseguia entender.

– Alguns porque simplesmente enjoam de fazer o tratamento, outros porque melhoraram um pouco e logo já acham que podem comer de tudo, outros porque se sentem incomodados com os efeitos colaterais dos medicamentos. Por isso é muito importante procurar sempre o médico. Existem várias possibilidades de medicação, que pode ser trocada se o paciente estiver se sentindo prejudicado. Sempre digo a meus pacientes: mesmo que entenda bem a sua doença, não tente ser o seu próprio médico. Existe uma série de problemas que só podem ser detectados através do exame clínico; é essencial seguir o acompanhamento periódico proposto pelo endocrinologista – destacou a doutora.

Ela fez ainda algumas recomendações com relação aos exercícios físicos, fundamentais para facilitar o controle do diabetes, e também sobre os cuidados com a higiene corporal diária, sobretudo em se tratando dos pés, dentes e olhos, partes geralmente mais sujeitas a complicações no corpo de um diabético; e em seguida prescreveu a medicação.

– Então quer dizer que eu vou ter que continuar tomando essas injeções?

– Infelizmente ainda não foram inventados comprimidos de insulina, que necessariamente precisa ser injetada no organismo... Mas as pesquisas andam tão adiantadas que não duvido nada se em breve forem criados esses comprimidos! – ela carimbou a receita bem-humorada.

Já estávamos de saída da clínica onde a dra. Lelly tinha seu consultório, quando, num minuto de distração de minha mãe, que estava preenchendo o cheque no balcão, Cris de repente colocou uma das mãos sobre a minha barriga de forma muito carinhosa e perguntou:

– Por que você estava tão distante? Durante quase toda a consulta não tirou os olhos da barriga da doutora... Existe alguma coisa que esteja te preocupando? Quem sabe eu posso te ajudar?

Pelo olhar dela, tive a impressão de que ela sabia de tudo. Mas como? Quem teria contado se eu até hoje só tinha falado sobre este assunto com a ginecologista que me atendeu de emergência na noite do aniversário de minha mãe? Será que ela conhecia aquela médica?, novamente eu me angustiei pensando.

– É... – estava tão nervosa que mal conseguia encontrar o que dizer.

– Que tal se nós nos encontrássemos depois para conversar? – insistiu Cris.

– É... É que eu ainda preciso dar uma passada no *shopping* quando sair daqui – improvisei uma desculpa.

– Eu não vou passear em *shopping*. Em hipótese alguma – Babete se aproximou de nós. – Daqui vou direto para casa!

– Sabe que eu até estou precisando fazer umas comprinhas no *shopping*? Você se importaria se eu fosse com você, Fênix? – Cris insistiu.

Resolvi aceitar. No fundo, eu já não estava mais aguentando guardar aquele segredo só para mim. Naquele minuto, pensei que Cris talvez fosse a pessoa certa para me aconselhar.

– Não sei como descobriu, mas tem toda a razão sobre aquilo que você está suspeitando – falei de uma só tacada assim que nos sentamos em uma mesinha do *shopping* para lanchar.

Para minha surpresa, Cris apenas apertou minhas mãos e disse:

– Ninguém me disse, eu apenas tive uma intuição quando percebi seu olhar assustado para a barriga da doutora.

– Caramba, estava tão na cara assim? Você acha que a minha mãe também desconfiou de alguma coisa? – preocupei-me.

– Não, fica calma. Sua mãe está com a cabeça muito cheia para perceber qualquer coisa fora dela mesma. Mas não se preocupe. Eu vou te ajudar a encontrar uma forma de conversar com ela. Afinal, nós já éramos amigas quando ela passou por esta mesma situação... Conheço você desde que estava ainda na barriga dela – ela sorriu para mim.

Que alívio imenso senti ao ouvir isso. Foi como se tirasse novecentos quilos de cima de meus ombros, da minha consciência. Agora aquele 'problema' não era mais só meu. Havia alguém para dividir. Abri meu coração e contei a Cris cada detalhe de tudo que vinha me acontecendo nos últimos tempos. Obviamente que não consegui segurar as lágrimas por muito tempo.

– Então quer dizer que o seu desmaio naquele dia já foi por causa da gravidez? – ela deduziu.

– Foi por causa daquele desmaio que eu descobri a gravidez – lembrei, limpando os olhos com um lenço de papel que ela tirou da bolsa e me ofereceu.

– Mas você nunca mais voltou na tal médica? Você precisa fazer um acompanhamento! – preocupou-se Cris.

– Tomei pavor daquela médica, nem sei te dizer por quê... – respondi com sinceridade. – Depois, nessa crise toda que estamos vivendo, onde é que eu iria arranjar dinheiro para pagar uma consulta com um ginecologista?

– Quer dizer então que até hoje o seu namorado não sabe de nada? Mas você não disse que ele está de partida para o Canadá? – lembrou Cris.

Mal podíamos imaginar o que acontecia em casa, enquanto conversávamos. Babete estava enlouquecida, não se conformava com o diagnóstico do diabetes. Precisava de doces, parecia até uma dependente química. Revirou a casa inteira procurando as guloseimas que eu escondera. Vó Zuleika tinha ido a uma reunião do Grupo da Terceira Idade que ela sempre frequentava. Sozinha em casa e sem conseguir suportar a ansiedade que a comia por dentro, minha mãe deu vazão aos seus instintos mais agressivos. Quebrou até um pote de cristal da vovó, irritada por não encontrar os doces de leite que sempre ficavam lá dentro.

Naquele momento, eu ainda não conseguia entender que, só de imaginar que nunca mais ela iria poder comer doces, Babete sentia uma vontade desesperadora de devorar todo o açúcar que encontrasse pela frente. Só que, como eu havia sumido com tudo, ela simplesmente não tinha com que saciar sua vontade.

Contou o pouco dinheiro que tinha na bolsa, já estava prestes a sair para buscar alguma coisa na padaria quando por acaso olhou para trás e deu com a bolsa vazia que eu deixara sobre uma das cadeiras da mesa de jantar. Havia trocado de bolsa praticamente na hora de sair, tivera apenas o tempo de jogar as coisas dentro da outra.

"Deve ter pelo menos uma balinha aqui!", Babete pensou, encaminhando-se para a bolsa como um leão faminto em direção à caça. Contudo, ao abri-la, acabou encontrando algo que naquele momento para ela seria ainda mais prejudicial do que qualquer doce: o envelope com o meu exame de gravidez.

– Não diga nada por enquanto. Vamos primeiro à médica, ver como está o bebê, providenciar todos os cuidados necessários. Pelas minhas contas você deve estar com uns três meses de gravidez... – Cris me instruiu no momento em que nos despedimos na porta do prédio.

Ela tinha ido de carro para levar Babete à doutora Lelly e fizera questão de me deixar em casa depois que saímos do *shopping*, embora morasse do outro lado da cidade. Eu me sentia profundamente confortada com o seu carinho.

Ainda conservava no peito esta sensação agradável que a gente experimenta quando se sente amado e compreendido por alguém. Abri a porta e minha mãe literalmente pulou em cima de mim com o exame na mão.

– Você pode me explicar o que significa isso? – gritou exaltada.

5

— Vocês esperam uma intervenção divina/ Mas não sabem que o tempo/ Agora está contra vocês/ Vocês se perdem no meio de tanto medo/ De não conseguir dinheiro/ Pra comprar sem se vender/ E vocês armam seus esquemas ilusórios/ Continuam só fingindo/ Que no mundo ninguém fez/ Mas acontece que tudo tem começo e um dia acaba/ Eu tenho pena de vocês", dizia a música do Capital Inicial que agora gritava dentro de meus ouvidos, através do fone ligado ao aparelho de MP4.[16]

A briga com Babete tinha sido tão violenta que eu nem conseguia dormir. Como pode, uma pessoa que passou pela mesma coisa, ser tão intolerante, tão exigente, tão insensível? Nunca mais eu iria chamá-la de mãe. Era eu que estava na barriga dela quando ela viveu esta situação! Será que ela tinha se esquecido disso?

Sentia agora uma dor tão doída no centro do peito que estava difícil até para encontrar uma posição na cama. A cabeça estava até pulsando de tanto que eu havia chorado. Por que eu não tinha nascido filha da Cris? Lembrava da tarde que passamos juntas no *shopping*, o carinho dela comigo e o peito doía ainda mais. Por que o mundo era tão injusto? Coitadinha da minha filha – sem querer eu comecei a achar que era uma filha que eu trazia dentro de mim. Tão pequenina e já rejeitada pelas duas avós! Porque afinal nem precisava ser nada de sobrenatural para imaginar que dona Vera teria uma reação ainda pior se por acaso soubesse.

Tinha vontade de ligar para o Matheus, mas sabia que desta vez eu não podia. Talvez fosse melhor assim. Logo ele estaria longe, não ia poder mais me socorrer nos momentos difíceis. Pensava nisto e sentia ainda mais vontade de chorar. Como seria quando eu não tivesse mais o Matheus do lado para preen-

---

[16] Letra da canção "Fátima", do grupo Aborto Elétrico, cantada tanto pela banda Legião Urbana, quanto pelo Capital Inicial.

cher com sua presença amorosa a minha vida tão sem cor? Será que ele falaria mesmo comigo várias vezes por dia pela *internet*, como tinha prometido?

– Fênix... Abra a porta, filha.. Deixa eu entrar um pouquinho – ouvi de repente a voz de vó Zuleika, num intervalo entre duas músicas.

Abri. Vó Zuleika não disse nada. Apenas me abraçou com muito carinho. Não esperava isto dela. Dia após dia, minha avó superava minhas expectativas. Era uma mulher de muita fibra. Que força! E pensar que ela já havia até passado dos oitenta anos...

– Não fica assim, filha. Você não foi a primeira e nem vai ser a última. Desde o meu tempo, isso é muito mais comum do que você imagina... – ela disse, fazendo um cafuné na minha cabeça.

O colo de vó Zuleika sempre fora meu mundo. Deitei a cabeça sobre as perninhas dela e fiquei chorando baixinho enquanto ela continuava o cafuné.

– Não tem por que se culpar... Gravidez é sempre uma bênção de Deus – ela disse.

– Me sinto fraca, vó... Como é que eu vou conseguir cuidar de uma criança sendo fraca desse jeito? Eu queria ser que nem a senhora! – desabafei.

– Você não é fraca. Por acaso você se esqueceu do seu nome? Fênix é o símbolo daquela que renasceu das cinzas!

Fiquei em silêncio, brincando quietinha com os fones do MP4 ali deitada. Já tinha escutado aquela história mais de mil vezes desde que nascera, mas adorava quando minha avó contava. Por sinal, pelo que eu sabia, meu nome tinha sido escolhido de tanto a minha avó contar aquela mesma história para Babete. Ouvir a narrativa daquele mito era algo que causava uma espécie de combustão dentro de mim, igual a que dizem que acontecia com a fênix mitológica. No fundo, era um jeito mágico que a minha avó tinha de fazer reacender minhas forças em sua máxima intensidade.

– Ovídio, o poeta romano que nasceu quarenta e três anos antes de Cristo, dizia que a maior parte dos seres nasce de outros indivíduos, mas há uma certa espécie que se reproduz sozinha. Os assírios chamavam-na de fênix. Ela não vive de frutos e flores como os outros pássaros, mas de incenso e raízes odoríferas – ela começou a contar, do mesmo jeito que fazia quando eu ainda era criança.

Eu adorava esta parte. Por causa disso, sempre gostava de comprar incensos para colocar no meu quarto, na casa toda sempre que possível.

– O detalhe mais curioso sobre esta ave é que, depois de ter vivido centenas de anos, ela faz um ninho nos ramos de um carvalho, ou então no alto de uma palmeira. Dizem, inclusive, que o nome fênix, na verdade vem do nome da palmeira que se chama *phoinix*, em grego, como o nome do verdadeiro pássaro – ela continuou.

– Fala sobre como ela era, vó... – pedi manhosa.

— Ah, a fênix certamente era uma das mais belas aves que já existiu. De canto extremamente doce, tinha as penas brilhantes, douradas e vermelho-arroxeadas. De acordo com as lendas difundidas por cada povo, a ave assumia características específicas – com penas roxas, azuis, vermelhas, brancas e douradas entre os chineses; douradas e vermelhas com matizes roxos para os gregos e egípcios. Era quase do mesmo tamanho que uma águia, talvez um pouco maior. Suas lágrimas eram dotadas de propriedades especiais, capazes de curar qualquer tipo de doença ou ferida...

Eu gostava de saber que o mito de fênix era algo que existira nas mais variadas culturas. Era algo que me dava uma sensação de eternidade, como se eu sempre tivesse existido junto com a lenda, naqueles povos todos. Além disso, eu sempre desejara que as minhas lágrimas fossem assim, com todo aquele poder curativo, mas a verdade é que até aquele momento não tinham conseguido curar nem um machucadinho de nada no dedo.

— Diferentemente das outras aves, o ninho de fênix era todo construído com essências perfumadas, cinamomo, canela, nardo, sálvia e mirra – continuou minha avó. – Com elas, ela então construía uma espécie de pira, sobre a qual colocava seus ovos, e morria em seguida, exalando o último suspiro entre os aromas. Do corpo da ave, porém, surgia uma jovem Fênix, renascida daquelas cinzas perfumadas e destinada a viver tanto quanto a mãe.

— Quantos anos ela vivia mesmo? – tentei lembrar.

— Bem, Hesíodo,[17] o poeta grego, afirmou que a fênix vivia nove vezes o tempo de existência do corvo, que já tem uma longa vida. Outros cálculos mencionaram até 97.200 anos. O fato é que os pesquisadores não chegaram ainda a um consenso sobre a duração da vida da fênix; uns apontam quinhentos anos, outros já garantem o prazo bem maior, de 97 mil anos se não me engano. Para os povos antigos, a fênix simbolizava o sol, que ao final de cada tarde se incendeia e morre, renascendo a cada manhã. Os russos acreditavam que ela vivia constantemente em chamas, sendo por isso conhecida também como pássaro de fogo naquelas regiões.

— Já pensou se a gente vivesse esse tempo todo, vó? – imaginei, já me sentindo bem melhor.

— O mais importante é que ela é conhecida por sua intensa força, que lhe permite levar consigo fardos de grande peso; segundo alguns contos, seria capaz de transportar até elefantes! –[18] dona Zuleika fez questão de lembrar.

---

[17] Poeta grego que viveu no século VIII a. C.
[18] Dados sobre o mito de fênix extraídos dos *sites*: www.acasicos.com.br/html/fenix-paoa-cucar.htm; portaberta.net/educar/?p=23; pt.wikipedia.org/wiki/Fênix; www.infoescola.com > Mitologia; www.significados.com.br/fenix/; jornalggn.com.br/blog/alfeu/a-lenda-da-fenix; e em *Mitos e lendas para crianças*, de Dorling Kindersley; traduzido por Ana Ban, São Paulo, Publifolhinha, 2012.

– Onde a senhora aprendeu tudo isso, vó? – pela primeira vez me ocorreu perguntar.

Já começava a me sentir sonolenta. Acho que minha avó é quem tinha poderes mágicos, com aquela sua voz doce e seus dedos mágicos, capazes de relaxar cada célula do meu couro cabeludo com aquele cafuné.

– Ouvi uma vez na escola e nunca mais me esqueci. Sua avó só não se chamou Fênix porque o meu marido fez questão de colocar Marlene, em homenagem à mãe dele. Mas eu sempre sonhei ter uma filha com este nome. Então sua mãe me deu você... – ela explicou. – Já pensou em algum nome para a sua filhinha se for uma menina?

Eu, porém, a estas alturas já estava tão sonolenta que mal tive forças para responder.

Tive um sonho muito bonito e ao mesmo tempo muito estranho, de tão surreal. Parecia até que, de alguma forma, eu tinha entrado dentro da história da minha avó. Me vi então em um lugar muito diferente, que parecia ser o Egito Antigo. Eu também usava uma túnica igual às pessoas de lá e tinha os cabelos muito lisos como as antigas egípcias em geral.

Estava colocando um pote de cinzas perfumadas diante de um grande altar, com um sol gigantesco pintado no fundo. O tempo todo, no sonho, eu sabia que aquelas eram as cinzas do meu pai nesta vida. Só que, no momento em que eu colocava as cinzas sobre o altar, elas imediatamente começavam a arder em chamas e surgia então diante de mim o meu avô Jonas, o marido da minha avó Marlene, pai de Babete.

Ele fazia um carinho nos meus cabelos e dizia:

– Fênix querida! É chegado o seu momento de renascer. Não descreia nunca da bondade divina. E também nunca pense que está no mundo sozinha e sem proteção. Eu sempre estarei perto de você. Tenha paciência com sua mãe.

Acordei assustada e ao mesmo tempo maravilhada. Era um sonho tão real, parecia até que eu tinha ido até lá de verdade e encontrado com o meu avô. Fechei os olhos e fiquei um tempo tentando voltar para lá, mas não consegui. Decidi então ir até a cozinha para beber um pouco de água.

Para minha surpresa, Babete estava lá. De camisola, devorando o último pedaço do bolo que ela tinha feito depois que eu me tranquei no quarto. Tive mesmo a impressão de que ela não saíra da cozinha desde o momento da briga.

– Mãe! Não é possível! – exclamei desorientada.

– Não quer sentar e conversar um pouco? – ela perguntou, sem me olhar nos olhos.

Parecia bem mais calma. Como que hipnotizada pelo seu tom de voz, obedeci. Caminhei até a mesa e sentei-me diante dela, já me servindo com a água da garrafa que estava lá em cima.

— Eu também tenho muita sede durante a noite — ela disse.

— A médica explicou que isto era normal, você não se lembra? — comentei, de olhos baixos, ainda segurando o copo com um restinho de água.

— Mas não sentia toda esta sede quando estava grávida de você — ela observou, vendo que eu me servia de mais um pouco de água. — Não acha que você se precipitou um pouco com esta gravidez? — sua voz parecia triste.

— Você pode não acreditar, mas aconteceu logo na primeira vez que... bem, você sabe.

— Sei. E o Matheus? Você já contou para ele?

Fiz que não com a cabeça.

— Não vai contar? — ela perguntou.

— Você nunca contou para o meu pai — respondi.

— A situação era muito diferente. O meu pai — ela fez questão de grifar com a entonação — não suportava o Marcelo. O pior é que eu hoje acho que toda esta implicância era só por ciúmes...

— E você não contou só por causa disso? Abriu mão do seu amor só porque o meu avô tinha ciúmes dele? — questionei, antes de beber mais um gole de água.

Agora não bebia mais porque estava com sede. Sorvia a água em pequenos golinhos só para tentar me acalmar. O coração estava disparado. Será que era o meu coração ou o coração do bebê?, me perguntava em silêncio.

— A gente sente o coração do bebê batendo? — resolvi perguntar para ela.

Ela se levantou da mesa devagar, abaixou do meu lado, colocou as duas mãos na minha barriga e fechou os olhos, como se tentasse perceber o que se passava lá dentro. Havia amor naquele toque. Senti vontade de chorar. Não sei se era alegria ou tristeza o que eu estava sentindo. Era uma emoção muito forte.

— Ainda não dá para sentir quando está deste tamanho, mas a gente escuta no ultrassom... Você já fez um ultrassom? — ela me perguntou, sem mudar de posição.

De novo fiz que não com a cabeça. Me sentia como uma criança assustada diante de toda aquela situação, como uma menininha que tivesse feito algo de muito errado. Mas Babete não parecia mais interessada em brigar comigo, nem mesmo em chamar minha atenção.

— Então precisamos marcar para você fazer. Esta semana vai acontecer o bazar. Estou com muita esperança de conseguir ganhar um bom dinheiro com aquelas roupas. Daí vai ficar tudo mais fácil, pelo menos por algum tempo... — ela explicou. — Só não estou me sentindo muito à vontade com essa coisa de fazer no clube... Não queria mais olhar para aquelas pessoas... Ainda mais agora, que eu sei que vou ter de dar de cara com a mãe do Matheus nesse bazar...

– Eu não queria trazer mais complicação para sua vida – falei com sinceridade.

– O importante agora é a gente cuidar desta criança – ela se levantou e foi em direção à pia lavar as coisas que tinha sujado enquanto preparava o bolo. – Acho que vou ligar para o clube amanhã e cancelar tudo...

– Mãe... – não queria dizer este nome, mas saiu sem sentir. – Você acha que eu devia contar a verdade para o Matheus?

Ela ficou um tempo lavando a louça em silêncio, de costas para mim, antes de responder:

– Acho. É muito difícil criar um filho sozinha. De mais a mais, pelo que eu percebi, ele gosta muito de você.

– O meu pai não gostava de você? – eu insisti.

– Não sei, Fênix. Acho que sim. Mas agora já é tarde para pensar sobre isto. A vida anda. Eu não sou mais a mesma pessoa e acredito que ele também não seja mais o mesmo. Tantos anos se passaram... – ela respondeu, colocando os pratos no escorredor.

– Então você se arrepende de não ter contado para ele? – eu precisava saber.

– Acho que sim. Minha grande dor ainda é pensar que seu avô deixou este mundo magoado comigo por eu ter traído a confiança dele...

Era a primeira vez que falávamos sobre este assunto tão claramente.

– Não acredito que ele esteja até hoje triste com você. Muito pelo contrário até... – falei, lembrando do sonho que eu acabara de ter.

– Por que você diz isto? – Babete ficou curiosa.

Contei então a ela exatamente as palavras que me lembrava ter ouvido do meu avô no sonho que eu acabara de ter.

– Acordei com a sensação de que ele se preocupa muito com você. Com nós duas, aliás – enfatizei.

Babete fechou a torneira da pia e virou-se para mim. Só neste momento percebi que ela estava chorando. Nos olhamos em silêncio por algum tempo; senti muita vontade de abraçá-la. Venci minha resistência natural e fui até ela. Talvez tenha sido o nosso melhor abraço até aquele dia. Pelo menos, do que eu me lembrava.

– Não queria que acontecesse com você o mesmo que aconteceu comigo... Desculpe se fui ríspida com você – ela disse, ainda chorando.

Eu não respondi nada. Não sabia o que dizer. Nem mesmo tinha certeza se eu a havia desculpado. Ainda assim, estava muito bom aquele abraço. Quase como se eu não a encontrasse desde os tempos em que começara a se envolver com aquele Zeca. Olhei para a batedeira sobre a pia e lembrei do bolo. Ela não podia ter feito isso. Muito menos devorado o bolo inteiro. Mas achei melhor não dizer nada.

— Preciso muito que você se cuide — falei apenas.

— Eu também, filha. — ela disse.— Preciso demais que vocês dois, ou vocês duas, fiquem bem...

No dia seguinte, um pouco depois de tomar sua dose de insulina matinal, Babete começou a passar muito mal. Seu corpo tremia inteiro, ela dizia que sua visão estava turva e que se sentia muito fraca. Estava muito pálida. Toquei nela e percebi que sua pele estava úmida e fria. Curioso é que, ao mesmo tempo em que ela se dizia com fome, não queria aceitar nada, alegando que sentia também um enjoo indescritível. Vovó e eu não sabíamos o que fazer. Aos poucos, sua voz foi ficando ralentada, ela parecia tomada por uma sonolência muito estranha.

— Vamos ligar para Cris, vó! — sugeri ansiosa.

Para nosso desespero, antes que conseguíssemos encontrar onde eu havia esquecido o celular com o número de Cris gravado — eu sempre deixava o aparelho em qualquer lugar da casa, depois levava um tempão para descobrir onde tinha deixado — minha mãe começou a se tremer por inteiro, de uma forma muito esquisita.

— Vó, eu acho que ela está tendo uma convulsão! — deduzi, com certo desespero, enquanto tentava contê-la.

— Acho melhor chamarmos um táxi e irmos direto para o hospital — minha avó decidiu já discando um número do telefone fixo. — E busque depressa a receita com o telefone da médica. Ou melhor... — ela percebeu que eu estava segurando minha mãe e mudou de ideia. — Fiquei aí com ela que eu mesma vou pegar a receita agora mesmo!

Foi preciso chamar o porteiro para ajudar a carregar Babete. Ela estava quase desfalecida quando entramos no táxi. Pesada, mole, gelada.

— Ela vai morrer, vó? — me desesperei, apoiando-lhe a cabeça contra meu peito, para que não caísse.

Estava completamente empapada de suor e seu coração batia muito depressa. Parecia não ter forças para dizer nada.

— Tenha fé em Deus, minha filha. Vai dar tudo certo — vó Zuleika aconselhou, antes de informar para o motorista o nosso destino.

Os dias se sucederam tão rápido que mal percebi o tempo passar. Era angustiante ver minha mãe de novo à mercê de tantos exames. De novo ela ficou internada por vários dias, os médicos agora fazendo de tudo para que a glicose dela subisse. Desta vez, ao invés de hiperglicemia, Babete entrara em crise porque os níveis de açúcar no sangue haviam baixado violentamente.

Sim, por incrível que pareça, minha mãe teve uma hipoglicemia. Culpada por ter comido um bolo inteiro naquela noite e novamente se excedido na manhã seguinte, ela dobrara por sua própria conta e risco as doses de glicose que precisavam ser aplicadas. Não contente, tomara ainda três comprimidos do hipoglicemiante, o medicamento que a dra. Melissa indicara para diminuir as concentrações sanguíneas de glicose, ao invés de um. O resultado fora uma hiperestimulação da secreção de insulina pelas células beta do pâncreas e uma absorção ultrarrápida e exagerada de todo o açúcar contido no sangue. Por muito pouco, Babete não entra em coma, complicando ainda mais a situação.

– Todo cuidado é pouco. Se ocorrerem dois episódios hipoglicêmicos num período de vinte e quatro horas, fica muito mais difícil. Muitas vezes é até impossível reconhecer o segundo episódio, porque a resposta hormonal ao primeiro reduz a resposta ao segundo. Assim sendo, a pessoa corre mais risco de ter uma hipoglicemia ainda mais grave. O único modo de prevenir que isto aconteça é manter o paciente em observação por vários dias ou toda uma semana, até que o organismo fique mais preparado para reconhecer por si uma queda dos níveis de açúcar no sangue[19] – explicou-nos o clínico que a estava acompanhando.

---

[19] *In: 101 dicas para simplificar a diabetes:/ equipe de tratamento da Diabetes da Universidade do Novo México*; tradução Marilene Tombini. Rio de Janeiro: Anima, 2005.

— Não me conformo! Como é que ela foi fazer uma coisa destas! A senhora acha que ela queria se matar? — desabafei com a doutora Melissa assim que ela entrou no quarto.

Ela estava acompanhando minha mãe juntamente com o clínico geral do hospital. Alegavam que o trabalho em equipe em um caso como o de Babete oferece sempre os melhores resultados.

— É comum acontecerem casos de hipoglicemia quando o diabético ainda se encontra em fase de adaptação com os medicamentos. O problema é que a sua mãe não fez a dieta necessária e depois, certamente arrependida, achou que poderia resolver tudo aumentando simplesmente a dose dos medicamentos. Nem preciso dizer que ela correu sério risco de vida fazendo isso! — observou a dra. Melissa, que, mesmo estando em suas últimas semanas de gravidez, comparecera prontamente ao hospital tão logo a chamamos. — Mas sinceramente não acredito que tenha feito de propósito — ela avaliou.

— Ontem à noite, Babete prometeu para mim que iria se cuidar... — lembrei emocionada. — Acho que a culpa foi toda minha... Ela tinha acabado de descobrir que... eu estou grávida — falei baixinho.

A doutora Melissa olhou na direção da minha barriga e sorriu.

— Não se culpe. É normal pessoas com a doença de sua mãe entrarem numa espécie de surto, comerem tudo o que não deviam e depois tentarem compensar o estrago utilizando medicamentos por conta própria. Você não pode imaginar quantos casos como o dela chegam todos os dias no meu consultório.. Agora o que você precisa é se acalmar e cuidar bem do seu bebê — ela me aconselhou, sem nenhum tom de recriminação.

— Mas não é todo mundo que vai para o hospital quando isso acontece? — estranhei.

— Nem sempre é necessária a hospitalização nos casos de hipoglicemia. Como expliquei, às vezes pode acontecer até como uma reação comum do organismo que ainda não se adaptou bem às novas quantidades de insulina que passam a estar disponíveis com o uso dos comprimidos e das injeções — disse a doutora Lelly, medindo agora a pressão de Babete.

Minha mãe dormia profundamente sob o efeito de medicamentos.

— Quer dizer então que ela pode vir a ter isso outras vezes? O que podemos fazer para que ela não tenha que vir parar no hospital a cada vez que houver uma baixa de glicose? — perguntou vovó.

A doutora continuava examinando minha mãe, enquanto conversava conosco. Media agora a glicose de Babete através de um pequeno aparelhinho.

— Uma vez instalada a crise hipoglicêmica, o ideal é o que o paciente tome depressa um copo de suco de laranja. Ou de refrigerante não dietético.

Ou ainda meio copo de água adoçada com uma colher de açúcar. Ou pode também chupar algumas balinhas para repor os níveis de glicose. O efeito será mais rápido se esses alimentos forem ingeridos junto com carboidratos de longa duração, como pães de farinha branca, pipocas, biscoitos etc. Somente quando o nível de consciência estiver comprometido, o paciente deve ser encaminhado para atendimento médico a fim de receber a medicação adequada – a médica destacou.[20]

– Mas ela não devia comer só pão integral? – questionei.

– Neste caso não, porque a farinha integral demora mais tempo para ser absorvida pelo organismo e o hipoglicêmico necessita de uma resposta rápida – observou a dra. Melissa, verificando agora o resultado no medidor.

– Mas não tem nada que a gente possa fazer antes para que não aconteça? – insisti, querendo uma forma de me precaver.

– A melhor maneira de evitar as crises é através de uma dieta equilibrada. Refeições menores e mais próximas umas das outras ajudam a prevenir a queda da glicose no sangue. Além disso, refeições leves, à base de carboidratos e proteínas, antes de dormir ajudam a prevenir crises noturnas de hipoglicemia – ela aconselhou, guardando no bolso do jaleco o aparelhinho.

– E agora, doutora, o que vai acontecer com ela? – vovó perguntou ansiosa.

– Vamos precisar mantê-la hospitalizada para uma monitoração rigorosa da glicemia. Quero que ela fique em observação por um período mínimo de quarenta e oito horas. De qualquer forma, tão logo cheguem os resultados dos exames, vou avaliar se será preciso uma lavagem gástrica com administração de carvão ativado para cortar o efeito do medicamento – explicou a doutora. – Foi quase um milagre ela não ter entrado em coma!

Só sei dizer que as tais quarenta e oito horas passaram como se fossem duas horas. Babete passou aqueles dois dias prostrada na cama, desanimada, parecia não ter mais forças para nada. Estava tão fraca que a cozinha do hospital mandou para ela, por engano, uma porção de macarrão e um outro tanto de batatas no jantar e ela simplesmente olhou e disse: "não posso comer nada disso". Não veio outro jantar e mesmo assim ela não pediu para comer mais nada.

Acho que ela emagreceu quase uns cinco quilos naqueles dois dias. Jamais imaginei que fosse tão sério esse negócio de diabetes. Não só pela dieta, mas pelo que acontece com a pessoa, pelo cuidado que é preciso ter a cada administração de um medicamento. A doutora Melissa disse que é necessário medir a glicose várias vezes ao dia para saber exatamente o certo a se fazer em cada ocasião.

---

[20] Conforme orientações do dr. Dráuzio Varella *in*: http://drauziovarella.com.br/diabetes/hipoglicemia/.

— Mas eu não entendo nada de contagem de glicose, nem sei dizer como se chega a esses números de que vocês tanto falam! — eu me desesperei.

A doutora então tirou de novo do bolso o aparelhinho, que ela disse chamar-se glicosímetro, e o deixou conosco até que comprássemos o nosso próprio medidor. É quase do mesmo tamanho que um MP3 e mostra os valores da glicemia no sangue.

Entre muitas outras coisas, a doutora Lelly nos explicou que a pessoa com diabetes costuma ficar cheia de açúcar boiando no sangue, o que é muito prejudicial a todos os órgãos e nervos do corpo. Ao mesmo tempo, porém, o doente fica extremamente fraco e sem energia, porque praticamente nada deste açúcar consegue ser absorvido pelas células. Pela primeira vez na vida me dei conta de que as pessoas no mundo são movidas a glicose. Toda a nossa energia vem da glicose que a gente absorve dos alimentos. E não é só uma questão de açúcar, não. Muitas coisas que a gente come são transformadas em açúcar para gerar energia para o organismo.

— Além disso, é comum o diabético ficar muito irritado, porque a simples ingestão de doces faz com que o nosso corpo libere enzimas e hormônios que proporcionam uma sensação de prazer. No entanto, como o açúcar fica na corrente sanguínea mas não é absorvido pelo organismo, não acontece a liberação de endorfina, dopamina e serotonina — fez questão de lembrar a doutora Lelly.

Ironicamente, conto os minutos para ver minha mãe de novo irritada. Por pior que seja, qualquer coisa é melhor do que vê-la neste estado. É horrível, é extremamente angustiante ver Babete de novo caída deste jeito. Não sei dizer se ela está melhor, a mesma coisa ou pior do que quando o Zeca foi embora. Se eu entendi direito a explicação do clínico, existem muitas pesquisas hoje em dia que veem a depressão como uma espécie de sintoma anterior ao diabetes propriamente dito; eles acham que uma coisa naturalmente leva à outra.[21]

E pensar que até poucos meses atrás eu achava que diabetes era simplesmente uma doença que atingia a pessoas que comiam muito açúcar... Imaginava que fosse uma coisa banal, uma falta de vergonha na cara de gente que não conseguia passar sem um docinho. Mas dia após dia vejo que não é bem assim, que a coisa é bem mais complicada do que a gente imagina, não basta simplesmente deixar de consumir açúcar.

O diabetes envolve fatores emocionais (muitos), genéticos e comportamentais. O mais louco é pensar que, pelo simples fato de a minha mãe ter

---

[21] Segundo avaliação de vinte estudos realizados nos últimos dez anos, a incidência de depressão entre diabéticos é de três a quatro vezes mais alta do que no restante da população. Pesquisas mais recentes apontam a depressão como uma possível causa ou um desencadeador da diabetes. In: Cousens, Gabriel, *A cura do diabetes pela alimentação viva*: o programa de vinte e um dias do *Tree of Life*. São Paulo: Alaúde Editorial, 2011.

desenvolvido esta doença, isto significa que eu também possa vir a ter isso em algum momento da minha vida.

Todos os médicos da minha mãe, todos sem exceção, ficaram muito preocupados quando descobriram que eu estou grávida. A ficha ainda não caiu direito na minha cabeça; não consigo entender por que isto me torna ainda mais suscetível à doença. Será que é isso mesmo? De qualquer forma, cheguei à conclusão de que não custa nada fazer o que eles estão me pedindo. Eles pediram para que eu fosse a um nutricionista, que pedisse a ele para elaborar uma dieta específica para cada trimestre da gestação. A ideia é garantir uma alimentação saudável para o bebê sem que, para isso, eu precise engordar além do estritamente necessário. Sinceramente, até que gostei desta orientação. Afinal, é claro que não quero engordar horrores na gravidez. De preferência, o mínimo possível.

Estou entrando no que os médicos chamam de quarto mês de gestação, que se inicia a partir do momento em que a gente completa três meses de gravidez. Outra coisa maluca que não consigo entender direito. Se completei três, não era para ser o terceiro? Mas tudo bem. Estou indo em direção ao quarto, estou no quarto mês de gestação. O mais incrível é que até hoje ninguém entre os meus amigos percebeu nada. Já ganhei três quilos e Matheus nem notou que eu engordei! Pode uma coisa dessas? Será que não dá mesmo para perceber ou ele é que é muito desligado?

O fato é que já perdi quase todas as minhas calças *jeans*! Para que ninguém desconfie de nada – não sei ainda quando terei a coragem de assumir para todo mundo! –, decidi mudar completamente o meu estilo. Tenho pensado em usar saias longas, vestidos e mais uma porção de coisas que Babete tirou de suas malas e me deu, na mesma manhã em que ela passou mal. Achei um absurdo, porque estamos super precisadas de um pouco mais de dinheiro, cheias de contas para pagar e minha mãe tirou coisas lindas que poderia vender no bazar só para me ajudar neste momento. Ao mesmo tempo, não posso negar que o gesto dela me emocionou. Eu não esperava... Mas, de qualquer forma, achei melhor começar a fazer as mudanças depois que Matheus for embora.

Falando nisso, decidimos fazer o bazar no bairro da amiga de vó Zuleika mesmo. Nestes dias de hospital, eu e minha avó chegamos à conclusão de que seria muito constrangedor para Babete encontrar toda a alta sociedade no clube que um dia ela frequentou com tanta elegância. E ainda por cima ter de enfrentar o olhar de desprezo da mãe do Matheus, que não engoliria de jeito nenhum a história de que "estamos de partida para a Europa". Na verdade, a própria Babete não estava conseguindo sustentar a história de "alguém que estava de viagem marcada para o exterior e só por isso estava se desvencilhando de todas as roupas de grife".

Acabou que dona Aparecida, a amiga da minha avó, falou com dona Miloca, que também faz parte do grupo da terceira idade que elas frequentam, e elas conseguiram um jeito de fazer o bazar num outro clube, uma espécie de associação comercial que tem lá perto da casa dela. Dona Aparecida e dona Miloca já estavam fazendo toda uma propaganda, criaram um verdadeiro acontecimento para a venda das roupas, mais ou menos do jeito como eu antes tinha pensado. O pessoal lá é simples, mas gosta muito de se vestir bem, segundo minha avó.

Só não sabemos ainda se Babete vai poder ou mesmo querer participar; não temos ideia de como estará seu estado no dia do bazar. Ela parece muito deprimida, quase não diz nada, apenas concorda com tudo. Vó Zuleika, valente como ela só, decidiu então que vai cuidar de tudo sozinha. A minha tarefa é ficar de olho em minha mãe para que não faça mais nenhuma bobagem enquanto isso.

Num primeiro momento, tinha até pensado em contar com a ajuda do Matheus para levar as coisas, mas ele não atendeu a nenhum de meus telefonemas nem ontem, nem hoje. Não sei se anda ocupado demais com os preparativos da viagem, se foi a mãe dele quem arranjou um jeito para que o celular sempre desse fora de área quando ligo para ele. Só de pensar nisto, sinto uma dor no peito quase insuportável; melhor mesmo é não pensar, até porque dentro de uma semana ele simplesmente não vai estar mais aqui. Melhor mesmo é ficar com a minha mãe neste momento delicado.

Só não imaginava que fosse encontrar o quarto vazio quando cheguei naquela tarde ao hospital. Havíamos combinado que vovó iria para a casa de dona Aparecida para começar a colocar preço nas roupas, enquanto eu ficaria com Babete, aguardando a visita médica daquela tarde (ainda não sabíamos quantos dias ainda ela ficaria internada, até por conta de seu quadro depressivo).

– Como assim ela saiu? – eu simplesmente não conseguia acreditar no que estava ouvindo do enfermeiro. – Mas como saiu sem avisar a ninguém? Para onde ela foi?

7

– É como estou lhe dizendo. Babete conversou hoje cedo com a doutora Melissa e pediu muito se poderia ter alta para participar de um evento... – o enfermeiro contou. – Ela disse que precisava ajudar a avó, que tinha mais de oitenta anos e estava organizando sozinha uma espécie de bazar beneficente... Não sei se eu entendi direito, acho que era mais ou menos isto... Mas não faz muito tempo que ela saiu daqui...

De imediato compreendi tudo. Desci correndo pelas escadas e corri até a esquina, disposta a pegar o primeiro táxi. Qual não foi a minha surpresa quando me deparei com a minha mãe acenando para um táxi que vinha passando.

– Babete, espere! Onde você pensa que vai? – corri até lá esbaforida.

Cheguei a tempo de entrar com ela no táxi.

– Caramba! Você quer me matar do coração? – desabafei.

– E desde quando eu preciso da sua autorização para fazer alguma coisa? – ela respondeu irritada.

– Eu posso ir com você? – perguntei, fazendo o possível para segurar minha própria indignação.

Como ela evoluíra da total prostração do dia anterior para aquele estado de irritação profunda?, me perguntava em silêncio. Seria já um efeito da falta de hormônios que costumam ser liberados com a ingestão de açúcar, já que ela estava sob rigorosa dieta ao longo de todos aqueles dias?

– Vamos embora. Estou indo ajudar a vovó – ela respondeu, enquanto eu terminava de fechar a porta do carro.

Ficava bem longe do centro a casa de dona Aparecida. Babete não dizia nada; o tempo todo ouvíamos apenas o rádio do táxi, tocando músicas horríveis. Queria contar que estava toda animada, que Cris havia conseguido marcar para mim uma consulta com uma ginecologista e até perguntara se minha mãe também ia querer ir conosco. Mas não tinha clima para isso. Babete estava muito esquisita. Foi quando de repente ouvi dentro da minha cabeça uma voz que eu não sabia de onde vinha. Não era uma coisa física, não dava para sentir dentro da orelha a vibração da voz. Mas eu sentia como se a pessoa, uma voz de homem, falasse na minha mente:

"Tenha paciência. Não deve ser nada fácil para ela da noite para o dia se desapegar de todas as suas coisas, todas as lembranças ligadas ao tempo em que ela usava todas essas roupas. Sem contar todos os hábitos de que vai ter de abrir mão por causa do diabetes", explicou a voz.

Fazia sentido. Comecei então eu mesma a lembrar como tudo aquilo sempre tinha sido tão importante para minha mãe. Comer de tudo ao tempo e à hora que quisesse, participar de jantares, vestir-se tão maravilhosamente a ponto de arrancar suspiros das outras mulheres sempre que chegava a algum lugar, ganhar caixas de chocolates raros e exóticos como presente de aniversário! Babete sempre fora tão chique... A diretora executiva da empresa do meu avô – estava escrito no seu cartão de visitas. Eu sempre tivera um orgulho danado de ver o nome da minha mãe naquele cartão. Aprendera a ler de tanto olhar para aquelas letras...

E as festas então? Todo final de ano tinha *réveillon* com queima de fogos no estaleiro Major. Babete contava que o nome da empresa tinha muitos significados. Major era o comandante da frota, mas também 'maior' em espanhol. E ainda uma junção das iniciais dos nomes de meus avós: Marlene e Jonas Ricardo. Pensar que agora não tínhamos mais nada, Babete não era mais nada... Ela, que tinha sido criada comendo bombons de marzipã importados da Áustria, tornara-se apenas um nome escrito num cartão que não tinha mais serventia. Abandonada pelo marido mais jovem, roubada em todos os seus bens, necessitando de cuidados médicos, precisando vender todas as suas roupas numa associação comercial no subúrbio...

Apertei com carinho a mão de Babete em sinal da minha solidariedade e ela fechou os dois olhos bem devagar, como se captasse subliminarmente a minha mensagem. Foi quando de repente começou a tocar no rádio do táxi uma das minhas canções favoritas do Legião Urbana:

"Quando tudo está perdido/ Sempre existe um caminho/ Quando tudo está perdido/ sempre existe uma luz".[22]

Foi muito forte aquilo. Parecia que a música falava para Babete, que Babete falava para mim exatamente o que ela estava sentindo, do jeito como eu imaginava:

---

[22] O trecho faz parte da letra da canção "A Via Láctea", do Grupo Legião Urbana, banda brasileira de *rock* surgida em Brasília ativa entre 1982 e 1996 e liderada por Renato Russo.

"Queria ser como os outros/ E rir das desgraças da vida/ Ou fingir estar sempre bem/ Ver a leveza das coisas com humor/ Mas não me diga isso..."
– Mãe... – tentei dizer
Percebi então que ela chorava.
"Só me deixe aqui quieto/ Isso passa/ Amanhã é um outro dia/ Eu nem sei por que me sinto assim/ Vem de repente um anjo triste perto de mim..."[23]
– Que coisa... Sabe que eu nunca tinha prestado atenção a esta música? – ela tentou disfarçar.

Mal consegui responder. Era como se realmente o anjo triste da canção houvesse entrado no táxi. Justamente naquele momento passávamos diante do chamativo letreiro de uma agência de turismo. Rota de Mercúrio: Viagens e Intercâmbios, dizia a placa. Era justamente a agência que estava cuidando do intercâmbio de Matheus. Na angústia daquela semana tão atribulada, nem me ocorrera que ficava no mesmo bairro de dona Aparecida. Ou seria alguma filial?

Ainda me perguntava sobre isso, quando, de repente, Babete também teve sua atenção despertada para algo que ela viu na rua, naquele mesmo quarteirão.
– Pare o táxi! – ela pediu de rompante.
Descemos. Eu estava atônita, me sentia como uma menininha, não tinha coragem de perguntar nada. Foi quando me deparei com o anúncio na vitrine da confeitaria em frente e entendi tudo: aceitamos encomendas de doces de marzipã.
– Mãe, não! – ainda tentei impedi-la.
Mas foi impossível. Babete foi entrando como se estivesse hipnotizada pelo cartaz e, logo, pelas vitrines, repletas de doces os mais variados: bombas de chocolate, mil-folhas, tortinhas diversas...
– Mãe! – eu gritei. – Vamos embora daqui! – disse, já puxando-a para fora pela mão.
Ela pareceu confusa, porém não disse nada. Perguntei informações ao senhor que estava na porta da confeitaria e seguimos pela mesma calçada. O tal clube ficava a dois quarteirões dali.

Era muito maior do que imaginávamos. Tanto que nem sabíamos por onde entrar. E onde ficaria o tal salão, onde minha avó, dona Aparecida e dona Miloca estavam arrumando as coisas para o bazar? O funcionário também não sabia direito. Fomos seguindo pela alameda que ele nos indicou até encontrar uma sala que parecia mais movimentada. Babete já foi logo entrando.

Para nossa surpresa, no entanto, percebemos que havia duas recepcionistas diante da sala:

---

[23] Letra de "A Via Láctea", de Renato Russo, Marcelo Bonfá e Dado Villa-Lobos.

– Que bom que vieram! Entrem! Podem se acomodar à vontade que já vai começar... – disse uma delas.

Cheguei a virar para trás, pensando em sair dali, mas já vinham entrando outras senhoras e, sem que eu entendesse o porquê, quando virei de novo Babete já estava se acomodando em uma das cadeiras da sala transformada em auditório. Sem outra alternativa, sentei-me ao lado dela. Logo em seguida já apareceu outra mocinha, lá na frente de todos, dando suas boas-vindas aos presentes:

– O "Programa Diabetes em Foco", que hoje completa três anos, tem o prazer e a alegria de receber vocês para mais uma tarde de acolhimento e troca de informações. Com vocês, o doutor Zadoque, que hoje vai nos falar um pouquinho sobre...

– Cara, o que é isso? – eu não podia acreditar no que ouvia: era muita coincidência a gente ter ido parar justo naquela sala por engano!

– Vamos embora daqui! – Babete quis se levantar de imediato.

– Não! Agora a gente fica! – decidi, enquanto uma grande tela começava a ser descida lá na frente para o início da apresentação do dr. Zadoque.

Embora firme na minha posição, eu continuava pasma. Parecia que a sucessão de acontecimentos daquele dia obedecia a uma ordem que estava fora de nosso controle, como se algo de sobrenatural comandasse cada um de nossos passos, cada situação, e até mesmo a música que tinha tocado no rádio! Seria tudo mera coincidência apenas? Era quase surreal aquilo tudo! O mais engraçado era que, mesmo contrariada por estar ali, Babete tinha agora os olhos grudados na tela onde o médico mostrava as últimas estatísticas. Talvez estivesse tão surpresa quanto eu.

– Existem mais de trezentos e quarenta milhões de pessoas vivendo com o diabetes no mundo. Infelizmente, porém, quase a metade delas não sabe que tem a doença.[24] E, consequentemente, em não se tratando adequadamente, essas pessoas fatalmente virão a comprometer importantes órgãos como o coração, rins, olhos e nervos – iniciou ele.

"O diabetes é a principal causa de cegueira no mundo e também a principal causa não traumática de amputações de membros inferiores. Enfartes são três a cinco vezes mais frequentes nos portadores da doença, dois quais sessenta e cinco por cento apresentam pressão alta, para citar apenas algumas de suas complicações.

"Para vocês terem uma ideia, estima-se que 3,8 milhões de mortes que ocorrem anualmente no mundo possam ser atribuídas ao diabetes. Isso significa 8.700 mortes por dia, seis por minuto. O diabetes, sobretudo o tipo

---

[24] Segundo dados publicados no catálogo "Diabetes tipo 2: entenda mais, junte-se a nós", elaborado por iniciativa dos laboratórios Bristol-Myeres Squibb e AstraZeneca.

2, afeta hoje 5,9 por cento da população adulta mundial. Segundo informações publicadas pela Federação Internacional do Diabetes, em dezembro de 2006, a doença afetava, já naquela época, um espantoso número de 246 milhões de pessoas em todo o planeta. Calcula-se que este total irá saltar para 380 milhões até 2025 se nenhuma providência for tomada no sentido de prevenir a população e conscientizá-la da urgente necessidade de reverter este quadro..."[25]

— Por Deus do céu! É muita gente! — Babete exclamou assustada. — Será que tudo isso que ele está dizendo é verdade?

— É claro que sim, mãe! Olha lá! Ele cita a fonte de cada número que ele destaca — observei, mostrando o detalhe no *slide*.

— Mas existe alguma maneira de prevenir a doença? — questionou uma jovem perto de nós.

— Todas as complicações do diabetes podem ser evitadas com diagnóstico precoce, ou seja, o quanto antes a pessoa começar a se tratar, mais chances terá de manter o diabetes sob controle — esclareceu o dr. Zadoque.

— Mas existe como evitar o diabetes? — quis saber uma senhora.

— Só se for do tipo 2, porque, afinal, o tipo 1 já nasce com a pessoa! — atalhou outra jovem.

— Uma pessoa com tendência a manifestar o diabetes do tipo 2 terá muito menos chances de manifestá-lo se optar sempre por uma alimentação equilibrada e pela prática constante de exercícios. As mesmas medidas também devem ser adotadas pelos portadores do diabetes 1, de forma a impedir o agravamento da doença. E, é claro, controlar sempre. Tenho pacientes que conseguiram estabilizar de tal forma a doença que reduziram consideravelmente o uso de medicamentos.

— E o fator emocional, doutor? Conheço pessoas que seguem religiosamente todas as recomendações médicas, mas ainda assim mantêm altas as taxas de glicemia em função de grandes abalos emotivos. Afinal, existe uma categoria de diabetes puramente emocional? — quis saber uma outra senhora.

Eram muitas as pessoas na plateia interessadas em tirar dúvidas sobre a doença.

— Efetivamente, não existe diabetes emocional. A doença pode, sim, ser desencadeada por um problema de ordem psíquica, porém, somente em quem apresenta condições para isso, quer dizer, alguma predisposição genética — enfatizou o dr. Zadoque. — O estresse emocional, tanto o bom

---

[25] Dados contidos no livro *A cura do diabetes pela alimentação viva: o programa de vinte e um dias do Tree of Life*, de autoria de Gabriel Cousens, tradução de Bianca Albert e Rosana Albert. São Paulo, Alaúde Editorial, 2011, p. 35, e de folhetos de campanhas preventivas distribuídos por planos de saúde e farmácias.

quanto o ruim, pode funcionar como um gatilho que aciona o diabetes do tipo 1 e 2 em indivíduos com histórico familiar para o problema.

– Mas então o fator emocional não interfere no diabetes? – insistiu a senhora.

– Há de se considerar que o diabetes é uma doença multifatorial, ou seja, decorrente de vários fatores, sendo que vários estudiosos consideram-na como doença psicossomática, ou seja, que sofre influência de fatores emocionais em sua origem – esclareceu o médico. – No entanto, acredita-se que o diabetes seja desencadeado principalmente por fatores hereditários, mas que apenas o fator hereditário não seria suficiente para causar a doença, que usualmente se manifesta diante de mudanças exteriores significativas. Um forte trauma, porém, também não poderia ser apontado como único responsável pelo surgimento da doença – destacou ainda.

– Espera aí, doutor. Exatamente que tipo de emoções estariam associadas à doença? – perguntou um senhor sentado bem no meio da plateia.

– Geralmente, os sentimentos que acompanham o adoecer crônico são negativos, produzindo grande abalo na autoestima, já que as pessoas ao depararem com algo diferente e invasivo demonstram sentimento de inferioridade, medo, raiva, revolta, frustração, ansiedade, negação da situação, regressão e depressão. Neste sentido, podemos dizer que as alterações na glicemia e na evolução da doença no âmbito geral podem ter interferência de fatores emocionais e afetivos.

Eu estava achando tudo aquilo muito interessante. Babete, contudo, parecia extremamente incomodada com as palavras do médico.

– Vamos embora – ela pediu.

– Espera! – insisti.

– A grande questão que se coloca diante de tudo isso é: o que podemos fazer para melhorar este quadro? – o médico prosseguia em sua explicação. – Eu diria que a principal chave para resolver o problema está na aceitação da doença.

Não pude me conter e cutuquei Babete ao ouvir isto. Ela não gostou:

– Pare com isso, Fênix! Não vê que esses sintomas de que ele está falando não têm nada a ver comigo? Chega de perder tempo, vamos embora daqui! – ela insistiu.

– Deixa ele acabar a explicação! – resisti.

– O senhor há de convir que o diabetes é uma doença exigente! – observou uma senhora que estava sentada na primeira fileira.

– Tenho um filho diabético que faz pré-vestibular e a maior dificuldade dele em seguir a dieta é o tempo. Ele sabe que precisaria se alimentar de três em três horas, mas tem aulas o dia todo e nem sempre consegue fazer isso! – complementou outra senhora.

– Não é só essa a questão! Pelo menos uma vez a cada trinta minutos eu tenho de parar tudo o que estiver fazendo e pensar: como estou me sentindo? Quando foi a última vez que eu comi? Será que preciso medir minha glicemia? E, se estiver baixa, o que vou comer? Se o senhor contabilizar todas as vezes ao longo do dia em que o diabético se vê obrigado a fazer isto, vai constatar que perdemos muito tempo! – acrescentou ainda o senhor que estava sentado no meio da plateia.

O médico esperou alguns instantes para que mais alguns pacientes se manifestassem, até que decidiu interferir com bom humor:

– Gente! Não é perda de tempo: é ganho de tempo de vida! – argumentou. – Além disso, tem a questão do ponto de vista. Se eu afirmo que o diabetes é uma doença sufocante, já estou de antemão assumindo uma atitude negativa diante do problema. No entanto, se o diabetes apareceu no seu caminho, na sua vida, não vai adiantar nada bater de frente com ele. Quando você manda o diabetes para o inferno, é para lá que você vai!

O auditório riu com o trocadilho.

– Porque a piora do controle glicêmico só aumenta o risco de complicações – continuou o dr. Zadoque. – É uma doença progressiva e degenerativa, sendo que, quanto mais ela se complica, mais dispendioso se torna o tratamento. Ao passo que, se a pessoa seguir o tratamento, ela pode levar uma vida praticamente normal – enfatizou ele. – Precisamos nos acostumar a ver o lado bom em tudo na vida! E o lado bom do diabetes é que o paciente tem que procurar um estilo de vida mais saudável!

– E qual seria o tratamento ideal? – questionou um rapaz de meia idade sentado na segunda fileira.

– Não existe um padrão ouro, uma referência do que é ideal. Cada pessoa tem um conjunto de problemas diferentes desencadeados pela doença. É fundamental conversar com o médico sobre o que mais está incomodando, estudar com o seu médico a melhor solução para cada detalhe do seu caso. Esse acompanhamento precisa ser constante, não dá para aparecer uma vez no consultório e só voltar daqui a anos, quando o quadro já se complicou!

– Mas o senhor acredita que seja possível melhorar a qualidade de vida de um diabético? – questionou outra senhora.

– Mas é claro que sim! Uma vez mapeadas as maiores dificuldades do paciente, ou seja, onde o diabetes influencia mais em sua vida, existe toda uma gama de novos medicamentos, que vão desde as substâncias utilizadas, com novas maneiras de se dosar, até novos sistemas de aplicação de insulina. Grupos sociais de esclarecimento, como este que vocês estão frequentando, também são um passo importantíssimo para uma melhor qualidade de vida. Quanto maior for o intercâmbio com outras pessoas, quanto maior for a visão e o conhecimento acerca do que é a doença, melhor a aceitação e maiores serão as chances de conviver bem com a doença – observou o doutor.

– Mas, sobretudo, como disse no princípio, todo diabético necessita de uma alimentação equilibrada e da prática de esportes.

Imagens mostravam agora um grupo de diabéticos se exercitando ao ar livre. "Dedique-se a um estilo de vida saudável com dieta adequada e exercício físico", estava escrito na parte debaixo do *slide*.

– Para mim chega – Babete levantou e já foi saindo pelo lado da sala.

Fui atrás dela.

– Mãe, espere! O que aconteceu?

Ela, porém, só respondeu quando estávamos já distantes da sala.

– Eu não tenho essa doença, Fênix! Eu não quero ter essa doença – ela caminhava cada vez mais rápido em direção à saída do clube.

Quase derrubou um garçom que ia subindo com uma bandeja de salgadinhos em direção a outro salão, onde uma festa estava acontecendo. Ficou um tempo paralisada, enquanto o rapaz se recompunha, ajeitando os salgados que haviam restado na bandeja. Parecia até cena de filme. Babete olhava tão fixamente para a bandeja que, por um momento, tive a sensação de que iria avançar sobre o rapaz. Mas não. De repente ela saiu do transe e saiu andando novamente pela mesma alameda por que havíamos subido.

– A gente não vai mais procurar a vovó Zuleika? – perguntei, sempre andando atrás dela.

– Não – ela respondeu simplesmente.

Saiu do clube e começou a fazer o mesmo caminho por que tínhamos vindo.

– Mas... E o bazar?... Para onde você está indo agora? – eu já não aguentava mais tantos surtos em um mesmo dia, até me esqueci de que estava grávida.

Ela parou, olhou para minha barriga e disse:

– Você precisa comer alguma coisa. Vem! – me puxou pelo braço.

Eu já não estava entendendo mais nada. Quando percebi, estávamos de novo entrando na confeitaria, no mesmo local onde havíamos descido do táxi.

– Babete, pelo amor de Deus, eu...

Mas nem tive tempo de dizer muita coisa.

– Vamos querer dois doces deste aqui – disse apontando para a vitrine – e... dois sucos de maracujá!... Ah! E você tem aí marzipãs para pronta--entrega?

Parecia até uma viciada, em pleno surto de abstinência. Minha vontade era de chorar. Mas estava tão exausta que não tinha nem forças para isso.

Foi quando olhei para a porta da confeitaria e dei com a figura de Matheus. Fiquei gelada.

Ele estava entrando com um bando de garotas e rapazes. Todos usavam a mesma camiseta, mas não consegui ver de longe o que estava escrito. Era um grupo falante, pareciam todos muito alegres. Até demais para o meu gosto. Alguns diziam palavras em inglês, bem alto, como se quisessem aparecer:

– *Oh, give me a break*! – gritou uma garota, afetada, empurrando um dos rapazes.

Foram se espalhando como uma mancha de tinta, logo iam tomando conta do lugar com sua barulheira irritante. Eu não sabia do que se tratava, mas logo deduzi que aquele devia ser o pessoal que ia fazer intercâmbio com ele... Afinal, a confeitaria ficava no mesmo quarteirão da agência. Que 'sorte' a minha... Eu, que raramente pisava naquele bairro, que nem tinha ideia de que a tal agência ficava tão perto do clube... Fazia tantos dias que sequer nos falávamos por telefone... Não contentes em já estarem indo viajar juntos, Matheus e seus novos amigos ainda se reuniam no tempo que restava antes da viagem..., pensei enciumada observando de longe a integração entre eles. Será que iriam todos para o mesmo lugar?... Senti uma pontada estranha no coração, logo em seguida uma na barriga. Babete continuava concentrada nos doces da vitrine, indiferente ao que se passava.

– Manda embrulhar tudo isso depressa e vamos embora daqui! – pedi, sentindo minhas mãos molhadas de tanto nervoso.

Minha vontade era sumir dali o quanto antes. Não queria que ele me visse.

8

— "Cai a noite na cidade/ Vinda de lugar nenhum / E o dia vai embora/ Indo pra lugar algum/ Não sentia fome/ Não sentia frio/ Sentado num canto/ De um quarto vazio/ Quando a chuva cai/ Nas noites mais solitárias/ Lembre-se que sempre.../ Estarei aqui", cantava no MP4, pela milésima vez, a minha canção favorita do Capital Inicial.[26] Eu não conseguia mudar a faixa. Era como se eu ouvisse a voz de Matheus cantando para mim. Do jeito como eu queria que ele estivesse cantando para mim...

Será que todo mundo é assim? Que escuta a própria vida nas letras das músicas de que gosta? Desde muito menina, tive sempre esta mania de buscar nas canções um pouco daquilo que eu estava passando, repensar meus sentimentos ouvindo aquilo que era dito. Ficava imaginando que em algum lugar, alguém, possivelmente o autor daquela canção, também tinha um dia vivenciado o mesmo que eu estava sentindo. A mesma dor, a mesma saudade, o mesmo vazio. E, não sei por que, esse simples pensamento me confortava. Eu não estava sozinha no mundo. Havia mais alguém, sentindo a mesma coisa... Loucuras da minha cabeça. Minha mãe diz que eu tenho mania de fazer filosofia com tudo...

"Se virou e alcançou o céu/ E a última estrela/ Nada deixava passar/ Tudo lembrava ela...", continuava a música, aumentando ainda mais a minha dor. Afinal, será que o Matheus também sofria por mim? Não era o que parecia naquela tarde em que o vi na confeitaria, junto com toda aquela turma. Ao contrário, ele parecia mais contente do que nunca... Será que em algum momento ele se lembrava de mim? Por que não me telefonava mais?

---

[26] "Cai a Noite", composição de Loro Jones e Mark Rossi, que se tornou conhecida na voz de Dinho Ouro Preto, vocalista da banda de *rock* brasiliense Capital Inicial.

"Quando a chuva cai/ Nas noites mais solitárias/ Lembre-se que sempre.../ Estarei aqui", repetia o refrão. Aquela era a nossa música. Matheus me dera este CD logo que soube que iria fazer o intercâmbio. Ele vivia me dando CDs, que ele gravava para mim, com as músicas de que mais gostávamos. Lembro que naquele dia ele chegou a dizer para eu escutar esta música quando ele estivesse no Canadá, porque certamente era assim que ele ia estar se sentindo, num outro país, tão longe de mim. Será que ele ainda se lembrava disso? Afinal, por que Matheus tinha sumido desse jeito?, eu não conseguia entender.

O tempo todo ficava fazendo um retrospecto na minha cabeça da última vez em que nos encontramos, de cada palavra que eu tinha dito para ele. Mas não conseguia encontrar uma razão real para que ele tivesse sumido desse jeito. Será que eu tinha falado algo que o tinha deixado magoado comigo? Ou será que ele tinha entendido errado alguma coisa que eu disse?

"Por que você não liga para ele?", insistia a voz que de novo resolveu falar dentro da minha cabeça. Mas eu não queria ligar. Será que eu devia ligar para o Matheus? Fatalmente, pelas minhas contas, ele já devia estar de partida para o Canadá. E se já tivesse viajado, sem sequer se despedir de mim?

Me agarrei ao sapinho de pano que eu ganhara há pouco tempo do Matheus e me joguei sobre a cama de Babete, morrendo de vontade de chorar. Nós agora dividíamos o mesmo quarto: ela dormia na bicama de cima e eu na que ficava embaixo, que só abríamos na hora de dormir. De repente, porém, ouvi um barulho estranho, tive uma sensação esquisita no momento em que encostei a cabeça no travesseiro. Levantei as cobertas para tentar descobrir o que tinha ali embaixo, quando me deparei com um pacote inteirinho de doce de leite em tabletes.

– Não acredito! – exclamei desnorteada, pulando da cama com o pacote na mão. Voltei então meus olhos em direção à estante e dei com a caixa de marzipãs que ela havia ganhado de Zeca em seu último aniversário. Estava escondidinha debaixo da última prateleira.

– Que coisa! Não é possível que ainda tenha bombons nesta caixa até hoje... – observei, já abrindo para verificar.

Babete havia escondido lá dentro todos os marzipãs em forma de frutinhas que ela comprara recentemente na confeitaria do subúrbio.

– Que quantidade! – exclamei, já que na hora, querendo fugir de Matheus, nem reparara direito no quanto ela comprara.

Mas não era só isso. A caixa era relativamente grande. Lá dentro havia também dois pequenos pacotes de biscoitos recheados, uma porção de balas e bombons espalhados e...

– Uma lata de leite condensado! Aberta! Meu Deus! Onde Babete está com a cabeça! Logo, logo isso vai dar bicho aqui e...

Minha indignação foi interrompida pelo grito que veio de repente do banheiro. Era a voz de Babete. Corri até lá, ainda com a lata de leite condensado na mão. O que aconteceria desta vez?, intimamente já tentava me preparar.

Encontrei minha mãe de pé sobre o banquinho de madeira que ficava ao lado da pia, gritando que nem uma louca:

– Tirem elas daqui! Odeio formigas! Jogaram alguma coisa doce no vaso!

Imediatamente lembrei da explicação que ouvíramos da dra. Melissa, na primeira vez em que estivéramos no consultório. Caminhei até o vaso e constatei o inevitável: estava incrivelmente cheio de formigas, que caminhavam livremente por dentro da louça mesmo! O mais incrível era que havia formigas de vários tamanhos, desde pequeninas até formigões.

– Tire esses bichos nojentos daí! Eu odeio formigas! – repetia Babete, nervosa. – Você ou a vovó devem ter jogado alguma coisa doce aí dentro!

Respirei fundo antes de responder:

– Não terá sido por causa disto aqui? – perguntei, mostrando a lata com dois pequenos furos na tampa que eu tinha nas mãos.

– Onde você pegou isso? – Babete ficou enfurecida.

Ela desceu do banco e me arrancou a lata das mãos. De tão zangada, esqueceu até das formigas no vaso.

– Quem te deu o direito de mexer nas minhas coisas? – ela foi caminhando em direção ao quarto.

– Às vezes tenho dificuldade em acreditar que você é minha mãe, que em algum momento Deus achou que teria condições para ser mãe de alguém! – fui andando atrás dela.

Ela entrou no quarto e deu com suas guloseimas espalhadas sobre o sofá cama onde dormia. Pegou com raiva o meu sapinho e atirou longe.

– Desde o princípio eu tinha certeza de que não iria dar certo nós duas dividirmos o mesmo quarto! – ela esbravejou, recolhendo rapidamente suas coisas.

– Fala sério! – eu também estava muito brava. – Quando é que você vai crescer? – disse, tomando nos braços o meu sapinho querido que tinha ido parar atrás da porta. – Não entendeu até agora que você está doente? Que não pode comer essas coisas? Que vergonha, uma mãe...

Ela não me deixou terminar.

– Pois engula essa frase! Engula e guarde bem guardadinha lá nos escaninhos da sua consciência! – ela gritou, vindo em minha direção.

De tão agitada, achei que iria partir para cima de mim. Mas não...

– A minha praga é que você vai ter uma filha igual a você! Nem melhor, nem pior: igual a você! – ela gritava. – Aí, sim, você vai ver o que é bom para tosse.

Ela não me tocou um dedo sequer, mas era tão forte a energia de suas palavras que senti como se estivesse levando uma surra.

– Sim, logo, logo você vai ter uma filha... – ela continuou, abrindo a caixa e enfiando na boca uma porção de marzipãs de uma vez só. – Então...

Não me contive e arranquei a caixa da mão dela:

– Para com isso! Não vê que está se matando! Você quer morrer, Babete? Por que você está agindo dessa forma com a gente? Com você mesma? – também gritei.

Ela ficou um tempo me olhando com aqueles olhos azuis enormes. Eu quase podia ver a dor nadando dentro deles.

– Você pensa que é fácil fazer dieta? Já experimentou passar vários dias comendo iogurte desnatado no lanche? Eu odeio iogurte desnatado! E chocolate com quase cem por cento de cacau, você já experimentou? Tem gosto de borracha! Uma droga! Odeio tudo quanto é comida de dieta! – ela respondeu.

– Pois eu adoro! Agora, será que você veio a este mundo só para comer? – nem sei de onde me veio essa resposta. – Será que a comida deveria ser realmente encarada como uma coisa tão importante na vida das pessoas? Às vezes eu penso que você gosta mais de comida do que de mim, da minha avó, de você mesma! – rebati sentida.

Virei de costas e fui arrumar a minha cama, que estava cheia de livros em cima. Estava morrendo de vontade de chorar, mas não queria que ela percebesse a minha fraqueza.

– Olha aqui, Fênix – de novo ela veio em minha direção – vamos fazer um acordo. – Se você aceitar fazer dieta, não digo nem para sempre, mas pelo menos durante o tempo da sua gravidez, só para você entender o que eu estou passando, eu faço com você! – ela disse. – Com toda certeza, não vai te fazer mal...

De novo nos olhamos no fundo dos olhos.

– Tudo bem, eu faço – aceitei o desafio. – Mas também tenho uma condição – disse, virando-me de novo para os livros que estava empilhando sobre a cama.

– Que condição? – ela perguntou.

– Nós também vamos precisar fazer alguma atividade física – disse, lembrando agora da palestra que nós tínhamos assistido no clube.

No dia seguinte, de manhã bem cedinho, nós saímos para caminhar na praia. Não podia imaginar que justamente naquele horário, o Matheus fosse aparecer para falar comigo. Nem eu, nem Babete havíamos levado um celular. Para completar, vó Zuleika só se lembrou de me dizer isto quando nós estávamos acabando de almoçar.

– Eu não acredito que a senhora fez isso, vó! Por que não falou antes? – eu tinha vontade de engolir a pobre da minha avó.

— Calma, Fênix. Ele vai aparecer de novo — disse Babete.

Ela parecia bem mais equilibrada depois do exercício físico, nem fez extravagâncias no almoço naquele dia.

— Mas ele falou alguma coisa que vai voltar, vó? Por que ele não foi atrás de mim lá na praia? — eu não conseguia me conformar.

— Ele disse que ia, Fênix! Eu até achei que tinham se encontrado quando você chegou em casa tão contentinha...

— Mas por que a senhora pelo menos não perguntou, vó? — aquilo não entrava na minha cabeça.

— Sei lá. Me distraí fazendo o almoço, acabei me esquecendo... Eu ando tão esquecida ultimamente...

— Por que você não liga para ele, Fênix? — sugeriu Babete.

— Melhor ligar logo. Se não me engano, ele comentou qualquer coisa que ia viajar hoje... — lembrou vó Zuleika.

— Viajar hoje, vó? — eu dei um pulo da mesa. — Ele disse isso?

— Deve ser lá para aquela cidade que ele costuma ir com os pais dele... Hoje não é sexta-feira? — imaginou minha avó.

— Vó! Ele está indo para o Canadá! E se ele estiver indo agora? — imaginei.

Meu coração batia a mil por hora. Só naquele momento percebi como tinha sido boba em não tê-lo procurado antes, o quanto ele era importante para mim. E se ele já tivesse embarcado para o Canadá?, imaginei desesperada, segurando a barriga. Era incrível, mas eu tinha a sensação de que o bebê estava tão angustiado quanto eu!

— Liga! — Babete me entregou seu próprio telefone.

Liguei. As mãos tremiam tanto que errei o número duas vezes.

— Deixa que eu disco para você! — decidiu Babete.

Vovó, a essas alturas, já estava lavando louças lá na cozinha; não tinha nem se dado conta da gravidade da situação. Eu tinha a impressão de que meu coração ia sair pela boca, de tanta ansiedade. Estava pronta para agarrar o telefone e dizer: "Matheus, não sei o que eu falei que magoou você. Mas me perdoa! Eu amo você! Preciso muito falar contigo antes de viajar!" Tinha as frases já prontinhas na minha cabeça, na ponta da língua. Sim, eu ia contar. Acabava de decidir que não podia deixar que ele viajasse sem saber que eu esperava um filho dele. Ele precisava saber!

Por alguns instantes, fiquei tão absorta imaginando o que diria quando conversasse com Matheus que, quando percebi, Babete já estava falando com alguém do outro lado da linha.

— Deixa eu falar! — pedi, ansiosa.

Minha mãe, contudo, ao invés de me entregar o telefone, simplesmente desligou com uma fisionomia muito estranha.

– A esta hora, o avião dele está acabando de levantar voo. A empregada me disse que ele levou o celular do pai dele, que estava habilitado para fazer ligações internacionais, mas ela não soube me dizer o número... Sinto muito Fênix... – ela lamentou por fim.

Eu me abracei a Babete e chorei em silêncio. Não havia mais o que fazer.

Gosto Amargo

José Renato

PARTE 3

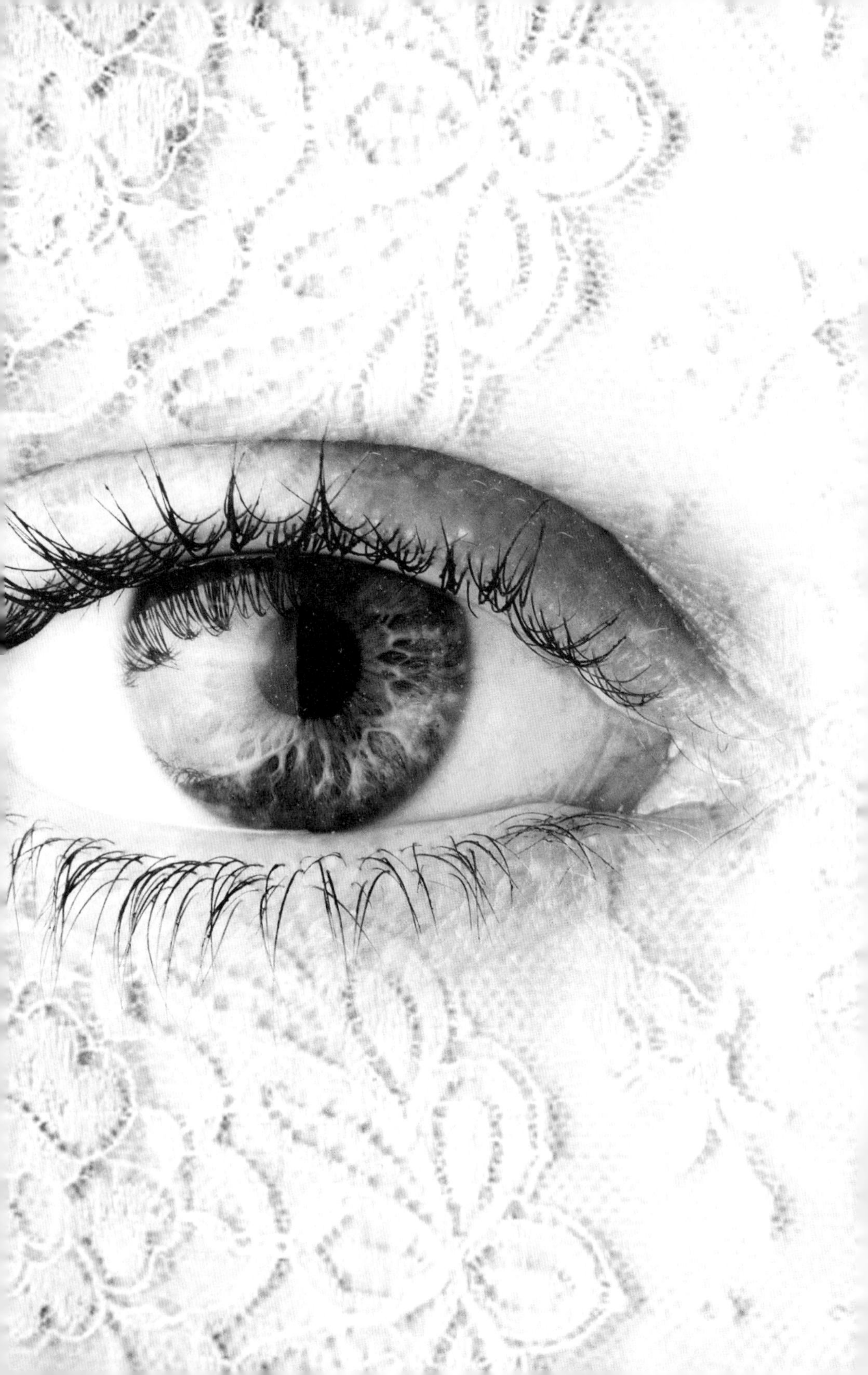

1

"A mentira é uma verdade que se esqueceu de acontecer". Estava no meio da estrada quando de repente me lembrei daquela frase que um dia lera em um poema de Mário Quintana. *Sapato florido* era o nome do livro.

Jamais me esqueci da capa. A menininha de saia curta, pés descalços, tentando abrir uma porta na pontinha dos pés, o cachorro preto olhando de lado. Por que me marcara tanto aquela imagem? Nunca cheguei a uma conclusão. Tocavam-me, sobretudo, as palavras do poeta. Onde estariam agora os meus livros? Não sabia mais dizer. Tantas andanças... As frases, contudo, carregava comigo. E de vez em quando surgiam, no meio do nada, me convidando a pensar, relembrar os velhos tempos em que a vida era apenas poesia.

Mário Quintana... Encontrei aquele livro, por acaso, lá dentro de casa. Não era de minha mãe, não era de ninguém. Passou então a ser meu. Este e também um outro, que encontrei depois, chamado *Caderno H*. De tanto que gostava daquele, um dia risquei o H da capa e escrevi um Z. De Zeca, como todos me chamavam.

Mas agora tudo isso era passado. Quase outra encarnação, se eu acreditasse em outras vidas; quase uma verdade que se esqueceu de acontecer.

Não aconteceu a vida que eu sonhava lendo Mário Quintana. "De um momento para outro, até o açúcar pode se tornar amargo" – de repente me veio à mente aquela frase que eu sempre ouvia de Babete.

Sentia como se toda a minha vida tivesse passado do ponto, extrapolado um limite que jamais poderia ter sido extrapolado, mas de onde eu não poderia mais voltar atrás.

Tinha o pensamento desordenado, a cada instante eu me lembrava de alguma coisa do passado, mas era como se as ideias não se concatenassem direito. "A imaginação é a memória que enlouqueceu", diria meu poeta. Em qual dos livros? Eu já não sabia mais, inundado que estava por tantas ideias, pensamentos, lembranças.

Eram ideias esparsas, muitas vezes contraditórias. Tudo muito rápido. "Ah, se eu pudesse voltar no tempo...", pensava por um instante, para logo depois pensar como era bom não ter ninguém me esperando, a quem eu precisasse dar satisfações quando voltasse para casa. Mas... também era fato que eu às vezes me sentia bem sozinho. E se eu arrumasse um cachorro? Era bom ter ao menos uma companhia com quem conversar... Coisa de maluco! Onde já se viu, conversar com cachorro?, eu logo respondia a mim mesmo. "O que tem demais? Tanta gente conversa!", respondia então um outro eu. Ou não seria eu quem respondia? Mas se não fosse eu, quem poderia ser? "Um cachorro serve para a gente falar sozinho",[27] diziam então as frases de Mário Quintana que eu carregava dentro de mim. Tudo vinha tão rápido que mal dava tempo de me apegar ao fio de algum raciocínio. A cocaína fazia isto comigo.

A boca amarga, o cansaço, a ansiedade: tudo parecia um convite para que eu usasse um pouco de droga. Só mais um pouco, o último pouco, eu sempre pensava assim. Mas, na prática, não era nunca o que acontecia. Poucas horas depois, começava sempre tudo de novo. Nos últimos tempos vinha até me perguntando: será que eu precisava disso para sobreviver? Queria muito dizer que não, mas não tinha nenhuma convicção sobre verdades e mentiras.

Eu não tinha mais uma vida. Era como se tudo agora girasse em torno do vício. Aos poucos, todo o dinheiro que eu levara de Babete fora desaparecendo, como que por encanto. Minha parte na sociedade feita jamais fora oficializada; na prática, eu era agora simplesmente um empregado do traficante que um dia me prometera algo tão diferente...

E o que seria uma vida boa de verdade?, já não sabia mais dizer a mim mesmo. Que vida era aquela que eu escolhera?, eu muitas vezes me perguntava, lembrando, sem querer, dos tempos em que trabalhara como estagiário de enfermagem em um hospital público. Sim, eu gostava de ser enfermeiro, mas minha ambição sempre tinha falado mais alto. Afinal, como prosperar na vida como um reles técnico de enfermagem?

"A mentira é uma verdade que se esqueceu de acontecer". Num carrinho velho e surrado, eu percorria agora as mais variadas cidades do Brasil, fazendo e recebendo entregas, seguindo as ordens recebidas. Não raras vezes fazia isso movido à droga para poder dar conta do recado, sempre rodando depois das dezoito horas, ou mesmo de madrugada, quando não costumam ser tão intensas as *blitz* policiais.

---

[27] *In*: "Para viver com poesia". A frase em questão foi extraída de *Caderno H*.

Naquela noite em especial, eu estava acabando de chegar a uma cidadezinha de Minas para entregar um carregamento malocado no forro dos bancos do carro (que já tinha até um fecho especial para facilitar essas operações), quando, de repente, como se não bastassem todas aquelas lembranças durante a viagem, me senti tomado por uma saudade enorme da minha mãe, há mais de vinte anos falecida.

Coisa mais esquisita. Fazia muito tempo que eu não experimentava uma saudade tão grande, tão intensa como aquela, nem sei dizer se era efeito da depressão que sempre vinha nos momentos em que eu não estava encharcado de droga. Que vergonha eu sentiria de olhar para minha mãe, se ela ainda estivesse viva, pensei, sentindo dor no coração.

– E aí? Como é que vai ser? – deixei de lado a emoção e liguei logo para o comparsa que estava a minha espera.

– Onde você está? – ele respondeu do outro lado.

Olhei em volta tentando me situar, nunca tinha entrado antes naquela cidade, não conhecia nada por ali. Só sabia que estava bem no alto de uma ladeira.

– Tem uma casa grande bem aqui na minha frente, com uma escadaria... "Fora da caridade não há salvação", está escrito na fachada. Deve ser alguma igreja... – imaginei.

– Beleza. É o centro espírita. Aliás, que ótima ideia! O portão está aberto?

Fixei de novo o local e percebi que havia luzes acesas lá no alto. E também uma porta aberta que parecia conduzir ao andar onde estavam acesas as luzes. Toda a construção se erguia no alto de uma grande escadaria de pedra, guardada por portões de ferro, e que dava acesso justamente a esta pequena porta para onde agora eu olhava.

– Sim, os portões estão abertos – avisei. – Mas você não está querendo que eu entre nesse lugar... – perguntei desconfiado.

– Não precisa ir até lá dentro. Apenas senta na escadaria que, em uns dez, quinze minutos, no máximo, eu tô passando por aí. Meu carro é um gol branco, bem velho – ele descreveu.

– Mas você vai pegar o pacote na escadaria do centro espírita? – tentei entender, ainda pouco convicto do que escutara.

– E por que não? Ninguém vai desconfiar de nada lá dentro! – ele disse, desligando o telefone.

Entrei assustado, sentindo mesmo um pouco de vergonha por estar ali. Afinal de contas, era uma casa religiosa. Fosse lá de que religião fosse, isso já não era da minha conta. Mas o fato é que todas elas, até onde eu sabia, acreditavam em Deus. Caramba! E se Deus existisse mesmo, se ele realmente estivesse vendo o que eu estava fazendo? – pensei comigo, em mais uma de minhas paranoias. Tive a sensação de que alguém me observava.

Mesmo assim entrei. Por via das dúvidas, sem o pacote. Quando o comparsa chegasse, iria com ele até o carro, logo em frente, e resolveríamos tudo sem desrespeitar ninguém.

Sem imaginar como procediam os tais espíritas frequentadores dali, fiz o sinal da cruz e sentei, bem próximo ao portão, logo no terceiro degrau. Estava ali distraído, ainda concentrado nas minhas confusões mentais, quando de repente senti um toque suave no ombro. Dei um grito:

– Ai!

– Desculpe! Eu não queria assustá-lo! O senhor é o Valdinei? – perguntou a mocinha loura, de óculos retangulares.

Ela tinha um olhar tão diferente, um olhar que emanava uma coisa estranha que fazia com que eu não conseguisse sair do lugar. Mas era uma sensação boa, apesar de tudo. Ela não me dava medo.

– Na-na... não, respondi. – Estou aqui apenas esperando uma pessoa. Quer que eu saia? – fiz menção de me levantar.

– De forma alguma, pode ficar – ela disse, muito gentil. – É que eu marquei, quer dizer, uma colega marcou com o seu Valdinei de me esperar aqui depois da reunião... – ela também parecia distante e preocupada em seus pensamentos.

– Ah... – respondi, como se fizesse algum sentido para mim.

Ficamos, então, os dois em silêncio. Maldito silêncio. Sentia-me agora tomado por um sentimento de profunda ansiedade, balançava nervosamente as pernas quase sem querer, não sabia o que fazer com as mãos. De repente, para meu desespero ainda maior, começaram a descer pessoas, uma dezena delas, lá de cima. Queria sair dali, mas não sabia como. E a ansiedade só crescendo. Todas passavam por mim e me cumprimentavam muito educadas, como se fosse perfeitamente normal eu estar ali sentado no caminho delas.

– Até logo! Boa noite... – diziam uns.

– Bom descanso para o senhor! Até amanhã – diziam outros.

Que coisa mais maluca! Eu nunca tinha visto nenhuma daquelas pessoas que falavam comigo! E a mocinha apoiada na mureta no alto da escada me olhando de longe, esperando o tal Valdinei. Eu tinha vontade de correr dali, mas eram todos tão gentis e delicados que eu me sentia constrangido em fazer qualquer movimento. E se eles desconfiassem de alguma coisa? Procurei agir como se nada de diferente acontecesse.

– Boa noite! Vai com Deus! – me empolguei e disse ao último que passou, num arroubo de alma, quase como se aquilo fosse uma senha. A senha para permanecer ali sem que ninguém desconfiasse de nada.

"Vai com Deus..." Tão simples como enganar uma criança com um pirulito... Fazia tanto tempo que eu não dizia isso... Tantos anos... Sem

querer, aquela frase acabou tendo um impacto sobre mim. Novamente me lembrei da minha mãe e senti uma vontade muito grande de chorar. Mas então dei de novo com os olhos da mocinha dos óculos retangulares e segurei as pontas. Ela sentou-se no primeiro degrau e comentou:
– O ruim de ficar esperando muito tempo é que a gente nunca tem exatamente a certeza se a pessoa vai vir... – disse, olhando o relógio.
– Você nem conhece a pessoa e vai ficar esperando todo esse tempo? – ousei perguntar, consultando também o relógio.
– Na verdade é um senhor alcoólatra – ela explicou com naturalidade. – Esteve aqui outro dia e disse a minha colega que estava precisando de ajuda, que queria muito conseguir parar de beber...
– E vocês fazem algum trabalho aqui para as pessoas pararem de beber? – perguntei, pensando nos rituais de umbanda.
– Não! – ela riu. – Aqui é um centro kardecista! Quer dizer, aqui apenas estudamos a doutrina de Allan Kardec, mas não fazemos nenhum tipo de trabalho – explicou.
– Ah! – fiz que sim com a cabeça. – E que mal lhe pergunte, como é que você vai ajudar ao moço?
– Não, não sou eu. Meu pai, que ainda está lá em cima conversando, mas já vai descer, tem um conhecido que dirige uma clínica para dependentes químicos, que por sinal é um pastor evangélico. É a única clínica que temos por aqui. Daí, ontem, depois que este moço veio pedir ajuda, nós conversamos com o pastor e ficamos sabendo que tem uma vaga. Se o seu Valdinei aparecer por aqui como prometeu, vou combinar com ele um horário para a kombi da clínica vir pegá-lo amanhã, entendeu?
Fiz que sim com a cabeça. Fiquei um tempo olhando para aquela moça, tão simples, ali sentada na escada. Stela, o nome dela. Ouvi quando alguém chamou. Como era incrível que no mundo ainda existissem pessoas capazes de se preocupar com coisas deste gênero. Espíritas se unindo a evangélicos só para ajudar uma pessoa. E também como era ingênua a tal Stela, a ponto de sentar-se ao lado de uma 'mula' profissional como eu e nem se dar conta disso. Será que não estaria também correndo perigo conversando com o tal alcoólatra? Seria mesmo apenas um alcoólatra?
"No fundo somos todos filhos de Deus. Crianças pequenas, que mal sabem o que fazem, mas com quem o Pai sempre se preocupa, querendo trazer de volta ao caminho do bem. Porque essencialmente todos temos o bem dentro de nós", senti de repente como se minha mãe me dissesse.
Levei um susto tão grande que quase caí da escada.
– Aconteceu alguma coisa? – Stela perguntou. – O senhor está bem?

Neste momento, ouvi na esquina uma buzina e percebi que era a pessoa por quem eu estava esperando.

– Não, não... Tudo bem... Meu colega chegou, até uma outra hora! – fui embora depressa.

Ainda assim, enquanto caminhava até ele, de repente me senti invadido por um pensamento: "e se eu também pedisse ajuda, será que ela também faria o mesmo por mim?"

"Peça ajuda, meu filho! Os fracos, os sofredores e os doentes são os filhos prediletos de Jesus, o grande médico das almas que sempre está pronto a trazer até nós o remédio que nos há de curar",[28] de novo ouvi como se minha mãe dissesse.

A essas alturas, eu tremia dos pés à cabeça. Parei na rua por alguns instantes e olhei para trás, como que para ter certeza se dona Rosa, a minha mãe, estava lá. Mas apenas aquela bondosa jovem continuava sentada na escada, à espera do moço que tardava a chegar. Valdinei, me veio o nome na cabeça. Seria mesmo verdade tudo aquilo?, perguntei-me. Ela acenou para mim em sinal de adeus. A buzina do carro insistiu e tive de apressar o passo.

Agora, enquanto dirigia pela estrada, eu novamente pensava em tudo aquilo. Precisava estar em Belo Horizonte no dia seguinte logo de manhãzinha, não tinha sobrado muito tempo para descansar. Nenhum tempo, para ser mais exato.

A estrada, naquela noite, me parecia mais longa do que nunca. "Jesus, o grande médico das almas... sempre pronto a trazer até nós o remédio que nos há de curar" – aquelas palavras não me saíam da cabeça.

Ficava imaginando: será que existia mesmo Jesus? Será que olhava mesmo por nós durante todo o tempo, como diziam as religiões? Será que realmente se preocupava conosco? Até hoje? Que viagem!, disse a mim mesmo, querendo sair daquele pensamento.

É verdade que eu tinha usado um pouco de droga para conseguir pegar a estrada, e também tomado um pouco de cerveja no bar, antes de sair, para dar uma relaxada e refrescar a garganta. Mas não era doideira. Não parecia doideira. Ao mesmo tempo, só de pensar em Jesus, eu sentia muita vergonha. Uma vergonha tão grande que parecia até que me queimava por dentro. Não, eu não queria pensar mais nisto. Xô!

De qualquer forma, eu já estava perdido. Imagine se Jesus, lá do alto das estrelas onde certamente se encontrava, iria se importar com um traficante, um ladrão, alguém que tinha feito tudo o que eu fiz?, soltei um riso nervoso. Era óbvio que tudo aquilo não passara de uma ilusão. Imagine se a minha mãe, vendo tudo o que eu já fiz, ainda iria me dizer aquelas coisas?

---

[28] Cf. "O Cristo Consolador". *O evangelho segundo o espiritismo*, cap. VI, it. 7.

Aos poucos, aquela vergonha foi ficando tão grande, tão insuportável que precisei parar na estrada para usar um pouco mais de droga. Não estava conseguindo segurar a onda. Precisava ficar bem, aquilo tudo estava me deixando muito deprimido. É horrível a gente pensar que não tem mais salvação, que já fez tanta bobagem que inevitavelmente a única coisa de certo que existe na vida é um lugar no inferno depois da morte. Não tinha essa de Jesus, não! Imagine se Jesus iria se preocupar com uma pessoa como eu!, eu logo me conscientizei.

Pior é que, depois de usar de novo a droga, a quantidade de pensamentos espoucando na cabeça aumentou ainda mais. Veio então de novo a sensação que eu mais odiava, mas que vinha acontecendo com cada vez mais frequência, que era a paranoia de que alguém estava me seguindo. Havia um carro preto atrás que não saía do meu encalço, eu indicava com a seta, eu dava passagem, mas o motorista nunca que ultrapassava. Aquilo foi começando a me dar uma agonia louca. Eu sabia que só podia ser coisa da minha cabeça, ao mesmo tempo não conseguia deixar de ficar angustiado com aquilo. Comecei então a ficar com a sensação de que havia também alguém escondido dentro do carro, me observando.

Disposto a espantar todos os pensamentos, peguei no estojo um CD qualquer. Minha mente precisava de música para se acalmar. Mas qual! No desespero de pegar qualquer coisa, acabei escolhendo a música que estava tocando no dia em que eu e Babete dançamos juntos pela primeira vez. Era tudo o que eu não queria ouvir naquela hora! Eu nem me lembrava que tinha aquele CD. Carregava comigo aquele estojo desde que vendera o carro de Babete, mas... Me sentia agora hipnotizado por aquela canção. Como se ela tivesse me jogado em um buraco negro, dentro do meu passado.

Que coisa antiquada, qualquer um diria, apaixonar-se por alguém dançando um bolero... Mas tinha sido exatamente assim mesmo que aconteceu. Sentindo o gosto do sangue que me vinha na boca sempre que eu respirava mais profundamente, suspirei mais uma vez e deixei-me embalar pelas lembranças. Saudades da pureza de outros tempos...

Lembrei-me então de mais alguns versos de Mário Quintana: "O relógio de parede numa velha fotografia – está parado? (...) O tempo é um ponto de vista dos relógios".[29] A sensação agora era de que meu relógio perdera completamente a noção de foco. Estava ao mesmo tempo na estrada e de novo dançando com Babete naquele baile. Era uma noite de festa da academia, uma confraternização de final de ano que eles organizaram em uma espécie de sítio fora da cidade. Naquela ocasião, eu era *personal trainer* de Babete e já rolava uma forte atração entre nós. Ela era muito bonita quando

---

[29] *In*: "Para viver com poesia". Seleção e organização de Márcio Vasallo. SP: Globo, 2010. Ambas as citações foram extraídas de *Caderno H*.

nos conhecemos, sequer aparentava ser mais velha do que eu. Sim, houve uma época em que eu tive loucura por aquela mulher, não me casei com ela por interesse, como muita gente pensava!

Com o tempo, porém – sempre o tempo dos relógios, o culpado de tudo! –, a paixão dela foi superando a minha de uma tal forma que aquilo acabou me sufocando. Babete era possessiva, ciumenta, controladora. Muitas vezes eu tive a impressão de que ela pensava que podia segurar minhas rédeas com o poder do dinheiro dela. É... pensando bem, talvez eu nunca a tivesse amado de verdade. Ela, sim, parecia amar-me mais do que a si mesma. *"Siempre fuiste la razón de mi existir/ Adorarte para mí fue religión/ Y en tus besos yo encontraba/ El calor que me brindaba/ El amor y la pasión"*,[30] continuava a canção. Não entendo muito de espanhol, mas tive a impressão de que o CD falava comigo, que me explicava como se sentia Babete com relação a mim. Sim, ela me adorava como se eu fosse um Deus...

Nunca dei muita atenção para essas coisas malucas que ela gostava de falar, nem para as músicas que fazia questão de traduzir, mas me lembro que Babete dizia que aquela canção falava sobre o sofrimento de um homem, após ter perdido seu grande amor, e que tinha sido escrita em homenagem à esposa falecida do irmão do compositor.

– Você seria capaz de escrever uma canção como essa se um dia ficasse sem mim? – ela me perguntava em suas fantasias de amor.

– É claro que sim – eu sempre respondia, embora sem nenhuma convicção.

Apenas porque eu sabia que ela gostava de ouvir esta resposta. Ah, Babete... Por alguns anos fomos felizes. Muito felizes, até. Só não sei dizer quando exatamente a paixão acabou, quando me veio o tédio, a angústia de querer alguma coisa que eu não sabia exatamente o que era. E que de repente se fortaleceu quando aqueles caras apareceram na minha vida, me acenando com tantas coisas prazerosas, tantas possibilidades que eu jamais imaginara.

Em meio a todo aquele levantamento do passado que se processava ininterrupto em minha mente, percebi que no fundo eu tinha inveja de Babete. Inveja por não ter herdado o dinheiro que ela herdou, por não ter tido as chances que ela teve na vida, o pai amoroso e dedicado que eu nunca tive. E quanto mais ela gastava em bobagens, quanto mais ela jogava dinheiro fora tentando se fazer mais bonita para mim, mais aumentava a raiva que eu sentia dela. E pensar que eu por muito menos joguei tudo fora <u>sem pestanejar...</u>

---

[30] "Sempre fostes a razão de meu existir/ Adorar-te para mim foi religião/ E em teus beijos eu encontrava/ O calor com que me brindavam/ O amor e a paixão". Composição do panamenho Carlos Eleta Almarán, esta canção fez parte da trilha sonora do filme mexicano *Libertad Lamarque*, de 1956, e fez sucesso como repertório do Trio Los Pancho e, mais tarde, do argentino Luis Miguel e do grupo italiano Il Volo.

Tantas vezes eu me irritei com Babete... Em determinado momento, tudo nela me irritava. Até a mania que ela tinha de viver na cozinha fazendo doces e explicando para todo mundo como se faz. "De um momento para outro, até o açúcar pode se tornar amargo", de novo aquela frase. Coisa que mais me deixava aborrecido era chegar em casa e encontrá-la na cozinha, de avental, toda suja de massa de alguma coisa. Ela não era como a minha mãe, não precisava viver na cozinha daquele jeito! Por que se sujeitava a isso?

Mas eram deliciosas aquelas comidas que ela fazia. Isto eu não posso negar... Eu gostava mesmo quando a gente ia a algum lugar, chegava em casa tarde da noite e então encontrava o bolo ou o doce prontinhos em cima do fogão. Aí eu comia com vontade. Porque não parecia que era ela que tinha feito aquele bolo, aquele doce para mim; ela estava ali toda linda e perfumada do meu lado, comendo comigo... Nestes momentos era muito bom... Com o tempo, porém, até isso foi perdendo a graça.

Babete tinha uma coisa de dor, uma carência voraz e faminta que me intimidava, me fazia sentir mais fraco do que eu era. Porque ela me via grande demais, muito maior do que eu era de verdade. Por isso eu nunca dei lá muito certo com a filha dela, outro pensamento logo entrou no fluxo. Porque eu não tinha idade, eu não tinha maturidade para ser o pai de Fênix. A simples ideia de assumir esse papel me deixava em estado de alerta. Talvez eu não fosse mesmo o homem certo para Babete...

Mas eu nunca tivera coragem de dizer nenhuma dessas coisas a ela. Talvez antes eu nem soubesse que pensava todas essas coisas... "*Es la historia de un amor/ Como no hay otro igual/ Que me hizo comprender/ Todo el bien todo el mal/ Que le dió luz a mi vida/ Apagándola después/ Ay, qué vida tan oscura/ Sin tu amor no viviré...*",[31] no aparelho continuava a canção.

Babete sempre cantava esta parte com muita empolgação... Até que ela tinha um sotaque bonito... Babete... O que teria acontecido com ela, depois que parti daquele jeito?, pela primeira vez me perguntei. Um ano se passara desde que... Desliguei o som com raiva. Chega. Não queria pensar mais nisto. Parecia até que estava ficando de bode; talvez fosse preciso parar e detonar mais uma carreira de brilho. Afinal de contas, eu precisava chegar logo em Belo Horizonte.

Mudei de repente de pista, à procura de um posto onde parar por alguns instantes; nem percebi direito a carreta que vinha lá atrás. O tempo deu, sem nenhum problema, sobrou até uma folga boa entre o meu carro e a

---

[31] "É a história de um amor/ Como não há outro igual/ Que me fez compreender/ Todo o bem e todo o mal/ Que deu luz a minha vida/ Apagando-a depois/ Ai, que vida tão obscura / Sem teu amor não viverei..."

carreta. O motorista, porém, não gostou muito e, tão logo quanto possível, enfiou a mão na buzina e me jogou para fora da estrada.

    Que petulante! Será que pensava que a estrada era dele? Senti muito ódio daquele cara! Acelerei o carro e começamos então a disputa. A essas alturas, eu não pensava mais em nada a não ser que eu queria passar aquele prepotente, mostrar para ele que meu carro, embora de modelo antigo, era muito melhor do que aquela carreta velha e desengonçada. E assim ficamos por quase vinte minutos. Mas toda vez que vinha uma oportunidade, o maldito jogava o caminhão do outro lado da pista e não me deixava passar. O que, afinal, ele estava querendo?

    O sangue foi subindo. Abri uma latinha de estimulante que eu tinha deixado no banco do lado e tomei um gole grande, junto com o comprimido que estava guardado no bolso. Agora eu queria ver!, pensei, sentindo-me o mais corajoso de todos os mortais. O efeito da droga parecia elevado a sua máxima potência. Olhei pelo retrovisor e percebi que o carro preto estava de novo atrás de mim. Não era possível. De onde teria saído? Eu precisava sair urgentemente dali. Não queria mais aquele carro em meu encalço. E se fosse algum detetive da polícia? Pisei fundo. Quem aquele caminhoneiro estava pensando que era? Eu tinha que passar!

    E novamente o infeliz veio com tudo para cima de mim. Muito provavelmente estava também sob o efeito de drogas e estimulantes. Mas na hora eu nem pensei nisso, queria mesmo era brigar pelo meu direito de ser o dono da estrada. O carro preto a essas alturas sumiu. Talvez tivesse simplesmente passado para a outra pista. Mas eu agora só tinha olhos para o caminhão. Eu tinha de passar aquele caminhão! Sei dizer que fizemos a curva quase que um em cima do outro. Ao fim da curva, senti que meu carro tinha sido arremessado para fora da pista.

    Por alguns instantes, que pareciam intermináveis, literalmente voei. Aí o coração disparou, todo o corpo pareceu dar uma travada. Eu não tinha reação, não conseguia me mexer. Minha hora chegou, pensei. Tão novo ainda e morto de uma maneira tão imbecil..., foi a última coisa que me veio à cabeça antes de sentir o impacto do carro caindo de volta no chão. Primeiro de lado, depois de cabeça para baixo. Estava tudo acabado.

2

Acordei com dois caras sinistros, que eu nunca tinha visto antes, aspirando alguma coisa que parecia sair do alto da minha cabeça. Era uma espécie de emanação, um fluido estranho que se desprendia do meu corpo como se fosse uma fumaça invisível. Só então me dei conta. O corpo era meu, mas eu não estava lá dentro. Eu estava a alguns passos, observando a cena, mas ao mesmo tempo estava ali, desacordado. E o carro? Onde estaria o carro? Senti um frio gelado subir por toda a minha espinha, mesmo sabendo que a espinha propriamente dita estava estirada lá no chão.

Mas como então eu me mantinha de pé?, tentei entender. Afinal, se eu estava caído lá no chão, com a boca toda ensanguentada, quem era aquele que estava vendo tudo? Quem era eu? Que corpo era aquele, igualzinho ao meu em cada detalhe? Por que tudo aquilo estava acontecendo?, as perguntas continuavam tão rápidas que eu mal conseguia pensar sobre nada. Talvez ainda estivesse impregnado dos efeitos da mistura de drogas e estimulantes. Será que eu estava apenas 'viajando'?

– Fica frio, cara. Está tudo sob controle – disse um outro que apareceu atrás de mim.

Também não me lembrava de tê-lo visto antes, mas sua fisionomia não me era estranha, parecia mesmo que eu já o conhecia de algum lugar. Tanto este rapaz quanto os outros dois tinham um aspecto escuro e sujo, este um pouco menos que os outros, mas todos tinham a aparência de mendigos. Sim, talvez eu os tivesse visto em alguma de minhas incursões a uma boca de fumo, algo me dizia que todos estavam ligados às drogas.

– Como tudo sob controle? – tive vontade de acertar um soco na cara dele pela ousadia. – Quem são vocês? Vieram aqui para me assaltar?

— Que isso, Zeca... — ele colocou suas duas mãos para o alto e deu dois passos para trás. — Está me estanhando? Nós somos amigos de longa data!

— Amigo? Eu? De vocês? Não, não é possível — agora fui eu quem dei um passo para trás. — Não posso negar que tenho a sensação de já ter visto você antes, mas... E o carro? Onde foi parar o carro?

— Se espatifou lá embaixo, na ribanceira — ele respondeu. Mas você não precisa mais do carro — asseverou.

— Não? Como assim? Como é que eu vou sair daqui? Quem é você, afinal? — insisti, sempre encabulado com aquela situação.

— Como "quem é você"? Sempre que você sai do corpo, a gente se encontra! Sou eu que te levo para as baladas, que cuido do fornecimento enquanto você dorme — ele garantiu. — Você não se lembra? — duvidou.

— Fornecimento? Enquanto eu durmo? — agora me sentia tomado por uma lucidez fora do comum.

Não era possível! Será que ele estava se referindo à droga? Será que eu também usava drogas enquanto dormia?, de novo estava tudo muito confuso na minha cabeça.

— Aí, cara, não tem mais nada... Já consumimos tudo o que ele tinha armazenado — um dos dois maltrapilhos veio andando em nossa direção. — Negócio agora é sair fora. Esse aí não tem mais jeito. Apagou geral.

— Como assim "apagou geral"? — fiquei nervoso quando ele falou. — Está querendo curtir com a minha cara? Não está vendo que eu estou acidentado, tão doido que nem consigo voltar para dentro do corpo?

— Doido eu acho difícil, porque a droga toda ficou com a gente! — ele começou a rir sem parar, em companhia do outro que também se aproximava.

— Esse corpo aí?... Não sei não se dá para você voltar. O socorro teria que vir muito depressa para que isso fosse possível. Acho que você dançou nessa... — ironizou o que acabava de chegar.

— Interessante que, olhando assim, parece até que não tem nenhum ferimento — observou o que falara antes comigo.

— Cara! Eu não estou acreditando nisso! Não creio que vocês possam ser pessoas tão ruins a ponto de me deixarem morrer deste jeito! Por que não chamam logo um socorro para me ajudar?

— Chamar um socorro? Nós? Que coisa! Se ao menos tivéssemos um celular... — disse outro, com refinada ironia.

Novamente ele e seu parceiro riram até não poder mais. Em dado momento, o outro começou a debochar de mim, tentando me imitar de maneira irônica, cheio de trejeitos: "Socorro! Estou morrendo! Vocês precisam me salvar!" E riram os dois mais e mais. Pareciam muito alucinados.

— Já te disse que a melhor coisa é ficar frio. Se já tiver chegado a sua hora, no momento certo eles vêm te buscar... – disse o que parecia ser o mais equilibrado de todos.

— Como assim "chegado a minha hora"? Eu não quero morrer! Eles? Quem são eles? De quem você está falando? – eu não conseguia entender absolutamente nada.

— Vem comigo! – disse ele. – Meu nome é Ignazio, já que você se esqueceu. Eu sei do que você está precisando neste momento.

Ele me puxou pela mão e, quando vi, estávamos dentro de um ferro-velho cheio de carros batidos. Parecia até um lugar abandonado, de tão deserto e escuro. Eu a princípio não consegui entender o que fazíamos ali. Será que procurávamos o meu carro? Mas como poderia ter chegado até ali tão depressa? Será que fazia já muitos dias que eu permanecia naquele estado?

Indiferente às minhas tantas questões, Ignazio foi me levando lá para dentro. Havia um senhor que cochilava na porta, teoricamente o responsável pela entrada e saída de pessoas no local. Todavia, como cochilava, não disse nada quando nós passamos. Notei então que havia muitos jovens usando drogas lá dentro. Alguns no interior de carros amassados, outros por cima de tudo mesmo. Eu não conseguia diferenciar se havia mais alguém na mesma condição que eu, percebi apenas que não eram todos que podiam nos ver.

— Aqueles ali são encarnados – explicou Ignazio. – São eles que fornecem a nossa matéria-prima – ele apontou para um grupo de quatro jovens que consumia droga sobre o capô de um carro.

— Como assim? – aquilo parecia um pesadelo, eu não conseguia entender o que estava se passando.

Nem foi preciso que ele respondesse. Em instantes, um verdadeiro bando cercou o grupo, num mecanismo semelhante ao que aqueles dois caras maltrapilhos estavam fazendo com o meu corpo que tinha ficado caído no chão na beira da estrada.

— Observe. No momento em que faz uso da droga, o cérebro da pessoa libera uma substância que quem está ao lado geralmente não consegue perceber. É como se de alguma forma materializasse nessa substância invisível o prazer alcançado, como se com isso a droga atingisse um estado mais volátil... Dependendo da pessoa e da quantidade de gente em volta, o efeito pode durar muito ou pouco...

— Vocês vão lá e roubam o prazer da alucinação da pessoa? – deduzi chocado, enquanto observava o processo acontecendo na prática.

— É mais ou menos isso. Mas roubar não é propriamente a palavra. Diria que dividimos o barato. Afinal, como pode ver, aqui somos todos amigos, todos dependentes dessa substância e precisamos dela para continuarmos a nos sentir vivos... – explicou Ignazio, encaminhando-se para outro grupo onde a droga estava sendo consumida. – Vem cara! Eu sei que você também quer! – ele me chamou.

Estava, contudo, tão horrorizado, que não quis. Algo em mim sentia muita vontade, mas mesmo assim não fui. Era aterrorizante tudo aquilo, quase como participar de uma festa de caveiras no cemitério. Fiz muita força e me dominei. Não conseguia, contudo, parar de observar apalermado o que se passava com aquelas pessoas.

– Imagino que deva ser por isso que a droga nunca satisfaz... – pensei comigo. – Devem, sim, existir razões físicas, toda uma dependência do organismo, mas com certeza parte do barato se vai com essa 'sugação'... Peraí! – me dei conta de repente. – Há quanto tempo será que Ignazio e os outros dois caras estavam andando comigo por causa disso? Será que eles já estavam no carro quando tudo aconteceu? Será que eram eles que estavam no carro quando tive a sensação de que alguém me observava?, novamente as perguntas começaram a vir uma após a outra em velocidade vertiginosa, sem nenhuma trégua.

Foi quando ouvi um choro desesperado vindo lá dos fundos do ferro-velho. Deixei Ignazio de lado e fui seguindo os soluços até chegar lá. Vinham de dentro de um carro azul amassado, possivelmente um monza que, após a batida, praticamente se transformara num fusca. Senti dentro de mim uma curiosidade muito grande de olhar para ver quem estava lá dentro, não sei se por causa do acidente que eu havia acabado de sofrer. Era como se um ímã me puxasse para lá.

Encontrei um rapaz, talvez da mesma idade que eu, inteiramente acocorado sobre si mesmo, chorando em grande desespero.

– O que acontece com você? – perguntei, curioso.

– Eu não quero ir, cara... Me ajuda a parar com isso... Eu tenho que sair disso... Não posso fazer mais mal para eles do que eu já fiz... – ele respondeu, ainda chorando e fungando muito, sem mudar de posição. – Será que não tem um jeito... de me amarrar aqui dentro?

– Peraí... Fala devagar senão eu não te entendo... – pedi, realmente querendo ajudar.

Ele levantou a cabeça para me encarar. Notei então que o nariz dele sangrava como o meu. Todo ele parecia agitado, meio trêmulo, falava muito rápido, quase ofegante de tão ansioso:

– Eu tô na fissura, cara... Mas não posso ceder, porque eu não quero fazer mal ao meu irmão... Meu pai tá zangado porque ele anda na noite, tá indo pelo mesmo caminho que eu... Só que meu pai não sabe que a culpa dele estar fazendo isso é toda minha... Sim, sou eu o culpado! O Dado tinha parado com tudo, mas aí eu entrei na crise e resolvi pedir para ele... Eu não devia nunca ter feito isso, eu sei... Mas é que antes a gente usava junto – explicou, antes de abaixar a cabeça e começar a chorar muito de novo.

Estava bastante nervoso. Aos poucos, com muita dificuldade, fui tentando juntar os pedaços do que ele estava me dizendo.

– Mas por que você se sente tão culpado? – tentei entender.

– A carta... – ele respondeu, transtornado. – Alguém precisa dizer para eles que não foi por causa da carta... Foi só uma coincidência... Eu não fiz de propósito!

– Mas que carta? – perguntei.

Ele chorou e fungou por mais um tempo antes de responder.

– Um dia, no meio de uma doideira, eu escrevi uma carta. Uma carta muito louca, me despedindo de todo mundo, avisando que eu ia enfiar o carro no muro, que eu já estava cheio de tudo... – ele explicou, no seu ritmo acelerado. – Só que aí, naquele dia, eu acabei dormindo. Nem saí de casa. No dia seguinte acordei bem, enfiei a carta no meio das roupas e fui para a faculdade...

– Só que... – a história ainda não tinha feito sentido para mim.

– Só que uns meses depois aconteceu de verdade! Mas eu não tinha planejado! Eu juro que não! – ele mais uma vez fez questão de destacar. – Mas aí eles acharam a carta no meu armário e ficaram...

– De qual acidente você está falando? – interferi, confuso.

– O meu, cara! Saí uma noite, bebi todas, usei de tudo, daí peguei o carro e entrei sem querer num muro. Detonei tudo...

– Mas você sobreviveu ao acidente... – imaginei.

– Sobreviver, todo mundo sobrevive, porque uma das coisas que eu aprendi depois que passei para este estado é que ninguém morre... Só que agora eu estou aqui e eles estão lá. Não faço mais parte da vida deles, que nem me enxergam quando eu vou até lá...

Entendi que ele estava falando da família dele. Mas toda aquela conversa estava começando a me dar muito medo. Se ele dizia que "passou para outro estado" e eu estava ali conversando com ele, será que... Não, melhor não pensar sobre isso agora. Eu não podia ter morrido. Eu tinha certeza que não tinha morrido... Ao mesmo tempo, sentia-me profundamente tocado pela narrativa do cara, pelo desespero dele, por toda aquela história que de certa forma se parecia tanto com a minha... Uma coisa estranha pareceu crescer dentro de mim. Queria muito ajudar aquele cara, mas não estava sabendo como.

– Como aconteceu quase do jeito como estava escrito, depois que eles acharam a carta, ficaram achando que tinha sido de propósito... Mas não foi de propósito, cara... Eu juro que não foi... Foi só muita doideira, sabe como? – ele continuava a repetir.

– Sei... E como sei... – fui obrigado a concordar. – Quer dizer então que agora seus pais acham que você se suicidou, é isso?

– É... – ele se soltou do carro, deu uma fungada e se sentou a meu lado para conversarmos melhor. – Fui até lá algumas vezes tentar explicar as coisas, mas não deu... Encontrava o meu pai chorando trancado no quarto, minha mãe chorando no banheiro, ninguém me ouvia... Foi então que eu dei de cara com o meu irmão. Eu não falei nada, mas percebi que ele estava meio louco com aquilo tudo, que naquela noite ele estava a fim de um pouco de droga. Daí eu fui com ele, porque também não estava aguentando o tranco. Estava doendo muito, eu precisava da droga para ver se colocava a minha cabeça no lugar...

– Para colocar a cabeça no lugar... – repeti, percebendo pela primeira vez o absurdo que estava implícito naquela frase, que eu mesmo dissera tantas vezes. – E colocou?

– Nada cara! Meu irmão começou a usar direto, eu colei com ele e a gente entrou foi de cabeça junto... Até que a coisa chegou a um ponto insuportável...

– Como assim? – de novo eu não entendi.

– Meus pais ficaram muito mal... O velho teve até um problema no cérebro e outro no coração, de tanto pensar e se culpar por tudo. A minha mãe... – ele não conseguiu falar. – Eu não queria fazer isso com eles, eu não queria... Eu só colei no Dado porque a gente sempre teve muita afinidade, e também porque eu gostava de ficar perto dele... Mas eu não tinha intenção de fazer todo esse mal a eles... Meus pais não merecem passar por tanta dor... E o pior é que o Dado agora tá encalacrado... Na maior enrolação mesmo... Se você for até lá na frente, vai encontrar ele lá usando, com uma turma bem da pesada mesmo. Tem muita gente usando com eles... Eu preciso fazer alguma coisa, mas se eu sair daqui e for até lá, daí eu não vou aguentar... Não tenho força suficiente para isso. Eu preciso da droga... Não estou conseguindo ficar sem... Olha só como eu já tô tremendo – ele me mostrou suas duas mãos, que não paravam de tremer.

– Sei como é isso... – respondi, olhando para minhas próprias mãos, que também tremiam, embora não tanto quanto as dele.

– Por favor, fica comigo! Me ajuda a não ir para lá, me ajuda a sair daqui... – ele implorava em desespero. – Eu preciso parar com isso!

Eu nem sabia o que dizer. Pensava em tudo o que ele havia acabado de me contar e sentia ao mesmo tempo meus últimos anos passando pela minha cabeça como num filme. Será que ainda tinha jeito?, eu me perguntava.

Foi então que, de repente, nem sei dizer como, me veio à mente a imagem de Stela, aquela moça gentil que eu encontrara lá na porta do centro espírita, e logo em seguida me voltou a frase que eu tinha ouvido no momento em que atravessava a rua para ir embora.

"No fundo, somos todos filhos de Deus. Crianças pequenas que mal sabem o que fazem, mas com quem o Pai sempre se preocupa, querendo trazer de volta ao caminho do bem, porque, essencialmente, todos temos o bem dentro de nós", repeti, quase sem pensar no que estava dizendo.

– Fala baixo! – ele cochichou, olhando em torno como se estivesse sendo vigiado. – Eles não gostam que ninguém fale essas coisas por aqui!

– Eles? Eles quem? – não entendi.

O rapaz, contudo, não me deu atenção.

– Eu quero voltar, cara. Eu juro que eu quero voltar para o bem... – ele respondeu, chorando muito de novo. – Mas desde que aconteceu o acidente que eu continuo aqui neste carro, indo e vindo que nem um zumbi...

– Como é o seu nome? – perguntei.

– Renato – ele repondeu. – Eu quero sair disso... Eu preciso muito sair disso... Você me ajuda? – mais uma vez ele pediu.

Fiquei gelado quando ele disse isso. Ele tinha um mesmo nome que eu: Renato, de José Renato. Quase como se ele fosse um pedaço de mim.

– Ajuda? – ele insistiu a meu lado, sempre fungando muito.

Imediatamente lembrei de novo da mocinha lá no centro, querendo socorrer o tal alcoólatra que nem apareceu. Mas eu não era ela, eu era um viciado, do mesmo jeito que ele, como é que eu ia fazer para ajudar alguém?

"Peça ajuda, meu filho! Os fracos, os sofredores e os doentes são os filhos prediletos de Jesus, o grande médico das almas que sempre está pronto a trazer até nós o remédio que nos há de curar", ouvi como se minha mãe dissesse mais uma vez.

Olhei para baixo e percebi que Renato tinha adormecido chorando no meu colo. Parecia mesmo uma criança. Parecia até comigo quando era criança. Eu queria tanto ajudá-lo... Mas quem iria me escutar se eu pedisse ajuda?

"Experimente", de novo eu me senti envolvido por aquela estranha voz que parecia falar dentro da minha cabeça. "Faça uma oração", a voz me disse. Não era a mesma voz que eu ouvia quando estava na doideira. Era diferente, disso eu tinha certeza. Quase como se a cada palavra, ela me envolvesse num abraço, tão macio era o jeito como falava comigo. "Seria a minha mãe"?, mais uma vez eu fui levado a pensar, profundamente comovido.

Olhei de novo com misericórdia para o estado daquele rapaz, depois fechei os olhos em grande confusão mental e, quase sem querer, a oração foi saindo de dentro de mim: "Cristo Jesus, eu sou tão sujo por dentro e por fora... Nem sei como tenho coragem de pedir ajuda a você... Tudo o que eu queria era uma chance de recomeçar... Tem piedade de nós, Jesus Cristo..." E comecei também a chorar. Não tinha mais forças para continuar.

De repente, abri os olhos e dei com uma estranha caravana de pessoas. Todos eles pareciam emitir uma luz intensa, como se essa luz viesse de dentro para fora, destacando-os em meio à escuridão. A maioria estava vestida de branco e todos pareciam ostentar um mesmo emblema em suas vestes, também luminosas. Do nada, aquele grupo surgiu diante de meus olhos. A impressão que eu tinha era de que já estavam ali há muito tempo, sem, porém, que eu os visse. Em grupos de dois, três ou quatro, iam cercando alguns dos caídos. Alguns eram apenas banhados de luz, outros eram acomodados em grandes lençóis esticados que serviam como macas e conduzidos para o lado de fora através do muro.

Interessante é que todos passavam pelo muro sem que houvesse nenhuma porta. Senti uma emoção muito forte quando percebi que uma das equipes estava vindo em nossa direção. Parecia até que eu estava sonhando. Seria uma outra viagem?

3

Durante infinitas horas, senti como se estivesse de novo dirigindo naquela fatídica noite, revivendo cenas do acidente. O olhar do caminhoneiro que me ultrapassou, meu ódio e minha sede de passar a frente dele. Parecia uma estrada interminável. Passagens e ultrapassagens sem fim. No íntimo, o tempo todo eu tinha a certeza do que estava prestes a acontecer, mas ainda assim não conseguia parar, como se dirigisse em direção a um abismo inevitável.

"O que eu mais temo (...) não é o Sono Eterno, mas a possibilidade de uma insônia eterna",[32] repetia-se a voz de Mário Quintana por dentro de mim.

Em determinado momento, contudo, uma pessoa ao longe caminhou até o meio da estrada e começou a fazer sinais, com os dois braços abertos. O caminhão que estava a minha frente passou rente a sua figura, como se ele não existisse, mas eu freei bruscamente a poucos metros de distância. Não podia matar uma pessoa! Só então pude perceber que ele era o rapaz que eu tinha encontrado no ferro-velho. Interessante que naquele momento eu tinha a noção de que já o havia encontrado no ferro-velho, embora ainda continuasse dirigindo na estrada. Teria sido um sonho?, em minha confusão mental eu não conseguia definir. Ele sorriu para mim e desapareceu como uma fumaça.

Eu comecei a chorar e não consegui mais voltar para dentro do carro. Fiquei ali chorando, agachado, no meio da estrada, mas não passava mais nenhum outro veículo. Sentia-me profundamente só. Olhei de novo e percebi que o carro também havia desaparecido, como da outra vez. A única diferença era que não havia mais um corpo estirado. Eu não estava mais em dois lugares ao menos tempo. Tudo tão confuso... O que estaria acontecen-

---

[32] Do livro: *A Preguiça como Método de Trabalho*. Citado *in*: Mário Quintana: "Para viver com Poesia". *Op. Cit.*

do afinal? Seria ainda efeito da droga? A despeito de toda aquela perturbação, no entanto, eu tinha a impressão de estar perfeitamente lúcido...

Não queria compreender mais nada, apenas chorava. Era como se aquela chuva de lágrimas me lavasse por inteiro. "Jesus... Me dê apenas uma chance de recomeçar", eu dizia, por entre os soluços. "Uma chance...", eu implorava.

– Coragem, amigo! Está tudo bem! – ouvi de repente uma voz dizendo.

Abri os olhos e dei com um enfermeiro, muito simpático, parado a meu lado.

– Meu nome é Alexandre. Você certamente não se lembra de mim, mas fui eu quem trouxe você para cá. Pode contar comigo para o que precisar – ele disse, enquanto pingava gotinhas de um frasco em um copo com água.

Só então percebi que estava em um hospital. Mais precisamente numa UTI, sob o barulho de muitas máquinas funcionando ao mesmo tempo, pessoas convalescendo em leitos próximos. Como teria chegado até ali?

– Procure se acalmar... O pesadelo já passou. O importante é que você foi recolhido e agora está tudo bem – me disse Alexandre, com um sorriso que parecia me envolver por inteiro nas vibrações tranquilas que me transmitia.

– Está tudo muito confuso... Não sei dizer se sofri um acidente... Às vezes acho que sim, às vezes acho que não... – tentei expressar o que sentia.
– Eu sofri ou não um acidente? Como vim parar aqui neste hospital?

Notei então que minhas duas mãos estavam amarradas e encarei o enfermeiro com um olhar interrogativo.

– Isto é apenas um procedimento para que, quando em repouso, não arranque os tubos – ele explicou com delicadeza. – Mas não se fixe nisto agora. Pense apenas que está tudo bem, que o Pai Maior, em sua infinita misericórdia, não abandona nenhum de nós – ele disse, levando até minha boca o copo, para que eu bebesse o líquido que havia preparado há pouco.

– Tome! Isto vai ajudá-lo a relaxar – disse, amparando-me a cabeça para que eu pudesse engolir.

– Então alguém me recolheu naquela estrada? – tentei recapitular o pouco de que me lembrava.

– Você ainda tem dúvidas? – ele sorriu, deixando o copo de lado e ajeitando-me as cobertas. – Do contrário, não estaria agora aqui conosco. Mas oportunamente conversaremos sobre tudo isso. Por hora, procure apenas permanecer calmo e silencioso, é preciso descansar para reaver energias – ele explicou, depois de anotar numa prancheta todos os números que acabara de verificar nas máquinas que me monitoravam.

Somente muitas horas depois – teriam sido dias? – voltei a acordar. Sentia-me melhor agora. Movimentei os dedos por baixo do lençol e percebi que minhas mãos não estavam mais amarradas. Abri os olhos e notei que não havia mais tubos, nem barulhos de aparelhos. Eu estava agora sozinho em um quarto.

"O homem perde muito tempo sobre a Terra. Estaciona por longos anos à margem da estrada que lhe compete percorrer. Distancia-se de suas possibilidades", eu ouvia ao longe uma voz masculina dizer. De onde viria?

"Prepara-se a vida quase inteira para o que nunca fará. Quando acorda do seu estado letárgico, os seus dias no corpo escasseiam", continuava a voz. Quem estaria dizendo tudo aquilo? Será que falava comigo? Será que eu tinha morrido? Será que estava no juízo final?, comecei a me sentir angustiado.

Percebi que a luz do sol entrava no quarto por uma das janelas e fiquei alguns instantes apreciando o contato com aquele calor reconfortante. A voz vinha lá de fora, pude finalmente notar.

"Quer retroceder, correr atrás do sonho que agora observa pelo espelho retrovisor da existência, mas já não pode. Lamenta-se inutilmente. Por que não fez no exato momento em que tomou consciência da necessidade de fazer?",[33] eles continuaram.

Em seguida, uma outra pessoa disse:

"Senhor da Luz, que os bons espíritos que monitoram esta casa possam cuidar e sanear cada ponto, cada espaço, cada ser que aqui se encontra, de forma a que o trabalho possa ser realizado da melhor maneira possível, fazendo com que todos possam tomar consciência de sua real situação e se sentir aptos, inspirados, com vontade e coragem para recomeçar uma nova etapa." Várias vozes começaram então a dizer juntas a oração do Pai Nosso.

Fechei os olhos e permaneci imóvel por alguns instantes, ouvindo atemorizado aquela oração. Eu tinha morrido. Não havia outra explicação.

Não pude ouvir mais nenhuma voz depois da oração. Silêncio total. Apenas o cantar esparso de alguns pássaros de vez em quando. Então eu tinha morrido, repeti para mim mesmo, sem coragem de abrir novamente os olhos. E que lugar seria aquele para onde teriam me levado? Será que era assim que acontecia com todo mundo? E aqueles pássaros? E o sol que há pouco me aquecera? Será que existia tudo isso no mundo dos espíritos? E o que seria de mim agora? Temia o momento em que alguém, com a aparência semelhante a de um carrasco, entraria no quarto e me arrastaria para que eu fosse julgado.

Todavia, de repente me vinham de novo algumas palavras da oração. "... fazendo com que todos possam tomar consciência de sua real situação e se sentir aptos, inspirados, com vontade e coragem para recomeçar uma nova etapa." Não pareciam palavras de um local de julgamentos. Será que

---

[33] Mensagem extraída do livro *Vigiai e orai*, de Carlos A. Baccelli, pelo espírito irmão José. Votuporanga, SP: Casa Editora Espírita Pierre-Paul Didier, 21ª Ed, 2013, p. 111, "Por que não fez?"

quando as pessoas rezavam na Terra dava para a gente ouvir quando morria? Mas... quem oraria por mim? E aquelas outras palavras? "Por que não fez no exato momento em que tomou consciência da necessidade de fazer?" Pensava nelas e sentia um arrepio.

O mais interessante é que eu não conseguia me lembrar de nada, absolutamente nada antes do acidente. Quem era eu? De onde estava vindo quando tudo aconteceu? Para onde ia?

Por mais que me esforçasse, não encontrava respostas. Trazia na mente apenas uma profunda sensação de culpa e um emaranhado de cenas e imagens ligadas ao acidente. A visão do corpo desacordado no meio da estrada; a incursão pelo ferro-velho no meio da noite, com todas aquelas figuras horripilantes; o rapaz chorando deitado sobre meu colo. Tinha agora a sensação de que eu o tinha colocado no carro e partido com ele pelas estradas, até o momento em que aquela pessoa surgiu, fazendo sinais no meio da noite... Espera aí! Mas se o rapaz estava comigo no carro, como poderia estar lá fora acenando? Continuava tudo muito atrapalhado em minhas lembranças, tudo parecia uma grande alucinação.

– Não é possível. Se ele estava comigo, então onde está ele? – perguntei alto, no auge da minha aflição.

Nem percebi que um enfermeiro havia entrado no quarto.

– Ele quem? – estranhou ele.

– O rapaz que estava comigo na estrada... – respondi confuso. – Ele também está aqui neste hospital?

– Pelo que consta aqui, você foi encontrado sozinho – respondeu o enfermeiro, consultando sua ficha, muito gentil. – Era algum parente seu?

De novo olhei em torno. Tudo ali era tão limpo e organizado, sequer parecia um hospital comum. Até mesmo a maneira de falar dos enfermeiros era diferente. Todos ali pareciam tão gentis... Que lugar seria aquele? Alheio a meus pensamentos, o enfermeiro continuava parado a minha frente, com uma prancheta debaixo de um dos braços e uma pequena bandeja na outra mão, onde havia um termômetro e alguns comprimidos.

– Não é possível... – tornei confuso, enquanto ele me colocava o termômetro debaixo do braço.

– Você se lembra, pelo menos, o nome dele? – ele perguntou.

– Não... A minha cabeça parece que não funciona direito! – expliquei.

O termômetro neste momento apitou.

– E do seu nome, você se lembra? Não foi encontrado nenhum documento com você – ele informou, verificando agora a temperatura marcada.

– Não? – estranhei. – Quer dizer então... que vocês também não sabem quem sou eu?

– Não tem problema. No momento certo, você vai se lembrar... – ele respondeu, estendendo-me um comprimido para tomar.

Durante todo o tempo em que ele cuidava de mim, fiquei fazendo um grande esforço para tentar recordar ao menos o meu nome. Mas não conseguia vislumbrar nada a respeito do meu passado, nenhum detalhe sequer. Até que de repente, um nome me veio muito forte na memória.

– Renato!... É isso! Acho que eu me chamo Renato – eu disse.

A partir daquele dia, passei a ser chamado de Renato por todos os médicos e enfermeiros que apareciam para me visitar. À medida que fui melhorando, percebi que minha cabeça estava toda enfaixada e que eu tinha também uma parte do braço e de uma das pernas ainda enfaixados.

Quase todas as noites eu tinha os mesmos pesadelos com a estrada, com o ferro-velho. Ficava muito assustado ao rever todos aqueles jovens usando drogas de maneira descontrolada, os grupos em volta aspirando aquela espécie de fumaça translúcida que saía da cabeça deles, as explicações de alguém a meu lado que eu não me lembrava direito quem era. Por que eu vivia sonhando com tudo aquilo?, me perguntava. Será que estivera naquele local antes do acidente? Será que também usava drogas?, eu não tinha certeza de nada. Apenas medo daquelas lembranças. E um grande sentimento de culpa, sempre muita culpa.

Dias depois, enquanto era levado por um longo corredor até a sala de raios X, percebi uma enfermaria onde havia muitos outros doentes. Alguns pacientes de tempos em tempos gritavam e se sacudiam por inteiro nos leitos, alguns deles estavam amarrados nas camas, do mesmo modo como eu ficara no outro hospital.

"Isto é apenas um procedimento para que, quando em repouso, não arranque os tubos", lembrei da explicação do enfermeiro que cuidava de mim na UTI. Notei, porém, que ninguém estava entubado naquela enfermaria.

– Que lugar é este? Por que eles estão amarrados? – perguntei ao enfermeiro que me conduzia.

– Aqui é uma enfermaria especial, destinada especialmente a socorrer pessoas que estão passando por crises de abstinência.– ele me explicou com simplicidade. – Você também já esteve aqui, não se lembra?

– Crises de abstinência?... Quer dizer então que eu também sou um dependente químico? Então... aqueles pesadelos, aquelas alucinações com aquele lugar... – deduzi, lembrando-me do ferro-velho que sempre aparecia em meus sonhos. – Espera aí! Tudo aquilo aconteceu de verdade?

– O que exatamente você chama de "tudo aquilo"? – tentou entender o rapaz.

– Você diz que eu já estive aqui, mas não me lembro de nada! Eu estava em outro hospital! – protestei, sem dar prosseguimento direito à conversa.

— Você não se lembra porque passou muito tempo fora de si. Mas durante quase quinze dias também sofreu crises terríveis até que seu organismo se acostumasse com a falta da droga — ele observou, enquanto tomava nas mãos o recipiente de soro para que eu pudesse ser acomodado na máquina de raios X.

— Mas por que eu tive essas crises? — perguntei, ainda sem conseguir acreditar direito no que ouvia.

— A cocaína é uma droga que age no cérebro, fazendo-o funcionar de modo mais acelerado, gastando para isso os neurotransmissores, que são uma espécie de combustível mental, de maneira muito mais rápida do que o habitual. Isso causa uma sensação de prazer, uma euforia momentânea, que produz também um aumento instantâneo da energia e uma diminuição do cansaço... — ele foi explicando devagar.

Era incrível. Não me lembrava de nada, mas toda aquela explicação me era extremamente familiar.

— Só que, quando acabam os neurotransmissores, o organismo precisa de um a três dias para fazer sua reposição — ele disse, enquanto ajustava a máquina de raio X.

— Então a pessoa é tomada por um sentimento de depressão? — arrisquei, sem conseguir precisar de onde vinha aquela informação.

— Isso mesmo — ele disse, me ajeitando agora sobre a maca. — Com o tempo e o uso constante da droga, o organismo acaba entrando em colapso, até o momento em que toda a produção de neurotransmissores fica comprometida. O desejo de repetir o uso para obter de novo a euforia, no entanto, continua, gerando a dependência e a necessidade de doses cada vez maiores... — ele continuou de dentro da cabine onde acionava a máquina de raio X.

— É isto o que causa a abstinência? — perguntei, num intervalo entre as chapas que ele estava tirando.

— Sim. Sobretudo no momento em que o indivíduo para com o uso. Ele começa a experimentar um desejo súbito e intenso de utilizar a droga, associado à memória celular da euforia provocada pela mesma, e que ao mesmo tempo contrasta com o desprazer agora presente, já que o organismo não alcança mais esta sensação naturalmente, sem o uso da droga. O resultado de tudo isso são as crises de abstinência — detalhou o enfermeiro. — Agora, quando eu contar três, você segura a respiração por alguns instantes, tudo bem?

Enquanto me concentrava na respiração para fazer os exames, mais uma vez minha mente voltou ao momento do acidente. Era como se toda aquela explicação ativasse mais uma parte de minha memória adormecida. Lembrei então da última vez que usara a droga, poucos minutos antes de entrar no carro; do caminhão; do momento em que tirei do bolso um comprimido e tomei junto com a latinha de estimulante que eu tinha no carro. De novo, então, vi a fechada que recebi do caminhão, aqueles dois mendigos maltrapilhos sugando a estranha fumaça que saía do meu corpo de carne estendido no chão, ao mesmo tempo em que eu tinha a sensação de estar fora, observando tudo como se fosse um outro ser independente.

– O que aconteceu? – abri os olhos e dei com o enfermeiro me perguntando ao lado da maca.

– Está tudo bem? – ele insistiu.

– Lembranças... – respondi disperso.

– Você adormeceu durante o exame, de repente deu um grito! – ele contou preocupado. – Achei que estivesse sentindo alguma coisa.

– Nem percebi... – tornei, ainda distante. – Parecia um pesadelo...

– Fique tranquilo – ele disse, tirando-me agora da maca e auxiliando-me para que pudesse me acomodar na cadeira em que me conduziria de novo até o quarto. – Imagino que esta sua perda de memória, de certa forma, está ajudando você a vencer as crises de abstinência. Tanto que até já foi transferido para um quarto comum. Logo, logo você vai se recordar de tudo, você vai ver.

Enquanto a cadeira rodava de volta pelo mesmo corredor, eu continuava a lembrar do corpo estendido na estrada e de alguém me dizendo: "Esse corpo aí?... Não sei não se dá para você voltar. O socorro teria que vir muito depressa para que isto fosse possível. Acho que você dançou nessa..." De fato, a julgar por aquelas lembranças, era impossível alguém ter sobrevivido no estado em que meu corpo ficara após o acidente. Mas onde eu estaria, afinal? "Sobreviver, todo mundo sobrevive, porque uma das coisas que eu aprendi depois que passei para este estado é que ninguém morre...", lembrei então de alguém me dizendo, sem conseguir precisar como e quando tinha acontecido isto. Um calafrio me percorreu profundamente. Era fato: eu tinha morrido. Não tinha mais a menor dúvida a este respeito. Mas por que, afinal, estava fazendo todos aqueles exames? Por que continuava a sentir dores, por que meu corpo continuava enfaixado mesmo depois de morto? E todos aqueles outros caras que eu vira em crise de abstinência? Alguma coisa ali não estava fazendo muito sentido.

– Escute aqui, deixa eu te perguntar uma coisa... Você pode responder sem medo. Eu tenho quase certeza de que já estou preparado para ouvir a resposta... – tomei coragem e encarei o enfermeiro.

– Nossa! O que pode ser de tão grave? – ele sorriu, abrindo agora a porta do quarto.

— Me diz a verdade: eu morri, não morri? Mas e este lugar aqui? Por quê...

— Mas é claro que não! – ele nem me deixou terminar de falar. – Lamento informá-lo, mas você continua na Terra!

— Mas... como pode? Me lembro vagamente de uma UTI e de ter sentido muitas dores... Só que não era aqui neste lugar! Como é que do acidente eu fui parar naquela UTI e de lá aqui neste hospital? – tentei compreender.

— Na verdade, diria que você recebeu uma bênção extraordinária – ele disse, apontando para o alto. – Um de nossos enfermeiros, o Alexandre, estava voltando de São Paulo sozinho, com a ambulância vazia, quando encontrou você acidentado em estado muito grave. Pela sua experiência, ele logo percebeu que estava drogado, mas, também bastante machucado, não resistiria muito tempo se não fosse socorrido de imediato.

— Em nenhum momento ele pensou em chamar a polícia? – eu mesmo cogitei.

— Se ele fosse tentar acionar qualquer outro socorro, você não aguentaria. Tomado por um profundo sentimento de compaixão, Alexandre acomodou então você, com muito cuidado, na maca da ambulância e, como trabalha também no hospital público, levou você diretamente para lá, onde recebeu o atendimento de emergência. Mas o hospital não quis ficar com você quando começaram os sintomas da abstinência. Alexandre então, como é um enfermeiro muito antigo e dedicado, conversou com os nossos diretores e conseguiu uma licença especial para que você fosse acolhido aqui em nossa unidade – detalhou o outro enfermeiro.

Ao ouvir isso, experimentei de novo o calafrio. Um de meus pesadelos recorrentes voltou-me à lembrança.

— Quer dizer então que alguém fez sinal na estrada para que ele me visse... Mas... Quem foi esta pessoa? – eu queria muito saber.

— Isto eu já não sei te dizer. A única coisa que posso te garantir é que... – ele parou para escutar alguma coisa que vinha de longe.

— Gooooooooool! – o grito do narrador, mesmo vindo de bem longe, conseguiu invadir a enfermaria. – Do Brasil-sil-sil!

— Está vendo só? – riu o enfermeiro. – Você continua entre nós!

Fiquei alguns instantes em estado de profundo êxtase. Então eu estava vivo! Tinha uma vida pela frente, mesmo não me lembrando de nada do meu passado.

— Talvez você tenha pensado tudo isso porque o nosso hospital é um pouco diferente dos padrões... – continuou o enfermeiro, trocando agora algumas ataduras dos curativos. – A diferença é que este aqui é um hospital espírita, especializado no tratamento de problemas mentais e de dependência química.

— Um hospital espírita! Que coisa... E pensar que vim cair logo aqui... Independentemente de descobrirmos ou não a pessoa que fez o sinal, você há de convir que foi muita coincidência a ambulância passar pela estrada justamente naquela hora... – observei.
— Para os espíritas não existem coincidências... – ele comentou, já se preparando para sair.– Tudo segue uma ordem, ditada por uma inteligência muito maior do que nós...
— Espera aí! Há quanto tempo exatamente estou aqui?
— Quer saber? Acho que você não deveria se preocupar tanto com isso. Já leu o que está escrito no quadro? – perguntou, apontando agora para o imenso poster pendurado na parede.

Embora internado naquele quarto há tantos dias, eu não havia ainda atentado para o quadro, que ficava exatamente na parede atrás do meu leito.

"Plantar o bem, através de tudo e de todos, por todos os meios lícitos ao nosso alcance, compreendendo que, se em matéria de colheita Deus pede tempo ao homem, o homem deve entregar o tempo a Deus"[34] – estava escrito.

— Este é o lema do nosso trabalho, do nosso hospital – informou o enfermeiro, aplicando algo com a seringa no interior do recipiente de soro.
— Agora preciso ir – ele disse, depositando a seringa vazia sobre a bandeja. – Numa outra hora conversamos mais sobre esses assuntos.

Eu queria pedir para que esperasse mais um pouco, tinha tantas coisas ainda a perguntar, mas não consegui. Virei para o lado, sonolento, já sentindo os efeitos do novo medicamento que começava a entrar por minha veia.

— Quer dizer então que estou vivo... Que legal... – repeti, satisfeito. – Só falta agora me lembrar quem eu sou... a minha história... Será que eu... – ainda balbuciei, pouco antes de fechar os olhos.

---

[34] Do livro *Sinal verde*, pelo espírito André Luiz, psicografia de Francisco Cândido Xavier. Brasília: Comunhão Espírita Cristã, 2005. Esta frase é também a frase de apresentação na *internet* do Hospital Espírita André Luiz, em Belo Horizonte, especializado no tratamento de doenças psíquicas e dependências químicas.

4

Todos os dias, um mesmo detalhe me chamava a atenção. Por volta das quatro horas da tarde, mais ou menos, entrava um jovem (cada dia era uma moça ou rapaz diferente), que se posicionava no centro do refeitório quando vários pacientes estavam lanchando e começava a ler uma mensagem de maneira a que todos pudessem ouvir, fazendo depois um rápido comentário. Havia alguns internos que continuavam comendo, como se nada estivesse acontecendo de diferente, outros simplesmente viravam para o lado, desinteressados. Porém muitos, como eu, prestavam atenção ao que eles diziam.

Naquele momento, eu ainda não entendia direito o que era isso, mas me sentia sempre muito bem depois que eles saíam – uma sensação ainda melhor do que a que costumamos experimentar depois do almoço. Passava horas pensando sobre o que era dito, depois ficava esperando que voltassem no dia seguinte.

"A oração feita com humildade possui uma força extraordinária. Atrai pensamentos positivos, sintonizando-nos com os planos superiores, de onde promanam todas as bênçãos da vida. O próprio Jesus, com todo o seu poder, orava sempre",[35] disse certa vez uma jovem, em um dos comentários que mais me impressionou.

"Um dos maiores exemplos da força da oração é o de santa Mônica e de santo Agostinho", ela explicou, depois de fechar um pequeno livrinho..

"Santo Agostinho foi um boêmio pervertido. Participava de orgias. Teve até um filho fora do casamento. Era, enfim, um homem mergulhado no vício. Agostinho sentia, apesar de tudo, seu coração vazio. Não era feliz.

---

[35] In: *Para vencer as drogas*. De autoria de Carlos A. Baccelli e Odilon Fernandes. Votuporanga, SP, Didier, 1996.

Procurou a felicidade em muitos lugares, mas não a encontrava. Seu coração inquieto não achava a verdade e a paz que desejava.

"Como viria a se tornar então um homem santo? Durante mais de vinte anos, sua mãe orou fervorosamente por ele. Foi uma longa caminhada, uma grande luta para transformar seu coração rebelde e aventureiro. Até que um dia, já prestes a completar trinta e dois anos, meditando no jardim, ele de repente ouve uma voz de criança que diz: *Tolle et lege!* – Toma e lê, em latim. Agostinho procura por toda parte, não acha ninguém. Curioso, ele vai até o interior da casa, onde encontra as cartas de são Paulo e, ainda inspirado por aquela voz, toma e lê a página a sua frente, que diz: 'Não é nos prazeres da vida, mas em seguir a Cristo que se encontra a felicidade'. Todas as dúvidas se dissipam e é neste momento que culmina todo o processo de sua conversão. Era como se sua inteligência ficasse de repente iluminada por uma luz de segurança, satisfazendo finalmente ao seu coração. Encontrando Deus dentro dele mesmo, Agostinho achou a felicidade, a paz e a verdade que procurava.

"Desde então, a cada noite, ao deitar-se, santo Agostinho examinava minuciosamente os atos de sua vida, tudo o que realizara ao longo do dia, fazendo um propósito sincero de emendar-se, de melhorar cada vez mais.

"Com o tempo, ele se transformaria em um dos maiores nomes do cristianismo.

"Toda esta história nos mostra a importância da perseverança nas boas atitudes, do esforço naquele que decide pelo caminho da mudança. Ela nos mostra também que as lágrimas de uma mãe, assim como as de Mônica por Agostinho, não se perdem nunca."

Após a rápida exposição, os jovens sempre faziam uma prece, pedindo por todos nós e se retiravam do refeitório. Era o nosso medicamento espiritual da tarde. E fazia efeito.

Por muitos dias eu ficaria com este comentário, em especial, na minha cabeça. Era como se tivesse algo a ver comigo, como se me lembrasse de algo muito importante. Até aquele momento, eu não me recordava de praticamente nada sobre a minha vida, apenas do acidente e das alucinações de sempre.

"As lágrimas de uma mãe nunca se perdem", aquela frase ficava se repetindo dentro de mim. Será que eu tinha uma mãe? Uma família? Será que em algum lugar minha mãe chorava e orava por mim?, eu me perguntava angustiado e, em alguma parte de mim, sentia que sim. Mas por que será que até hoje ninguém procurara por mim?

É extremamente tenso e complicado da noite para o dia a pessoa se esquecer de onde veio, de quando nasceu, o que fizera de sua vida até então. Sabia que boa coisa não tinha sido, posto que me encontrava internado naquele local, e ainda por cima sofrendo crises de abstinência. Contudo, me sentia frustrado porque, tentando fazer uma autoanálise, querendo muito sair desta situação, não conseguia recordar sequer como tinha acontecido o meu envolvimento com as drogas.

– Fique calmo, Renato – disse o dr. Charles, o neurologista que vinha acompanhando meu caso desde que eu chegara ao hospital. – Você sofreu uma forte pancada na cabeça, o que certamente foi um dos fatores que ocasionou a sua perda de memória. Além disso, o uso abusivo de álcool e drogas psicoativas, conforme constatado em seus primeiros exames, também pode levar a quadros de amnésia. Mas sinceramente acredito que o seu caso seja principalmente de amnésia psicogênica – ele avaliou.

– E o que é isso doutor? Tem cura? – perguntei preocupado.

– A amnésia de origem psicológica é denominada psicogênica e pode prejudicar tanto a memória remota quanto a recente, sendo quase sempre temporária. Este tipo de perda de memória tende a ser máxima para crises emocionais e, algumas vezes, inclui mesmo uma perda confessa do autorreconhecimento, podendo ser desencadeada por um acontecimento traumático com o qual a mente não pode lidar. Nesse caso, quase sempre a memória volta, de modo vagaroso ou repentinamente, algum tempo depois, embora a totalidade do trauma nem sempre possa ser recordada. Raramente, a pessoa perde a memória total de partes da sua vida –[36] ele garantiu.

Mesmo depois desta explicação, eu não conseguia tranquilizar minha mente. Passava o dia inteiro tentando encontrar um mínimo vestígio, uma lembrança qualquer que me ajudasse a recuperar todo o resto. Mas nada. Era como se minha vida, antes de todos aqueles pesadelos, fosse apenas um vácuo, um buraco negro em que se perdera toda a minha existência.

Aquele hospital naquele momento para mim era um mundo, um útero generoso que me acolhia para que eu conseguisse me reconstruir em todos os sentidos. Além de todos os ambulatórios e consultórios, dispunha de um corpo de psicólogos que atendia aos pacientes em grupos ou individualmente, conforme o estágio da doença. Tínhamos também toda uma série de atividades não ligadas à dependência química, que incluíam desde aulas de horta e jardinagem até trabalhos de arte-terapia, com pintura, desenho, cerâmica etc. Conquistávamos o acesso a todas essas terapias à medida em que íamos evoluindo no tratamento. Eu, particularmente, já participava de todas.

Mas, ainda assim, aquela frase continuava a mexer profundamente comigo. "As lágrimas de uma mãe nunca se perdem", lembrava-me em várias

---

[36] *In*: Amnésia | ABC da Saúde, http://www.abcdasaude.com.br/artigo.php?23#ixzz30cO-cxe2M © *Copyright* 2001-2014 – ABC da Saúde Informações Médicas Ltda.

horas do dia da voz daquela jovem dizendo. Me agarrei a esta frase com todo vigor, pensava nela em todas as atividades que realizava. Afinal, em algum lugar do mundo, eu devia ter uma mãe que orava por mim. Até que, um dia, estava seguindo com alguns colegas em direção à horta, quando, de repente, voltou de uma só vez todo o episódio ocorrido no centro espírita, na pequena cidade onde estivera antes do acidente.

– Então existia realmente a droga... Eu estava indo entregar droga quando tudo aquilo aconteceu... – fui me lembrando devagar.

Como que atingido, nocauteado por aquelas lembranças, sentei-me no chão, sob o frondoso ipê-rosa que havia diante da horta e fui tentando juntar as peças daquele pedaço de passado que finalmente me voltava à memória.

Recordei até dos fechos que havia mandado instalar nos bancos traseiros do veículo, embora não pudesse rever ainda na mente quando exatamente isto tinha acontecido. Mas aquela noite voltou-me por inteiro. Lembrei da jovem de óculos quadrados, das pessoas me dando boa-noite, do alcoolista que ela estava esperando. Chamava-se... Valdinei! É isto mesmo – comemorei, animado.

"Peça ajuda, meu filho! Os fracos, os sofredores e os doentes são os filhos prediletos de Jesus, o grande médico das almas que sempre está pronto a trazer até nós o remédio que nos há de curar", lembrei também da frase e até mesmo da sensação de ela ter sido dita pelo espírito de minha mãe, embora não pudesse ainda me recordar do nome dela.

Chorei emocionado. Era como se o primeiro passo tivesse sido dado. Sabia agora que eu tinha uma mãe que não era mais deste mundo, sentia-me feliz em pensar que, mesmo já tendo partido daqui, ela continuara se preocupando comigo, como me sugeria aquela frase, mesmo que eu não conseguisse ainda me lembrar de meu passado, nem mesmo de sua fisionomia. Tinha agora a esperança de que a memória estivesse voltando gradativamente, ainda que fosse de trás para frente.

– O nome da cidade era... – eu, contudo não conseguia me lembrar.

Tinha esperança de que, caso me lembrasse, pudesse posteriormente voltar até lá e reconstruir mais uma parte de meu passado.

– Presta atenção, Renato! Você recordou que estava nesse lugar fazendo uma entrega de drogas! Como espera voltar até lá e sair procurando por algum traficante, querendo descobrir um pouco mais sobre você? Não acha que assim estaria se arriscando, em todos os sentidos? – naquela noite, quando o procurei para contar-lhe a boa notícia, o enfermeiro Alexandre me alertou.

Nós nos encontrávamos com frequência, ele, que já tinha sido para mim muito mais do que um anjo da guarda, era agora também o meu melhor amigo naquele hospital.

— Tem razão... Não tinha pensado sobre isso... Não quero mais mexer com essas coisas... – reconheci desanimado.

— Tenha paciência. Quando menos esperar, as lembranças vão começar a voltar. Você vai ver – ele mais uma vez tentou me tranquilizar.

Poucas semanas depois, eu estava modelando uma imagem de cerâmica durante o horário da terapia ocupacional, quando novamente algo de inusitado aconteceu. Eu estava fazendo uma Nossa Senhora, querendo muito me lembrar do rosto de minha mãe, quando, de repente, surgiu na minha mente a imagem de uma mulher. Me agarrei àquela imagem como se fosse a coisa mais importante que eu tivesse na vida; passei o tempo todo da atividade tentando transmitir o que eu tinha na mente para aquelas formas.

Era uma mulher gordinha, muito bonita. Eu não conseguia, porém, de jeito nenhum, me lembrar dos olhos dela. Era como se guardassem um segredo que eu não podia – ou não queria – saber, como se estivessem presos no passado a que eu por hora não tinha acesso. Lembro que chorei muito neste dia, fiquei tão agoniado que esmaguei a estatueta de tanta frustração. Depois até me arrependi, porque nunca mais consegui fazer uma forma tão bonita como aquela.

— Não se desespere, Renato – desta vez foi a doutora Elisa Damarys, minha psiquiatra, quem me alertou. – Tudo tem o seu tempo. Às vezes o esquecimento é necessário, é o tempo que a gente precisa para ter condições de compreender aquilo de que necessitamos. Porque até no ressarcimento de nossas dívidas, Deus é infinitamente misericordioso.

— Como assim? – eu não entendi o que ela estava tentando me explicar.

— É o mesmo que acontece quando viemos à Terra. Nós, os espíritas, acreditamos que ninguém vive só uma existência. Já vivemos muitas e muitas vezes, segundo nos explica a doutrina codificada por Allan Kardec. Todavia, a cada vez que a gente volta para uma nova experiência, todo o passado fica esquecido, porque, do contrário, a gente não daria conta de passar pelas provas que precisa com a necessária serenidade. Você já imaginou se olhasse para um irmão dentro de casa, por exemplo, e reconhecesse nele alguém que te matou? Ou que você mesmo assassinou em vidas passadas? Seria muito mais difícil transformar esta relação de ódio em uma relação de amor se você se lembrasse – ela exemplificou.

Fiquei impressionado com aquela explicação. Fazia tanto sentido... Por que ninguém tinha me explicado antes as coisas daquele jeito? Será que algum dia eu havia conhecido o espiritismo antes de perder a memória?

— Da mesma forma, a oportunidade de reparar aquilo que fizemos de errado no passado só vem quando estamos prontos para isso. Deus jamais nos dá uma prova que não tenhamos condições de suportar, assim como um pai de família, por exemplo, jamais pediria a seu filhinho de três anos para que carregasse uma grande tábua de madeira até sua oficina, você compreende? Tudo a seu tempo – ela de novo grifou.

Toda aquela forma de raciocínio parecia aplacar um pouco a enorme angústia que eu trazia dentro de mim.

– Me fale um pouco mais sobre essas coisas do espiritismo, doutora – pedi com sinceridade.

– Você já está frequentando os grupos do projeto Renascer organizados pelo Departamento de Auxílio Espiritual aqui do nosso hospital? – ela perguntou.

– Não. Na verdade, da primeira vez que o enfermeiro Alexandre me falou sobre isso, eu fiquei meio acanhado, não quis participar.

– Sim, é nossa norma interna aqui do hospital sempre perguntar. Nós não forçamos ninguém; só participa quem quer. Mas havia alguma razão específica para isto, para você não querer participar dos grupos de apoio ao dependente químico? – a doutora quis saber.

Fiquei em silêncio por algum tempo, pensando sobre o que ela havia acabado de me perguntar.

– Acho que... acho que não. A verdade é que eu tinha muito medo de encarar o meu passado e aceitar a minha condição de dependente. Não tinha nada a ver com o fato de o grupo estar ligado ao Departamento de Auxílio aqui do hospital. Ao contrário, as ideias espíritas até que têm me ajudado bastante desde que eu cheguei... – admiti.

– Sabe, Renato, no grupo você vai perceber que todos, eu, você, todos aqueles que trabalham neste hospital e também todos aqueles que estão do lado de fora somos, de alguma forma, dependentes. Na verdade, quase todos os que estamos neste momento encarnados neste planeta, com raríssimas exceções, somos dependentes espirituais – afirmou a doutora.

– Como assim? O que isso tem a ver com a dependência química? – eu não entendi.

– Tudo. A dependência espiritual, como você terá oportunidade de comprovar através do programa Renascer, é a necessidade que o espírito tem de buscar soluções fora de si, no mundo exterior. Você quer ver só? O que você faz quando está com raiva? O que as pessoas, de uma maneira geral, fazem quando estão aborrecidas, contrariadas com alguma coisa?

Pensei por alguns instantes antes de responder.

– Bem, eu não me lembro de muita coisa do meu passado. Mas desde que acordei aqui, muitas vezes me senti frustrado, com raiva por esta minha situação...

– Então? O que você faz quando se sente assim?

— Ah, normalmente eu me isolo... Fico quieto no meu canto, matutando meus pensamentos... Muitas vezes penso em desistir de tudo... — confessei.

Fiquei olhando, mas ela não falou nada. Parecia esperar que eu dissesse mais alguma coisa.

— Então... Outras vezes eu desconto nos que estão a minha volta, xingo meus colegas que não têm nada com isso... Em algumas ocasiões, porém, eu consigo fazer uma oração usando um livrinho que eu ganhei de uma moça da evangelização que de vez em quando aparece para contar histórias no pátio...

— Você deve estar se referindo à irmã Vê, que sempre se utiliza dos recursos da contação de histórias para levar trechos do *Evangelho* aos internos — a dra. Elisa Damarys logo entendeu o que eu estava dizendo. — E o que mais?

— Ah... às vezes eu pego esse livrinho mesmo para ler. Acho que, se tivesse um cinema ou um teatro aqui, eu também frequentaria para tentar me distrair um pouco — imaginei, querendo muito estar dando a resposta certa.

— Pois então, não sei se você percebeu, mas todos estes recursos que você citou para mim são recursos externos, coisas que estão fora de você. Tanto aquele que procura vencer suas inquietações internas saindo para se divertir com os amigos, como aquele que vai ler um livro, aquele que vai assistir a uma palestra no centro e também aquele que procura se aliviar fazendo uso de doces e guloseimas, de drogas e de bebidas, ou que simplesmente sai para comprar coisas de que não necessita. Enfim, todas as vezes em que vamos buscar muleta naquilo que está fora, estamos tentando encontrar solução para o nosso problema no lugar errado, dependendo de recursos externos para construir a nossa felicidade, que, justamente por causa disso, não dura por muito tempo — observou a doutora.

Fiquei um tempo olhando para ela, assustado com tudo o que ela havia acabado de dizer. Então tudo aquilo era dependência?

— Psicologicamente falando, a diferença entre uma pessoa que usa droga e uma pessoa que come muito açúcar é meramente uma questão de foco. A diferença entre o dependente químico e as pessoas comuns é a escolha do objeto. Enquanto um joga todas as suas expectativas em obter mais títulos acadêmicos, outro se joga inteiramente no trabalho, outro busca seu foco na *internet*, outros no sexo, e assim por diante — ela continuou. — É importante perceber que, mesmo comportamentos aparentemente vistos como admiráveis aos olhos da sociedade, como o da pessoa que passa a se dedicar cada vez mais ao trabalho voluntário, ou aquele que passa a participar quase diariamente das tarefas de seu grupo religioso, também muitas vezes denotam a busca de opções exteriores para sufocar questões interiores — ainda fez questão de ressaltar.

— E o que seria o certo a fazer em uma situação de conflito? Quando a gente sente raiva, quando está triste com a gente mesmo? — questionei.

— Raríssimamente ouvimos uma pessoa dizer: "eu paro um pouquinho e vou meditar sobre a origem da minha tristeza para que eu possa resolver o problema comigo mesmo". Isto seria o correto a fazer! — elucidou minha terapeuta.

— Quer dizer então que toda vez que a pessoa tenta resolver seus problemas através de opções exteriores ela é uma dependente espiritual? — tentei ver se eu havia compreendido direito.

— Sim. Todo buscar soluções fora de nós é, na verdade, o reflexo de uma dependência original do espírito, característica da fase evolutiva em que a maioria de nós vivemos, do "apegar-se ao que está fora" para satisfazer a esta nossa necessidade de ser feliz de fora para dentro — ela esclareceu.

Novamente fiquei em silêncio. Tudo aquilo era tão profundo...

— E onde é que entra este tal programa Renascer nisso tudo, doutora? — Ela sorriu antes de dizer:

— Renato, o programa é, na verdade, uma terapêutica espírita para as dependências, onde todos aqueles que participam, inclusive aqueles que estão ali como mediadores, como coordenadores, que são o que nós chamamos de facilitadores, se reconhecem como dependentes. O objetivo é justamente fazer com que o dependente perceba o mundo, a vida, as pessoas de uma forma diferente, e a si mesmo como um espírito em processo de evolução, capaz de cometer erros, mas também perfeitamente capaz de solucioná-los — ela explicou.

— E por que nunca me ofereceram nada disso antes? — eu questionei. — Quer dizer, o Alexandre até me falou vagamente sobre esse programa, mas ele não me explicou do jeito como você está me explicando...

— Talvez porque você ainda não estivesse em condições. Além disso, como eu sempre faço questão de ressaltar, toda assistência espiritual prestada aos pacientes, seus familiares e comunidade aqui neste hospital é opcional, respeitando a liberdade de cada ser humano. Que eu saiba, esta é a primeira vez que você demonstra interesse neste sentido — ela comentou.

— É... Eu quero muito esse auxílio — pedi. — Mas como é que eu faço para participar dessas atividades, desse tal programa Renascer? — de novo me empolguei.

A doutora me entregou então uma lista com vários horários, nos quais funcionavam diferentes grupos de apoio, todos eles subordinados ao que ela chamava de DAE, que era a sigla do Departamento de Auxílio Espiritual. Havia o Auxílio Fraterno, o Grupo de Estudos do *Evangelho*, a Fluidoterapia, a Reflexão Musical, o Renascer. Eu nem sabia por onde começar.

— Te aconselho, antes de mais nada, a entrar em contato com o pessoal do programa Renascer. Engraçado é que era justamente para lá que eu estava pensando em te encaminhar para dar continuidade ao seu tratamento a partir daqui, mas precisava antes saber da sua vontade. Daí você chegou com todas as suas questões... – ela analisou.

— E o que acontece quando a gente participa desse programa, doutora? – eu logo quis saber.

— Este programa, que foi importado de uma casa espírita aqui da região,[37] parte da metodologia dos Alcoólicos Anônimos, adaptando os passos do AA à visão espírita. Ele funciona mais ou menos como uma terapia de grupo, onde os integrantes conversam sobre temas e textos específicos, sempre sob a orientação de dois ou três facilitadores. O objetivo é proporcionar aos pacientes dependentes químicos e interessados em participar a oportunidade de se espiritualizarem, auxiliando-os, ao mesmo tempo, na manutenção da abstinência e fortalecendo o preparo para lidar com situações de risco – explicou a dra. Elisa Damarys.

— Acho que é exatamente o que eu estou precisando... – concordei.

Logo em seguida, porém, passei a encarar meus velhos tênis gastos e encardidos. Havia mais uma coisa que estava me preocupando, mas eu não me sentia com coragem para falar sobre isto.

— O que mais te angustia, Renato? – a doutora percebeu minha angústia.

— É que eu fiquei sabendo que estou prestes a ter alta do hospital. Minha condição física já está regularizada, as crises de abstinência aparentemente sob controle, enfim...

— Só que você não tem para onde ir, é isso? – ela deduziu.

Concordei cabisbaixo. Ficava triste sempre que pensava sobre essa insólita situação. Havia chegado até lá, me tratado, tinha, inclusive, perspectivas de continuar o tratamento através daquele projeto, mas meu tempo se acabara. Em breve, completaria quarenta e cinco dias que eu estava ali – o tempo máximo de permanência de dependentes químicos no hospital – e eu não tinha mais nenhuma perspectiva de futuro.

— Não se preocupe. Nós temos aqui no hospital um outro projeto chamado CETAS, que é o Centro de Tratamento e Assistência Social, onde os pacientes ficam internados no período diurno, e também as Moradias Assistidas. Eu já havia pensado sobre o seu caso e, conversando com outros médicos; decidimos encaminhar uma solicitação a nossa diretoria, pedindo para que você fosse incluído em um destes sistemas – ela disse, para minha surpresa.

---

[37] No final desta parte do livro há uma nota com todas as explicações a respeito do hospital que inspirou este capítulo e também sobre o programa Renascer.

— Como assim? Eu vou ficar então morando aqui no hospital? — tentei entender.

— Não propriamente. O CETAS fica dentro da área do hospital, mas só funciona de segunda a sexta no período da manhã e da tarde. Já as Moradias Assistidas são uma unidade diferenciada, pois não seguem o padrão hospitalar convencional. É, na verdade, uma residência, situada em um bairro próximo, destinada a abrigar pacientes que deixaram a condição asilar em que se encontravam na internação convencional, mas que ainda necessitam de atendimento humanizado e toda uma assistência individualizada até efetivamente complementarem o seu tratamento. Sempre que necessário, os pacientes se deslocam até o hospital para as consultas, as terapias, sendo que o vínculo com os voluntários da assistência espiritual também continua após a transição.

— Puxa... Nem sei o que dizer... E para onde então eu vou ser encaminhado?

— Estamos ainda estudando o seu caso. O local onde você irá ficar abrigado é apenas um detalhe. Nós agora só temos um requisito básico para que você continue a receber toda a assistência do nosso hospital.

— Sim, eu vou participar do programa Renascer e também de todos os outros setores onde for possível — me antecipei.

— Isso é ótimo. Mas você sabe que você é um dependente químico, não sabe? Mesmo não tendo recuperado totalmente a memória, você em determinados momentos sente a falta da droga...

Novamente fiz que sim com a cabeça. Sentia-me sempre muito envergonhado cada vez que precisava encarar isto de frente.

— Pois bem. Para que eu possa encaminhar você para o programa Renascer e até para lutar por uma vaga para você no setor de Moradias Assistidas ou no CETAS, eu preciso que você reflita bem e me responda com toda a sinceridade a uma pergunta muito simples: Renato, você realmente quer se recuperar? Está disposto a empreender todos os seus esforços para perseverar nesse intuito? É isso o que você quer?

Eu estava tão emocionado que acho que senti meus olhos brilharem quando respondi para ela:

— Sim. Eu quero!

5

O tempo todo, eu simplesmente fingia que não acontecia. Mesmo com o uso constante de medicamentos, de vez em quando acordava suando no meio da noite, sentindo necessidade da droga. Geralmente acontecia depois de um sonho, onde me via no passado consumindo drogas nas mais variadas situações. Fazia já quase três meses que eu me encontrava sob os cuidados dos dedicados trabalhadores daquele hospital.

Naquela noite não foi diferente. De repente, abri os olhos me sentindo dotado de uma energia fora do comum. Minha vontade era abrir a porta e sair correndo do quarto, da clínica, voltar para o mundo à procura da droga capaz de saciar aquela compulsão quase impossível de dominar. Sem querer, minha mente começou a articular planos, lembrar de diálogos ouvidos ao acaso. Sim, eu sabia que existia uma grande favela nas proximidades. Sabia inclusive que havia abrigados de lá se recuperando na ala hospitalar. Não deveria ser muito longe dali...

Mas não. Eu tentava me segurar na cama. Eu não poderia fazer isso com Alexandre, não poderia fazer isso com o dr. Charles, não poderia fazer isso com a dra. Elisa Damarys... Não poderia fazer isso comigo mesmo.

Foi quando de novo ouvi dentro de mim aquela frase. "Peça ajuda, meu filho! Os fracos, os sofredores e os doentes são os filhos prediletos de Jesus, o grande médico das almas que sempre está pronto a trazer até nós o remédio que nos há de curar". Eu precisava, urgentemente, aprender a orar, pensei comigo. Será que tinha alguma oficina de oração no Departamento de Auxílio Espiritual? Precisava ver isso...

Era minha primeira noite abrigado nas Moradias, como costumávamos chamar. O pessoal do hospital era tão bacana que havia feito de tudo para que eu não fosse jogado na rua; foram abertas todas as exceções para que eu pudesse receber todo o tratamento e amparo de que necessitava.

— É merecimento seu! Desde que chegou aqui nunca se mostrou resistente ao tratamento, sempre disposto a colaborar com todos, desde os colegas até a equipe do hospital propriamente dita. Não é sempre que aparece um paciente como você por aqui! – meu amigo Alexandre sempre costumava dizer.

Mas eu não acreditava muito nisso. No fundo, sentia que tudo aquilo era tão somente a minha obrigação, que o mínimo que eu poderia fazer era tentar ser útil depois de receber tanto auxílio, de ser tratado com tanta compaixão e amizade. Tão ruim que eu era... Mesmo depois de tudo isso, ainda era capaz de pensar aquelas coisas durante a noite... Que raiva que eu sentia de mim por pensar assim! Olhei para o quarto e vi que meus outros colegas dormiam profundamente. Que inveja senti deles! Por que conseguiam e eu não?

"Deus, não sei rezar, não entendo nada de oração... Ainda por cima sou invejoso e mentiroso, porque digo para todo mundo que não sinto nada disso... Não gosto de assumir para mim mesmo que sou um viciado nesta coisa... Ainda assim, me ajuda, Deus. Eu sou fraco, eu sei. Mas mesmo assim, me ajuda... Me faz conseguir ficar aqui nesta cama, não me deixa perder esta oportunidade tão difícil que me foi dada... Eu estou aqui fazendo tratamento, eu estou aqui morando de graça, eu não me lembro sequer do meu nome completo, mas me lembro da droga... Me ajuda, Deus... Me ajuda a lembrar de mim e esquecer da droga... Me ajuda a ser uma pessoa melhor..."

Passei tanto tempo naquela tentativa desesperada de oração que, sem perceber, acabei me acalmando e dormindo no meio da minha falação. E tudo teria ficado perfeito, se no dia seguinte eu não tivesse acordado triste e deprimido. A essas alturas, já nem sabia se era porque eu tinha passado por aquela experiência noturna, da qual sentia tanta vergonha, ou se era efeito da falta de droga no organismo, um prenúncio de mais uma crise de abstinência. O fato, porém, é que era uma tristeza tão profunda que eu mal tinha forças de me levantar da cama para minhas atividades do dia.

— O que é isso, cara? Não vai fraquejar agora que você já chegou até aqui! – incentivou-me um colega de quarto, parado agora a meu lado.

— A gente não pode entregar os pontos! – disse outro, abrindo já as cortinas.

— Anime-se, força! Nós também já passamos por tudo isso. E se tem uma coisa que nós podemos te garantir é que vai passar. Isso também vai passar... – garantiu o terceiro.

Chamavam-se Emerson, Cristiano e Tóti meus companheiros de quarto. Já estavam nas Moradias há bem mais tempo que eu.

— Meu nome de verdade é Aristóteles. Até hoje não entendi onde a mãe estava com a cabeça quando me deu esse nome! Mas esqueta não. Todo mundo aqui me chama de Tóti mesmo – ele riu, enquanto amarrava as cortinas no canto da janela. – Veja só! Lá fora está um lindo dia!

Tentei esboçar um sorriso, mas nem para isso tinha forças.

– Afinal de contas, o que está acontecendo com você? – quis saber Cristiano.

Me veio então à cabeça uma outra frase, que eu não sabia de onde vinha, mas que ao mesmo tempo me parecia extremamente conhecida: "Há noites em que não posso dormir de remorsos por tudo o que deixei de cometer".[38] Não tive coragem de repetir. Apenas me enterrei um pouco mais sob as cobertas.

– Vamos fazer o seguinte? Eu vou pedir ao coordenador da casa para entrar em contato com o psiquiatra. No meu entender, você está precisando de um pouco mais de medicamento para superar a crise – sugeriu Cristiano.

– Mas eu não estou em crise! – tentei negar. – Eu nem me lembro direito do tempo em que usava droga! – a tristeza sem querer aumentou depois que eu disse isso.

Emerson deu de ombros:

– Se ele não quer, deixa quieto. Melhor a gente ir porque já está na hora de cuidar da horta!

Tóti e Cristiano, porém, se entreolharam e foram falar com o coordenador assim mesmo.

Tempos depois, o psiquiatra que cuidava das Moradias aparecia no quarto para falar comigo. Chamava-se dr. Otaviano. Eu ainda não tinha convivido com ele até então, embora a dra. Elisa Damarys sempre o citasse em nossas sessões de terapia. Diziam que ele era um dos médicos mais queridos do hospital pela sua maneira simples de encarar todas as situações.

– O que será que você estava sentindo que levou você a sentir tanta falta da droga? – ele perguntou, depois de fazer os exames de praxe, verificando a pressão, se eu não estava com febre etc.

– Eu não estava sentindo falta da droga, doutor! Foi apenas um sonho que eu tive esta noite. Aliás, nem sei por que eu tive esse sonho! Eu nunca me lembro da droga! – exagerei, com medo que ele achasse que eu não tinha condições de permanecer nas Moradias.

O dr. Otaviano, contudo, não pareceu convencido por minhas palavras.

– Os sonhos são sempre um reflexo das nossas fixações mentais, daquilo em que a gente está pensando, consciente ou inconscientemente, antes de dormir. Até quando a gente sonha com um parente já desencarnado é porque de alguma forma estávamos ligados a ele em nosso psiquismo – avaliou ele. – Por isso, eu volto a te perguntar. Alguma coisa mudou em você

---

[38] *In*: Mário Quintana, "Para Viver com Poesia". Frase extraída do livro *Caderno H*.

quando deixou o hospital e mudou-se para cá? Eu não estou perguntando sobre a sua vontade de usar a droga. Estou perguntando sobre você. Como é que você estava se sentindo quando foi se deitar ontem à noite?

– Acho que... um pouco inseguro... Era a primeira noite que eu passava longe do hospital e do enfermeiro Alexandre, que sempre se preocupava comigo durante a noite; tinha também o peso da promessa que eu fiz para a dra. Elisa Damarys... – finalmente admiti.

– Uma promessa? E que promessa foi essa, se é que eu posso saber? – ele perguntou, com um sorriso nos lábios.

– Bem... Não foi exatamente uma promessa. Na verdade foi uma resposta que eu dei para ela, um compromisso que eu assumi há tempos, quando ela começou a lutar pela minha transferência para as Moradias...

– Agora está clareando um pouco. E que compromisso foi esse? – ele insistiu.

– É... Eu garanti que não queria nunca mais usar nenhuma droga... – respondi.

Engraçado que, na hora em que eu disse isso, foi como se tirasse uma pedra do meio do peito.

– Existe uma diferença entre não querer e não sentir vontade nunca mais, você percebe isto? Eu posso estar de regime e não querer nunca mais comer nenhum doce, para não recuperar meus quilos perdidos. Mas isto não implica que eu não vá sentir vontade de comer doce em determinadas ocasiões. Uma coisa é o querer racional e outra coisa são as associações que o meu cérebro já fez com relação àquele comportamento e que funcionam naturalmente no automático se a gente não tiver consciência disso. Tem gente, por exemplo, que fica com vontade de comer doce toda vez que se sente inseguro, outros que se acostumaram a beber para disfarçar seus medos, enfim...

– São as nossas dependências? – lembrei das explicações da doutora Damarys.

– Sim. Mas são também condicionamentos que criamos ao longo de nossa vida. Podemos até não estar satisfeitos com eles. Mas só vamos conseguir mudá-los se tivermos consciência deles para poder argumentar conosco mesmos na hora certa. Não adianta simplesmente negar que eles existem para se livrar deles – ele enfatizou. – É preciso ouvir o que eles estão dizendo sobre nós mesmos, porque, se não tivermos consciência dos nossos pontos fracos, daquilo que ativa os nossos pontos fracos, como poderemos mudar isso?

– É verdade. Eu tenho vontade de usar droga sempre que me sinto muito inseguro... – admiti.

– Que bom que você chegou a essa conclusão. Costumo dizer a meus pacientes que a primeira grande dica para vencer qualquer problema é ter consciência. Consciência de quem você é de verdade, do que você foi um dia, e do que você é hoje. Você precisa saber o que fazer, saber que comportamentos devem mudar. Mas não vai ter noção de nada disso se diariamente não se perguntar: minhas atitudes de hoje foram todas resultantes da minha intenção ou continuo apenas reagindo ao que tenho na mente interna, sem nem saber direito o que é? – ele ensinou.

– Eu fico com raiva de mim mesmo porque já estou aqui há tanto tempo e até hoje não consigo – confessei. – Eu acho que eu não podia ser assim, que eu não tinha que pensar estas coisas, daí sonho de noite que estou fazendo tudo o que eu não quero fazer!

– Isso que você está tentando fazer com você mesmo se chama controle. É importante você entender que está iniciando um processo de transformação. Não podemos querer resultados imediatos: estamos iniciando um processo, nos colocando em uma trajetória. São novos valores que você aos poucos está adquirindo – elucidou o psiquiatra.

– Mas então eu não tenho que me controlar? – questionei.

– Você precisa se reeducar. Cada vez que vier um pensamento que não tem mais a ver com aquilo que você deseja para si, você deve conversar com esse pensamento, conversar com você mesmo do porquê aquilo não é mais adequado. É preciso assimilar profundamente os novos valores adquiridos para que eles funcionem naturalmente. O autocontrole, por si só, não resolve, porque é uma atitude de fora para dentro, algo que você se impõe e não uma coisa a que racionalmente você chegou à conclusão. Compreende a diferença? – explicou o doutor.

– Então quer dizer que estou fazendo tudo errado? – eu logo me precipitei a concluir.

– Não existe certo ou errado. Você está em processo de aprendizado. É algo muito mais profundo do que o simples controle mental da situação. Você até consegue controlar por um dia, uma semana, vários meses, mas depois... Ao contrário, quando você assimila a pequena transformação de que dá conta neste momento, aos poucos aquele valor vai se fundamentando em você mesmo, tudo vai se alinhando internamente com esse valor de forma espontânea. Ninguém se transforma da noite para o dia! E nem os seus antigos valores e condicionamentos se construíram de uma só tacada. Tenha paciência com você mesmo, participe com alegria do seu momento de reconstrução! Ao invés de sofrer, aprenda com as fraquezas que já consegue observar, aprenda com toda e qualquer situação que se coloque no seu caminho – aconselhou ele.

Eu observava atento cada palavra, cada explicação dele. Queria ter o poder de pegar tudo aquilo de uma vez e transformar em uma realidade na minha vida, mas estava entendendo o que ele estava falando. Não podia ser assim, era preciso que as coisas fossem acontecendo devagar, criando raízes para não caírem por terra de uma hora para outra... Aos poucos, enquanto ele conversava comigo, eu ia reconstruindo as minhas forças, as minhas esperanças, minha vontade de levantar de novo daquela cama.

– Fale um pouco mais sobre esse negócio de consciência, doutor. Não consigo entender direito como isso funciona, como colocar a minha mente para trabalhar desse jeito que o senhor está falando – pedi.

– Ter consciência significa usar adequadamente sua capacidade de pensar; é isso o que nos torna humanos! Temos a possibilidade de raciocinar, de nos conhecermos e agirmos conforme decidirmos. Usar a consciência é sair do automático e assumir o comando de seus próprios sentimentos e emoções.

– Qual a diferença entre uma coisa e outra? Como é que a gente sabe se está agindo de um jeito ou de outro? – tentei compreender melhor.

– Se você simplesmente disser a si próprio "não fique com medo", não vai adiantar nada, porque você estará simplesmente negando a sua emoção, o seu medo. Ao contrário, quando você aceita: "bem, estou com medo", admitindo que ele existe, você pode até conversar com ele – explicou o médico.

– Conversar com o medo? – estranhei.

– Sim, o que te impede? Escute o seu medo! O que ele te diz? O que ele acha que pode vir a acontecer? Existe, de fato, essa possibilidade ou é apenas uma elucubração, um exagero da sua imaginação pessimista?... Por outro lado, e se acontecer de verdade, o que você pode fazer diante disso? O importante é que, quando você reconhece o medo e conversa com ele, você diminui o tamanho dele. Sua mente para de fantasiar o pior e o medo deixa de ter poder sobre você – esclareceu o doutor.

Depois de toda aquela conversa, consegui me sentir mais forte para levantar da cama e seguir adiante, apesar de todos os meus medos. Minha angústia, porém, ainda continuava a mesma: e se a vontade voltasse durante o dia? E se eu não conseguisse resistir da próxima vez?

6

Dizem que Deus escuta os nossos mais secretos pensamentos e sempre encontra meios de providenciar o socorro imprescindível. Naquela noite, quando eu, Cristiano, Emerson e Tóti chegamos para a reunião no programa Renascer, tive a sensação de que realmente existia alguma coisa mágica no universo, uma força estranha que parecia juntar todas as situações e acontecimentos de cada dia, de acordo com a nossa necessidade. Por uma incrível sincronicidade, a discussão da noite tinha tudo a ver com a minha conversa com o dr. Otaviano naquele dia de manhã.

Todas as reuniões sempre começavam com a leitura de uma passagem do Evangelho. Os textos eram previamente digitalizados, seguindo a programação contida em um caderno de módulos. Sempre visando facilitar a compreensão do grupo, eram utilizados recursos audiovisuais e os textos eram sempre projetados. O trecho da noite falava do encontro de Jesus com a mulher samaritana. Era a primeira vez que eu ouvia sobre essa passagem, nunca tivera o hábito de ler o *Evangelho*. Mas também não imaginava o quanto podiam ser interessantes e profundas aquelas histórias dos tempos de Jesus que a cada dia mais eu aprendia a admirar.

"Assim, dirigiu-se a uma cidade da Samaria, chamada Sicar, próxima do lugar – no sentido de campo, pedaço de terra – que Jacó dera a José, seu filho. Por causa disso, a fonte que havia ali, chamava-se fonte de Jacó. Cansado da jornada, Jesus estava sentado sobre a fonte; era quase a hora sexta.[39] Veio então uma mulher da Samaria tirar água. Jesus lhe diz: 'Dá-me de beber'. Pois os seus discípulos haviam ido à cidade, a fim de comprarem

---

[39] Segundo Haroldo Dutra (In: *O Novo Testamento*, Brasília: FEB, 2013), os hebreus computavam as horas do dia de forma diversa da nossa. Para eles, o dia se iniciava às dezoito horas, e era dividido em doze horas de luz (dia) e doze horas de treva (noite). As doze horas de luz eram contadas das seis da manhã às dezoito horas (crepúsculo), ao passo que as doze horas de treva

alimentos. Mas a samaritana responde: 'Como tu, sendo judeu, pedes de beber a mim, que sou mulher e samaritana?' – Afinal, os judeus, naquela época, não se associavam com samaritanos. Jesus, porém, respondeu: 'Se conhecesses o dom de Deus, e quem é aquele que te diz 'Dá-me de beber', tu lhe pedirias e ele te daria água viva'. E ela ainda retruca: 'Senhor, nem tens vasilha e o poço é profundo; portanto, donde tens a água viva?' (...) E Jesus lhe diz: 'Todo aquele que bebe desta água terá sede novamente. Mas quem beber da água que eu lhe der nunca mais terá sede; ao contrário, a água que eu lhe der se tornará nele uma fonte de água perene, jorrando para a vida eterna'."[40] – leu conosco dona Leda Maria, a coordenadora do grupo.

A princípio, não entendi nada. Toda aquela história de águas diferentes soava confusa na minha cabeça. A bem da verdade, sequer conhecia aquela passagem. Aos poucos, porém, à medida que os facilitadores iam como que mastigando as palavras para nós, aquilo tudo começou a fazer sentido para mim.

– Jesus aqui não se referia meramente à água, do jeito que nós conhecemos, que mata a sede, mas que logo depois precisamos beber de novo, porque a sede do corpo sempre volta. Ele se referia à água espiritual, símbolo da nossa essência divina, que é fonte de água para a vida imanente do ser, a vida que nunca se acaba, aquela que faz parte de maneira inseparável da essência do ser – explicou Jocely, a outra facilitadora.

– Eu já ouvi essa passagem – lembrou Emerson. – Se não me engano, depois a mulher até pede um pouco dessa água para não precisar mais buscar...

– É isso mesmo – tornou dona Leda Maria. – Logo adiante a samaritana diz "Senhor, dá-me desta água, para que eu não tenha sede, nem percorra até aqui para tirar água" – ela leu novamente as palavras do *Evangelho* projetadas na tela.

– Afinal a mulher entendeu ou não entendeu o que Jesus falou? Ela estava querendo água do poço ou a tal água do espírito de que vocês falaram? – questionou Tóti.

– O que vocês acham? – devolveu dona Leda Maria, ainda segurando o dispositivo de controle que ativava o projetor.

– Eu acho que ela estava querendo uma água, água mesmo, física, que ela pudesse levar para casa e que se multiplicasse magicamente, para que não fosse necessário andar até o poço cada vez que ela tivesse que matar a sede do corpo – opinou Cristiano.

– Tem toda razão. E o que esta mulher lembra vocês? Em que pensam quando escutam esta passagem, com relação à vida de vocês? – tornou Jocely.

---

tinham início às dezoito horas e terminavam às seis horas da manhã. Sendo assim, segundo o relato do *Evangelho* de João, os fatos narrados ocorreram por volta das doze horas (hora sexta).
[40] *Jesus e a samaritana*. João 4,4-14. O trecho foi aqui adaptado para tornar mais fluente sua leitura.

— Ah, eu acho que é a posição da maioria das pessoas que procuram nas religiões os meios de melhorar a vida, de curar doenças, de evitar os sofrimentos. Como se o simples fato de frequentar algum culto pudesse, por si só, resolver todos os problemas — disse um outro senhor que era novo no grupo.

— Não é só a questão da religião, não! Ela representa todos aqueles que buscam em coisas externas a forma de resolver suas questões — complementei, lembrando de tudo o que aprendera com os médicos.

— E o que seria a água de que fala Jesus, gente? — perguntou agora Henrique, outro facilitador.

Ficaram todos um pouco de tempo em silêncio, refletindo.

— Acho que é a força que está dentro de nós mesmos — disse um rapaz chamado Pedro.

— Mais do que uma força, é a nossa essência — opinou Tóti.

— O Aristóteles tem razão — disse dona Leda Maria. — É algo que tem a ver com todo o potencial que um ser humano carrega dentro de si, com a descoberta desse potencial!

— Acho que essa descoberta só acontece no momento em que a pessoa consegue perceber que a felicidade é uma construção íntima. Um sentimento, uma sensação, uma plenitude que não temos como encontrar do lado de fora e nem transferir para ninguém. É uma coisa da gente com a gente mesmo, que só a própria pessoa é capaz de fazer para ela mesma — sintetizou, reflexivo, um senhor que até então se mantivera calado.

— E que tem a ver com os nossos limites! A minha felicidade não é a mesma que a do Pedro ou a do Renato. A minha felicidade é aquela que eu, mesmo com as minhas limitações, consigo construir, apesar de todos os meus medos e defeitos, é aquilo que eu alcanço dentro das minhas possibilidades — observou Jocely.

— Acho que quando descobrimos esse potencial, essa capacidade que temos de construir aquilo de que precisamos, é como se mudássemos de posição, de condição, sei lá — opinou Cristiano.

— É como Jesus diz no trecho que tivemos a oportunidade de ler: "quem beber desta água, nunca mais terá sede" — disse ainda a facilitadora.

— Ou seja, quem descobrir o seu próprio potencial não vai precisar mais ficar na condição de dependente das coisas externas, esperando que algo ou alguém "nos dê de beber". Na medida em que desenvolve o seu próprio potencial espiritual, é como se a pessoa deixasse de ser um pedinte para se tornar um doador, um verdadeiro manancial ambulante! — enfatizou Henrique.

Fiquei com aquilo na cabeça. "Manancial ambulante". Será que algum dia eu alcançaria essa capacidade de me tornar "uma fonte de água jorrando para a vida eterna"?, eu me perguntava em silêncio, de certa forma até achando engraçada aquela imagem, que acreditava ainda tão longe de mim. E tanto pensei e refleti sobre aquilo que, quando percebi, o grupo já havia passado para a segunda parte da reunião.

"Admitimos que nos tornamos escravos dos nossos hábitos, vícios e emoções, que havíamos perdido a liberdade de escolha e, portanto, o domínio sobre nossas vidas." – era o enunciado do passo que iríamos trabalhar naquela noite.

O programa Renascer trabalha com quatorze passos, que devem ser praticados como um roteiro de vida. Seis deles são idênticos a alguns que fazem parte da irmandade dos anônimos,[41] sendo que os oito restantes são eminentemente vinculados aos princípios da doutrina espírita. Além dos passos, o programa se utiliza também de doze princípios básicos de reforma íntima, onde são trabalhadas formas diferentes de procedimento diante de ações comuns de nosso dia a dia, além de onze metas de recuperação, que servem para que o dependente possa planejar e acompanhar a própria recuperação.

– O passo é uma atividade a ser praticada e não apenas um conceito a ser aprendido – lembrou-nos dona Leda Maria, logo no início da reunião. – E o que vocês têm para contar para o grupo neste sentido?

Aquele era o terceiro encontro em que o grupo trabalhava o chamado passo da 'aceitação' – eu havia iniciado o programa um pouco antes de ser admitido nas Moradias. Cada passo era estudado pelo grupo por cerca de três meses ao longo de várias reuniões.

– Sim, o que foi que vocês perceberam que precisavam aceitar no decorrer destes últimos dias? O que já estão conseguindo aceitar e o que ainda vão buscar aceitar? – Jocely convidou-nos ao debate.

"Para os espíritas não existem coincidências... Tudo segue uma ordem, ditada por uma inteligência muito maior do que nós", lembrei das palavras que um dia ouvira de um enfermeiro, logo que começara a recobrar minha consciência. Era realmente incrível como todas as discussões aconteciam sempre em sintonia com o que estava acontecendo em nosso íntimo naquele momento. Imerso nos conceitos ali discutidos, eu percebia agora o quanto me iludira achando que havia progredido pelo simples fato de ter recebido alta da unidade hospitalar e ter sido asilado nas Moradias Assistidas.

A mudança, por si só, não garantia a minha cura, nem a minha transformação interior, como, aliás, atestavam os meus frequentes pesadelos. A única coisa que poderia assegurar uma verdadeira modificação seria a descoberta de minha própria essência, do meu próprio valor, da minha água viva interior. Mas como, se eu nem sabia quem eu efetivamente era? Se não

---

[41] A. A. – Alcoólicos Anônimos, N. A. – Neuróticos Anônimos, D. A. S. A. – Dependentes de Amor e Sexo Anônimos, J. A. – Jogadores Anônimos etc.

me lembrava de nem um terço de minha história e o pouco de que me recordava só servia para me encher de culpa e de vergonha de mim mesmo?, pensava em silêncio.

– "Sem aceitação da nossa realidade presente, poderemos instaurar um regime de cobranças injustas e intermináveis conosco e, posteriormente, com os outros. A mudança para melhor não implica destruir o que fomos, mas dar nova direção e maior aproveitamento a tudo o que conquistamos, inclusive nossos erros" –[42] Cristiano leu para todos a mensagem que nos trouxera dona Leda Maria.[43]

– Que ligação vocês veem entre este conteúdo e o nosso primeiro passo? – ela perguntou, após vários comentários do trecho feitos pelos presentes. – Quem aqui já conseguiu fazer este passo? – Leda Maria voltou a nos convidar à reflexão.

"O autocontrole, por si só, não resolve, porque é uma atitude de fora para dentro, algo que você se impõe e não uma coisa a que racionalmente você chegou à conclusão, compreende a diferença?" – imediatamente vieram-me as palavras que eu tinha ouvido do dr. Otaviano naquela manhã, mas não quis dizer nada por enquanto.

– Acho que tanto o texto que fala da mudança, quanto este passo e até o trecho que lemos do *Evangelho* têm a ver com a questão da autoestima – disse um colega do grupo. – Embora hoje eu esteja aqui com vocês, fazendo parte deste grupo, eu sou formado em psicologia e já estudei muito sobre estas coisas antes de me tornar um usuário de drogas e esquecer completamente de tudo... – ele admitiu, um tanto quanto envergonhado.

– A minha terapeuta sempre diz que um passo errado que tenhamos dado, seja ele qual for, não invalida tudo o que construímos antes. Você não deixou de ser um psicólogo quando se tornou um usuário de drogas! De repente, você até deixou de lado, por um tempo, aquilo que tinha aprendido, mas aquela vivência, tudo o que você aprendeu não se perdeu. Está lá, na sua mente. A qualquer momento você pode retomar e continuar a sua trajetória interrompida – opinou Cristiano.

– Sim, eu acho que a aceitação não pode ser só dos nossos fracassos. Temos que aceitar também tudo o que nós temos, a nossa situação atual. Afinal de contas, nós estamos aqui lutando para começar de novo! – lembrou o senhor.

---

[42] Trecho extraído do livro *Reforma íntima sem martírio: autotransformação com leveza e esperança*. De Ermance Dufaux (espírito): psicografado por Wanderley Oliveira. Dufaux, Belo Horizonte, MG, 2012, cap. 2, p. 55.

[43] Conforme prevê a metodologia do Projeto Renascer, os grupos de trabalho sempre costumam ser iniciados, a cada encontro, a partir da leitura da leitura do *Evangelho*, seguida de um texto ou mensagem espírita, previamente escolhida pelos coordenadores de forma a conduzir ao conteúdo a ser debatido.

– A gente precisa aceitar também tudo o que foi colocado na nossa vida, até mesmo a droga, toda a experiência vivida neste sentido, como uma ferramenta para o nosso crescimento como ser maior do que tudo isso que se passou nesse período – destacou Pedro. – Como é mesmo que diz o objetivo deste passo?

Dona Leda Maria projetou na tela um novo texto, que leu em voz alta para todos nós:

"Admitir, sem conformismo, que somos dependentes, que a droga nos domina e que, sem ajuda, não conseguiremos sair da dependência. Aceitar tudo o que foi colocado por Deus em nossa vida como instrumento de nossa evolução".

A reunião durava noventa minutos, mas a gente sempre se empolgava tanto nas discussões que nem sentia direito o tempo passar. Além dos passos e dos princípios, sempre trabalhávamos o autoconhecimento, técnicas de abstinência e também de prevenção às recaídas. Identificávamos as situações de risco do dia a dia e tentávamos traçar estratégias para não cair naquelas armadilhas. De tempos em tempos, colocávamos no papel as nossas dificuldades e metas, trabalhávamos em todo um planejamento para conseguir vencer as dificuldades e atingir as metas almejadas.

Dona Leda Maria sempre sugeria para que começássemos de trás para frente. Primeiro mandava a gente escrever onde é que a gente queria chegar, o nosso maior sonho, os nossos objetivos a curto, médio e longo prazo. Depois vínhamos analisando o que era preciso fazer para chegar, sempre partindo da meta mais distante até chegar ao nosso momento atual.

Emerson, por exemplo, sonhava entrar para a universidade. Queria fazer informática. Mas para isto era preciso fazer a inscrição. E para fazer a inscrição era preciso estudar. Mas, antes de estudar, ele precisava ainda finalizar duas matérias para concluir o ensino médio. E assim por diante. Vendo as coisas detalhadas desta forma, nos sentíamos mais seguros, com mais controle da situação.

– Renato, tenho observado que você sempre participa do planejamento de todos os seus colegas, sempre tem ótimas ideias para ajudá-los a atingir as metas pessoais deles. Mas nunca o vi trabalhar em seu próprio planejamento! – algumas semanas depois, dona Leda Maria me chamou para conversar. – O que está acontecendo com você? Por que sempre foge do assunto quando tentamos falar sobre o seu futuro?

Fiquei gelado quando ela disse isto. Até então, achava que ninguém notava minha estratégia. De tão apreensivo, senti vontade de sair correndo e nunca mais voltar. Novamente, porém, a coordenadora percebeu o que se passava em meu íntimo e me trouxe de volta à realidade:

– Você precisa se empenhar em aplicar os passos em sua própria vida. Vejo que esta ideia ainda parece difícil para você, mas tenho certeza de que pode conseguir: você é um dos internos mais perspicazes e participativos em nossas reuniões!

— Não é isso, dona Leda Maria... É que eu não tenho um passado de onde partir! — tentei me explicar.

— E como não? Sempre digo que quem aceita as ferramentas que lhe foram dadas nesta encarnação para o seu progresso, ou seja, a família, a condição financeira, as pessoas que o rodeiam, a situação cultural, o país onde nasceu passa a ter naturalmente um ponto de partida para a construção de um novo ser, de um futuro sem dores e sofrimentos. Aproveite as condições que te cercam, sejam elas quais forem! Como dizia a italiana Chiara Lubich,[44] "floresça onde Deus te plantou"!

— Mas é justamente esse o problema! — rebati. — Minha amnésia faz com que eu sinta como se nunca houvesse sido plantado em lugar nenhum!

— E como não? Você tem um presente! Ele é tudo de mais importante e mais significativo que um ser humano pode ter! O passado, independentemente de você se lembrar ou não dele, já passou. E o futuro ainda não existe. Ele só poderá se tornar real a partir do que você construir aqui no presente! Ele é a chance de construir um novo futuro, por isso se chama presente! — ela complementou, sempre muito otimista.

Levei um tempo pensando sobre aquelas palavras. Dentro de mim, contudo, elas não pareciam dotadas da mesma força com que naturalmente se revestiam quando eram ditas por dona Leda Maria.

— Acho que estar aqui, neste abrigo, aprendendo essas coisas que a senhora nos ensina é o máximo que eu poderia querer para mim — respondi com sinceridade.

— É muito válido o seu sentimento de gratidão. Todavia, penso que é necessário reformular alguns conceitos. Em primeiro lugar, minha tarefa aqui não é ensinar nada a ninguém. Tanto eu quanto todos os outros auxiliares do Renascer somos facilitadores e não professores, uma vez que também estamos a caminho, em construção. Queremos a elaboração dos conceitos transmitidos segundo o entendimento de cada um. Que cada um assimile os valores que dá conta de assimilar. Mas você pode, sim, lançar mão de todas essas ferramentas para construir algo ainda melhor para você lá na frente. Qual o seu sonho? O que deseja fazer quando sair daqui? — ela questionou.

— Na verdade, eu não penso nisso — admiti. — Eu me sinto seguro aqui. Gosto mesmo do que eu encontrei neste lugar. Por que sair e me expor ao mundo de novo? Para quê?

---

[44] Chiara Lubich (1920-2008) foi a fundadora do Movimento dos Focolares, que tem como finalidade a construção de um mundo unido.

– Porque isso aqui é apenas uma etapa, assim é a escola ao longo das etapas de crescimento do ser. Ninguém permanece na escola a vida toda. Ou até pode – ela se corrigiu –, mas não dessa forma...
– Como assim? – eu não entendi.
– Na outra unidade em que trabalho, tenho grupos dos quais participam alguns rapazes, agora já homens, que estiveram internados há mais de dez anos, e que depois voltaram para as reuniões, dispostos a continuar trabalhando suas dependências. Só que esse não é mais o foco principal de suas vidas.

Respirei fundo, fechei os olhos e contei até cem para não chorar. Será que ela não compreendia que eu não podia mais sair dali? E se alguém do lado de fora me reconhecesse? Como iria explicar que eu não era mais aquela pessoa? Que eu não queria mais ser aquele que eu fora um dia, de quem, aliás, eu sequer me lembrava?

– Você percebeu que, ao se apegar a este ambiente, você está simplesmente trocando de dependência, ou seja, trocando a droga pela comunidade? Essa não é a solução. Tudo o que está assimilando aqui tem que ser praticado lá fora. Fugir dos confrontos é o recurso que a droga lhe possibilitava. Vai fazer o mesmo usando a comunidade como escudo? – ela foi ainda mais fundo.

Abaixei a cabeça sem dizer nada. O máximo que eu conseguia, naquele momento, era segurar minhas lágrimas.

– Renato, o que você quer ser no futuro? – ela insistiu, olhando no fundo dos meus olhos. – Tem alguma meta?

– Meu sonho de verdade era ser enfermeiro como Alexandre. E trabalhar aqui no hospital, ajudando a todos os que aqui chegam na mesma condição que eu um dia cheguei – a resposta pulou do fundo de mim mesmo, sem que eu sequer pensasse antes de deixá-la sair. – Eu sinto que eu trago comigo este dom... – disse timidamente, morrendo de vergonha de admitir em mim alguma virtude.

– Muito bem. Antes de mais nada, é importante aprender a reprogramar nosso cérebro de maneira positiva. Repita comigo: eu posso, eu consigo, eu quero, eu faço, eu acredito, eu vou! – pediu Leda Maria.

Repeti. A sensação era muito boa. Como se aquelas palavras tivessem o poder de me fazer sentir livre.

– Tudo em que a gente acredita vira parte da nossa força – ela destacou.
– Seu objetivo é seguir os passos de Alexandre. Então vamos raciocinar juntos. O que é preciso para que você se torne um enfermeiro deste hospital?

– Conseguir uma vaga – respondi.

– Mas para conseguir uma vaga de enfermeiro você precisa de mais alguma coisa...

– É mesmo... – desanimei um pouco. – Eu precisaria de um diploma de enfermeiro – refleti.

— Precisaria, não. Precisa! — corrigiu dona Leda Maria. — O que também não é um problema. Eu posso, eu consigo, eu quero, eu faço, eu acredito, eu vou! — reiterou ela.
— É interessante como a senhora faz tudo parecer muito simples! — observei.
— Mas é muito simples! — ela disse num sorriso.
— O problema é... — tentei dizer.
— Problema é tão somente a distância entre estado atual e estado desejado.[45] E a solução consiste em focar naquilo que se quer, somando todos os elementos que estão a nossa disposição. É só uma questão de traçar um caminho, passo a passo, a partir daquilo que se tem. Quer ver só? Neste momento, você tem a vontade e precisa do diploma. Para conseguir o diploma, você vai ter que estudar e entrar para um curso técnico de enfermagem... E para entrar para esse curso, você vai necessitar...
— Espere! — foi como se uma luz de repente se acendesse na minha mente quando ela disse isso, um nome veio muito nítido na minha cabeça. — Existe uma instituição chamada Escola Técnica de Enfermagem da Cruz Vermelha Brasileira?
— Sim, existe. Se não me engano existe até em vários estados do Brasil, a mais conhecida fica no Rio de Janeiro... Tenho quase certeza que tem, ou teve, aqui em Belo Horizonte também... Mas...
Não pude esperar que ela terminasse de falar:
— Dona Leda Maria! Eu não sei explicar, mas eu tenho a impressão de que eu já estudei nesse lugar! Eu não sei de onde vem esse sentimento, mas é muito forte! E foi no Rio de Janeiro. Senti até um arrepio quando a senhora disse o nome da cidade!!! — explodi.
— Pois então vamos pesquisar na *internet*. Precisamos encontrar algum contato dessa instituição. Se você realmente já estudou lá, deve existir algum documento, um cadastro, uma foto, alguma coisa que comprove a sua passagem por essa escola! — ela previu otimista. — Está vendo só como as coisas às vezes podem ser muito mais simples do que a gente imagina?
— Será, dona Leda Maria? — eu estava tão abobalhado com aquilo tudo que tinha até medo de acreditar. — Mas como é que nós vamos descobrir alguma coisa se eu sequer me lembro do meu nome completo? — novamente veio o desânimo.
— Jesus está no leme, meu filho! Confie! Tenha fé! Nós vamos conseguir! — ela me garantiu.

---

[45] Conforme definição da PNL — Programação Neurolinguística: ciência que estuda a capacidade do homem de aprender a utilizar os recursos disponíveis no próprio cérebro, sobretudo a disciplinar o pensamento e a usar corretamente a linguagem, criando novos padrões mentais, de forma a bem direcionar a vontade e alcançar os objetivos almejados. (N. A.)

7

Eu estava prestes a marcar um gol, mas parei tudo quando vi chegar o pessoal da equipe do Pilar de Luz. Não quis nem saber. Parei a bola e corri para a cerca.

– Ô, Renato! O que você tá pensando da vida, cara? – do outro lado do campo, Emerson protestou.

– Quer saber? O meu bem-estar íntimo é muito mais importante que uma pelada de futebol! – respondi, devolvendo a bola para o meio do campo.

O pessoal do time ficou lá resmungando, mas não voltei. Jogávamos futebol toda semana na quadra do hospital, mas fazia tempo que o nosso horário não coincidia com a ronda do Pilar de Luz.

Eram deles as vozes que ouvi no dia em que despertei naquele hospital. Todos os dias, em vários horários, uma equipe formada por voluntários ligados ao Departamento de Auxílio Espiritual percorria todos os setores e alas do hospital. Alexandre me explicou que havia grupos fixos de pessoas que eram especialmente preparadas para fazer isso. Em cada ponto onde paravam, eles faziam uma breve leitura de obras espíritas e uma prece simples e sincera, com o objetivo de harmonizar a atmosfera que cercava os ambientes internos e externos do hospital e, ao mesmo tempo, dar sustentação a todos os trabalhos ali realizados.

Sempre que tinha a oportunidade, eu gostava de ficar acompanhando de longe o trabalho e as preces do grupo; achava muito linda aquela tarefa. Sonhava com o dia em que eu também ia poder acompanhá-los.

– Aí, cara, não gostei da sua atitude! – Emerson veio tirar satisfações.

– Problema seu! – respondi de maneira ríspida.

Na verdade, eu não estava para muita conversa naquele dia, nem estava muito a fim de jogar futebol. Só tinha entrado para completar o time. E, mesmo assim, porque eles haviam insistido muito. O Emerson pelo visto também não estava muito bem.

– Não é assim não, cara! Tem que ter responsabilidade com o time! – ele voltou a me interpelar, meio que me acuando contra a cerca.

Fiquei ainda mais irritado, porque não estava conseguindo ouvir a oração por causa do falatório dele.

"Senhor Deus, como conseguir a vitória sem persistir nos objetivos? Como chegar à felicidade sem praticar o bem? Como viver, sem alentar a esperança?",[46] orava um dos integrantes do Pilar de Luz, alheio a nossa desavença.

– Você vai ou não vai voltar para o jogo? – Emerson novamente me interpelou com agressividade.

– Vai te catar, cara! – respondi sem pensar.

Que contradição, eu refletiria depois. Tratar mal uma pessoa para poder fazer uma prece! Que valor teria aquela prece?

Só fui começar a me dar conta deste detalhe na hora em que senti o soco de Emerson bem no meio do meu rosto. Na hora, sem querer, mordi o lábio, o gosto de sangue veio imediatamente à minha boca. Em instantes, rolávamos os dois pela grama em volta do campo. Foi o pessoal do grupo Pilar de Luz quem teve de interferir para que nós dois nos soltássemos.

– O que deu em você, Renato? – Alexandre veio conversar comigo quando eu estava fazendo curativo na enfermaria. – Quase não acreditei quando me disseram que era você que estava envolvido na briga!

– Eu tô é com raiva dele! Muita raiva! Por que é que ele tem sempre que ficar dando pitaco na minha vida? – respondi, ainda muito alterado.

– Manda embora esse sentimento... Você já pensou que a raiva nasce dentro de você mesmo? A quem você acha que ela mais prejudica? – aconselhou Alexandre, sempre ponderado.

– Há dias que eu ando irritado por causa dele! – respondi, sem conseguir mais me conter. – Ele é diferente dos outros, parece que está sempre de implicância!

– Não adianta, Renato. Ninguém sente raiva "por causa" de ninguém. O sentimento é seu. Sempre que ele aparece, é porque você não está conseguindo lidar com algum fato da sua vida. O outro é só uma desculpa para colocar aquilo para fora. O que é que está te incomodando tanto para te deixar desse jeito? – Alexandre voltou a argumentar.

– Só você vendo! Ele é sempre do contra! Parece que só pensa nele mesmo, não está nem aí para o sentimento dos outros! – reclamei.

---

[46] Do livro *Fala com Deus: preces*, de Lourival Lopes. Brasília: editora Otimismo, 2010. Agir Bem, p. 118.

— Dona Leda Maria diz que todos os fatos e todas as situações são neutros. Se você estivesse em um ótimo dia, se tivesse acabado de lembrar o seu nome todo, por exemplo, estaria tão feliz que nada do que ele fizesse ou dissesse iria te abalar. O desequilíbrio é interno, não é o outro que provoca! Nós nos posicionamos de maneira diferente de acordo com os nossos sentimentos e não com a atitude do outro. De mais a mais, todo conflito é resultado do choque entre duas deficiências, uma que é sua e outra que é da outra pessoa...

— Renato! — só então ele percebeu que eu não estava ouvindo mais nada.

Eu tinha abaixado a cabeça e agora soluçava como criança.

— Você tá certo, Alexandre... O Emerson é implicante, sim, mas geralmente eu nem ligo para o que ele fala. Eu é que estou infeliz demais, daí fico sem nenhuma paciência com nada... Naquela hora, eu já tava quase explodindo... Por isso queria tanto ouvir a oração...

— Fica calmo, levanta essa cabeça... — Alexandre, sempre amigo, tentou me reanimar. — O que, afinal, está te deixando tão para baixo desse jeito?

— Você falou tudo e nem percebeu... Se ao menos eu conseguisse lembrar o meu nome todo... Mas eu não consigo! Alguma coisa aqui dentro não me deixa lembrar quem eu sou!

— O que é isso, Renato! Olha só quanta coisa você já conseguiu!

— Não tem como descobrir se eu estudei lá na Cruz Vermelha se eu não conseguir pelo menos lembrar o meu nome! Eles disseram que não tem jeito! — desabafei entre lágrimas. — Sabe lá o que é a gente chegar pertinho de um sonho e não conseguir alcançar? Imagina se eu sou mesmo enfermeiro como eu tanto queria?

— Quem sabe se tudo isso não está acontecendo para testar a sua perseverança? Para fortalecer a sua vontade? Sim, porque, se você for mesmo formado em enfermagem, como agora diz que tanto queria, em algum momento lá atrás você jogou esse sonho para o alto para se envolver com as drogas... Será que esta situação não foi colocada no seu caminho para te ajudar a valorizar quando você conseguir reconquistar o que tinha e nunca deu importância?

Respirei fundo, vencido. Talvez Alexandre tivesse razão.

— Olha só! — ele chamou minha atenção. — O pessoal do Pilar de Luz está chegando aqui perto da enfermaria. — Não quer ir até lá para assistir?

Eu fui. Eles estavam repetindo a mesma prece. Era sempre a mesma mensagem escolhida para aquele dia que eles repetiam por todo o hospital. Naquele momento, eu tive a sensação de que era mesmo para mim que eles estavam falando.

"Quero, Senhor Deus, ter continuidade no que começar e persistir no bom caminho, ainda que apareçam dificuldades." — dizia a continuação da mensagem que eu não terminara de ouvir antes por causa da briga. – "Desejo adotar o lema de servir, de ajudar e, assim, aproveitar esta vida para engrandecer o espírito, disciplinar os sentimentos, desenvolver faculdades e inteligências. (...) Ilumina-me o espírito, Deus, para que eu persevere, acredite no valor da persistência, observe as melhorias que vou tendo, o aumento das minhas alegrias e a felicidade que pousa no meu coração."

Naquela noite, depois de fazer meu lanche no próprio hospital, acabei decidindo ficar com Alexandre para assistir à palestra espírita que acontecia todas as noites no salão do DAE. Eu tinha sede de água da vida, como aprendera na leitura do encontro de Jesus com a Samaritana, precisava muito de alguma coisa que me ajudasse a entender um pouco melhor a mim mesmo, que fizesse com que eu parasse de me culpar tanto por todos os estágios a que não tinha conseguido ainda chegar.

Para minha surpresa, descobri que era dona Leda Maria quem iria fazer a palestra daquela noite. Ela ia falar sobre evolução espiritual.[47]

Dona Leda Maria, como sempre, começou a falar com muita simplicidade:

– Em meu trabalho com dependentes químicos, uma questão que sempre aparece nos grupos de convivência é: por que será que para algumas pessoas é tão difícil vencer o vício e para outras não? Costumo dizer que a resposta está na maneira de pensar das pessoas.

"Vencemos a droga simplesmente nos abstendo dela. Mas só venceremos a dependência espiritual que nos empurra para a droga, para a recaída, através de uma reforma geral na nossa estrutura de pensamento, ou seja, na nossa forma de pensar, começando pelas nossas concepções e valores. Efetivamente, tudo pode ser aprendido desde que nos disponhamos a remodelar esses padrões. É o que chamamos de 'reforma íntima'.

"A reforma íntima é um processo que acontece a partir das nossas inúmeras tentativas para modificar antigas concepções, crenças e valores. É algo que leva tempo e exige muita determinação e vontade, que seria naturalmente falho se acontecesse da noite para o dia. Alguém aqui já tentou comer uma fruta verde retirada de uma árvore antes do tempo certo de amadurecimento?"

Muitas caretas surgiram no auditório a este simples pensamento, fazendo lembrar o quanto geralmente é desagradável o gosto de uma fruta nessas condições. Leda Maria sorriu e continuou:

– Pois bem. Em nossos grupos, temos buscado internalizar novos valores através do conhecimento, da troca de experiências e da reflexão diária sobre nossos atos. Contudo, a semeadura interna de novos valores acontece sobre-

---

[47] Toda a palestra aqui narrada foi inspirada e elaborada a partir de seminário realizado no Hospital Espírita André Luiz, de Belo Horizonte, nos dias 24 e 25 de maio de 2014 e de material escrito a respeito dos princípios básicos do programa Renascer. N. A.

tudo a partir da vivência de novos hábitos. No programa Renascer, trabalhamos isso através da prática dos princípios básicos da autotransformação.

"O primeiro deles é o princípio da vida futura e da evolução, que é, na verdade, a base de toda a nossa existência. Quem somos nós? O que estamos fazendo no planeta? Qual a finalidade da nossa vida?

"Dependendo de como respondemos a essas perguntas, nossa vida terá para nós um significado maior ou menor. Aqueles que veem a existência humana como algo puramente material, mero produto do acaso, acreditando que o homem surgiu 'do nada' e que voltará para 'o nada', pouca importância podem dar à própria vida.

"Nós, no entanto, como cristãos que somos, acreditamos que temos uma alma que sobrevive à morte do corpo físico. A vida futura é o centro dos ensinamentos de Jesus e justifica toda a sua moral.

"Se acreditamos que a alma sobrevive ao corpo e que a finalidade da nossa existência é evoluir como seres espirituais, tudo adquire um novo significado e passamos a ter um motivo para lutar pela nossa transformação. Sem a vida futura, independentemente do nome que venhamos a nomeá-la – céu, paraíso, vida espiritual –, a existência terrena não faz sentido."

– Mas para quê, então, vivemos a vida corpórea? – uma senhora sentada bem na frente não pôde se conter.

– O Pai Maior nos criou simples e ignorantes para que, a partir de nossas conquistas individuais, pudéssemos evoluir até a angelitude. Em outras palavras, o espírito não foi criado por Deus de forma pronta e acabada. Em sua infinita sabedoria, Ele criou primeiro o que nós chamamos de 'princípio inteligente', para que evoluísse, por seus próprios méritos, desde a mais ínfima condição de simplicidade e ignorância, entendendo aqui ignorância como não saber, não entender; até o nível máximo de complexidade e sabedoria dos arcanjos.

"Na verdade, assim como toda semente já contém em si a árvore, a mais rudimentar de todas as formas de vida também já contém em si o arcanjo em que se transformará um dia. O que quero dizer é que trazemos em nosso ser espiritual mais profundo todas as matrizes das virtudes divinas que temos condições de desenvolver em nós."

O silêncio era total. Todos ali estavam profundamente atentos ao que ela dizia. Dona Leda Maria parou por alguns instantes para beber um gole de água.

– Mas então qual a necessidade de se passar pela fase humana? – insistiu a senhora.

– É justamente aí que se dá a grande diferenciação entre os seres. Até a fase humana, o desenvolvimento é compulsório, por força das coisas. A partir desta fase, porém, passa a ser necessário que o ser faça suas escolhas, que use vontade e esforço para poder atingir a meta de aprimoramento desejada.

– Mas onde então ficam guardadas as virtudes divinas que trazemos em nós, ao longo de todo esse tempo? – eu não resisti e perguntei.

– Segundo a doutrina espírita, "a união da *alma*, do *perispírito* e do *corpo material* constitui o homem; a *alma* e o *perispírito* separados do corpo constituem o ser chamado *espírito*. A *alma* é assim um ser simples; o *espírito* um ser duplo e o homem um ser triplo."[48] Tudo o que passamos, desde a condição de átomos, está registrado no âmago de nosso espírito, que contém toda a nossa história sem julgamento – grifou ela.

– Mas, se as virtudes divinas ficam registradas na alma, o que há de mais essencial em nós, qual seria então a utilidade do corpo espiritual ou perispírito do ser humano? – quis saber o rapaz da primeira fila.

– Ali ficam registrados os valores transitórios que compõem a nossa personalidade, os nossos códigos ético-estético-morais, os nossos valores culturais e materialistas, os conhecimentos, os preconceitos etc. Tudo aquilo que pode ser mutável de acordo com a nossa maneira de pensar referente a cada época e a cada estágio humano evolutivo. Tudo o que não é definitivo vai se refletir no corpo espiritual, que se transforma a cada segundo, de acordo com os nossos pensamentos e sentimentos. Apenas as virtudes divinas ficam armazenadas na parte essencial do ser, a nossa essência verdadeira – enfatizou dona Leda Maria.

– E onde entram o álcool, as drogas e as dependências de maneira geral? – Alexandre quis saber. – Ficam gravados no perispírito ou na alma, afinal?

– Os valores da alma nunca são corrompidos. Toda dependência, como valor transitório, passageiro, característico de uma existência, fica gravada no corpo espiritual. Ao contrário do que se imagina, o grande dano não acontece no corpo físico, mas no corpo espiritual, que futuramente vai se refletir nos corpos físicos que nos revestirão em existências futuras. A nossa parte mais pura e espiritualizada vibra em um padrão muito alto, nela jamais se consegue gravar um padrão de teor baixo, como é o caso de uma dependência. É como se fosse uma pasta protegida do nosso programa interno – dona Leda Maria exemplificou.

Eu estava maravilhado com todas aquelas explicações. Me sentia como se estivesse numa aula de biologia onde tínhamos a oportunidade de compreender também a parte espiritual do ser, interligada a todo o sistema.

– O ser essencial não retroage, não perde jamais o que conquistou, os valores que consolidou através de suas inúmeras experiências físicas. Por isso os espíritos dizem que podemos estacionar, mas não regredir. Mesmo

---

[48] Kardec, Allan. *O que é o espiritismo*. Segunda parte, capítulo 2, it. 14.

que o ser se corrompa momentaneamente, não vai jamais danificar aquilo que já foi conquistado –[49] nossa coordenadora fez questão de destacar. – Como diria Paulo, o apóstolo, "ainda que o homem exterior se corrompa, o interior permanece evoluindo dia a dia".[50]

– Mas por que então, se temos em nós uma essência perfeita, ainda fazemos tantas bobagens? – eu não conseguia entender.

– Tudo é um processo que vai se consolidando gradativamente. Segundo André Luiz, para chegarmos até a nossa condição de hoje, demoramos um trilhão e quinhentos bilhões de anos, sendo que passamos para a fase humana há apenas cerca de quatro milhões de anos, no máximo.[51] Ou seja, somos ainda bebezinhos em termos evolutivos. Isto significa que temos que abrir os olhos e perceber que trazemos ainda muito mais de animal em nós do que de humanidade – esclareceu dona Leda Maria.

– O que exatamente isto significa? – perguntou um senhor do outro lado da plateia.

– Qual é o foco da preocupação de um animal de uma maneira geral? – devolveu Leda Maria.

– Proteger-se dos inimigos? – disse uma jovem.

– Comer e reproduzir? – acrescentou o senhor que acabara de falar.

– Dormir para aliviar o cansaço físico? – avaliou um rapaz.

– Acho que sobreviver... – sintetizou meu amigo Alexandre.

– Vocês percebem que tudo isso caracteriza um modo de viver para fora, onde o ser espiritual está iniciando o seu processo evolutivo? Não existe no animal uma consciência de futuro, de Deus, de vida futura – exemplificou a oradora.

– Quer dizer então que nos parecemos ainda hoje muito mais com os animais do que com seres humanos no sentido mais profundo do termo? – deduzi.

– Sim! Recém-saídos da animalidade, desenvolvemos a inteligência, mas ainda continuamos basicamente vivendo, buscando, nos alimentando, valorizando apenas o que está fora, ignorando, com essa postura automatizada os recursos internos da alma que já temos ao nosso alcance, alienados de nossa própria condição espiritual e, sobretudo, de nossa ligação com Deus. Costumo dizer, tomando mais uma vez emprestada a palavra que os espíritos apresentaram a Kardec, que vivemos na 'humanimalidade',[52] como dependentes espirituais, ignorando que já temos condições de realizar muito mais do que realizamos, de sair desta fase e entrar em uma nova etapa,

---

[49] Cf. *O livro dos espíritos*, questão 118.
[50] II Cor 4,16
[51] *In*: *Evolução em dois mundos*, 4.5, "Evolução e princípios cosmocinéticos".
[52] Modo como os espíritos definem o modo de viver dos espíritos imperfeitos, aqueles que priorizam a matéria. *In*: *Revista Espírita*, maio de 1865, p. 179.

muito mais consciente, para a qual já acumulamos todos os requisitos básicos para regar nossas virtudes e fazê-las florescer! – afirmou Leda Maria com um sorriso encorajador.

Deixei o auditório em silêncio. Despedi-me rapidamente de Alexandre e rumei para meu albergue nas Moradias. Precisava de um tempo para refletir sobre tudo aquilo. Afinal, seria mesmo possível acessar, ainda que fosse apenas um pedacinho, da parte divina e perfeita que dona Leda Maria insistia em afirmar que havia dentro de mim?

8

Acho que fiquei muito impressionado com todas aquelas definições de princípio inteligente, espírito, perispírito, corpo físico. Naquela noite, ao deitar, eu tive um sonho muito estranho, o mais inusitado de todos os que já tivera até então.

No sonho, eu era ao mesmo tempo três personagens. Todos tinham a minha face, embora parecessem ter personalidades distintas. A princípio, me vi apenas como alguém muito doente, que convalescia em um leito de hospital. Eu tinha febre, tanta febre a ponto de molhar minhas roupas com o suor do corpo muito quente. Surgia então no quarto o enfermeiro. De costas, ele parecia Alexandre, mas, quando se virava, tinha também a minha fisionomia. Era uma pessoa boa, que cuidava do outro doente com muito cuidado e carinho.

– Tenha paciência. Você é capaz de vencer a si mesmo. Basta que não desacredite de sua própria força – ele me dizia, limpando-me o rosto empapado de suor.

Neste momento, porém, aparecia na porta do quarto o terceiro homem, também com a minha fisionomia. Interessante que no sonho eu era os três personagens e ao mesmo tempo tinha a sensação de observar de fora tudo o que se passava.

O terceiro 'eu' tinha o aspecto bastante desleixado, a barba por fazer, embora se vestisse de forma muito elegante e usasse no braço um relógio de ouro reluzente. Só de olhar para ele do ponto de vista do que estava no leito, eu sabia que não era uma pessoa de bem. Tinha um olhar malicioso, observava a tudo com uma sagacidade malévola e carregava uma grossa pasta preta, semelhante a essas que usam os representantes de laboratório que costumam visitar os médicos fazendo propaganda de medicamentos.

– Vejo que está bem confortável nessa sua posição de doente – ele me dizia, com ironia, depositando a pesada pasta sobre a mesinha no canto do quarto.
– O que você veio fazer aqui? Não vê que não tenho condições de levantar da cama para nada? O que mais você quer de mim? – o 'eu' doente o enfrentava.

Ele começava a rir de uma maneira sinistra, descompensada, descontrolada. Surgia então, debaixo da cama, uma espécie de lince, um gato enorme, um animal muito bravo que não chegava a ser uma onça, mas que tinha um rosnado ameaçador. Eu olhava para ele, atemorizado, e, para minha surpresa, descobria que o animal tinha a fisionomia do Emerson. Ele avançava bravamente por sobre o homem que me ironizava e então os dois rolavam pelo chão como dois animais, sem que eu conseguisse fazer nada para evitar que se atracassem daquela forma.

O enfermeiro assistia a tudo pacificamente, como se nada estivesse fora de controle; como se fosse natural que tudo aquilo acontecesse.

– Você não vai fazer nada? – eu lhe perguntava.
– Você necessita deste combate para se fortalecer – ele me respondia apenas.

De repente então, o animal com a fisionomia do Emerson saía ganindo pela porta e o outro 'eu', todo rasgado, se levantava e me encarava com ódio no olhar:

– Você vai ou não vai se levantar daí? Pare com esse teatro e venha comigo. Eu sei exatamente onde quer ir! – ele exclamava.

O 'eu' doente então fechava os olhos com as duas mãos e chorava:
– Me deixe! Eu não vou!

Na pele dele, eu sentia, eu sabia que o 'outro' estava me convidando para ir com ele em busca de drogas.

– "A pior tragédia é a tragédia sem grandeza"[53] – de novo o 'eu' displicente debochava do outro que estava na cama.

– Por que está me dizendo isso? – o 'eu' doente não entendia.

– Ora essa! Não era você que gostava de colecionar frases do poeta? – mais uma vez ele se dirigia ao outro de maneira irônica. – Você vai ou não vai?

O 'eu' doente cobria a cabeça com o travesseiro para não mais ouvi-lo.
– Ah, é? Você não vai? – ele dizia, tomando de novo nas mãos a pasta.
– Pois muito bem. Durante todo este tempo eu tentei proteger você. Mas já que você não quer mais me ouvir, então pode ficar com isso!

---

[53] *In*: Mário Quintana, "Para viver com poesia" (*Op. cit.*). A frase em questão foi extraída do livro *Porta giratória*.

Ele abria então a pasta com brutalidade e uma porção de fotografias e documentos caíam como uma chuva por cima de mim; o enfermeiro o tempo todo impassível. O 'eu' mal-encarado então saía do quarto batendo a porta violentamente.

Desesperado, chorando muito, eu então pegava uma das fotos e de novo me via, desta vez ao lado de uma mulher. Ela era...

– Babete! – levantei a cabeça e gritei desesperado.

Naquele exato instante, como quem entra subitamente debaixo de um chuveiro gelado, eu me lembrei de todo o meu passado.

9

— Então aquele servo, prostrando-se, o reverenciava, dizendo: Senhor, sê generoso para comigo, e tudo te pagarei".[54]

Naquela manhã fatídica, chegando ao hospital para minha sessão de terapia, fui logo dando de cara com o pessoal do grupo Pilar de Luz. Estavam reunidos bem no meio do jardim. Ao contrário do que acontecera no dia da briga com Emerson, naquele momento eu não sentia a menor disposição para ouvi-los. Na verdade, não queria ouvir ninguém. Com muito custo conseguira chegar até o hospital, só fora mesmo para não despertar nenhuma suspeita.

Só conseguia pensar na imensa vergonha que eu carregava comigo. Não, eu não era mais a mesma pessoa depois daquelas recordações. Era quase como se agora eu trouxesse debaixo do braço, invisível, a mesma pasta que vira desabar sobre mim naquele pesadelo. A sensação era de que ficaria para sempre ali grudada, sem que eu tivesse como me desvencilhar dela.

"A palavra 'então' significa o momento, a hora, em que cada um, na sucessão dos acontecimentos, é convocado à prestação de contas perante Deus e à consciência", o pessoal do Pilares de Luz continuava fazendo a leitura do dia. Embora não quisesse ouvir, as palavras pareciam andar atrás de mim.

– Como assim ela está um pouco atrasada hoje? – mal acreditei quando ouvi a recepcionista explicar.

– O senhor vai ter de aguardar um pouquinho. Logo, logo a doutora Elisa Damarys irá chamá-lo – ela simplesmente repetiu a mesma explicação.

Virei-me de novo para a entrada do hospital e constatei que o pessoal do Pilar de Luz ainda continuava sua ronda, desta vez bem ao lado do portão principal, fazendo mais uma vez aquela leitura que eu definitivamente não queria ouvir:

---
[54] Mt 18,26.

"Neste instante, em que a lei exige o nosso claro posicionamento, ainda que esteja o espírito vinculado às faixas do orgulho e da vaidade, outra alternativa não lhe resta senão curvar-se com humildade, principalmente nestas ocasiões que nos desnudam, colocando-nos face a face com a nossa realidade."[55]

Saí de perto mais uma vez. Neste exato instante, percebi que meu amigo Alexandre estava acabando de entrar nas dependências do hospital e literalmente me escondi atrás de um pinheiro. Não tinha coragem para encará-lo.

– O que aconteceu com você? – a doutora Elisa Damarys percebeu algo de diferente tão logo fixou os olhos em mim.

– Nada – tentei disfarçar. – Por que está me perguntando isso?

– Não sei... Logo que entrou aqui, achei você ansioso, tenso... Como se algo de novo o tivesse deixado assim... Foi por causa da briga que você teve ontem com o Emerson? – ela já tinha sido informada a respeito.

– É... Foi e não foi... – rodeei, inseguro.

"Como é que ela sempre sabia de tudo?", pensava comigo em silêncio. "Impossível acontecer algo com algum de seus pacientes naquele hospital que ela não fosse logo informada". Lembrei-me então da antiga sensação de estar sendo permanentemente vigiado, que tanto me incomodava.

– Seu olhar se alterou de novo – mais uma vez ela percebeu. – O que está se passando dentro de você? Não quer me contar?

– Foi por causa de um sonho que eu tive... – me entreguei sem pensar.

"Vou contar apenas uma parte, não preciso contar tudo", decidi comigo. E se ela resolvesse chamar a polícia para me prender quando soubesse toda a verdade? Sim, melhor não contar sobre o meu passado. De qualquer forma, eu queria, eu precisava entender melhor aquele sonho.

– Que interessante... – ela disse, depois que terminei a minha narrativa. – E tudo isso depois que você assistiu a uma palestra que falava sobre espírito, perispírito e corpo físico... Ela comentou também alguma coisa sobre consciência da alma, consciência espiritual e consciência exterior?

Fiquei na mesma. Nunca tinha ouvido tais expressões. A doutora Elisa captou meu desconhecimento. Ainda assim prosseguiu em sua investigação:

– E como você vê esse sonho? Não faz nenhuma associação com o que foi explicado na palestra?

Eu não havia pensado nada sob este aspecto. Ficara tão perturbado com as lembranças que não conseguira pensar em mais nada. Mas eu não podia dizer isto a ela. De novo permaneci em silêncio. A doutora estranhou, porque antes, na ânsia de descobrir algo sobre o meu passado, eu sempre

---

[55] Trecho do capítulo "Apelo", do livro *Luz imperecível: estudo interpretativo do evangelho à luz da doutrina espírita*, organizado por Honório Onofre de Abreu. BH: União Espírita Mineira, Grupo Espírita Emmanuel, 2001.

me empenhava muito nessas análises, gostava de refletir minuciosamente sobre o conteúdo de meus sonhos durante as consultas.

– Você não gostaria de dividir comigo as conclusões a que chegou? – ela insistiu.

– Não consegui chegar a nenhuma conclusão – menti. – Fiquei muito assustado com o terceiro homem que apareceu com a minha fisionomia...

– O seu terceiro 'eu' você quer dizer...

– Me explica direito esse negócio de consciência espiritual, consciência da alma e consciência exterior de que você falou – pedi curioso.

– A partir dos conceitos da doutrina espírita que diferenciam 'alma' de 'espírito',[56] o programa Renascer, aplicado aqui no hospital, divide a consciência em três níveis básicos. Ou seja, partimos do pressuposto que todos os seres encarnados possuímos três níveis de consciência. Chamamos de consciência da alma àquela que estaria mais ligada ao plano divino ou plano da unidade... Tem a ver com todas as virtudes já consolidadas no ser. Não raro, ela cria situações até na vida material para nos conduzir à evolução de que necessitamos.

– Continue... – eu estava bastante interessado na explicação.

– Já a consciência do espírito reflete o nosso real patamar evolutivo alcançado até o momento presente, a personalidade profunda do ser, que seria o resultado de todas as personalidades já vividas ao longo de muitas encarnações... Diariamente, nela são registradas todas as nossas escolhas e vivências.

– E o terceiro nível? – quis entender.

– É o que aqui chamamos de consciência exterior. Está ligada a nossa personalidade atual, àquilo que queremos conquistar e também às máscaras que utilizamos para disfarçar nossa verdadeira realidade espiritual, da qual nem sempre temos pleno conhecimento quando em vigília. Em geral, a consciência do espírito e a consciência exterior irmanam-se dentro do propósito de viver a vida material distanciadas das leis divinas, ignorando a sua natureza espiritual –[57] a doutora Elisa Damarys tentou clarificar as coisas para mim.

– Quer dizer então que a consciência exterior é algo ligado à nossa personalidade na atual existência, sujeita a todas as influências do momento presente... – deduzi.

– Exatamente. Ela, contudo, sempre se encontra subordinada à consciência do espírito – explicou a psicóloga.

---

[56] Segundo Allan Kardec, em *O que é o espiritismo* (segunda parte, capítulo 2, it. 14), filosoficamente, podemos diferenciar 'alma' de 'espírito'. Aquela designa o princípio inteligente, enquanto 'espírito' é o ser semimaterial formado pela alma unida ao perispírito. A ideia de 'alma', portanto, é a de 'essência', enquanto a de 'espírito' é a da alma em interrelação com o mundo que a cerca.

[57] Ver Léon Denis: *O problema do ser, do destino e da dor.* Terceira parte: "As Potências da Alma", cap. XX, it. "A vontade".

— Isso quer dizer que a consciência do espírito é que impõe, quase sempre, a sua vontade. A consciência exterior, por assim dizer, se deixa levar... – refleti. – Voltando agora ao meu sonho, supondo que fossem eles, aqueles três Renatos que aparecem, a representação dos três estados de consciência de que você falou... Qual deles estaria representado pelo homem mal-encarado? – questionei por fim.

— Qual você acha? – ela me devolveu a pergunta com um sorriso vitorioso: havia conseguido me fazer pensar e falar.

Refleti por alguns instantes antes de responder.

— Seria ele a minha consciência exterior? – cogitei.

— E qual deles seria então a sua consciência espiritual, você tem alguma ideia? – ela novamente me perguntou.

— O enfermeiro? – imaginei.

Desta vez foi ela quem ficou por alguns momentos em silêncio.

— A minha visão é completamente diferente da sua – anunciou por fim.

— Vamos ver se você consegue acompanhar o meu raciocínio. Qual deles representa aquilo de melhor que você acredita trazer dentro de você, a realização do seu sonho, a sua ligação com o divino?

— O enfermeiro! – respondi sem pestanejar. – Se pudesse escolher um personagem para interpretar no sonho, sem sombra de dúvida seria ele.

— Muito bem. Então ele representa a sua consciência da alma. Aquilo que de melhor você espera para si e também a imagem de todos os valores que você já consolidou na sua personalidade, de toda a sabedoria que você já acumulou ao longo de suas muitas existências – ela explicou.

— Mas... E os outros dois? – eu estava completamente envolvido por aquela explicação.

— O doente seria a sua consciência exterior – ela continuou.

— Mas por que doente?

— Imagino que tenha criado esta figura porque em algum momento se sentiu realmente doente, enfraquecido entre os polos tão opostos de sua personalidade; dividido entre os valores já adquiridos por sua alma, que certamente fez todo um planejamento para o seu progresso nesta existência, antes que você reencarnasse, e o seu lado mais animalizado, ainda muito fortemente marcado no seu perispírito. O que você viu no sonho foi uma imagem figurada de sua luta interna, em que um lado seu, ligado aos valores da alma, quer muito evoluir, enquanto o outro ainda se encontra muito ligado aos desejos materiais, querendo arrastá-lo a concretizar os seus anseios mais íntimos a despeito de tudo o que a sua personalidade atual já aprendeu neste período – ela explicou.

— Mas, se eu aprendi, por que continuo sujeito a essas vontades? Eu não entendo! Eu não quero! É como se eu fosse duas pessoas, como se tivesse um lado claro e um lado escuro! – desabafei. – Eu não consigo entender por que isso acontece! Quer dizer então que aquele outro ser horrível que apareceu representa a minha consciência espiritual? No fundo é isso o que eu sou de verdade? – eu me desesperei. – Então não adiantou nada toda a experiência que eu vivi aqui? Será que eu não me modifiquei nada neste período?

– Procure se acalmar... Muitas vezes pode acontecer de a consciência exterior, da personalidade atual, querer se recuperar, mas a consciência do espírito ainda desejar continuar com suas antigas estratégias. Por isso, quando temporariamente liberta do corpo físico através do sono, a pessoa se vê fazendo aquilo que racionalmente havia decidido que não gostaria mais de fazer e se culpa – ela detalhou.

– Isso aconteceu muitas vezes! – admiti. – Mas por que eu, o meu espírito, continua querendo essas coisas se eu já sei que isso não é bom para mim? – novamente eu me angustiei.

– Ora, Renato, se nós não tivéssemos o poder de escolher, entre os muitos valores guardados em essência na alma, o que e quando usar, seríamos apenas marionetes. Até para ter acesso aos conteúdos da alma, para poder desenvolvê-los e consolidá-los em nosso ser, é preciso ultrapassar os limites da nossa vontade! O que eu quero dizer é que conhecer não é saber: não basta ter acesso à informação para que ela seja assimilada pelo espírito. É necessário vencer toda uma resistência interna através da vivência, do exercício diário daquilo que desejamos até que esse valor seja realmente incorporado pelo espírito.

– Você não está entendendo! Eu estou dizendo que eu não quero mais a droga, que eu quero ficar livre disso! Só que, quando eu durmo, eu sonho que eu estou indo atrás de droga, sendo convidado até por mim mesmo para fazer isso! E, não raras vezes, acordo no meio da noite morrendo de vontade de usar mesmo! – revelei. – Eu quero me recuperar! Mas sinto como se tivesse que lutar comigo mesmo para chegar ao meu objetivo! – fiz questão de deixar claro.

– A questão nisso tudo chama-se vontade. Dizemos que a vontade é fraca, pequena quando a consciência exterior tem um desejo, a partir do conhecimento adquirido, contudo, não conta, para a sua realização, com a aquiescência, o consentimento, a concordância do espírito. É muito comum, nesses casos, a pessoa dizer ou fazer algo durante o dia e, ao deitar, sonhar que está fazendo o oposto, tudo aquilo que ela conscientemente não gostaria mais de fazer – explicou a doutora Elisa Damarys.

– E a vontade forte? Como é que a gente consegue uma vontade forte? – eu quis saber.

– A vontade firme é o querer do espírito, da consciência espiritual, que se convenceu da necessidade de abandonar a antiga estratégia e se une à nossa consciência exterior, com o respaldo da consciência da alma, num momento de total sintonia interior – ela complementou.

– Mas como é que a gente faz para passar de uma vontade fraca para uma vontade firme como essa de que você acabou de falar? Por que é que é tão difícil convencer o espírito daquilo que a gente já aprendeu quando desperto? – novamente eu me inflamei.

A doutora olhou para mim de uma maneira muito terna, parecia compreender profundamente o que eu estava sentindo, mesmo a despeito de eu sentir como se ela estivesse me condenando a cada nova explicação que me dava. Sem desmanchar o sorriso, respirou fundo, como que num convite para que eu fizesse o mesmo, tomou nas mãos um livro que estava a seu lado, abriu-o em uma página previamente marcada e novamente se dirigiu a mim:

– É o que Paulo, o apóstolo, define como o bom combate. Vejamos só o que seria exatamente isso – ela disse, abaixando os olhos para ler alto para mim o que estava escrito na página: – "Combati o bom combate, acabei a carreira, guardei a fé",[58] diz Paulo, em sua carta a seu discípulo Timóteo.[59] "Nas lides da evolução, há combate e bom combate. No combate, visamos aos inimigos externos. Brandimos armas, inventamos ardis, usamos astúcias, criamos estratégias e, por vezes, saboreamos a derrota de nossos adversários, entre alegrias falsas, ignorando que estamos dilapidando a nós mesmos. No bom combate, dispomo-nos a lutar contra nós próprios, assestando baterias de vigilância em oposição aos sentimentos e qualidades inferiores que nos deprimem a alma. O combate chumba-nos o coração à crosta da Terra, em aflitivos processos de reajuste na lei de causa e efeito. O bom combate liberta-nos o espírito para a ascensão aos planos superiores" – ela fechou o livro e olhou de novo para mim. – Compreende agora o que estou tentando dizer?

– Mas não é fácil isso! – protestei.

Em minhas constatações e lembranças de que eu não tinha sequer coragem de comentar com a psiquiatra, eu me sentia tão decepcionado comigo mesmo que era como se nenhum esforço feito até ali tivesse me valido de nada. A sensação era de um profundo desânimo, do qual eu não tinha a menor perspectiva de conseguir sair.

– Renato, preste atenção – ela se curvou um pouco para frente, aproximando-se um pouco mais de meu rosto cabisbaixo, como que para ter

---

[58] II Timóteo 4,7.
[59] Quando Paulo se converteu ao cristianismo, Timóteo era ainda um adolescente que, ao ouvir, na cidade de Listra, o ex-doutor de Tarso falando sobre o *Evangelho* de Jesus, fez-se cristão de imediato. Jovem ainda, transformou-se num exemplo para todos de sua idade, renunciando aos prazeres efêmeros da matéria e trabalhando incansavelmente na divulgação do *Evangelho* na Terra. Paulo o amava na condição de filho de sua própria alma e escreveu-lhe várias cartas.

certeza de que eu poderia ouvi-la. – Ninguém disse que é fácil! Todavia, ninguém disse também que seria impossível! Faz parte da nossa tarefa, do nosso aprendizado na Terra conseguir vencer esse combate interno! O próprio Paulo, em uma das mensagens contidas em *O evangelho segundo o espiritismo*, nos diz: "Para fazer-se o bem, sempre é necessária e indispensável a ação da vontade; para se não praticar o mal, basta as mais das vezes a inércia e a despreocupação. Esforçai-vos, pois, para que os vossos irmãos, observando-vos, sejam induzidos a reconhecer que verdadeiro espírita e verdadeiro cristão são uma só e a mesma coisa, dado que todos quantos praticam a caridade são discípulos de Jesus, independentemente da seita a que pertençam." –[60] complementou, citando a passagem que, de tanto ler, já havia até decorado.

Levantei os olhos e fiquei olhando para ela por um tempo, como que digerindo mentalmente o que acabara de ouvir.

– E o que tem a caridade a ver com tudo isso, doutora Damarys?

– Devemos ter caridade, antes de mais nada, para com nós mesmos. Como vamos compreender a dificuldade de quem quer que seja se não conseguirmos compreender as nossas próprias dificuldades? Caridade não é esmola, não é sair por aí correndo atrás de ninguém com frio para levar cobertor! Essas coisas não são nada perto do que verdadeiramente significa a palavra. Caridade é compaixão, é paciência, é compreensão, é entendimento, é olhar com olhos de quem realmente acredita na potencialidade das virtudes da alma. E nenhuma caridade pode existir sem começar por nós mesmos. "Ama ao próximo como a si mesmo",[61] nos ensinou Jesus!

Uma lágrima escorreu de meus olhos quando ela disse isso. Eu absolutamente não conseguia olhar para mim mesmo com nenhuma espécie de caridade. Apesar do meu silêncio, a doutora Elisa Damarys continuou sua explicação:

– Kardec diz que se reconhece o verdadeiro espírita, e por conseguinte o verdadeiro seguidor do Cristo, como acabamos de ver, por sua transformação íntima, mas sobretudo pelos esforços que faz em domar suas más tendências![62] Você vê que ele não diz lá "pela sua súbita transformação ou pela sua rápida modificação". Ele menciona e valoriza a palavra esforço, Renato! E sempre que a gente se esforça, tem que ter em mente que os resultados não serão imediatos, que necessário será para nós cair e levantar quantas vezes seja necessário, de acordo com o nosso estágio evolutivo, sem, porém, nunca desistir de tentar, até conseguir alcançar o objetivo desejado! – ela enfatizou.

---

[60] Cf. *O evangelho segundo o espiritismo*, cap. XV, item 10.
[61] Mt 22,34-40. Ver tb. *O evangelho segundo o espiritismo*, cap. XI.
[62] *O evangelho segundo o espiritismo*, cap. XVII, it. 4.

Saí de lá me sentindo como se eu fosse uma imensa caixa de papelão, tão lotada de pensamentos e conceitos que era preciso andar bem devagar, senão a tampa caía, empurrada pelo excesso de conteúdo lá dentro. A cabeça pensava mil coisas ao mesmo tempo. Parecia até que eu havia usado alguma droga. Não! Eu não queria pensar nisso! Era essa a única coisa que eu tinha certeza de que não iria fazer naquele momento.

Na volta para as Moradias, decidi caminhar um pouco antes de pegar o transporte, do jeito como estava acostumado. Precisava andar para tentar colocar as ideias em ordem. No calor da conversa, eu tinha até me esquecido de perguntar sobre o aparecimento de Emerson no sonho... O que significaria aquilo? A verdade é que havia algo nele que me incomodava. Como é que justamente ele fora aparecer no meu sonho...

Olhei em torno e percebi que cruzava agora um bairro mais simples; estava nas imediações da favela que os demais internos sempre comentavam existir na região. "Está vendo só?", disse a mim mesmo. "Posso perfeitamente caminhar por aqui, sozinho, que eu não caio em tentação. Posso até ver uma pessoa vendendo drogas numa esquina dessas qualquer que eu não vou querer usar. Talvez eu possa me curar sozinho. Sim, com tudo o que aprendi até agora, já tenho condições de curar meu espírito. Que, afinal de contas, não está tão mal assim. Do contrário, eu não estaria caminhando por estes lugares tão calmamente, sem nenhuma vontade de comprar droga. Bem na frente da boca de fumo que eu sei que tem aqui...

Vieram-me então à mente uma porção de lembranças do meu passado. O último telefonema de Babete, o peso na consciência que senti no momento em que desliguei o celular naquele dia para que ela não pudesse voltar a ligar. Meu Deus, como eu pudera ser tão canalha?

Sufocado em meio às lembranças que não paravam de se suceder, quando me dei conta estava diante da boca de fumo, oferecendo o tênis que recentemente ganhara de meu amigo Alexandre em troca de drogas.

Fui acordar no dia seguinte, descalço e maltrapilho, novamente no setor de internações do hospital.

10

Abri os olhos, com a cabeça ainda doendo de ressaca e dei com Alexandre, parado a meu lado como um anjo da guarda.
– Não se preocupe – ele disse. – Você tem muita sorte. Graças a Deus, mais uma vez está tudo sob controle.
– Mas como?... – eu não podia entender.
– Um antigo interno, morador da favela, encontrou você caído nas ruas, te reconheceu e ligou para cá – ele respondeu.
Não havia qualquer traço de raiva, rancor ou mau humor em sua voz.
– Adivinha só quem atendeu? – ele ainda brincou, enquanto fazia um curativo no machucado que eu trazia no braço.
Desta vez foi amnésia total. Não me lembrava de nada depois do momento em que entregara meu tênis ao rapaz da boca de fumo. O passado, contudo, continuava vivo em minha memória, me torturando entre as crises de abstinência, que também tinham voltado. Em nenhum momento, no entanto, ninguém no hospital me perguntou por que eu havia feito aquilo.
Ao fim de quinze dias, quando novamente me encontrei com Alexandre, não aguentei mais o peso do sentimento de culpa e decidi contar-lhe toda a verdade. Estávamos os dois sentados sob o imenso ipê-rosa que ficava diante da horta.
Sem nem por um instante alterar a serenidade de seu semblante, ele ficou longo tempo refletindo depois que eu acabei de falar.
– Para você ver que bênção, como é necessário o esquecimento quando a gente chega a Terra... – ele observou por fim.
– Como assim? Do que você está falando? – no fundo, eu queria muito que ele me recriminasse, que brigasse comigo e ele só dizia aquilo?
– Sempre questionei a necessidade do esquecimento – ele revelou.

– Necessidade do esquecimento? Do que afinal você está falando? – eu não podia compreender, conhecia muito pouco a respeito dos conceitos espíritas.

– O espiritismo diz que todos nós já vivemos muitas existências. Todavia, a cada vez que reencarnamos, recebemos a bênção do esquecimento de nosso passado, de forma a que possamos melhor exercitar o nosso livre-arbítrio, sem nos deixar influenciar nem pelo que já conquistamos de bom e nem pelas lembranças dolorosas, decorrentes do mau uso de nosso livre-arbítrio em existências pretéritas, que muitas vezes seriam causa de grande perturbação para o ser, impedindo-o de perseverar em suas boas resoluções no presente, dado seu conteúdo traumático –[63] ele tentou me explicar.

– Você está querendo dizer que teria sido mais fácil se eu não tivesse me lembrado dos erros que cometi nesta mesma existência – deduzi.

– Sim. Mais do que isso, eu, que sempre tive o desejo de conhecer minhas vidas no passado e nunca me conformei com a necessidade de ter de esquecer de tudo para poder reencarnar, estou constatando, através da sua experiência, o desespero que é para o espírito ter acesso a todos os erros que já cometeu, como isso realmente dificulta a caminhada – Alexandre refletiu. [64]

– Se eu pudesse, juro que preferia não ter jamais me lembrado... – divaguei melancólico.

– Não existe mais como reverter tudo o que você fez de mal a esta moça? – Alexandre me questionou.

– Eu simplesmente não tenho como reverter! Não tenho mais nem mesmo o tênis que ganhei de você aqui no hospital, entende? Eu sou um perdulário! – lamentei com sinceridade, sentindo muita culpa. – Se você soubesse o quanto me arrependo de tudo...

– Sabe – disse Alexandre, depois de refletir por um tempo –, em todos estes anos em que trabalho aqui como voluntário, e também durante todo este tempo que venho estudando sobre a doutrina espírita, aprendi que arrepender-se é meramente uma maneira de sentir. Mas não podemos ficar só com os sentimentos, necessitamos de trabalho. Seja qual for o erro cometido, sempre é possível fazer algo para repará-lo – ele observou.

– Mesmo que não seja com a própria pessoa? – indaguei.

---

[63] Cf. *O livro dos espíritos*, questões 392 a 399. São Paulo: Petit, 1999.

[64] *Idem*, no comentário sobre a questão 394, "a lembrança de nossas individualidades anteriores teria inconvenientes muito graves; poderia, em certos casos, nos humilhar muito; em outros, exaltar nosso orgulho e, por isso mesmo, dificultar nosso livre-arbítrio. Deus deu, para nos melhorarmos, exatamente o que é necessário e basta: a voz da consciência e nossas tendências instintivas (que por si só já nos advertem para que não venhamos a cair nas mesmas faltas cometidas), privando-nos do que poderia nos prejudicar."

– Independentemente da pessoa. Devemos sempre estar prontos para esta reparação, pois se está marcado em nossa consciência que fizemos mal a alguém, inevitavelmente a Providência Divina vai enviar para nós um meio de reparar o mal cometido, ainda que através de outra pessoa que fatalmente vai ser colocada no nosso caminho. Porque, de alguma forma, a nossa consciência, desejosa de reparar esse mal, vai atrair isso para nós. Cabe a nós estarmos atentos quando isso acontecer, estarmos sempre prontos a nos doar e a dar o melhor que possuímos, porque, afinal, um ato de amor cobre uma multidão de pecados, conforme nos ensinou o apóstolo Pedro –[65] Alexandre esclareceu.

– Mas... e quanto a mim? Com relação a tudo de errado que contei? Você não pensa em me entregar para a polícia? Sim, porque, a essas alturas, o mínimo que eu merecia era estar preso neste momento! – argumentei preocupado. – Eu sei que isso seria o justo!

– Não se preocupe com isso. Pode ter certeza de que, no que depender de mim, você jamais será intimado sequer a prestar qualquer depoimento – garantiu Alexandre. – É como se eu nunca tivesse ficado sabendo da sua história.

– Mas... Então você não vai me denunciar? Não tem nenhuma vontade de fazer isso, mesmo depois de...

Alexandre, contudo, não me deixou terminar.

– Acredito que, assim como a Misericórdia Divina sabe aguardar até o momento em que o espírito esteja preparado para enviar-lhe a oportunidade de pagamento de seus débitos passados, no momento certo, quando se sentir preparado, você mesmo saberá o que fazer a respeito.

Por longas horas fiquei meditando sobre suas palavras, sem, contudo, compreender a profundidade do que ele tinha dito, ao colocar em minhas mãos a responsabilidade sobre a reparação de meus próprios atos. Sinceramente, sequer me achava digno de tanta confiança.

Tempos depois, quando novamente tive alta da unidade de tratamento hospitalar, fui encaminhado, mais uma vez com o auxílio do enfermeiro Alexandre e da doutora Elisa Damarys, para a outra instituição onde dona Leda Maria era a responsável pelas internações, de forma a não interromper a continuidade de minha terapia no projeto Renascer. Estava já de saída, quando senti vontade de passar pela última vez nas Moradias, para me despedir dos meus antigos companheiros de quarto. Só então tive a oportunidade de começar a compreender o porquê da figura de Emerson ter me incomodado tanto ao longo de todo o tempo que passara ali, a ponto mesmo de aparecer daquela forma estranha naquele sonho.

---
[65] I Pedro 4,8.

— Você não sabia? — surpreendeu-se Cristiano. — Ele fugiu naquela mesma noite em que você não voltou para o abrigo!
— Fugiu? Mas fugiu para onde? — perguntei chocado.
Cristiano olhou para os dois lados, como a certificar-se de que ninguém o ouvia, antes de responder:
— Fiquei sabendo que ele voltou para o tráfico! — ele disse baixinho.— Como é que pode, né?
Senti profunda tristeza ao saber da notícia. Isto significava que eu e Emerson estávamos muito mais ligados do que eu antes imaginava, por isso ele me incomodava tanto, por isso aparecera no meu sonho, representando minhas tendências mais animalizadas. Afinal, começava a compreender que aqueles que mais nos incomodam são aqueles que carregam fraquezas semelhantes. Ainda que façamos de tudo para disfarçar.

Como me disse certa vez a doutora Elisa Damarys: "Somos mais iguais em nossas deficiências do que em nossas virtudes. Todo aquele que nos parece num patamar superior ao nosso, possivelmente esteja ainda mancando".[66] Restava agora orar muito por Emerson. E mais ainda por mim mesmo.

---

[66] Trecho extraído e adaptado da mensagem "Autoconfiança", in: *Vigiai e orai*, de Irmão José, pela psicografia de Carlos Bacelli, p. 138. Votuporanga (SP), Casa Editora Espírita Pierre-Paul Didier, 2013.

11

– Não fica assim... – dona Leda Maria me entregou uma caixa de lencinhos de papel. – Tome! Enxugue essas lágrimas! É tempo de recomeçar!

Eu, no entanto, não conseguia parar de chorar. Coloquei a mala no chão e me deixei envolver pelo abraço daquela amiga de tão longa data.

– Vai dar tudo certo! Você está preparado, confie em mim! – ela disse baixo ao meu ouvido.

– E se não der, dona Leda Maria? – perguntei, ainda soluçando.

– Ora essa. Se não der, você volta para cá e começamos tudo de novo! – ela respondeu num sorriso. – Sempre é tempo de recomeçar!

Só então percebi que ela também chorava. Cinco anos haviam se passado. Nesse meio tempo, eu recuperara meu diploma de enfermeiro, tinha conseguido até uma vaga de auxiliar no hospital. O tempo todo participando das reuniões do programa Renascer, sempre cercado pelos amigos do hospital. Me sentia como em uma redoma, inteiramente protegido. Recentemente, porém, Alexandre recebera uma proposta para trabalhar em outro hospital espírita, localizado em Porto Alegre. Como não podia ir, porque tinha esposa e filhos estabilizados em Belo Horizonte, me ofereceu a vaga.

– Você tem que aceitar! É o momento de reconstruir sua vida! Não pode viver para sempre num albergue de favor, com um emprego abaixo da sua capacidade. É tempo de crescer, a vida está te convidando a isso! – insistira dona Leda Maria.

A doutora Elisa Damarys também fez de tudo para me convencer. No fim das contas, acabei me sentindo tentado a experimentar. Não apenas o emprego, mas também o meu livre-arbítrio, a minha nova condição, a minha consciência espiritual.

Nem a doutora Elisa Damarys e nem a dona Leda Maria jamais ficaram sabendo dos detalhes do meu passado. Para todos ali, eu havia conseguido me recordar apenas do meu nome completo – o suficiente para reconstruir ao menos a minha vida profissional. Quando requeri meu diploma, pesquisei também nos sites da polícia federal e descobri que meu nome continuava limpo: Babete jamais registrara queixa contra mim. Sentia-me infinitamente grato a ela por isso também. A ela e também ao meu amigo Alexandre, que jamais comentou sobre este assunto com nenhuma outra pessoa.

– Sua condição agora é como a de qualquer um de nós quando chegamos a Terra. Somos todos espíritos milenares, que pisamos no planeta pelas portas da reencarnação, esquecidos de todo o nosso passado, porém guardando nos cofres de nossa essência tudo aquilo o que aprendemos e realizamos durante o período em que estivemos no mundo espiritual, onde tivemos a oportunidade não só de estudar e nos aprimorar, como também de avaliar detalhadamente todos os erros e acertos de nossa existência pregressa. Voltar à Terra significa ser colocado à prova, é o grande 'Enem' dos espíritos, porque afinal de contas é muito fácil se comportar bem, levar uma vida reta e dedicada aos estudos quando respiramos uma atmosfera elevada, cercados por amigos que vibram em uma mesma sintonia... – comentou Alexandre, que também viera para se despedir.

– Exatamente como aqui... Durante todo este tempo, tirando o momento de minha recaída, me senti como se estivesse sempre cercado por amigos mais elevados, pelas orações do pessoal do Pilar de Luz, ouvindo palestras, aprendendo nas reuniões do Renascer, trabalhando depois com os mais necessitados e... – novamente me emocionei e não consegui terminar a frase.

– Não diga bobagens. No fundo você sabe que todos nós aqui somos tão dependentes quanto você, cada qual ao seu modo, com seu foco específico... – lembrou dona Leda Maria.

– Não tem essa de amigos mais elevados! Estamos todos na mesma turma! Do contrário, não estaríamos convivendo juntos neste planeta – corrigiu Alexandre.

– Como costuma dizer o dr. Otaviano, a única diferença entre nós, trabalhadores do hospital, e os internos é que carregamos sempre no bolso um molho de chaves e eles não... Além de que, conviver com eles é sempre uma grande oportunidade de repensar nossa atual condição, observar até que ponto poderíamos ter chegado... – complementou Leda Maria.

– O importante é que agora, em contato com "o mundo lá fora", você vai poder mostrar a si mesmo o que realmente consolidou como aprendizado, conhecer quem você realmente é, quem se tornou depois de tudo o que vivenciou aqui – complementou Alexandre. – Como disse o mentor

Clarêncio quando André Luiz vivenciava as dificuldades de sua primeira visita a Terra, "aproveita a oportunidade do testemunho!"[67]

– É isso mesmo! Agora que sabe quais foram seus pontos fracos e quais são as suas qualidades, você tem todas as condições para vivenciar os valores que deseja consolidar! Lembre-se: suas crenças e atitudes é que determinam os fatos em sua vida – dona Leda Maria fez questão de destacar.

Horas depois, já no ônibus rumo a Porto Alegre, fiquei relembrando os detalhes de minha última reunião no Renascer, uma reunião especial que dona Leda Maria realizou só comigo. Há tempos já vinha auxiliando como facilitador nos grupos de apoio. Dona Leda Maria sempre fazia questão de promover aqueles que percebia que já tinham condições de auxiliar nos trabalhos do Renascer.

– A partir de agora, você é um semeador – ela me disse nessa última reunião. – Vai levar com você o nosso programa e a possibilidade de implantá-lo por onde você passar...

– Imagine! Eu? Um semeador?... Eu não sou exemplo para ninguém, dona Leda Maria! – respondi.

– Pois fique sabendo que... – ela parou, como se estivesse arrependida de ter começado.

– Fale, dona Leda Maria! O que eu preciso saber? – insisti preocupado.

– Bem, não sei se eu devia dizer isso a você, mas, em todo caso... Quer saber? Vou falar sim, porque acho que é muito importante que você carregue mais este presente!

– Presente? Como assim? – a essas alturas, eu já estava muito curioso.

– Ontem à noite, na reunião mediúnica de apoio ao Renascer que costumamos realizar... –[68] ela ensaiou.

– Sei, sei! A reunião que vocês fazem lá no grupo espírita aqui perto. O que aconteceu, dona Leda Maria? Fale de uma vez! A minha mãe apareceu? – eu logo imaginei, cheio de expectativa.

– Não, Renato, não foi a sua mãe. Foram dois rapazes – ela disse.

– Dois rapazes? – estranhei.

– Eles se chamavam Renato e Ignazio – a coordenadora continuou. – Fiquei até emocionada quando eles se manifestaram. Disseram que tinham ido até ali especialmente para agradecer. Que ao longo de todo este tempo tinham participado do Renascer junto com você...

– Junto comigo? – eu senti um frio gelado percorrendo todo o meu corpo.

---

[67] In: Nosso lar. cap.49.
[68] Faz parte da metodologia do programa Renascer o trabalho conjunto com um grupo espírita onde são realizadas reuniões mediúnicas tanto para tratamento à distância dos encarnados envolvidos, como para atendimento fraterno e assistencial aos dependentes desencarnados ligados ao educando.

Imediatamente me lembrei dos dois rapazes com quem havia conversado na estrada, logo após o acidente, da situação de ambos, de Renato chorando no meu colo, da visão que eu tivera quando, em coma, vira Renato na estrada acenando para que eu pudesse ser socorrido.
– Esses nomes te dizem alguma coisa? – dona Leda Maria pareceu perceber minha emoção.
– Não exatamente... – disfarcei. – Na verdade, é uma longa história...
Dona Leda Maria continuava empolgada para contar o que tinha acontecido:
– Pois então. Acontece que eles eram muito ligados a você. Disseram que estavam felizes pelos novos rumos que estava tomando a sua vida e que, agora, também restabelecidos graças a você, ao seu exemplo e sua perseverança, estavam de partida. Iriam continuar participando de um grupo de apoio, só que lá no plano espiritual – ela recordou. – Sabe que foi um dos depoimentos mais bonitos que eu já escutei desde que trabalho no Renascer?

Também me emocionei quando ela disse isso. No fundo, eu também sentia que só havia conseguido me recuperar graças às experiências que vivera com eles. Não fosse Ignazio ter me levado até aquele ferro-velho, não fosse aquele encontro tão forte com Renato e sua história, lembranças que me acompanharam até mesmo quando eu não tinha nenhuma memória do meu passado antes do acidente, eu talvez não tivesse conseguido nem ter permanecido no hospital para dependentes químicos, mesmo tendo sido tão amparado por Alexandre... Sim, alguma parte de mim se sentia muito feliz em saber que eles estavam bem... Aliás, fora em homenagem a Renato, pelo que eu me lembrava dele e de nosso encontro tão marcante, que, mesmo depois de recordar meu nome completo, eu optara por continuar a ser chamado apenas de Renato. Este nome era para mim agora como que um amuleto, um atestado de minha renovação.
– Mas... a senhora acha mesmo que estou pronto para ensinar alguma coisa a alguém? – perguntei preocupado.
– Esqueça essa palavra! Você não tem que ensinar nada a ninguém. Os coordenadores do Renascer são facilitadores e não professores. Seu objetivo não é ensinar, mas permitir que cada um construa sua própria verdade. Quem ensina, fecha a questão: a informação tem *status* de verdade absoluta e o aprendiz deve aceitar sem questionar. Quem pretende educar, jamais fecha a questão. Permita que o educando tenha o seu próprio entendimento, que nunca vai ser igual ao de ninguém, porque cada um só consegue elaborar o que é passado de acordo com o seu próprio nível de evolução. Nossa tarefa é valorizar a pequena transformação de que cada um dá conta; temos que compreender e estimular essa diferença de assimilação de valores e de transformação – ela fez questão de me alertar.

O ônibus andava pela estrada escura enfeitada de estrelas e eu ficava ouvindo dentro de mim a voz de dona Leda Maria, como se ela tivesse se transformado em um pedaço da minha consciência. "O programa visa fazer com que o dependente perceba o mundo, a vida, as pessoas de uma forma diferente. Perceber a si mesmo como um espírito em processo de evolução, perfeitamente capaz de cometer erros, mas perfeitamente capaz de solucioná-los também..." Será que eu realmente já havia atingido esta condição? – mais uma vez voltei a me perguntar.

Às vezes pensava que me sentiria melhor se tivesse contado a verdade a todas as pessoas. Se tivesse passado um tempo na prisão, trabalhado até pagar toda a dívida que eu fizera com Babete, expiado realmente tudo o que eu fizera de errado.

"Um ato de amor cobre uma multidão de pecados", me lembrava agora das palavras de Alexandre. Ou melhor, das palavras do apóstolo Pedro que Alexandre sempre gostava de citar. Será que eu teria mesmo a possibilidade de realizar tantos atos de amor a ponto de cobrir minha multidão de pecados?

Pensei então em Ignazio e Renato. Será que os dois tinham estado comigo ao longo de todo aquele tempo? Será que existiriam também outros espíritos que me acompanhavam, além deles?

Novamente me lembrei de dona Leda Maria. "Eu não me conformo com isso, com a falta de fé das pessoas! Estou cansada de ver médiuns em mesas mediúnicas duvidando de sua própria faculdade, questionando: será que é mesmo real o que acabei de dizer? Será que existem mesmo os espíritos? Até quando vamos ignorar os recursos internos da alma, a nossa condição espiritual, a nossa ligação com Deus?", ela costumava sempre dizer.

Mesmo ouvindo isso com frequência e participando sempre de várias reuniões de estudo sobre a doutrina espírita, eu também ainda tinha muitas dúvidas. Talvez ainda precisasse desenvolver um pouco mais a minha fé. Que, aliás, já tinha se tornado bem grande, considerando-se que antes de chegar até ali eu não tinha nenhuma fé.

Por que será que era tão difícil ter fé, mesmo com tantas provas da existência de Deus e da presença dos espíritos em nossas vidas, tantas demonstrações que diariamente aconteciam comigo e diante de mim? Alexandre, dona Leda Maria, doutora Elisa Damarys... Seria possível conceber pessoas assim, um auxílio tão grande, sem a interferência de Deus?

Pura misericórdia, porque eu sequer tinha merecimentos para isso. "Pisamos no planeta pelas portas da reencarnação, esquecidos de todo o nosso passado, porém guardando nos cofres de nossa essência tudo aquilo o que aprendemos e realizamos durante o período em que estivemos no mundo espiritual ", dissera Alexandre. Será que, mesmo tendo errado do jeito como eu errei, eu trazia agora comigo, lá no âmago da alma, algum aprendizado consolidado? Algum merecimento, por menor que fosse?

Interessante que, nesse tempo todo, a coisa que eu mais desejava era também a que eu mais temia. Queria muito encontrar Babete. O que teria acontecido com ela depois daquilo tudo? Teria conseguido reerguer sua vida? Certamente que sim. Babete era, acima de tudo, uma mulher muito competente. Não conseguia, de forma alguma, imaginá-la como uma pessoa frágil, derrotada. Quanto mais os dias passavam, mais eu percebia o quanto eu a admirava, o quanto errara em desperdiçar uma relação tão boa como a nossa com meus caprichos vãos e perniciosos, minhas vaidades, meu orgulho, minhas dependências... Será que Babete já encontrara um novo companheiro? Certamente que sim. Mesmo sendo mais velha do que eu, ela era incrivelmente atraente. Onde, meu Deus, onde exatamente eu me deixara cegar àquele ponto?, tentava entender.

Babete merecia um homem como Alexandre. Responsável, amigo, generoso... Alexandre jamais permitiria que ela e a filha tivessem se desentendido daquela maneira, jamais incentivaria a discórdia entre elas como eu indiretamente houvera incentivado... E quanto mais eu refletia, mais aumentava a minha multidão de pecados. Pensar que tive tudo nas mãos e joguei pela janela...

Por onde andaria Babete? Será que continuava ainda na mesma cidade em que vivíamos? À medida em que eu pensava, meu coração batia mais forte. Quase como se agora eu a amasse como jamais houvera amado no passado. Vontade de estar voltando para casa, voltando para os braços de Babete... O cheiro de comidas gostosas recendendo na cozinha, o lar aconchegante, a esposa amorosa sempre pronta a me compreender em todas as minhas fraquezas, a investir para que eu pudesse me tornar uma pessoa melhor. Por que só agora eu enxergava isso?

Pensei tanto em Babete durante a viagem que, no momento em que desci na rodoviária de Porto Alegre, tive a nítida impressão de vê-la do outro lado da plataforma. Seria ela? De longe, podia jurar que sim. A mulher estava de costas, mas tinha os mesmos cabelos matizados de louro dourado, a mesma silhueta, o mesmo jeito de se mexer enquanto falava. Com quem ela falava? Não dava para ver de onde eu estava.

O coração batendo a ponto de eu quase conseguir ouvi-lo por dentro da garganta, atravessei a rodoviária inteira até chegar à escada que dava acesso à outra plataforma. Corria quase que por instinto. O que iria dizer?, a mente perguntava sem parar, sem conseguir encontrar nenhuma resposta. Ainda assim eu corria, queria muito chegar. Podia sentir o perfume dela por dentro de mim. Iria olhá-la profundamente e pedir... você me perdoa? Ou... será que eu posso falar com você? Ainda estava descendo correndo as escadas quando de repente dei com a figura que eu avistara de longe subindo em minha direção. Estava de cabeça baixa, eu não conseguia ter certeza, até que... Parei no meio da escada e deixei a mala cair.

Não era ela. Tudo não passara de um sonho de alguém que queria muito reaver seu passado para consertá-lo. Mas não existia essa possibilidade. Como pudera ser tão pueril? Era óbvio que ela jamais me perdoaria. Ninguém perdoaria.

Peguei de novo a minha mala e retomei meu rumo, minha realidade. Estava em Porto Alegre para iniciar uma nova vida como enfermeiro de um hospital psiquiátrico. Era o máximo que eu poderia sonhar para mim daqui para frente; era nisso que eu precisava me focar: tornar-me o melhor enfermeiro possível, dentro das minhas possibilidades.

Nota da Autora – Tudo o que se passa nos capítulos desta parte foi inspirado no trabalho realizado pelo Hospital Espírita André Luiz, o HEAL, de Belo Horizonte, visitado pela autora durante a elaboração do livro. Embora pareça obra de ficção, este hospital existe de verdade e funciona ainda melhor do que é mostrado no livro. É, na verdade, uma instituição filantrópica de assistência à saúde, voltada exclusivamente para a área de saúde mental, onde, além do atendimento médico convencional, se trabalha sob a orientação da doutrina espírita com base na caridade e humanização, englobando todos os aspectos do ser humano: físico, psíquico, social e espiritual. Para que funcione, na prática, a assistência espiritual, quando solicitada pela família ou pelo paciente, é disponibilizada por mais de quatrocentos voluntários vindos de diversas casas espíritas de Belo Horizonte, que doam seu tempo e conhecimento da doutrina.

Efetivamente, a impressão que se tem nos limites do hospital é de estar em um dos departamentos da cidade espiritual Nosso Lar, descrita pela psicografia de Francisco Cândido Xavier nos anos 50, tamanha é a organização e o clima de tolerância e benevolência que impera em todos os setores. Fundado pelo Grupo da Fraternidade, a partir de orientações espirituais de Joseph Gleber em 1949, o HEAL foi inaugurado em 15 de outubro de 1967 e vem prestando serviços de qualidade por mais de quatro décadas. Oferece atendimento a particulares e conveniados, destinando vinte por cento da sua receita líquida ao atendimento de filantropia.

Quanto ao programa Renascer, uma terapêutica espírita para as dependências, Janete Reis, a pessoa responsável pela idealização do projeto, explica que ele surgiu por inspiração de mentores maiores, há vinte e um anos, a partir de todo um estudo realizado juntamente com uma equipe espiritual, cujos resultados ela própria, na época, ainda ignorava a que proporções chegariam.

O programa Renascer tem por objetivo dar à casa espírita uma ferramenta de trabalho para a orientação e o direcionamento do processo de mudança interior dos seus frequentadores, encarnados e desencarnados, notadamente daqueles que sofrem sob o peso das dependências, principalmente da dependência química, ruína de inúmeros projetos reencarnatórios. Diferentemente de programas como o Amor Exigente, que acreditam que a sociedade e a família desestruturada podem ser vistas como causa da dependência, o Renascer tem um enfoque mais individual, entendendo tratar-se esta condição de um estágio da nossa evolução, razão pela qual somos todos dependentes. O foco principal é auxiliar o indivíduo a realizar sua autotransformação de forma consciente.

Inicialmente implantado em apenas duas casas espíritas, a partir de 2000, com a criação da Fraternidade Cristã Espírita Luiz Sérgio, o Renascer vem sendo disseminado por todo o Brasil, através de cursos, seminários e participações em congressos. Hoje, várias casas em Belo Horizonte e no interior de Minas Gerais, Rio de Janeiro (Barra Mansa e Volta Redonda), Bahia (Salvador e Vitória da Conquista), Espírito Santo (Ibatiba), Mato Grosso (Cuiabá e Rondonópolis), Rio Grande do Norte (Natal), etc. já utilizam o Renascer, sendo que, a partir de 2009, ele passou a ser seguido também com sucesso no HEAL. Em 2012, a Fraternidade, em parceria com a Fundação de Amparo à Doença e à Pobreza, criou uma Comunidade Terapêutica Espírita tendo por centro o programa Renascer.

Embora a instituição e o programa existam, de fato, a situação mostrada na trama seria uma espécie de "licença poética" obtida pela autora, já que o HEAL dificilmente recolheria um paciente nas condições do personagem, abandonado na estrada após um acidente. Todavia, em minha visita ao local, conversei com alguns trabalhadores da casa e imaginamos juntos todas as exceções plausíveis de acontecerem, contando com a máxima boa vontade dos trabalhadores encarnados e dentro de um mínimo vínculo possível com a realidade, até que eu conseguisse montar a história que o leitor acaba de ler.

Na mesma linha de tratamento, não podemos deixar de mencionar também o projeto espírita Cura-te: Valorizando a Vida, de apoio ao drogadicto e sua família, idealizado pelo casal Alexandre Kardec e Silvana Ferraz, para funcionar como um departamento específico do Centro Espírita Paula Ortiz, de Jacareí, e que se mantém em atividade desde agosto de 1998, contando atualmente também com núcleos espalhados por diversas cidades de São Paulo, tais como Caçapava, São José dos Campos, São Sebastião e Caraguatatuba. Maiores informações na página http://projetocurate.com.br.

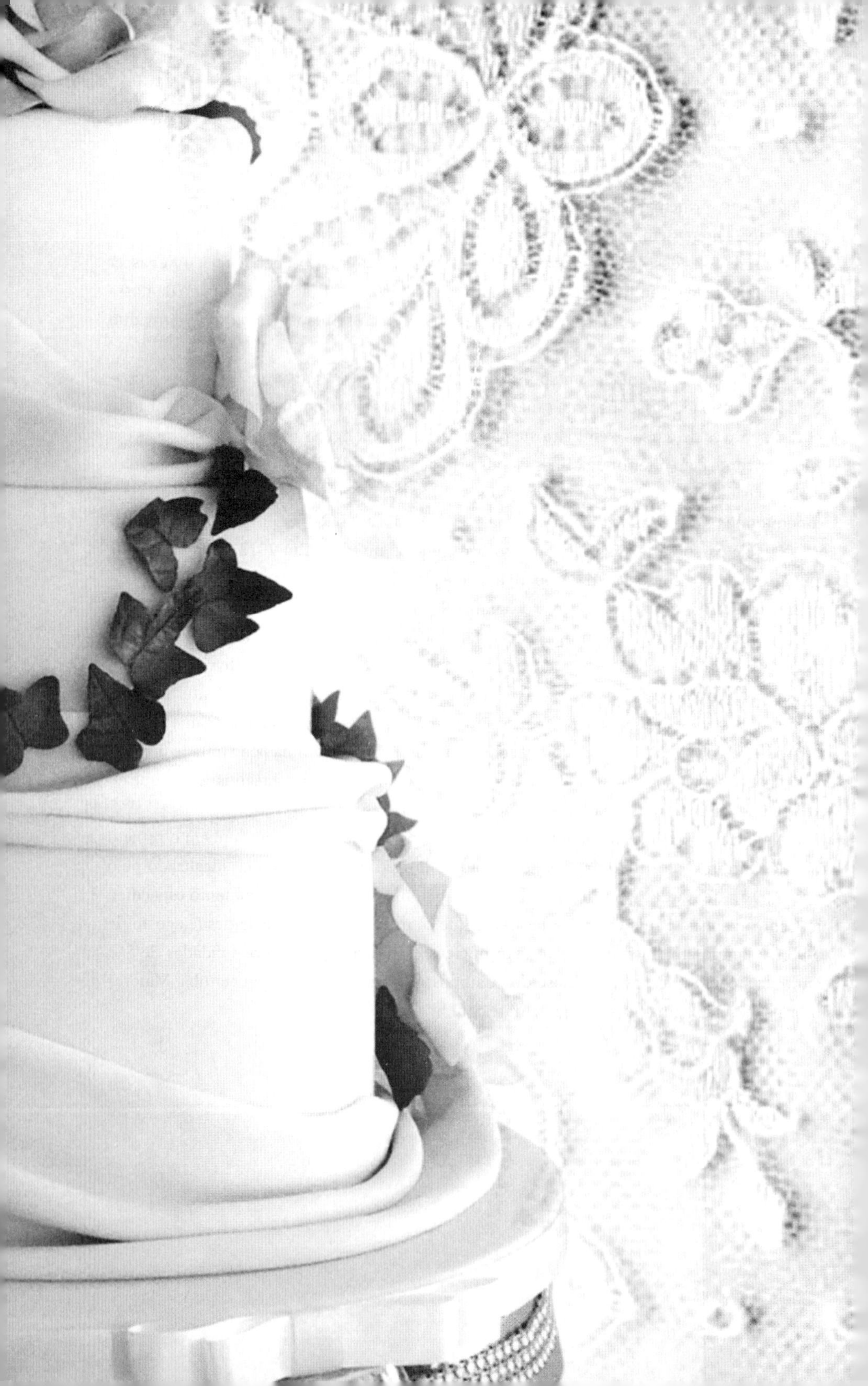

Frutas da Estação

Babete

PARTE 4

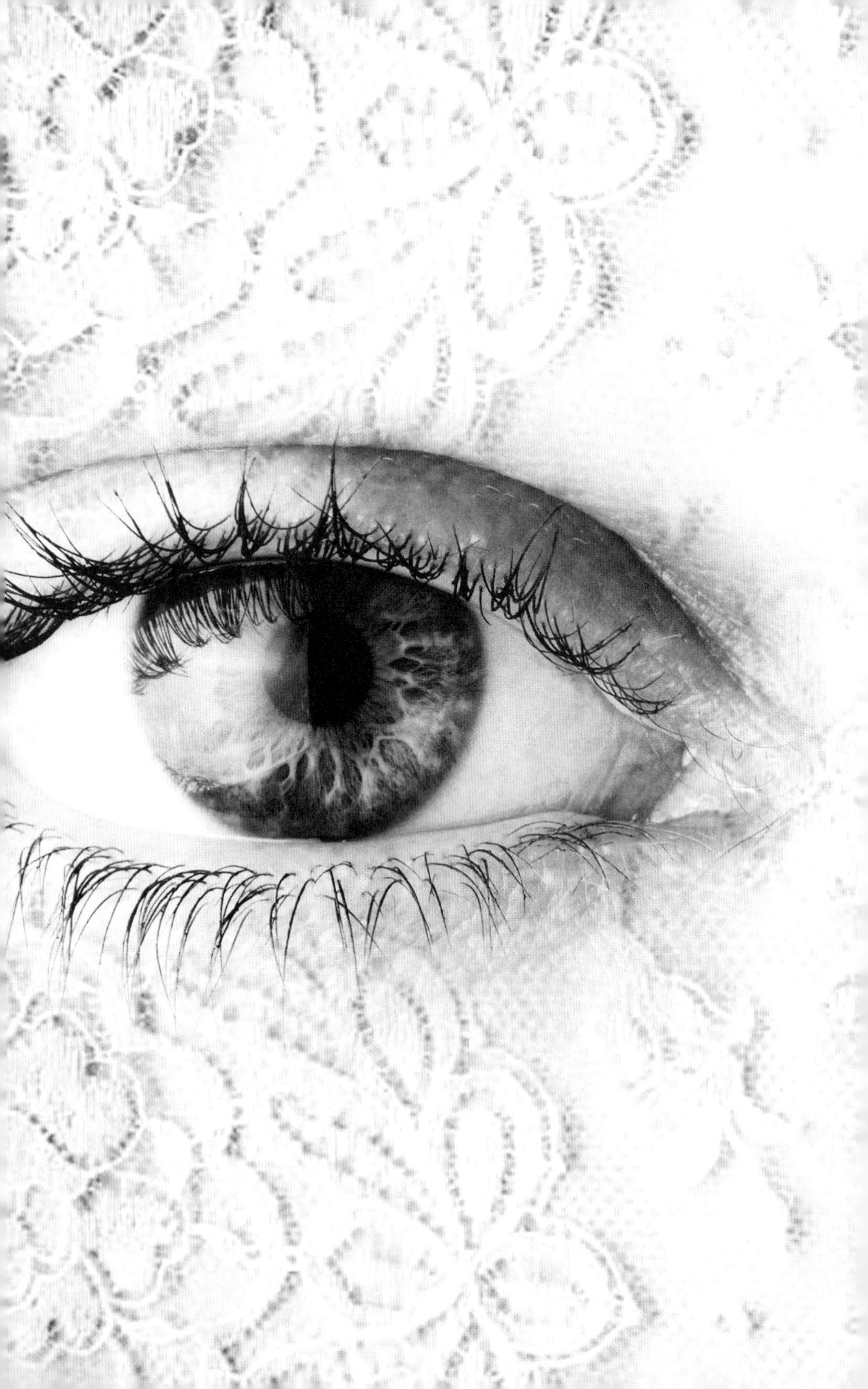

1

— Mãe, pensa bem, não vai ficar o máximo? Fala que aceita, por favor, diz que sim! Vai ser bom para você!!!

Nos últimos dias, Fênix não falava em outra coisa. Andava cismada com um tal concurso internacional de cinema de que ela desejava muito participar. Queria, por toda lei, que eu inventasse um cardápio especial para o tal filme, um curta-metragem que ela queria fazer. Como se eu fosse mesmo capaz de uma coisa dessas!

Minha filha estava agora cursando o penúltimo ano da graduação em cinema e áudio visual de uma das melhores universidades de Porto Alegre, uma universidade particular. Fênix se saiu tão bem nas provas que tirou primeiro lugar geral no vestibular e acabou conquistando uma bolsa de estudos integral. Não contente, assumira o comando de duas monitorias, e ainda coordenava um projeto especial que estava sendo desenvolvido pela universidade.

E pensar que, anos atrás, eu de repente me vira sem dinheiro até para arcar com as despesas dos estudos de minha menina, que ainda por cima estava grávida... Parecia até um milagre tudo o que estava agora acontecendo em nossas vidas... Quando iria imaginar que ela iria acabar ganhando para estudar, sonhando com um mestrado no exterior...

Fênix havia realmente se encontrado naquela profissão, embora para mim fosse ainda tudo muito confuso, quase surreal. Não conseguia imaginar como alguém pudesse viver como roteirista e cineasta em um país como o Brasil. Em todo caso, ao que tudo indica, o universo conspirava a favor de seu caminho. E ela, é claro, estava fazendo a parte dela. Mas daí a me colocar no meio de um projeto...

— Você é mesmo muito engraçada! Há anos vive me regulando por causa do diabetes, mal me deixa entrar na cozinha para preparar qualquer coisa. E agora quer que eu invente um cardápio sofisticado só porque decidiu fazer um filme sobre comida? – questionei, magoada.

– Não é um filme sobre comida, mãe! É um curta sobre feitiçaria, alquimia do paladar! Alguém que tem o dom de mudar o que vai por dentro da mente das pessoas usando o seu dom de cozinhar!!! – argumentou Fênix empolgada. – Você é essa pessoa!

– Ah, Fênix... Não exagera!

Minha filha era impossível. Quando queria alguma coisa, não ficava quieta até conseguir. No fundo, eu era sua maior fã, e até estaria disposta a colaborar se não fosse algo tão ligado à comida. Como pensar em receitas, inventar pratos diferentes, se eu mal podia provar para ver que gosto tinha? Era o mesmo que pedir a alguém que tivesse perdido as mãos para que digitasse um texto!

Até porque, sendo muito sincera, eu até hoje não tinha conseguido me conformar com a minha doença. Seguia mais ou menos a dieta, mas sem muitos radicalismos. Não fazia lá grandes extravagâncias, mas também não passava vontade. Por outro lado, quando estava com fome e não achava o que eu gosto, acabava comendo o que eu não gosto mesmo, sem me preocupar muito com o que estava escrito na receita. Não podia ser tão grave assim o tal do diabetes! Afinal, eu estava viva até agora!

– Mãe, não é um cardápio sofisticado! Eu só queria que você inventasse uma coisa diferente. Uma coisa visualmente bonita que, no filme, tivesse a capacidade de causar uma reação especial nos pacientes psiquiátricos, você entende o que eu quero dizer? – de novo vinha ela com suas explicações mirabolantes.

– E eu lá sei o que come um paciente psiquiátrico? – eu já estava começando a perder minha paciência com aquilo. – De onde você tirou a ideia de que...

– Mãe! Eu pensei todo este filme em sua homenagem! Não existe outra pessoa no mundo capaz de me ajudar a fazer isto! Você tem esse dom!!! Ninguém faz uma comida tão bonita e saborosa como a sua! A história é uma ficção, mas vai que funciona de verdade?

Desde que assistira ao filme "A Festa de Babette", que um dia dera origem ao meu apelido, Fênix não pensava em outra coisa. Era um filme antigo, de 1987.[69] Contava a história de uma francesa, que já tinha sido dona de um café famoso em seu país, mas, por causa da repressão à Comuna de Paris, acabara indo parar em um pequeno povoado da costa dinamarquesa, onde, em troca de refúgio, passara a trabalhar como cozinheira e faxineira de duas jovens irmãs, solteiras e muito reprimidas, filhas de um pastor luterano já falecido. Uma família bem difícil, diga-se de passagem, num vilarejo onde as pessoas viviam de observar a vida alheia e falar mal umas das outras.

---

[69] *Babettes gæstebud* (em português, "A Festa de Babette") é um filme dinamarquês de 1987, do gênero drama, dirigido por Gabriel Axel, e com roteiro baseado em conto de Karen Blixen.

Com seu olhar sensível – ah, como eu gostaria de também ser assim! –, a Babette do filme vai conhecendo e compreendendo a história de cada um deles. Até que um dia é informada de que ganhou na loteria em Paris. Ao invés de retornar para sua terra natal, porém, ela decide usar seu dinheiro para oferecer um banquete especial para a comunidade. Para mim, o detalhe mais marcante do filme é que todos hesitam muito em aceitar o convite, achando que ela fosse uma espécie de bruxa e que o banquete tivesse algo de um ritual de feitiçaria. Todavia, depois de saborear os mais finos paladares que só uma *chef* de cozinha francesa poderia conhecer, as máscaras caem: os rostos endurecidos ficam bonitos pelo riso, tudo magicamente se modifica no íntimo daquelas pessoas. Terminado o jantar, os convidados, outrora tão hostis, fazem uma grande roda na rua, dançam e cantam como crianças, como se o prazer do banquete houvesse alimentado e ao mesmo tempo amansado suas almas, tornando-os mais sensíveis, mais humanos, mais vivos!

– Eu sei que o filme é lindo, Fênix! Mas eu simplesmente não sou capaz de fazer isso! Aliás, nem sei se consigo mais fazer alguma coisa que preste na cozinha... Todo o prazer que eu tinha foi embora com esta doença... – justifiquei com sinceridade.

– Mas você é uma Babete! Não foi por acaso que ganhou esse apelido!
– Fênix não se dava por vencida.

Efetivamente, ela sempre fora louca por esse filme, desde menina. Acho que tinha mais ou menos uns quatorze anos quando assistimos em fita de vídeo pela primeira vez (naquela época ainda nem existiam os DVDs!). Desde que decidira entrar para a faculdade de cinema, Fênix sempre havia sonhado em um dia poder trabalhar com esse roteiro, mas só agora efetivamente encontrara a ideia para uma releitura original e criativa daquela história que, entre muitos outros prêmios, tinha recebido até o Oscar de melhor filme estrangeiro de 1988.

A ideia de Fênix era fazer uma adaptação passada em Porto Alegre, onde agora vivíamos, usando como atores os pacientes de um hospital que ficava perto de casa. Ela dizia que era uma mistura de documentário com filme experimental, mas eu não conseguia entender direito o que ela queria dizer com essa nomenclatura. Fênix queria que eu atuasse no filme como a enfermeira que um belo dia decide invadir a cozinha para tentar um tratamento diferenciado com os pacientes! Como se isso fosse possível...

– De jeito nenhum... Ainda mais para um monte de pacientes psiquiátricos! Eu não estou louca, Fênix! Sua ideia é muito bonita, mas, se for depender de mim, ela não vai dar certo – fui enfática para que ela entendesse que aquela era minha palavra final.

No fundo, eu tenho que admitir que, depois que ela me contou a história que estava querendo filmar, fiquei vários dias pensando no tal 'curta'.

Fênix tinha o dom de inventar tramas malucas que, depois de digeridas pela mente, se transformavam em histórias geniais. Mas daí a eu participar... Nunca, nem pensar! Eu era muito tímida para isso!

– Onde já se viu? No filme, pelo que eu me lembro, entre outras coisas, Babette faz sopa de tartaruga! Isso hoje é antiecológico, Fênix! Eu jamais faria uma coisa dessas! – argumentei, enquanto lavava a louça do café.

– Mas a ideia, mãe, é justamente não fazer a mesma coisa do filme! É claro que eu sou radicalmente contra matar uma tartaruga para fazer uma sopa, por mais sofisticado que seja! O que eu queria era que você inventasse uma coisa diferente! Uma sopa de aspargos com algumas folhas exóticas, sei lá, uma coisa que só existisse mesmo na tela, mas que no filme tivesse o poder de despertar um sentimento de plenitude nos pacientes psiquiátricos! Quase como se a comida, o paladar em si fosse uma experiência mística, espiritual, curativa! – de novo ela se empolgou.

– Aspargos com folhas exóticas... Que eu saiba, creme de aspargos fica bom é com presunto de Parma... Hummm. Só de pensar dá água na boca. A gente corta bem fininhas as fatias de presunto, depois coloca tudo enroladinho num prato, cobre com papel-filme e leva ao micro-ondas por cinco minutos. Depois, é só reservar até que fiquem crocantes e picar sobre a sopa, no final do cozimento... Hummm... Seu avô adorava quando eu fazia isso... – lembrei com nostalgia, enquanto enxugava alguns talheres.

– Está vendo só? Você tem esse dom! É algo que pulsa nas suas veias! O que custa aproveitar? – ela continuava falando nas minhas orelhas.

– Não, Fênix. Já disse que não! – virei de costas e continuei a lavar a louça do café.

– Por que vocês duas estão brigando de novo? – minha neta Martina veio lá de dentro preocupada.

A mãe dela era tão obcecada por aquele filme que até o nome da menina fora escolhido em função disso, já que as irmãs da história se chamavam Martina e Philippa. A bem da verdade, levei Fênix para rever este filme depois da partida de Matheus para o Canadá, na época em que ela estava mais deprimida. No princípio, ela vivia insistindo que queria que o bebê se chamasse Sasha, por causa de uma tal música que o Matheus uma vez dera para ela, ou que ouviram juntos em um restaurante, não sei lá muito bem a história.[70] Fui radicalmente contra.

– Onde já se viu? Ficar imitando o nome de filho de gente famosa? E se for menino? – protestei na época.

– Mas a música é linda, mãe! De mais a mais, andei pesquisando e descobri que Sasha é um nome masculino, embora algumas pessoas usem para

---

[70] A canção "For Sasha", de Joan Baez, já citada na segunda parte.

menina. É um nome russo, na verdade um apelido que surgiu como uma forma curta de chamar Alexander ou, na nossa língua, Alexandre, e que significa "defensor da humanidade". É como se fosse Xande em português! Li também que esse apelido virou nome próprio na França depois que o primeiro bailarino do balé russo, que fez grandes apresentações em Paris entre 1909 e 1920, se tornou conhecido assim, embora seu verdadeiro nome fosse Sergei. O fato é que ele fez tanto sucesso que seu nome virou moda na Paris do início do século! – minha filha, sempre muito estudiosa, observou.
– Ótimo. Mais uma razão para não colocar este nome na minha neta. – Imagine! Uma menina chamada Xande!
– E se for um menino? – ela aventou a possibilidade.
– O fato, Fênix, é que toda vez que você chamar o seu filho ou a sua filha por esse nome, fatalmente vai se lembrar que o pai um dia te deu essa música de presente, que você foi completamente apaixonada por ele, mas, depois que ele foi para o Canadá, nunca mais te deu notícias! Será que fui clara o suficiente? – depois de muitas argumentações, eu acabei pegando pesado.

Me arrependi muito depois. Fênix ficou triste, passou muitas horas trancada no quarto, ouvindo aquele maldito CD de trás para frente e de frente para trás, sempre agarrada àquele sapinho que ela nunca aceitou jogar fora. Quando eu já estava a ponto de enlouquecer, ela abriu a porta e disse:
– Tudo bem. Você tem razão. Não quero passar a vida atrelada às lembranças do Matheus. Já basta ser mãe de um filho ou de uma filha dele, sei lá. Disso eu não tenho como esquecer. Mas cheguei à conclusão de que, se eu quero mesmo ser uma boa mãe para o meu bebê, eu preciso mesmo virar esta página. Quero viver com ele ou com ela cada dia do meu presente.

Notei então que ela havia retirado o anel que ganhara de Matheus. Fiquei tão emocionada que abracei minha filha e comecei a chorar. No fundo, chorava não só de alegria e de orgulho pela capacidade dela de renascer das cinzas sempre, acontecesse o que acontecesse, como uma verdadeira Fênix. Mas também de vergonha por não conseguir ser tão forte como ela, por não ter jamais conseguido pensar do mesmo jeito. Levara anos chorando por causa do pai dela; agora continuava chorando de saudades de Zeca, mesmo sem ninguém saber, mesmo depois de tudo o que ele tinha feito comigo.
– Decidi então que, ser for menina, minha filha vai se chamar Martina!
– ela avisou.
– Você só fala que vai ser menina. E se for menino? – perguntei, antes que soubéssemos o resultado do ultrassom.
– Philippo, é claro – ela sorriu, com ar de menina travessa.
– Ai, Fênix, eu sei que é por causa do filme que você está dizendo isso, por causa das irmãs Martina e Philippa que viviam na casa onde Babette foi

trabalhar. Mas Phillippo é um nome tão estranho... Vai que as outras crianças na escola decidem implicar? Por que não coloca Filipe, que é mais comum?

– Justamente por isso. Quero que meu filho tenha um nome diferente, raro, incomum! Que não tenha nenhum igual na chamada, do mesmo jeito que eu! Philippo é lindo, é italiano! – ela se gabou. – Mas não se preocupe, eu sei que vai ser uma menina...

Não tive como argumentar. Pelo menos ela não escolhera Philippa! O fato era que dentro de poucos meses nossa Martina já completava cinco anos e era uma menina maravilhosa, o ser mais adorável que já conheci em toda a minha vida.

– Fala, vó! Por que vocês estavam brigando? – ela me puxou pela blusa com jeitinho, querendo chamar minha atenção.

– Nada de mais, filha. Nós nem estávamos brigando – respondi, dando-lhe um beijo no rosto. – Você vai querer que eu prepare seu pãozinho do café da manhã?

– A gente precisa convencer sua avó a participar do nosso filme, Martina! – Fênix achegou-se a ela de maneira muito carinhosa.

– Eu já estou quase terminando o meu roteiro! – Martina foi logo avisando. – Vai ser a história de uma menina que fez uma festa de Barbie e convidou todas as amigas da escola! Daí ninguém acreditava que foi ela que fez o bolo!

– Nossa! Mas essa sua história está ficando muito boa! E você também vai convidar a vovó para atuar no seu filme? – Fênix perguntou, agachando-se diante dela toda orgulhosa.

– Ainda não decidi... Não sei se faço um filme só de crianças ou se coloco adultos também... – ela respondeu, com ar de intelectual, mordiscando um biscoito que pegara na mesa.

Achava bonito o jeito como as duas se relacionavam. Minha neta imitava tudo o que a mãe fazia, até o jeito de pendurar a bolsa para sair na rua! Fênix me surpreendia a cada momento. Havia amadurecido muito, em todos os sentidos. Desde aqueles dias em que ficara trancada no quarto, nunca mais eu a vira chorando por causa de Matheus. Nem sei dizer o que fez do sapo, nem do anel que ganhou dele. Contudo, ela jamais voltou a se relacionar. Não posso negar que isso às vezes me deixasse um pouco preocupada. Não era normal uma moça jovem e bonita da idade dela levar uma vida assim tão comedida. Fênix vivia para seus estudos e para cuidar da filhinha, sempre preocupada também se eu estava seguindo direito o meu tratamento. Não costumava sequer participar das festas organizadas pelos colegas da faculdade.

– Sabe, mãe, eu acho que amor não é que nem ressaca, que as pessoas dizem que se cura bebendo de novo para ficar bom mais depressa. Você sempre me ensinou que a gente deve se ver como um templo sagrado, em que não é qualquer pessoa que pode ir entrando, sem bater e nem pedir licença. Depois do Matheus, o meu templo fechou para reforma. E só vai abrir de novo no dia em que eu tiver certeza de que eu estou inteira outra vez. E é assim que eu quero permanecer para sempre. Inteira comigo mesma. Independentemente de quem vier a entrar ou sair da minha vida – ela me disse um dia.

Eu também havia me prometido algo semelhante quando ela nasceu. Só não imaginava que fosse me apaixonar tão profundamente dali a alguns anos a ponto de perder a noção de quem era eu de verdade e quais as minhas reais necessidades.

– A gente vai ao cinema hoje, vó? – Martina de repente me trouxe de volta à realidade.

Assim como a mãe, ele também era louca por cinema. Naquele dia, estava contente porque não tinha aula na escola. Era dia de conselho de classe. Eu havia prometido que passaríamos a tarde juntas, fazendo um passeio especial.

– Pode ser. Estou mesmo precisando tirar um dia de folga com você, princesinha! Mas que filme você quer ver? Já decidiu?

– Vó, eu preciso ver "Frozen"!!!! Na minha escola, todo mundo da turma de quatro anos e também da turma de cinco anos já viu! Só eu que não vi! – ela explicou, juntando os dedinhos de forma expressiva, toda cheia de pose.

– Quem vê até pensa! – brincou Fênix.

Nos últimos tempos, por causa da escola, Martina havia encontrado um jeito interessante de classificar as pessoas. Se via uma criança pouca coisa menor do que ela, em termos de altura, logo dizia: acho que aquele ali é da turma de três na escola dele... Agora se fosse um pouco maior, avaliava de longe e arriscava: acho que aquele ali já deve estar na turma de seis...

– Só você que não viu? Meu Deus! Precisamos reparar esse problema o mais rápido possível, Martina! Vou ligar agora mesmo para o escritório! – entrei depressa no ritmo dela.

Eu agora era sócia de uma confecção de roupas femininas, junto com a Cristina, minha amiga desde os velhos tempos. Fora por causa dela que nós havíamos nos mudado para Porto Alegre. Cristina era de lá. Logo depois que minha avó morreu, poucos meses depois do nascimento de Martina, Cris recebera a proposta de uma prima, que estava passando o negócio adiante e eu acabei concordando em fazer a experiência junto com ela.

O dinheiro que recebi da herança da minha avó, que nem era muito, juntando com a indenização que a Cristina recebeu do acordo que fez para ser demitida do emprego antigo dela, dava exatamente a quantia de que nós precisávamos para poder entrar no negócio. Ela tinha muita experiência em costura e eu, além da prática já acumulada ao longo de anos na direção e administração do estaleiro de meu pai, acabei descobrindo que tinha muitas ideias na hora de planejar os modelos.

Fênix também nos ajudava bastante. Como Cris costumava dizer, parecia até que os espíritos de luz estavam trabalhando a nosso favor. Eu e Fênix, inclusive, agora frequentávamos um centro espírita kardecista junto com Cris. O fato é que em dois anos nós conseguimos nos reerguer. A confecção caiu no gosto da sociedade local e agora nossos modelos começavam até a aparecer em algumas revistas famosas.

– Tudo sempre acontece para o nosso bem. Às vezes, uma situação que parece ser a pior coisa do mundo, serve para nos mostrar a nossa força diante das adversidades, nossa capacidade de superar os desafios e até descobrir em nós novos dons e talentos de que jamais teríamos consciência se continuássemos do jeito que estávamos – Cris sempre dizia.

Dia após dia, eu ia me familiarizando com os "ensinamentos da doutrina", como minha amiga costumava se referir ao espiritismo. Mas não era exatamente a mais fervorosa das seguidoras. De fato, por incrível que pareça, eu me sentia mais completa, mais forte, mais feliz comigo mesma depois de toda aquela superação. As únicas coisas que ainda me machucavam naquilo tudo eram as lembranças de Zeca, de que eu não conseguia me desatrelar; a mágoa por ele ter feito tudo aquilo comigo, que sem querer se misturava a uma saudade inconveniente, que sempre aparecia de fininho, por mais que eu lutasse para não sentir. E também a questão da doença. Por mais que eu tentasse, não conseguia crer que houvesse realmente uma razão para que tudo aquilo tivesse acontecido comigo, como pregavam os espíritas.

Por outro lado, eu tinha consciência de tudo o que os médicos me falavam sobre o diabetes, já sabia de cor todas as consequências que poderiam vir caso eu não seguisse exatamente o que me era recomendado a cada visita ao endocrinologista. Por sinal, a doutora Melissa Lelly sempre se comunicava comigo por *e-mail*, querendo saber notícias. Mas, no íntimo, eu não conseguia aceitar, de jeito nenhum, que as coisas fossem tão negras quanto ela e os outros médicos tentavam me convencer que eram. Achava que faziam muito terrorismo com o diabetes. Há tempos eu vinha dando minhas puladinhas de cerca aqui e ali, mas me mantinha firme nos medicamentos e nunca mais tivera nenhuma crise. Sinceramente, acreditava que nada no mundo pudesse me convencer de que fazer rigorosamente aquelas dietas que os médicos me recomendavam fosse de fato algo que pudesse alterar o meu futuro ou a minha qualidade de vida.

Aquela tarde com minha netinha, porém, mudaria radicalmente – ainda mais – todas as minhas crenças e convicções. Era tão estranho pensar que eu era avó dela... Via outras crianças com suas mães na fila do cinema, no parquinho, nas pecinhas de teatro que ela tanto gostava de ir. Muitas delas pareciam ter a minha idade, algumas eram até mais velhas do que eu. Mas o amor por Martina era tão grande e intenso dentro de mim que nada disso me incomodava. Bom para ela, que tinha uma avó jovem que ainda podia acompanhá-la em suas travessuras.

– Se prepara, vó! – ela me avisou quando estávamos entrando na sala de projeção. – Minha amiga da turma de cinco falou que tem uma hora que uma irmã fura o coração da outra com uma pedra de gelo!

Não exatamente por causa dessa cena que tanto preocupava minha neta, mas de fato o filme mexeu comigo. Era uma trama infantil, com príncipes e princesas, "uma aventura congelante", como estava escrito no cartaz. Uma das irmãs tinha o estranho dom da 'criocinese', que é algo semelhante ao que acontecia com o rei Midas, da mitologia grega, capaz de transformar em ouro qualquer coisa em que tocasse. A personagem do filme, porém, ao invés de ouro, criava gelo ao simples movimento de um dedo. Por causa disso, acabava tendo de ir viver isolada de todos.

O problema começou a partir do momento em que os pais dela morreram em um acidente. Desse ponto em diante, comecei a chorar e não parei mais. As cenas de solidão das duas irmãs, impedidas de conviver, o aparecimento de um suposto galã que no fundo só estava interessado em usurpar o reino e que fingia estar completamente apaixonado pela irmã mais nova. "Não pode se casar com quem acabou de conhecer!", diziam-lhe a todo tempo no filme. Era quase impossível não pensar em minha história com Zeca a cada vez que eles diziam isso...

Por alguma razão que eu de imediato não conseguia compreender, e que com certeza não estava apenas relacionada ao envolvimento da jovem com aquele rapaz, a história me tocava cada vez mais profundamente à medida que as cenas se sucediam. Afinal, a jovem e promissora princesa mais velha, candidata natural ao trono, por causa de seu dom mal canalizado, tornara-se uma pessoa má contra sua própria vontade!

Saí do cinema e fiquei me lembrando das palavras que ouvira de Fênix naquela manhã: "Você tem esse dom! O que custa aproveitar?" Ficava imaginando até que ponto por causa do meu dom eu não criara minha própria doença, o quanto fizera minha filha e minha avó sofrerem por ocasião das primeiras crises.

De que poderia servir um dom de cozinhar tão bem, de conhecer e saber combinar gostos e temperos para uma pessoa fadada a viver de dieta, que dependia de injeções de insulina para manter seu corpo funcionando razoavelmente?

E então voltava à minha mente uma música da trilha sonora, uma canção muito bonita que dizia: é preciso deixar o passado para trás, está na hora de explorar aquilo de que você é capaz. Testar seus próprios limites; descobrir-

-se; conhecer-se, sem ligar mais para o que os outros vão pensar. A distância faz tudo parecer pequeno... Deixe ir, deixe sair... A jovem Elsa do filme então libertava seu dom e construía imenso palácio de gelo no impulso de sua vontade.[71] Meus olhos se encheram de novo de água só de lembrar.

– Vovó, você ficou muito quieta depois do filme – Martina percebeu meu silêncio. – Você ficou impressionada por causa daquela parte?

A observação dela me tocou o coração.

– Claro que não, querida – disse, abaixando-me para envolvê-la num abraço de ternura.

– Mas você estava chorando que eu vi! – ela encostou o dedinho em meus cílios, como a comprovar se estavam ainda molhados. – Você está triste?

– Eu não estou triste não. Apenas... Apenas gostei da história – justifiquei.

– Vovó, você sempre fica triste quando gosta de uma história? – ela foi conversando pelo caminho. – Eu, não. Eu fico alegre. Você viu naquela hora que a princesa Elsa furou o coração da princesa Anna, sem querer, com a gota de gelo bem fininha? E você viu que foi o amor da princesa Elsa que derreteu o gelo e fez a princesa Anna não morrer para sempre? – ela estava tão empolgada que falava sem parar. – Sabe, vovó, eu também gostaria muito de ter uma irmã!

– Deixa sua mãe ouvir isso... – retruquei bem humorada.

– Vovó, o coração tem um barbante que segura ele lá dentro? – ela perguntou de repente.

– Não! De onde você tirou essa ideia? – me diverti.

– Então como é que ele não cai quando a gente anda?

– Ele fica preso nas veias e artérias – expliquei.

– E o que são veias e 'abélias'?

– Artérias! São como tubos, canudinhos bem fininhos que passam por todo o nosso corpo, levando oxigênio para as células – tentei me lembrar de minha aulas de biologia na escola.

– É isso aqui duro? – ela apontou para a perninha. – Isso é uma veia ou uma artéria?

– Não! Isso é o seu joelho! Martina, o que você acha de a gente agora ir fazer um lanche bem gostoso? – sugeri, desejosa de colocar compressas quentes em minhas feridas da alma.

– Oba! Vou querer! Vou escolher *milk shake* e batata frita! Mas antes vou querer água. Estou com sede! – ela pediu.

Há dias eu vinha reparando que Martina andava bebendo muita água. Mas imaginei que fosse por causa do calor, eram bastante quentes os verões em Porto Alegre.

---

[71] No filme produzido pelos Studios Walt Disney, a cena acontece ao som da canção "*Let it go*", interpretada pela voz de Demi Lovato.

– Vovó... Depois do lanche você compra chocolate e paçoquinha pra gente levar para casa? – ela me fez prometer, assim que terminou a água.

Tínhamos um acordo secreto, Martina e eu. Sempre que saíamos, lanchávamos tudo o que nos dava vontade, mas jamais contávamos para Fênix. Minha neta nunca havia me traído. Quando sentávamos juntas na lanchonete, era aquela festa. Eu sentia infinito prazer em poder proporcionar aqueles passeios, embora sempre precisasse aumentar um pouco minha dose de insulina depois. Interessante é que Martina podia comer tudo o que quisesse, nunca engordava. Por sinal, havia até emagrecido nos últimos meses.

– Deve ser porque ela está em fase de crescimento – observara Fênix.

Naquela tarde, porém, logo que saímos da lanchonete, algo de inesperado aconteceu.

– Vovó... Eu estou com muita sede... – disse Martina. – Acho que as minhas veias não estão segurando direito o coração!

– Como assim? Mas você acabou de tomar um copo duplo de refrigerante! E até já tinha tomado água antes de entrar na lanchonete – lembrei. – Não é possível que já esteja com sede novamente!

– Mas eu estou. É uma sede esquisita...

– Esquisita, como, Martina? Explica isso direito! – me preocupei.

– Não sei vó... Acho que é uma sede que vem lá de dentro dos ossos... Estou me sentindo fraca... Parece até que eu vou desmaiar igual à princesa do filme.

Imediatamente lembrei de minhas crises de hipoglicemia. Não, não era possível, disse a mim mesma. Ela devia estar exagerando, imaginei.

– Você deve estar impressionada por causa do filme. Vamos para casa que já está quase na hora do jantar – decidi.

Fênix ainda não tinha chegado da faculdade. Martina, porém, continuava reclamando tanto de fraqueza que resolvi dar logo o jantar para ela, um daqueles macarrõezinhos de que as crianças gostam.

Para meu desespero, ela piorou depois do jantar. Passou a dizer que estava agora indisposta, sempre se queixando de muita sede. Falava que estava sentindo uma coisa estranha, que não sabia como explicar e chorava angustiada de tanto mal estar. Reclamava de dores nas perninhas e no estômago, cismada de que o problema era no coração, "que não estava segurando as veias direito". Coloquei minha neta no carro e fomos direto para o hospital.

– Ao que tudo indica, só existem duas opções – disse o médico, enquanto uma enfermeira colhia sangue da menina para que fossem feitos alguns exames. – Ou sua neta tem meningite ou então é diabetes!

– Não pode ser! – exclamei desesperada. – De novo, não! Mas... – só agora me dava conta da gravidade do que acabara de ouvir. – E se fosse meningite?

2

— Vovó, por que a gente não vai hoje no Centro? A ideia partiu de Martina. Nunca pensei que fosse um dia dizer isso, mas, graças a Deus, era diabetes. Depois de quase quinze dias de hospital, ajustando diferentes quantidades de insulina até chegar na dose adequada, ela voltava para casa lépida e fagueira como se nada tivesse acontecido.

Estava comprovado: Martina era portadora de diabetes do tipo 1, o que significava que precisaria fazer dieta e tomar insulina pelo resto da vida. Confesso que, em princípio, além da tristeza por esta constatação, tive uma certa dificuldade para entender a relação entre o que eu tinha e a doença de minha neta.

– Eu tenho diabetes do tipo 2. Isso tem alguma coisa a ver com o diabetes da minha neta? – comecei a imaginar quando estávamos no hospital.

O médico, porém, nem me deixou terminar o raciocínio:

– O fato de ter diabetes na família aumenta risco de outros casos na mesma família. Todavia, o seu caso é completamente diferente do de Martina.

– Na prática, então, qual a diferença entre o meu pâncreas e o de minha neta? – tentei compreender melhor.

– O seu pâncreas, com o passar dos anos, tanto pela predisposição genética, quanto pelos abusos na alimentação, foi se desgastando, ficando cansado, pouco a pouco passando a exercer sua função com sequelas e dificuldades. Alguma coisa fez com que o seu pâncreas não conseguisse mais trabalhar da maneira como deveria e a produção de insulina ficou defasada. Isso caracteriza o diabetes do tipo 2. No tipo 1, o pâncreas da pessoa para subitamente de produzir o hormônio, levando à ausência total de insulina já no início do processo.

"É uma doença autoimune, já que parte do mecanismo que prejudica esse funcionamento é uma reação do próprio organismo, que produz anticorpos contra as suas próprias células" – ele detalhou ainda.

Fênix e eu estávamos arrasadas. Ainda que não fosse uma meningite, que quase sempre é uma doença fatal, sabíamos que não seria nada fácil para uma criança conviver com um diabetes pelo resto da vida.

"Embora não se cure, o diabético bem tratado com insulina e bem controlado em seus hábitos pode ter uma vida totalmente normal", as últimas palavras do médico não me saíam da cabeça. "Porque, afinal, a dieta de um diabético é a mesma que deveria ter qualquer pessoa saudável, a senhora já pensou sobre isso?", de novo ele veio com aquela mesma advertência de sempre.

– Mas – eu ainda assim me perguntava – como uma criança poderia ter uma vida totalmente normal sem balas, doces, bolos, sem poder consumir qualquer tipo de açúcar? – aquilo não entrava na minha cabeça. Como seriam, daqui para frente, as festinhas de aniversário de minha neta? Ou, o que era ainda pior, como faria Martina nos aniversários de seus amiguinhos?

– Mãe, a partir de agora precisamos ter consciência de que começa uma nova etapa, tanto para a Martina, quanto para nós... – constatou Fênix, conformada, já pensando em matricular a filha na natação e também no balé o quanto antes.

Afinal, se até pouco tempo estávamos na dúvida se essas atividades poderiam ser cansativas para uma menina de cinco anos, agora a prática de esportes era um dos cuidados essenciais para preservar a saúde de minha neta.

– Gente! Vamos ao centro! Faz muito tempo que a gente não vai! Liga para a tia Cris! – Martina me entregou o telefone. – Sempre que a gente vai lá, a gente volta muito mais alegre depois! Eu quero ir na aulinha da tia Alice! – sentenciou, referindo-se às aulas de evangelização que costumavam acontecer ao mesmo tempo em que as reuniões para os adultos.

E quem poderia negar um pedido dela àquelas alturas do campeonato? Pouco tempo depois, estávamos eu, Fênix e Cris sentadas em uma das fileiras da sala de palestras do grupo espírita que costumávamos frequentar de vez em quando.

– Esse moço que vai dar a palestra veio lá de Belo Horizonte – Cris comentou baixinho. – Dizem que ele fala muito bem!

Logo após a prece e a leitura de uma pequena mensagem – recursos para elevar a sintonia do ambiente, segundo minha amiga –, a voz terna e macia do orador nos envolvia a todos, narrando uma passagem da vida de Jesus:[72]

---

[72] Toda a explanação que aparece no livro foi baseada em uma palestra real, que aconteceu na cidade de Caxambu, MG, no dia 13/04/2014, no Grupo Espírita 25 de Dezembro, proferida pelo médium, orador e escritor Wellerson Santos, com base no trecho evangélico "Cura de um Paralítico" (Lc 5,17-26; Mt 9,1-8; Mc 2,1-12) e em sua interpretação contida nos livros *Primícias do reino* (pelo espírito Amélia Rodrigues, psicografia de Divaldo Franco. Salvador, BA: LEAL, 1987, p. 92-108) e *A cura real*, pelo espírito Fritz Schein, psicografia de Wellerson Santos, com comentários de Charles Simões Pires. BH: Sementeira de Bênçãos, 2012, pp. 172-178.

— Naquela época, na cidade de Cafarnaum, o lago Tiberíades com suas águas tranquilas, cercado por uma das mais belas paisagens da região, era conhecido como mar da Galileia. Era ali que Jesus costumava descansar, após suas exaustivas jornadas. Hospedava-se sempre na casa de Simão Pedro, o pescador.

"Certa tarde, o povo começou a comentar que o Mestre estaria ali em um de seus raros momentos de refazimento. Já havia se espalhado a notícia de tantas curas realizadas por ele e não demorou para que enorme quantidade de homens, mulheres, jovens, velhos e crianças adentrassem aquele humilde casebre, saindo de lá curados em suas mais variadas deficiências e doenças.

"Em dado momento, porém, percebendo o intenso cansaço na face de Jesus, Simão tomou a frente de todos e pôs-se a anunciar: – Hoje, meu Mestre não atenderá mais ninguém.

"Logo, a multidão se dispersou e, tempos depois, saíram os dois, Jesus e Simão Pedro, a caminhar pela praia, aproveitando a natureza para recompor suas energias. Foi quando Jesus avistou imensa tamareira e sentou-se um pouco para meditar. Simão deitou a seus pés e então percebeu as lágrimas silenciosas que escorriam dos olhos do Mestre.

"– Por que choras, Rabi? Imagino que suas lágrimas só podem ser de felicidade! Afinal, foram tantas as curas hoje realizadas, perdi até a conta de quantos foram atendidos em minha residência tão simples – comentou o discípulo.

"Jesus, contudo, contrariando suas expectativas, respondeu pensativo:

"– Compadecido estou dos homens que ainda não compreenderam a minha mensagem.

"Na cidade, enquanto isso, no centro de Cafarnaum, estava um homem sentado, tomando seu vinho em um bordel. Era ele Natanael, até poucas horas atrás conhecido como 'o paralítico de Cafarnaum'.

"Relata-nos o *Evangelho* de Marcos a curiosa atitude daquele paralítico, que, localizando a casa em que se achava o Senhor, inteiramente sitiada pela multidão, longe de perder a oportunidade, amparou-se no auxílio de quatro amigos que o conduziram pela lateral da casa e, depois de descobrir o telhado do cômodo em que se encontrava Jesus, fizeram ali um buraco, por onde baixaram o leito em que jazia o doente, de forma a que este também pudesse beneficiar-se do contato do Salvador.

"– Natanael ben Elias, eu já te esperava desde há muito! – disse Jesus ao vê-lo. – Filho, perdoados estão os teus pecados!

"Agora ele rememorava cada detalhe do ocorrido para os amigos da taberna, como quem conta um fato heroico, despertando deslumbre geral.

"– E quem é este homem, que autoridade ele tem para perdoar os pecados de alguém? – ainda retrucaram os escribas ali presentes. Mas Ele disse:

– O que é mais fácil? Dizer teus pecados estão perdoados ou levanta-te e anda? – E, virando-se de novo para mim, ordenou: – Pega a tua cama e volta para casa – contava ele aos companheiros.

"E assim, enquanto ele 'bebemorava' com os amigos, sem nenhuma culpa por ter desobedecido ao que lhe fora recomendado pelo Mestre, Jesus chorava na praia.

"– Natanael continua com a paralisa da alma, buscando doenças ainda mais atrozes – o Mestre explicou a Simão."

– Que interessante... Eu nunca tinha ouvido esta passagem do *Evangelho* – comentei. – Pelo menos, não contada deste jeito!

– Todos nós que estamos na Terra passamos por doenças e aflições – continuou o orador. – Como Natanael, desejamos ficar livres, de preferência o mais rápido possível, sem, no entanto, nos esforçarmos o mínimo para procurar entender a causa ou a mensagem que aquela doença nos quis trazer.

"Que coisa", pensei. "Parece até que ele está falando para a gente! Será que a Cris já conhecia esse orador? Será que comentou qualquer coisa com ele a nosso respeito?", cheguei mesmo a suspeitar.

– As enfermidades ocorrem na vida do ser por uma série de fatores e um dos principais é a expiação. Ou seja, o resultado de todas as vezes em que não agimos em conformidade com as leis divinas ao longo de nossas muitas existências – continuou ele.

– Será que a doença da Martina também é por causa disso? Que mal ela pode ter feito se ainda nem completou cinco anos de vida? – retruquei.

– Depois a gente conversa, Babete! Presta atenção! – ralhou Cris.

– Optando por caminhos sinuosos, o indivíduo, seja na experiência atual ou em vidas passadas, marca o seu perispírito para posteriormente apresentar as consequências desse atos, de forma a depurar o seu espírito, expungindo os males pelo corpo físico – prosseguiu o palestrante.

– Está vendo só? Nem tudo vem desta vida! – Cris cochichou rapidamente.

– Quando o Mestre diz a Natanael "os teus pecados estão perdoados", quer dizer, com isto, que aquela criatura já havia depurado, por meio daquela enfermidade, os males que trazia de sua existências pregressas e que o tinham feito passar por aquela condição – esclareceu ainda o orador.

– Que coisa! – exclamei admirada.

– Conta-nos Amália Rodrigues, no livro *Primícias do reino*, que Natanael, desde há muito tempo imobilizado em total prisão, num leito infecto e detestável que lhe impedia qualquer movimento, era alvo da repulsa e do desprezo do todos na cidade. Em seu íntimo, pensava como seria bom seguir uma vida limpa e decente caso um dia voltasse a movimentar-se – contou ainda o narrador.

"Todavia, ao acionar as pernas, percebe que as novas perspectivas de vida não têm força suficiente para resgatá-lo de seus antigos costumes e hábitos. Natanael pensava em mudar, mas não conseguia cogitar em livrar-se dos padrões, valores e concepções cristalizados com os quais se acostumara ao longo de tanto tempo, tantas vidas.

"O que Jesus tenta nos mostrar com esta passagem é que toda cura material tem que vir acompanhada pela cura moral. Sempre que um espírito é colocado numa prova é porque tem condições de vencê-la. Impossível imaginar Deus como Pai amoroso se fosse diferente. Toda prova, seja ela qual for, só vem quando estamos preparados para enfrentá-la; somos exaustivamente preparados no mundo espiritual a fim de que sejamos capazes de vencer cada obstáculo de nossa experiência educativa na Terra. Todavia, mesmo tendo condições, nem sempre mantemos forte o suficiente a vontade de ultrapassar nossa antiga condição, de testemunhar verdadeiramente o nosso aprendizado.

"Jesus, em seu altíssimo magnetismo, tinha o poder de substituir qualquer molécula doente do corpo físico por moléculas sãs. Entretanto, se for curada uma doença e a pessoa não se modificar, ela fatalmente vai gerar outra doença.

"'Somos eternos semeadores de vida',[73] nos diz Joanna de Ângelis. Todavia, resta perguntar 'Quais sementes estamos jogando em nossa vida?'

"Ter saúde não é simplesmente não ter doenças. A Organização Mundial define saúde como o resultado do bem-estar físico, espiritual e moral da criatura.

"Só que, para atingir esse estágio, é preciso conhecer-se. Já dizia o Oráculo de Delfos: 'Conhece-te a ti mesmo'. Ora, se não admitirmos as nossas deficiências, como iremos trabalhá-las?

"Nossas viciações do passado nos paralisam. A gente foi assim, vem sendo assim há milênios. Até quando continuaremos como paralíticos da alma?"

– Meu Deus! Ele está falando comigo! – exclamei baixinho sem querer, antes que Cris me cutucasse de novo para que ficasse quieta.

– Às vezes, tudo conspira para que nos modifiquemos, mas a gente não aceita. Ao invés de nos indignarmos, de nos revoltarmos contra as dificuldades que aparecem em nossos caminhos, precisamos nos lembrar de que tudo o que nos acontece nesta vida tem uma finalidade acima de tudo educativa, de nos ensinar a fazer uma leitura diferente dos fatos. Só que a maioria se mostra mais preocupada com a cura do que com o aprendizado, sem atinar para a realidade de que uma coisa não acontece sem a outra." – disse ainda o orador.

---

[73] *In*: *Florações evangélicas*, cap.1. Psicografia de Divaldo Franco. Salvador, BA: LEAL, 1971.

A essas alturas, eu já não conseguia ouvir mais nada. Era como se a minha mente tivesse ficado naquela pergunta, que ele havia deixado no ar: "Que semente estou jogando em minha vida? E o que será que essa doença, que apareceu primeiro em mim, e agora na minha neta, estaria tentando me dizer? O que será que eu tenho de compreender para conseguir sair desta situação?", saí de lá me perguntando.

– O que foi que você aprendeu na aulinha hoje? – Fênix perguntou a Martina, no momento em que a acomodava na cadeirinha especial com o cinto de segurança do carro, tentando distraí-la para que não se fixasse no pipoqueiro, onde antes sempre parávamos a pedido dela.

Para nossa surpresa, no entanto, Martina pareceu nem ter percebido o aroma das pipocas que recendia no ar.

– Hoje eu aprendi sobre a vontade – ela respondeu pensativa. – A tia Alice disse que, quando a gente quer de verdade uma coisa, consegue até mudar uma árvore de lugar. É verdade isso, mãe?

– Bem, isso foi uma maneira simbólica que Jesus encontrou para dizer para a gente que para quem tem fé no poder superior tudo é possível –[74] Cris veio em nosso auxílio com uma explicação.

– Quer dizer então que, se eu quiser de verdade ficar boa desta doença, eu também vou conseguir? – Martina raciocinou.

– Mas é claro que sim! – respondeu Cris, antes de se despedir.

Naquela noite, não sei se por causa da exaustão pela intensa preocupação com Martina ao longo de vários dias, ou se ainda influenciada pelo que acabara de ouvir naquela palestra, eu só pensava em entrar no meu quarto para ir deitar. Nem esperei que minha filha e minha neta apagassem as luzes para poder assaltar a geladeira como sempre fazia. Simplesmente não tinha vontade de "burlar as leis". Comi exatamente a ceia leve que estava prescrita nas minhas receitas para antes de dormir, tomei minha injeção e apaguei como um anjo.

Acordei de manhã cedo com uma ideia fixa na cabeça. Tinha a sensação de que havia passado a noite em uma sala de aula, não me lembrava como e nem por que tinha ido parar ali. Me recordava, no entanto, nitidamente da voz de um professor que dizia:

"Qualquer terapia falha em seu tentame se o homem não quiser se modificar. A terapia espírita prescreve (...) a profunda transformação da conduta moral e a reeducação dos impulsos e sentimentos da alma. Não existe transformação quando não se sabe o que transformar, por isso a doutrina dos imortais faz a proposta do autoconhecimento, para que o homem possa mergulhar na sua própria intimidade, autodescobrindo-se. Descubra-

---

[74] In: *O evangelho segundo o espiritismo*, cap. XIX: "A Fé transporta montanhas".

-se! Mergulhe em você! Aceite o convite da espiritualidade e promova sua reforma íntima já! Este é o segredo da 'verdadeira cura'." –[75] era como se eu ainda agora pudesse ouvi-lo falando na minha cabeça.

Talvez eu estivesse fazendo uma confusão, misturando o tema da palestra com o filme que vira com minha neta – pensava, enquanto me arrumava para o trabalho. Veio então a letra da canção do filme quase inteira na minha cabeça: "é preciso deixar o passado para trás, está na hora de explorar aquilo de que você é capaz. Testar seus próprios limites; descobrir-se; conhecer-se, sem ligar mais para o que os outros vão pensar. A distância faz tudo parecer pequeno... Deixe ir, deixe sair..." Por que será que em determinados momentos da vida da gente parece que de todos os lados ouvimos sempre a mesma coisa, até mesmo nos sonhos, nos filmes que a gente assiste com as crianças?

– Quer saber? – disse a mim mesma, terminando de me maquiar diante do espelho. – Eu quero entender este negócio de doença! Quero entender como é que faz para limpar essa coisa impregnada na alma da gente! Hoje preciso fazer algo de diferente! A minha neta precisa de mim! – decidi, tomando nas mãos o telefone.

---

[75] Trechos retirados do livro *Medicina da alma*, de Joseph Gleber.

3

— Assim como a aranha vive no centro da própria teia, o homem vive submerso nas criações do seu pensamento. A aranha constrói a própria teia, que nasce dela, onde se locomove, captura insetos, interage com o ambiente e reside. Da mesma forma, o espírito, pensando, cria e, criando, alimenta-se daquilo que elegeu para sua vida interior",[76] estava escrito no livro que eu pegara sobre a mesa e folheava ao acaso enquanto esperávamos nossa vez.

– Olha só isso aqui! – chamei a atenção de Cris, que naquele momento estava absorta em outra leitura.

Em um ambiente simples, porém decorado com muito bom gosto, aguardávamos para ser atendidas por um homeopata. Não era uma sala de espera médica como outra qualquer. Era uma verdadeira biblioteca, cheia de publicações que podiam ser consultados à vontade pelos pacientes, algumas sobre homeopatia, outras da área de medicina, muitos livros espíritas. Segundo Cris, como as consultas costumavam ser demoradas, era comum os pacientes anotarem dúvidas que haviam encontrado para discutir com o médico a respeito.

Só não era permitido levar para casa os exemplares. Todavia, se a pessoa ficasse muito interessada em um trecho específico, ou mesmo em algum capítulo inteiro, era possível atravessar a rua e ir fazer uma cópia na papelaria que ficava em frente ao consultório.

– Eu não te disse que ele era muito diferente de todos os médicos que você já conheceu? – tornou Cris, empolgada. – Me disseram que ele gosta que seus pacientes tenham acesso a explicações sobre a própria doença, que

---

[76] *In*: *Cura e autocura: uma visão médico-espírita*. Andrei Moreira. AME: Belo Horizonte, MG, 2010.

eles também cheguem a suas próprias conclusões e, com isso, participem do tratamento de uma forma mais consciente. Não é fantástico? – ela disse, enquanto anotava em um caderninho de bolsa as referências da página que eu acabara de mostrar. – Acho que vou providenciar um exemplar desse livro... – ela disse, enquanto escrevia.

– É interessante, mas não é para qualquer pessoa – comentei, pensando em Martina. – São livros difíceis!

– Em geral os pacientes dele são da área de saúde. Médicos, enfermeiros, embriologistas, biólogos, farmacêuticos... Enfim, pessoas que gostam mesmo de estudar. Mas de vez em quando aparecem também pessoas comuns – disse a secretária, que ouviu sem querer a nossa conversa. – O doutor J. B. defende a ideia de que todo mundo tem condições de estudar e aprender a qualquer tempo. Eu, inclusive, sou um exemplo disso. Quando cheguei aqui, não tinha sequer concluído o segundo grau, mas, de tanto conviver com ele, acabei redescobrindo o gosto pelos estudos e hoje estou no terceiro período de psicologia – ela nos relatou satisfeita.

Cris concordou e logo as duas começaram a conversar. Fiquei em silêncio. Achei que não ia adiantar muito explicar para a moça que a minha neta ainda não tinha nem sido alfabetizada na escola.

– Eu trouxe você aqui por sua causa mesmo, em função de tudo o que você falou para mim nos últimos dias sobre a sua necessidade de entender um pouco mais sobre o diabetes, e não por causa da Martina pura e simplesmente – Cris me chamou de novo para a conversa, como se pudesse ler meus pensamentos.

Na verdade, ela tinha me feito uma grande gentileza, abrindo mão de sua própria consulta – marcada com meses de antecedência, já que aquele médico era muito procurado – para que eu pudesse vir conversar com ele a respeito de minhas dúvidas. Cris era uma grande amiga.

– Não se preocupe. Logo, logo eu vou conseguir encaixar a senhora em outro horário, assim que houver alguma desistência. Não vai demorar muito, a senhora vai ver – a secretária prometeu à Cris.

– Ah, não tem problema. Meu diabetes está super controlado, achei mais importante que a minha amiga pudesse conversar com ele hoje – Cris explicou.

Era um homeopata espírita, bastante famoso em nossa cidade: o dr. J. B. Lycopoddium. Cris me convencera que faria toda a diferença conversar com um médico comum, há anos dedicado à cura de doenças no corpo físico, por mais respeitável que fosse, e um médico que tivesse adquirido a visão de que nossa vida na Terra é apenas uma necessária passagem, um momento de estudo e aprendizado ao longo de nossa vida maior, como era o caso do dr. Lycopoddium. E ainda mais com todo o enfoque que ele fazia, com aquela sua maneira tão peculiar de trabalho com seus pacientes.

– Olha só o que eu encontrei neste outro livro! – Cris me mostrou o exemplar que acabara de encontrar na estante – "O homem não é apenas um agregado de células, músculos e nervos, que, na verdade, constituem tão somente seu veículo fisiológico. Dessa maneira, não se pode, com os métodos tradicionais e habituais, penetrar mais profundamente na natureza íntima e peculiar de todo ser vivo".[77] Não é exatamente o que eu estava te dizendo ontem?

Concordei com a cabeça, ainda confusa entre tantos novos conceitos. O fato é que Cris, desde os tempos de garota, sempre gostara muito de fazer pesquisas. Vivia estudando. Além disso, ela adorava terapias alternativas, estava sempre às voltas com novas descobertas. Ela diz que no futuro a medicina só irá trabalhar com homeopatia, técnicas de imposição de mãos, energias, fluidos.

O meu caso era um pouco diferente. Efetivamente, eu ainda não entendia quase nada de nada. Sobretudo quando ela começava a falar dessas questões mais sutis e espirituais do ser, de como a doutrina espírita encarava a passagem do homem no mundo.

Para mim, que a vida inteira não tivera lá uma crença muito fixa e nem profunda, tudo aquilo às vezes me soava como uma grande fantasia, toda uma história que os espíritas tinham encontrado para tornar nossa vida mais útil e interessante. Por outro lado, mesmo com toda a minha descrença, às vezes parecia fazer muito sentido o que eles falavam. Tanto que até concordara em começar a frequentar as reuniões de estudo no grupo espírita. Uma parte de mim gostava de ouvir as explicações e teorias deles. Sobretudo quando se tratava de uma situação para a qual eu racionalmente não encontrava nenhuma justificativa, como era o caso da doença de Martina.

– Maria Elisabete... – ouvi de repente alguém dizendo meu nome.

Era o doutor J. B. Contrariando as minhas expectativas pessimistas, até que não tinha demorado muito para que ele nos chamasse. Antes de entrar, percebi que a moça que agora acertava sua consulta com a secretária tinha os olhos muito vermelhos. O que será que ele tinha dito para ela? Por via das dúvidas, achei melhor que Cris entrasse junto comigo.

– O ser humano é um verdadeiro campo magnético, atraindo pessoas, situações e até mesmo doenças, de acordo com o seu mundo mental. Agimos, ainda que inconscientemente, sempre em sintonia com os nossos 'arquivos' internos, que registram tudo o que nos foi ensinado, tudo aquilo que foi em nós condicionado não só nesta vida, mas também em vidas anteriores. É sobre estes conteúdos que procuro trabalhar através da homeopatia

---

[77] *In: Medicina da alma*, pelo espírito Joseph Gleber, psicografado por Robson Pinehiro. 2ª ed. revista e ampliada – Contagem, MG: Casa dos Espíritos, 2007, cap. 1: "Saúde e doença", p.38.

– explicou o dr. Lycopoddium, tentando colocar para nós a base de toda a sua maneira peculiar de encarar pessoas e doenças, logo depois de ouvir as explicações do porquê estávamos ali. – Toda a teoria da homeopatia está ligada a essa constante interação entre mente e corpo – ele acrescentou.

– Afinal, qual a diferença entre a homeopatia e a medicina tradicional? Se é tão bom assim, por que é que todo mundo não se trata logo de uma vez só com homeopatia? – perguntei, ansiosa por compreender o que aquela vertente tinha de tão diferente dos tratamentos convencionais.

Assim que acabei de falar, fiquei com a sensação de que talvez tivesse sido um pouco ríspida, mas ele não pareceu nem um pouco aborrecido com minha dúvida. Ao contrário, mostrou-se até bem delicado quando respondeu:

– Bem, Maria Elisabete...

– Pode me chamar de Babete – pedi.

– Sim, Babete, para entender a diferença entre esses dois tipos de abordagem é necessário primeiro compreender a diferença entre alopatia e homeopatia. A *alopatia* é a medicina tradicional, que consiste em utilizar medicamentos que vão produzir no organismo do doente uma reação contrária aos sintomas que ele apresenta a fim de diminuí-los ou neutralizá-los. Por exemplo, se o paciente tem febre, o médico receita um remédio que faz baixar a temperatura. Se tem dor, um analgésico. Os medicamentos alopáticos são produzidos nas indústrias em larga escala, ou em farmácias de manipulação de acordo com a prescrição médica. São os principais produtos farmacêuticos vendidos nas drogarias.

– E qual o problema com eles? – eu não podia entender.

– Nós, homeopatas, defendemos que o grande inconveniente de sua utilização são os seus efeitos colaterais e a sua toxicidade – ele considerou.

– E a homeopatia trabalha apenas com remédios naturais? – fui logo antecipando.

O dr. J. B. nada disse, apenas sorriu, simpático e atencioso como sempre.

– Não é essa a diferença – ele retomou a palavra. A ideia de natural se contrapõe ao conceito de industrializado ou sintetizado e a diferença entre alopatia e homeopatia pouco tem a ver com isso. *Homeopatia* é uma palavra de origem grega que significa 'doença ou sofrimento semelhante'. É uma linha da medicina que possui reconhecimento científico para tratamento e prevenção de doenças agudas e crônicas, onde a cura se dá através de medicamentos não agressivos que estimulam o organismo a reagir, fortalecendo seus mecanismos de defesa naturais.

– Como assim? – nem sei o que deu em mim naquele dia para perguntar tanto, eu mal deixava o pobre do homem raciocinar.

Ele continuou mesmo assim:

– O medicamento homeopático é preparado em um processo que consiste, entre outras coisas, na diluição sucessiva da substância matrix, devendo seguir a técnica homeopática de produção e também todas as normas sanitárias e os cuidados para o seu uso, como qualquer outro medicamento. Em função dessas diluições, que nós chamamos 'dinamizações', a substância original, que pode ter origem mineral, vegetal ou mesmo animal, se encontrará no medicamento em mínimas quantidades, ou mesmo não existirá mais qualquer molécula original. É importante, porém, lembrar que, apesar disso, esses remédios são poderosos agentes que atuam através da via energética e, portanto, devem ser usados sempre com cuidado. Tendo esta precaução necessária, os medicamentos homeopáticos podem ser utilizados com segurança em qualquer estágio da, até mesmo em recém-nascidos ou pessoas com idade avançada, desde que com acompanhamento do clínico homeopata.

– Mas por que não faz efeito em determinadas pessoas? Sim, porque já ouvi muita gente falando que só se trata com homeopatia, mas também já conheci outros com quem não deu certo e que não gostam nem de falar sobre este assunto! – eu novamente questionei.

Embora disposta a encontrar um caminho diferente que pudesse ajudar minha neta, eu, pessoalmente, era uma das que nunca tinha conseguido acreditar em homeopatia. Só não tinha coragem de revelar isso de forma explícita.

– Pelo que entendi até hoje, é uma questão de predisposição, de característica existencial. A alopatia é destinada às pessoas que precisam de métodos mais imediatistas, que não estão abertas à ação de medicamentos mais sutis...[78] Não é mais ou menos isso, doutor? – Cris pareceu querer ajudar.

– Então só faz efeito em quem acredita? – eu logo tentei deduzir.

– De forma alguma. É verdade que muitas pessoas ainda veem a homeopatia dessa forma reducionista e, até mesmo preconceituosa. Mas, por experiência própria, ao longo de mais de trinta anos de consultório, garanto a vocês que ela faz efeito independentemente de qualquer predisposição física ou espiritual.

– Mesmo que a pessoa não acredite? – eu queria realmente entender.

– Não se trata de uma questão de acreditar. Eu, por exemplo, trato de meus cachorros com homeopatia e posso garantir que já foram curados de muitas doenças dessa forma. A grande questão é que a abrangência do medicamento homeopático, seu espectro de ação é muito mais amplo que o de um medicamento comum. Com a alopatia tradicional, posso até atacar problemas físicos específicos, mas a homeopatia me dá condições de trabalhar os problemas em mais profundidade. Ao invés de tratar, por exemplo, uma bronquite como mera infecção dos brônquios, a homeopatia trata o

---

[78] In: *Medicina da alma. Op. cit.*, cap. 3: "Fluidos e Microrganismos".

que está por trás da inflamação, ou seja, os sentimentos, as emoções que se manifestaram fisicamente através da doença. Costuma-se dizer de maneira mais genérica que, enquanto a alopatia combate a doença, a homeopatia busca tratar o paciente – complementou o médico.

– Mas existe muita gente que afirma que homeopatia é meramente placebo,[79] que é a própria mente da pessoa que, imaginando estar tomando um medicamento de verdade, trabalha para que o corpo fique curado... – argumentei ainda.

– São tabus que vêm sendo destituídos de força ao longo do tempo. Para você ter uma ideia, hoje, não só o Ministério da Saúde incentiva a utilização da homeopatia em nosso país, mas até o Ministério da Agricultura[80] reconhece os efeitos da homeopatia em plantas e animais. O uso da homeopatia na agropecuária substitui com grandes vantagens os agrotóxicos e antibióticos. O que estou tentando demonstrar é que, se faz efeito até mesmo em plantas e em animais, que não raciocinam como nós, a homeopatia não depende de nenhuma predisposição mental para funcionar em seres humanos. Embora, é claro, a vontade sempre atue como agente catalizador em qualquer situação – o doutor J. B. tentou se fazer mais claro.

– Como aconteceu com aquele cego que o orador mencionou na palestra a que assistimos ontem? – imediatamente associei, perguntando agora para Cris.

– Ela está falando do paralítico curado por Jesus na casa de Simão Pedro, doutor, o paralítico de Cafarnaum – minha amiga teve o cuidado de explicar ao médico.

Ele prontamente entendeu meu raciocínio.

– Isso mesmo. Essa parábola é um bom parâmetro para entendermos melhor a homeopatia. Por coincidência, ou melhor, por sintonia magnética – o doutor fez questão de usar esta expressão! –, estou estudando esse mesmo texto nas minhas aulas de estudo aprofundado da doutrina espírita, no centro que eu frequento – ele revelou.

Tanto eu quanto Cris ficamos boquiabertas com aquela declaração. Na minha opinião, era realmente uma incrível coincidência.

– Pois então – o dr. J.B. retomou a palavra – o paralítico da parábola tinha o desejo de ser curado, mas não apresentava ainda uma vibração capaz de se sintonizar com o magnetismo de Jesus. Por isso, seus amigos, que ao meu ver ali simbolizam os nossos amigos espirituais, precisaram interceder para elevar o seu padrão vibratório. "Subir no telhado" significa

---

[79] Substância inerte, sem qualquer efeito medicamentoso que não seja o de dar ao paciente a sugestão de que ele foi medicado.
[80] Instrução normativa nº 46, de 6 de outubro de 2011, do Ministério da Agricultura.

manter-se em sintonia elevada com os benfeitores que se encontram em planos superiores. O buraco no telhado pode indicar uma brecha que foi aberta nos condicionamentos mentais do doente, necessária para conduzi-lo definitivamente a Jesus –[81] lembrou o homeopata. – A homeopatia vai ser mais ou menos como esses amigos, trabalhando no campo vibratório do indivíduo de maneira a possibilitar a sua sintonia com padrões mentais mais elevados...

– Como assim? Onde entra a homeopatia em tudo isso? – tentei entender melhor.

– Trabalhando em nível energético, a homeopatia dará condições ao indivíduo de se reequilibrar vibratoriamente de maneira a conseguir elevar seu padrão mental. A mente equilibrada possibilita consequentemente a saúde do corpo. Em última análise, a mente é que produz o primeiro impulso, seja para a saúde ou para a doença – ele enfatizou.

Segundo o dr. Lycopoddium, a mente seria como uma usina diretora que transmite as ordens do espírito e dirige todo o organismo, ora produzindo células, ora substituindo tecidos, ora revitalizando ou recuperando sangue, ossos e membros; sendo o poder mental também responsável pelas transformações do metabolismo humano, transferindo para o corpo físico todos os comandos provenientes do espírito. Ou seja, o espírito comanda, a mente transmite e o corpo manifesta.

– Então quer dizer que fui eu, com o meu pensamento, quem criei o meu diabetes? – questionei. – O senhor está querendo dizer que fui eu quem fiz o meu pâncreas parar de produzir a quantidade necessária de insulina de que o meu corpo precisa? Mas por que eu faria isto comigo mesma? Por que a minha neta faria isso com ela mesma? Tem alguma coisa errada nesta história! Não faz sentido! – protestei aborrecida.

– Procure se acalmar, Babete... – ao menos ele não me chamava de senhora! – Como pretende compreender mecanismos tão sutis com esse estado de alma? – o doutor delicadamente me chamou a atenção.

– Perdão, doutor... Pode prosseguir... – tentei me desculpar.

– Acredito na hipótese de uma autolesão inconsciente. Seja pelo vício da gula ou por outros tipos de situação de desregramento e exagero em que o indivíduo insistiu, chegando a prejudicar o próprio organismo em outras existências por causa disso, ele espiritualmente cria campos energéticos em suas camadas mais sutis, de forma a atrair, já durante o período de gestação, um gene com essa característica. É importante lembrar que o indivíduo, enquanto ser espiritual, já existe antes de ser gerado pelo organismo físico, com

---

[81] Cf. Apostila EADE – Tomo II – Módulo IV – Aprendendo com as curas: roteiro 1: o paralítico de Cafarnaum. Brasília: FEB, 2006.

todas as características que lhe são peculiares. Ao longo do período gestacional, a sua genética não se modifica, apenas é replicada, ou seja, reproduzida – enfatizou o médico.

Fiquei durante alguns instantes tentando comparar mentalmente as suas explicações com o que me dissera o médico que cuidara de Martina no hospital.

– Seria a tal predisposição genética de que falou o outro médico? – deduzi.

– Nosso corpo espiritual é como se fosse um disco rígido de computador, onde ficam registradas todas as nossas ações e emoções desta e de outras vidas, não é isso, doutor? – Cris pareceu querer lembrar para que eu não perdesse o fio da meada.

– Exatamente. Esses campos vão ficar de uma tal forma ali impregnados que isso vai fazer com que, ao reencarnar, ou seja, ao ligar-se a um corpo em formação durante o período de gestação, o inconsciente daquele ser atraia para si, a partir de todo o material genético que lhe é oferecido pelos pais, o conjunto de genes que espelhe todas as suas características e deficiências –[82] esclareceu ainda o dr. J. B. – Isso também é magnetismo – ele enfatizou.

– Ela ainda não está muito familiarizada com esses conceitos – interferiu Cris. – Ele quer dizer que funcionamos como se fôssemos ímãs, atraindo aquilo de que necessitamos para nos materializar aqui na Terra e também para aprender e evoluir – ela tentou simplificar para que eu entendesse.

– O vício da gula ou outra situação similar em outra vida, ligada a um desregramento e/ou uma compulsão, provoca no ser uma autolesão inconsciente. Ou seja, a repetição exaustiva deste hábito faz com que ele lese as suas camadas espirituais mais sutis. Esta autolesão determina, então, campos energéticos defeituosos no inconsciente que irão atrair genes com essa característica. Em outras palavras, os "computadores de dados espirituais" armazenam os dados do excesso e do desregramento e o inconsciente, isto é, o espírito, gera o mecanismo autocorretivo futuro, que vai obrigar a pessoa a ter um comportamento diferente do que tinha anteriormente, fazendo dieta, reduzindo doces etc. É a natureza, a lei de Deus, atuando no próprio indivíduo, levando-o a trabalhar na sua própria correção – ele procurou detalhar.

– Quer dizer então que é o espírito quem escolhe que vai ser diabético? – inferi.

---

[82] Ao longo do período gestacional, a genética do ser não se modifica, só é replicada no ser em formação a partir do material disponível. Ou seja, o ser espiritual, com todas as suas características acumuladas ao longo de muitas vidas, funciona como uma espécie de ímã, atraindo magneticamente todos os genes de que precisa para materializar-se tal como necessita na atual encarnação. Sobre isto ver o livro *Gestação, sublime intercâmbio*, do dr. Ricardo di Bernardi. SP: Intelítera, 2010.

– Cada caso é um caso, Babete. Acredito que a escolha propriamente dita seja mais típica de espíritos esclarecidos. Em geral, não é uma questão de escolha. Ao contrário, aquela característica está tão impregnada em seu psiquismo que o ser não tem escolha. Ela se manifesta espontaneamente, quase que automaticamente, até para que, com isso, o espírito tenha a oportunidade de se depurar através do corpo físico.

– Taí! Eu não entendo direito essa coisa de depuração! Lá no centro eu já ouvi várias vezes as pessoas dizendo esta palavra! – expressei minha dúvida.

Não sei dizer por que todo aquele raciocínio estava me deixando tão irritada.

– Ao desencarnarmos, levamos registradas no perispírito todas as nossas experiências. Quando é chegado o momento de reencarnar, o espírito, pela sua mente, transfere ao corpo em formação as vibrações positivas e negativas de outras existências. Assim como a esponja absorve a sujeira do prato e a água lava, nosso perispírito absorve todas essas vibrações, que serão lavadas a partir do momento em que se manifestem no corpo físico. Ou seja, quando saírem da alma e passarem para a matéria, você compreende? É a isso que chamamos depuração. Como certa vez ouvi dizer, é melhor ter o corpo chagado do que o espírito, porque o corpo é uma quimera, mas o espírito é imortal.

– Mas pode acontecer de a pessoa vir com o gene e não manifestar jamais a doença? – quis saber Cris.

– Perfeitamente. Se o indivíduo, enquanto ser espiritual, houver realmente assimilado o porquê de ter criado aquela doença e conseguir se comportar de maneira diferente em sua próxima existência, a doença pode ficar registrada em seu código genético mas jamais vir a se manifestar – garantiu o doutor. – Como, aliás, acontece em muitos casos não só de diabetes, como até de doenças mais graves, como o câncer e outras mais. Toda predisposição genética indica uma propensão criada no passado, mas só vai se manifestar se esta mesma propensão se confirmar no futuro – ele elucidou.

– E em que casos a doença vai se manifestar? – eu perguntei, agora conseguindo compreender um pouco melhor a explicação.

– Sempre que a pessoa voltar a proceder da mesma forma que causou aquele campo espiritual doentio – garantiu o dr. J. B.

– Ok. Digamos então que eu tenha feito nesta existência exatamente o mesmo que venho fazendo há muitas vidas, contribuindo assim para que o diabetes viesse a se manifestar em mim aos trinta e nove anos de idade. Mas e quanto a minha neta? – perguntei.

– A única coisa que eu posso te afirmar com certeza nesse sentido é que a sua neta necessitava dessa doença para exercitar valores importantes como disciplina, resignação, humildade e tantos outros que o dia a dia de um diabético o obriga a lapidar. Ela tanto pode ser alguém que já falhou nesses mesmos objetivos em outras encarnações e por isso veio com a doença já predeterminada em sua constituição física atual, quanto um espírito que, por alguma razão, pediu para vir com esta limitação, possivelmente numa tentativa de exercitar e lapidar estes mesmos valores ao compreender a necessidade essencial de aprender a melhor disciplinar a si própria – informou o dr. Lycopoddium.

– Mas... – parei por alguns instantes, de novo me lembrando das palavras do médico do hospital. – O que aquele outro médico quis dizer com doença autoimune? Ele disse que o diabetes do tipo 1 era uma reação do próprio organismo, que produziria anticorpos contra as suas próprias células, no caso, as células produtoras de insulina do pâncreas, destruindo-as – tentei reproduzir o mais fielmente possível a explicação.

– O diabetes tipo 1 é considerado mais severo, porque ocorre quase sempre na infância ou juventude, necessitando de injeções de insulina e de todo um controle maior. Diria que, em geral, as doenças mais severas estão ligadas a desajustes piores em vidas passadas – avaliou o médico.

– Mas o que é autoimune? – eu não compreendia aquela expressão.

– Toda doença autoimune significa o organismo atacando o próprio organismo. No diabetes tipo 1, os anticorpos da pessoa destroem as células produtoras de insulina. Normalmente, doenças autoimunes estão ligadas à aceitação que a pessoa tem em relação a ela mesma, não especificamente no que diz respeito a esta existência, mas no que se refere ao quadro geral de suas muitas encarnações. Na maioria dos casos que acompanhei, observei pessoas que carregam um nível de exigência muito grande com relação a si mesmas, em função de seus erros do passado remoto; uma aceitação pessoal tão controversa que faz com que essas pessoas continuem se atacando o tempo todo – ele tentou detalhar. – São situações contidas na mente espiritual do indivíduo, provocando uma maneira de reagir decorrente no corpo físico – acrescentou ainda.

– É como se elas não se perdoassem pelos erros cometidos, atrapalhando, com isso, seu próprio processo regenerativo – simplificou Cris.

Consultei o relógio e percebi que já havíamos passado bastante do tempo convencional, mesmo Cris tendo me dito antes que as consultas homeopáticas costumavam ser bem mais demoradas do que as consultas normais. Sentia-me, porém, ainda insaciada com relação a tudo o que viera buscar ali.

– Afinal, o senhor conhece algum remédio específico da homeopatia que possa ajudar um paciente diabético? – sintetizei minha expectativa.

– Existem medicamentos homeopáticos específicos, que devem ser associados ao tratamento medicamentoso do diabetes tipo 2, porque servem de coadjuvantes no tratamento alopático. Todavia, no diabetes tipo 1, que necessita de injeções de insulina, não se emprega a homeopatia. Pelo menos, não especificamente para o diabetes. Quando, porém, se pensa no paciente como um todo, cada ser humano pode e deve ser tratado com os medicamentos homeopáticos que mais se ajustem ao seu psiquismo, sua personalidade, seu modo de ser, de agir e reagir, seu emocional, seu todo, de forma a favorecer um equilíbrio em múltiplos sentidos, ajustando sua homeostase[83] para que tenha mais saúde física, emocional, psicológica, psicossomática e psíquica, o que obviamente colabora para a melhora de qualquer doença, inclusive o diabetes – ele respondeu de forma atenciosa.

– Mas então o senhor já não poderia ir passando esse medicamento para que eu e minha neta já fôssemos tomando? – eu sugeri, no fundo achando ainda que, mesmo sendo de homeopatia, era um medicamento como outro qualquer.

– Babete, infelizmente nosso tempo por hoje se encerrou. Esta primeira consulta, que eu nem costumo cobrar dos pacientes, justamente por isso, é uma consulta de apresentação da homeopatia, para que pensem se realmente se sentem dispostos a trabalhar com este tipo de técnica. Até porque nós nem falamos sobre você especificamente. Caso concorde com o tratamento, teremos de marcar uma nova consulta onde, aí sim, você irá me falar bastante sobre você, sobre como pensa, como sente, como age no dia a dia, inclusive no que se refere ao seu diabetes, e então chegaremos juntos a uma conclusão do principal foco para o qual precisaremos direcionar nossos esforços até descobrirmos o medicamento mais adequado para isso – ele tentou ser extremamente gentil em sua explicação.

– Mas... Então quer dizer que não vai me passar remédio nenhum? Com relação a minha neta... Nós acabamos de descobrir a doença! Não tem como começarmos a atacá-la logo de imediato? – eu ainda insisti.

– O mesmo procedimento que será feito com relação a você terá de ser feito com relação a ela, possivelmente em uma consulta de que participem também você e a mãe da menina, em um primeiro momento, de forma a que depois eu possa passar um tempo observando o comportamento dela, ouvir o que ela tem a dizer. De qualquer forma, preciso que você entenda que eu não irei te apresentar uma fórmula mágica para resolver todos os seus problemas. Não basta que você chegue aqui e diga: doutor J. B., eu quero ficar livre da minha doença! Não é assim que funciona com a homeopatia. É necessário que o movimento parta de você, no sentido de vontade e ação, de oferecer uma disposição para descobrir e transformar seu eu interior. A

[83] Homeostase é a condição de relativa estabilidade da qual o organismo necessita para realizar suas funções adequadamente para o equilíbrio do corpo. Homeostasis: palavra de origem grega, cujo significado já define muito bem o que vem a ser: 'homeo-' = semelhança; '-stasis' = ação de pôr em estabilidade.

doença verdadeira, Babete, vem da alma, e a saúde que nós estamos buscando é a perfeita harmonia da alma – ele fez questão de destacar.

Posso dizer que saí da sala com muita raiva, a despeito de todos aqueles "maravilhosos conceitos". Não conseguia me conformar por estar indo embora sem nenhuma definição concreta para os meus problemas.

Alguma coisa me incomodava, e muito, naquilo tudo. Mas era algo que de imediato eu não conseguia identificar. Deixei o consultório me sentindo extremamente irritada e, o que era ainda pior: com uma vontade incontrolável de comer uma fatia bem gostosa de torta, qualquer coisa doce que pudesse minimizar aquele sentimento. Era óbvio que Cris jamais concordaria com isso, o que me deixava ainda mais aborrecida.

– Ele não é o máximo? – ela perguntou, alheia a toda a minha insatisfação. – Você não saiu de lá morrendo de vontade de descobrir um pouco mais sobre você mesma, sobre as suas características que seriam responsáveis pela sua doença? – ela se empolgou. – Estou até com vontade de passar por uma livraria que inaugurou outro dia para ver se encontro aqueles livros que nós estávamos lendo no consultório, você não quer vir comigo? – ela perguntou.

– Não, não... Eu acho que prefiro ir para casa. Você me deixa lá? – pedi, sem muita vontade de conversar.

– Está tudo bem, Babete? – minha amiga desconfiou.

Entrei em casa e obviamente fui direto para a geladeira. Maldita hora em que tinha inventado de perder tempo com aquele homeopata... – pensava, enquanto revirava a geladeira em busca de um pote de doce de leite que eu deixara escondido no meio das verduras.

Estava levantando a primeira colher de doce para levar à boca quando Martina entrou descalça na cozinha:

– Vovó, o que você está comendo? – perguntou sapeca.

Levei um susto. Não imaginava que ela tivesse voltado mais cedo da escola naquele dia.

– Doce de leite? Oba! Eu também quero – ela já foi logo abrindo a boca a meu lado.

– Muito bonito, né, mamãe! – Fênix também entrou na cozinha. – Excelente! As duas estão de parabéns!

4

— "Hoje é o dia... eu quase posso tocar o silêncio... a casa vazia..." Acordei de manhã com aquela música ecoando no meu quarto. "... eu fico à vontade com a sua ausência... eu já me acostumei... a esquecer..." O que era aquilo? A melodia não me era estranha. De onde vinha?

Mas é claro!, lembrei de repente. Aquela era uma das músicas que Fênix gostava de ouvir quando adolescente, nos tempos em que... "Tudo que vai... Deixa o gosto... Deixa as fotos... Quanto tempo faz?", continuava a canção. Levantei com cuidado para não acordar Martina e fui andando devagar pelo corredor. "Deixa os dedos... Deixa a memória... Eu nem me lembro...", fui seguindo o som até a porta do quarto de Fênix. Havia algo de errado, ela não tinha mais o costume de ouvir música naquela altura... Capital Inicial, isso mesmo! Era esse o nome da banda de que ela gostava naquela época!

Eu e Fênix havíamos passado muitas horas discutindo ontem por causa do doce, mas isso não era motivo para... "Tanto tempo... Eu já não sei mais o que é meu..."

– Fênix, o que aconteceu?

Ela estava transfigurada de tanto chorar; sentada, num canto, arrasada, o rosto ainda banhado em lágrimas.

– Filha! – corri a abraçá-la. – Se foi por minha causa, eu sei que você tem razão, eu...

– Não foi por isso, mãe... Não foi sua culpa... – ela disse, ainda em soluços, levantando-se para ir desligar o computador, de onde vinha a música.

– Mas então por que, filha? Eu nunca vi você assim antes!

– O Matheus, mãe... – ela respondeu chorando, antes de conseguir parar a música.

Eu a acolhi em meus braços, com todo o meu amor de mãe. Só então notei que no chão estavam o sapinho e o anel que um dia havia ganhado do antigo namorado.

A música continuava tocando alto no computador. Ela virou-se e abaixou quase totalmente o volume. Eu mal podia acreditar no que via e ouvia. Jamais flagrara Fênix chorando daquele jeito por causa de Matheus, achava até que ela nem se importava mais com isso. Agora, no entanto, percebia que ela apenas disfarçava muito bem seus sentimentos.

– Mas... ele te ligou? Aconteceu alguma coisa? – tentei entender.

Ela abaixou, pegou o anel e o sapinho, guardou o anel na gaveta. Depois permaneceu um tempo em silêncio, agarrada ao sapinho, apenas ouvindo a música:

"Seu rosto em pedaços... Misturado com o que não sobrou
"Do que eu sentia... Eu lembro dos filmes que eu nunca vi...
"Passando sem parar... Em algum lugar..." [84]

– Fala, Fênix! O que houve? Você descobriu o Matheus pelo *facebook*? – imaginei.

– Não, mãe... Eu só sonhei com ele... – ela respondeu muito triste, desligando finalmente o computador. – Um sonho tão bom... – ela enfiou o rosto no sapinho e novamente começou a chorar.

– Fênix, eu não entendo! Se foi um sonho bom, por que...

– Hoje fariam seis anos que a gente começou a namorar... No sonho a gente tava junto, mãe!... Era tão real, quase como se a gente tivesse se encontrado de verdade... Ele dizia para mim que nunca me esqueceu... A gente se abraçava, a gente se beijava... Mãe, que dor que eu senti quando eu acordei! Que dor... – ela não conseguia parar de chorar.

Apertei a mão de minha filha. Entendia perfeitamente como se sentia. Por muitas vezes tivera sonhos assim com Zeca, chegara mesmo a sonhar que ele me pedia desculpas e explicava que sentia muita vergonha, porque não tinha mais como repor tudo o que tirara de mim. Mas nunca ficara naquele estado. Acordava, sim, com uma dor no peito, uma saudade maior um pouco, mas nunca contava para ninguém.

– Será, mãe? Será que ele ainda pensa em mim do mesmo jeito como eu penso nele? – Fênix tentou imaginar.

– Quem sabe, filha? Você nunca tentou procurá-lo? Por que não faz como eu disse, por que não olha nessas redes sociais? Quem sabe...

– E você pensa que eu já não fiz isso? – ela respondeu. – Já perdi até as contas de quantas vezes tentei achar o Matheus pela *internet*...

– Mas...

---

[84] Trechos da letra da canção "Tudo que vai", do Capital Inicial.

— Nunca encontrei nada. Ninguém com o nome dele. Nem aqui, nem no Canadá... Simplesmente sumiu na linha do vento, como diria vó Zuleika – ela soltou uma risada, sem que as lágrimas parassem de descer. — Ai, vó Zuleika, que falta que a senhora me faz... – ela olhou para o alto, como se quisesse impedir que as lágrimas continuassem a descer.

Senti um aperto forte no peito. Era tão triste ver minha filha assim... Ela tinha toda razão. Vó Zuleika nos fazia muita falta. Fiquei tentando imaginar o que ela diria se estivesse ali conosco.

— E se você tentasse ligar para o número antigo da casa dele? Você ainda tem? – sugeri.

— Nada! Faz mais de cinco anos que a gente não se vê! Nem sei se a mãe dele continua morando no litoral. Sabe, às vezes eu me pergunto se eu deveria procurar, se deveria fazer alguma coisa... Ainda mais agora que eu soube desse problema da Martina... Ah, mãe, essa doença dela mexeu tanto comigo... – ela desabafou.

— Comigo também, filha... – reconheci.

— Foi quase como se a vida ameaçasse tirar minha filha de mim... Ela é tudo o que me restou do Matheus, mãe, tudo de mais valioso que eu tenho!...

— Não diga isso, Fênix! Sua filha é muito mais do que um pedaço de um amor da juventude! – zanguei com ela.

— Mas também é, mãe! Eu não tenho como negar isso! Já reparou como ela é parecida com ele? – ela me disse com os olhos já se enchendo de lágrimas outra vez.

— Ah, Fênix, no meu tempo, quando você era pequena, eu nunca pensei assim. Mas agora vendo você desse jeito... Por que você não tenta, filha? Se ele é assim tão importante para você, se...

— Não, mãe. Nem pense nisso agora também. Acho que você fez a coisa certa no passado, só hoje eu entendo. Não tem que procurar. Depois...Vai que ele se casou? Não! Deixa para lá, mãe. Eu não suportaria descobrir uma coisa dessas. Melhor ficar como está – ela finalmente se levantou, enxugando as lágrimas com o dorso das mãos. — Foi só um sonho, um minuto de delírio. Passou...

Eu, sinceramente, não sabia o que dizer. Nem estava mais acostumada a ver Fênix frágil assim. Ela me parecia sempre tão forte... Será que o tal doutor Lycopoddium também conseguia consertar essas coisas?, sem querer me perguntei, esquecendo até da raiva que eu sentira dele antes.

— Escute, estive pensando... eu hoje estava querendo ir até uma livraria lá no centro, aquela nova, enorme, que inaugurou esses dias! Cris me contou que lá tem cada livro maravilhoso de receitas! – rapidamente eu tive outra ideia.

– Lá vem você de novo, mãe! E para que você quer livro de receitas? Para desrespeitar de novo a dieta? – ela respondeu, sem me encarar, ainda fungando, enquanto procurava uma camisa no guarda-roupas.

– Ora essa! Você não queria que eu inventasse a tal comida para os pacientes psiquiátricos do seu filme? Para fazer isso, eu tenho que começar a pesquisar! – resolvi depressa, no intuito de animá-la.

– Sério, mãe? – ela finalmente sorriu, de novo limpando as lágrimas.

– Se eu estou falando!... Pensei de passarmos lá de tarde, quando você vier da faculdade, depois que tivermos pegado Martina na escola. O que você acha? – sugeri.

Fênix concordou, voltou até a pensar no filme, como eu queria. Naquele momento, nem imaginávamos que mais um aborrecimento nos esperaria na escola, quando chegássemos para buscar minha netinha.

– Como assim ela comeu bolo de cenoura com calda de chocolate e duas balinhas de coco? Minha filha não pode comer essas coisas! – protestou Fênix, indignada.

– É que o lanche da escola hoje foi... – tentou explicar a coordenadora. Ela nos chamara em sua sala especialmente para conversar sobre Martina.

– Eu não tenho nada a ver com o lanche da escola! Eu já avisei para todo mundo, já conversei até com a diretora! Minha filha é diabética, toma três injeções de insulina por dia! Não pode mais comer o lanche da escola! – não sei se em função do que acontecera de manhã, mas o fato é que Fênix estava bem mais nervosa do que de costume.

– Nós mandamos o lanche especial que ela tem que comer – procurei explicar de uma maneira mais calma.

– Nós sabemos disso! Tanto que, na hora do lanche, nós sempre procuramos tirar a Martina da sala um pouco antes, para que ela não fique com vontade de comer o que as outras crianças estão lanchando. Todos os dias, nós levamos sua neta para comer separadamente na cozinha e... – novamente a coordenadora tentou explicar o que tinha acontecido.

– Então como é que você vem me dizer que ela hoje comeu bolo de cenoura com calda de chocolate? E ainda mais duas balinhas! Isto é um veneno para a Martina! – novamente Fênix explodiu.

– A questão é que, antes de sair da sala, a Martina está pedindo às colegas para guardarem lanche para ela! – a coordenadora foi obrigada a falar um pouco mais alto para conseguir ser ouvida.

– O quê? – Fênix levou um susto.

Fechei os olhos angustiada. Eu faria exatamente a mesma coisa, se estivesse no lugar de Martina. Mas também compreendia a posição de minha filha.

– Como assim ela está pedindo às colegas para guardarem lanche para ela? – Fênix não conseguiu compreender tão de imediato.

– Ela pede para uma amiguinha esconder um pedaço de bolo para ela – eu mesma deduzi, me colocando no lugar de minha neta. – Mas a senhora tem certeza disso? – perguntei à coordenadora.

– Hoje, quando vimos a Martina com a boca toda suja de chocolate, nós começamos a perguntar na turma até que as crianças começaram a se entregar. A Martina é uma menina muito querida, várias crianças fizeram questão de guardar um pedaço de seu bolo para dar para ela, acharam que ela não estava podendo lanchar com todo mundo porque estava de castigo por alguma razão! Teve até uma coleguinha que trouxe as balas de casa, especialmente para dar a Martina, morrendo de pena porque a sua neta falou que a mãe dela não deixava mais ela comer balas – a coordenadora justificou com todo carinho.

– Meu Deus... – Fênix levou a mão à cabeça, sem saber mais o que dizer. – Está vendo só no que deu o seu exemplo, mãe? E agora, o que nós vamos fazer? Como vamos conseguir convencer a Martina de que ela não pode mais fazer isso? – novamente ela começou a perder o controle sobre si mesma.

– Procure ficar calma, Fênix – disse a coordenadora. – Assim como falamos com vocês, nós também conversamos com todas as crianças. Estamos pensando, inclusive, em conversar com todos os pais dos alunos da sala, na reunião marcada para a semana que vem, explicando o problema, pedindo para que eles conscientizem seus filhos de que não podem guardar mais comida para Martina. Isto é, se vocês não se importarem que a gente faça isto – ela fez questão de grifar.

Saímos da sala agradecidas e envergonhadas.

– Não briguem com a Martina! – ela nos recomendou. – Ela não fez por mal, faz parte do processo. Até porque, ela ainda é uma criança, não entende direito o que está acontecendo...

– É, eu sei disso – respondeu Fênix, vencida, arregalando os olhos em minha direção, como se de novo me acusasse.

Seguimos as três em silêncio, Fênix, Martina e eu, até a praça onde ficava a livraria.

– Mamãe, por que você está zangada comigo e com a vovó? Ainda é por causa do doce de leite? – Martina perguntou, sem nem se dar conta do que a coordenadora havia conversado conosco. – Eu nunca mais vou poder comer doce de leite?

Olhava para ela e percebia que aquela criança era pura ingenuidade, não tinha a menor noção do perigo a que se expunha com suas atitudes impensadas. "Vovó, o que é isso o que você está comendo?", sua vozinha me veio à lembrança, quase como uma advertência.

– Vovó, olhe! – ela finalmente quebrou o clima pesado entre nós. – O que é aquilo lá na praça? Vamos lá ver?

Só então reparamos que uma orquestra inteira estava disposta sobre um palanque na praça. Provavelmente, iria acontecer ali algum espetáculo, os músicos afinavam seus instrumentos antes de começar.

– Vamos? – ela insistiu com o seu sorrisinho irresistível, já esquecida até do doce de leite.

– Ainda precisamos passar na livraria – Fênix respondeu mal-humorada.

– A livraria fica aberta até mais tarde, vamos ver um pouquinho, filha! – insisti, já procurando com os olhos um lugar onde pudéssemos nos sentar.

Em instantes, para nosso total deslumbre, a orquestra começava a tocar. Não eram peças clássicas, mas adaptações de músicas atuais conhecidas por todos:

– A música da princesa Elsa! – observou Martina, reconhecendo os acordes da canção do filme que víramos juntas.

– O tema de *Harry Potter*! – Fênix identificou a melodia seguinte.

– É uma canção do George Harrisson! Se chama *All things must pass*... Ai, gente, eu ouvia tanto isso quando tinha sua idade, Fênix – relembrei quando começou a próxima. – "Tudo deve passar... Nada na vida pode durar pra sempre...Então, devo seguir meu caminho

E encarar um novo dia... A escuridão só fica durante a noite

De manhã vai desaparecer..." Não é linda esta letra?

Mesmo a música sendo orquestrada, era como se a letra continuasse embutida na melodia, na minha mente... Quando garota, eu tinha um caderno onde copiava as traduções das letras de todas as músicas de que eu gostava que não eram faladas em nosso idioma. De tanto ler e reler aquelas letras, havia decorado quase todas, com tradução e tudo. Senti profunda nostalgia desse tempo ouvindo de novo aquela canção!

– George Harrisson não é aquele cara dos Beatles que você chorou pra caramba quando morreu? – Fênix também se lembrou.

– Esse mesmo! – sorri. – Eu tenho... Quer dizer, eu tinha até um CD dele... ai! Não acredito! – suspirei quando a orquestra começou a tocar mais uma canção daquele tempo.

– Você também conhece essa? – estranhou Fênix.

– O George Harrisson gravou esta música! Se não me engano, é do Joe Brown! Chama-se *I'll see you in my dreams*!

Martina, a essas alturas, dormia no meu colo. Estava exausta depois de um dia de escola. Dormia sorrindo, a danadinha. Parecia até que continuava a ouvir a música.

– Que coisa linda, Fênix... – fiquei saboreando a melodia, agora tocada no trompete, com solo de bandolins ao fundo. – Não dá até vontade de dançar? – fiquei mexendo o corpo, com Martina no colo, ao ritmo da melodia.

Era como se aquelas canções despertassem em mim uma energia do passado, dos tempos em que ainda era apenas uma garota corajosa, sem medos ou receios, quando me sentia como uma princesa, vivendo em castelos de marzipã... Será que eu ainda trazia em mim ao menos um pouco da jovem que eu um dia fora?

– Sabe que eu acabo de ter uma grande ideia? – pela primeira vez os olhos de Fênix se iluminaram naquele dia. – E se eu conversasse com estes músicos? Se eles aceitassem tocar na trilha sonora do meu curta? Não seria o máximo?

O *show* estava terminando. Decidida, ela foi então até o palco conversar com o maestro e eu fiquei ainda um tempo sentada nas cadeiras segurando Martina no colo, olhando de longe o que acontecia.

Pelo entusiasmo do maestro, percebi que Fênix estava conseguindo o que queria. Os dois conversavam animadamente. O maestro fazia gestos, parecia até que já estava imaginando a música que tocaria no filme. Logo, outros músicos da orquestra também se juntaram à conversa. Fênix parecia muito empolgada, nem sei dizer da alegria que senti vendo minha filha refeita, conversando, tão senhora de si, com todos aqueles músicos.

Ela não era mais uma menina, a namoradinha que Matheus deixara no litoral quando um dia partira para o Canadá. Era agora uma mulher vivida, dona de um sorriso firme. Os cabelos recentemente repicados tinham lhe dado um ar moderno. Não é que ela estava mesmo com cara de cineasta?, de minha cadeira, fiquei admirando.

"Não é um ato de reconhecimento elevar o pensamento a Deus quando uma felicidade nos chega, um acidente é evitado, até mesmo quando uma contrariedade nos atinge somente de leve? Portanto, devemos sempre agradecer em pensamento: Obrigada meu Deus, bendito e abençoado seja por mais este auxílio",[85] lembrei do estudo de *O evangelho segundo o espiritismo* que Cris fizera na confecção naquela tarde e pensei, de todo o meu coração: "Obrigada, Senhor!"

Foi quando notei um detalhe interessante na roda que se formara no palco. Havia um rapaz jovem, segurando um violino, que agora conversava com Fênix. Ela ria quando ele falava, de repente ele a estava ensinando a segurar o seu violino. Interessante... Era como se ele só tivesse olhos para minha filha, como se alguma coisa mágica estivesse acontecendo entre eles ali, bem diante dos meus olhos.

---

85 Cf. *O evangelho segundo o espiritismo*, cap. 27, it. 22.

Fênix sorriu para ele antes de descer do palco. Ele ainda continuou sorrindo por um bom tempo, mesmo depois que ela se virou de costas.

– E então, filha? – perguntei, logo que ela chegou.

– Você acredita que o maestro aceitou de primeira? Que simpatia de pessoa, mãe! E o pessoal dos instrumentos, então? Fiquei encantada! Nunca imaginei que fossem tão legais os integrantes de uma orquestra! – ela parecia realmente maravilhada.

– Mas vocês já combinaram qual vai ser a trilha sonora? – eu perguntei curiosa.

– Ainda não. Fiquei de passar amanhã, depois do ensaio deles, para conversar. Imagine! O maestro disse que o *show* de hoje foi uma experiência nova que os músicos estão realizando. Eles fazem parte da Orquestra de Câmara do Theatro São Pedro, fazem concertos de música clássica pelo Brasil inteiro, mas agora estão também experimentando essa proposta de fazer arranjos clássicos para as músicas atuais!

Quando estava absorvida por uma nova ideia, Fênix falava sem parar. Do mesmo jeito como fazia Martina.

– E sabe o que é melhor? – ela continuou. – O maestro comentou que tem aulas de música de graça aos sábados, lá no Theatro São Pedro! Tem até uma turma para crianças! Estou querendo levar a Martina para conhecer. Você acha que ela iria gostar? – perguntou, fazendo um carinho nos cabelinhos da filha.

– Acho que sim, mas nossa! Quantas novidades boas! E pensar que foi a Martina quem descobriu que estava tendo este *show* aqui na praça! – comentei, enquanto caminhávamos em direção à livraria.

– Então! Acho que do jeito como eu estava, nem ia notar, se não fosse ela! – reconheceu Fênix. – Deixa eu segurar um pouquinho, mãe – ela pegou a menina dos meus braços, sem no entanto, parar de falar. – Mas agora, depois de ouvir todas essas músicas, estou me sentindo tão leve, tão...

– Tão arrebatada pela música! – defini para ela.

– Sabe que é isso mesmo? – ela sorriu, com os olhos distantes.

Era como se uma parte de Fênix tivesse continuado lá, guardando os instrumentos, desmontando o palco junto com os músicos.

– E aquele rapaz do violino? – eu já não aguentava mais de curiosidade de perguntar.

– Rapaz? Que rapaz? – Fênix se fez de boba.

Aí tem coisa!, pensei comigo. Do contrário, ela não faria tanta questão de fingir que nem havia notado. Era óbvio que ela estava disfarçando! Será que não tinha mesmo notado?

– Aquele que sorriu para você na hora em que desceu do palco! – insisti.

Pensei em dizer que ele tinha continuado sorrindo no momento em que ela desceu do palco e que tinha percebido que ele olhara ardentemente para ela o tempo todo em que estivera conversando com o maestro. Mas achei melhor não. Se eu dissesse isso a Fênix, ela provavelmente nem ia querer aparecer no Theatro no dia seguinte. Melhor deixar que ela mesmo percebesse que estava sendo paquerada. Aliás, era a primeira vez que ela observava alguma coisa em alguém, depois de tantos anos. E justo naquele dia, depois de toda aquela crise.

– Ah! O nome dele é Edgar. O maestro me apresentou. Chama-se Antônio, o maestro. Mãe, sabe que eu adorei essa orquestra! – ela repetiu.

– Você já disse isso, Fênix! – sorri divertida. – Então quer dizer que amanhã você ficou de ir ao Theatro – retomei o assunto, enquanto esperávamos para atravessar a rua.

– Ah, mãe... Sabe esse rapaz, o Edgar? Ele toca tudo quanto é instrumento de corda! Absolutamente todos! Ele disse que sabe tocar até harpa...

Fênix ainda continuava falando ,quando de repente fixei os olhos, chocada com algo que acabara de ver do outro lado da rua, sem conseguir ouvir mais nada. Não era possível! Entre as pessoas que esperavam o sinal fechar para atravessar, havia um homem, eu não conseguia ver direito, no meio da multidão, mas de longe podia jurar que era Zeca. Estava todo vestido de branco. Observando melhor, ele parecia mais magro do que Zeca. Havia, contudo, muita gente, e logo algumas pessoas se posicionaram na frente dele, impedindo minha visão.

– Mãe! O que deu em você? Nem estava ouvindo o que eu estava dizendo! – Fênix me cutucou.

O sinal abriu para os pedestres e a massa de pessoas atravessou a rua. O rapaz, porém, sumiu no meio deles enquanto Fênix falava comigo. Olhei em todas as direções, mas não o vi mais.

– Mãe! O que você está procurando? – ela reparou de novo.

– Nada... nada – voltei a mim mesma. – É que pensei ter visto uma pessoa conhecida... Mas não era não...

Deve ter sido só uma impressão, pensei comigo depois. É claro que não podia ser ele. Afinal, o que o Zeca estaria fazendo em Porto Alegre? Ainda por cima, todo vestido de branco! Zeca... Com toda certeza, ele deveria estar muito longe dali – disse a mim mesma.

5

— Achei! Eu não acredito! Eu achei! – exclamei em polvorosa. Depois de dias e dias procurando em livrarias e *sites* da *internet*, finalmente havia encontrado um *site* de psiquiatria que continha exatamente o de que eu estava precisando para trabalhar no projeto do curta metragem de Fênix: "Alimentação saudável para enfermos mentais: um modelo integrado de dieta".

— O que é isto o que você está imprimindo, vó? – Martina não compreendia o porquê de tanta euforia por causa de uma página no computador.

— Tina, isso aqui é a receita para o sucesso do filme de sua mãe! – comemorei, tirando da impressora a primeira página.

— É uma aula de roteiro? – a pobrezinha imaginou.

— Não, querida! É a explicação de como a gente pode fazer uma porção de comidas muito legais para pessoas que prejudicaram os neurônios, pessoas que estão precisando fazer o cérebro funcionar melhor – tentei explicar de um jeito que ela pudesse entender. – Mais do que isso: uma dieta capaz de trazer um pouco de alegria e serenidade para essas pessoas! – disse, olhando orgulhosa para o maço de páginas que agora tinha nas mãos.

— Vai servir para a gente também? – Martina mostrou-se curiosa. – A gente precisa dar um jeito de encontrar algumas coisas com o mesmo gosto de doce de leite e bolo de chocolate, porque a mamãe falou que eu e você não podemos comer essas coisas de jeito nenhum! Nem guardando segredo...

Olhei para minha neta enternecida. Ela não imaginava o quanto eu sabia, o quanto entendia o que ela estava dizendo...

— Não está exatamente aqui neste estudo que a vovó está imprimindo agora, mas a vovó vai dar um jeito...

— Você promete? – ela ainda perguntou.

— Prometo, querida... – concordei, mesmo sabendo o quanto seria difícil cumprir aquela promessa.

– Olha isso aqui! – mais tarde mostrei a Fênix. – "As necessidades alimentícias das pessoas diagnosticadas com enfermidades mentais não diferem especialmente com a alimentação saudável recomendada ao resto da população. Não obstante, é importante destacar que certos nutrientes podem ajudar a melhorar sinais e sintomas de certas enfermidades mentais, conseguindo, inclusive potencializar a ação de alguns medicamentos ou diminuir efeitos colaterais. Alguns estudos demonstram que a alimentação tem uma relação direta com o padecimento de certas enfermidades mentais, visto que estas pessoas apresentam carências, em sua grande maioria, de nutrientes que vão ser importantes para que o cérebro funcione adequadamente" – li para ela a primeira página da pequena apostila que havia extraído do *site* de psiquiatria que encontrara na *internet*.[86]

– Mãe, mas isso é fantástico! Se você pensar que tudo partiu de uma ideia ficcional!!! Este estudo, além de te dar uma noção, um norteamento mais correto para trabalhar nas receitas, vai dar como se fosse assim um atestado de veracidade, todo um fundamento para o meu filme! – minha filha também comemorou emocionada. – Nem sei como te agradecer por esta parceria...

Foram duas semanas intensas de estudo. Aprendi sobre os neurotransmissores que compõem o sistema nervoso, sobre os nutrientes importantes para sua formação, sobre os alimentos que contém esses aminoácidos. E ainda o que uma pessoa precisa comer para atenuar os efeitos de uma depressão; a importância dos carboidratos e proteínas; o que fazer para incrementar o funcionamento dos sistemas enzimáticos; fiz todo um levantamento dos alimentos recomendados para essas finalidades. Minha autoestima foi aos pincaros!

Em seguida, comecei a procurar receitas que contivessem aqueles alimentos, pratos visualmente atraentes que pudessem ser preparados com aqueles ingredientes, possíveis adaptações nas receitas já existentes.

– Pensei em uma mesa bem grande de madeira no refeitório dos internos. No centro, colocamos uma tábua com as folhas, vegetais e legumes indicados... – visualizei.

– Quais exatamente, mãe? – Fênix anotava tudo para poder providenciar.

– Vou querer pepino, alfaces variados, couve, salsa, rúcula... Deixa ver o que mais... – eu tinha uma imagem na cabeça, quase como se fosse um desses quadros famosos de natureza morta. – Vou querer também cenouras, daquelas bem magrinhas, amarradas do jeito que se colhe, brócolis japonês, limões, tomates-cereja, nabo, cebolas, radiche, pepino... Ah! E quero uma acelga, vagens, rabanetes, caquis, amoras e *blueberrys*... Vamos fazer um arranjo com tudo isso, dispor de uma tal maneira que todo mundo que veja fique com vontade de comer...

---

[86] *In*: García, Manuel Eduardo Ruiz e Marisol Martínez Megías. *La alimentación saludable em enfermos mentais:um modelo integrado de dieta*. 10º Congresso Virtual de Psiquiatria. Interpsiquis, Febrero 2009. Psiquiatria.com

— Sabe que você está me saindo melhor do que a encomenda? — Fênix brincou, sem parar de escrever tudo o que eu dizia.

— Na outra tábua vou querer pães... Dos mais variados formatos, todos integrais, feitos com azeite extravirgem e bastante fibra solúvel, muito importante para o bom funcionamento do organismo... — eu literalmente viajava na cena.

— Pensei em colocar já algum prato na mesa quando eles entrassem — disse Fênix —, algo tipo uma entrada, que já de cara os impressionasse, o que você acha?

— Perfeito! Já sei até o que usar. Vamos colocar pratos pequenos, bem coloridos: três fatias de pão integral de azeite no fundo, tirinhas de manga; uma salada feita com rodelas de banana, rodelas de queijo branco, *blueberrys* e framboesas para enfeitar... Tudo coberto com mel, com uma folhinha de hortelã espetada para dar mais vida ao prato...

— Certo... — Fênix continuava a anotar freneticamente. — E o prato principal?

— Pensei em um garçom entrando com uma bandeja bem comprida... Uma bandeja com um peixe assado maravilhoso no meio, com ovos cozidos e frutos secos em volta... E outro garçom, vindo do outro lado, trazendo uma carne assada, bem suculenta, com vários tipos de queijos ao redor... Proteína é fundamental para reconstruir os neurônios!... Uma travessa de arroz com lentilhas, outra só de grão de bico... Grão de bico é importantíssimo! Você sabia que o grão de bico também é chamado de grão da felicidade? Dizem as pesquisas que seu consumo constante é capaz de estimular a produção de serotonina e até reduzir o *stress*. Além disso ele possui uma substância, um aminoácido essencial chamado triptofano, contido também no chocolate! — expliquei.

— Desse jeito você vai acabar virando uma nutricionista, dona Babete! — sorriu Fênix. — Estou achando tudo isso o máximo! E o que eles vão beber?

— Por incrível que pareça, água. Servida em jarras transparentes. Lindas! Todos saboreando como se fosse o néctar mais precioso do universo... Água é indispensável em qualquer processo de recuperação e reequilíbrio do corpo...

Estava tão maravilhada com todas aquelas descobertas que há dias não conseguia pensar em outra coisa. Era quase como se eu estivesse vivendo dentro daquele filme, ainda em processo de produção.

Naquela noite, quando entrei na cozinha, me sentia a pessoa mais feliz e especial do mundo com as minhas descobertas. Olhei para uma bacia de grãos de bico que havia deixado de molho para o almoço do dia seguinte e lembrei do pedido de minha neta. Olhei de novo para o pote de grãos de bico. Por melhores que fossem, segundo a ciência, por mais que contivessem as mesmas substâncias que uma barra de chocolate, como fazer um delicioso bolo para uma criança com eles?

Fui a nocaute... O pior de tudo é que eu havia estudado tanto sobre alimentos, sobre as propriedades, sobre a ação de cada vitamina sobre cada órgão. Não conseguia entender por que a minha cabeça, o meu organismo continuava a desejar tudo o que eu não podia comer...

Todos pensavam que eu não seguia a dieta do diabetes porque era "sem vergonha", porque queria desafiar os médicos. Mas não era nada disso. Dentro de mim havia uma luta tão grande, tão intensa, que eu muitas vezes ficava deprimida só de pensar.

Abri sorrateiramente o armário onde guardava temperos e tirei de uma latinha fechada um pacote de cubinhos de doce de leite, que eu mantinha escondida debaixo de uma porção de saquinhos contendo chá natural.

Devorei oito docinhos. Tão depressa que eu mal consegui sentir o gosto. Depois de tanto estudar, era quase como se fizesse isso escondida de mim mesma. Em seguida, fui para o quarto com um terrível sentimento de culpa. Toda alegria pelo contentamento de Fênix e até mesmo pelo orgulho que sentira de mim mesma por ter conseguido realizar toda aquela pesquisa se esvaíra por completo. Sentia-me como a pior pessoa do mundo.

– O que você estava fazendo, vovó? – perguntou Martina, que agora só queria dormir na minha cama.

– Estava tomando o chá que o médico me receitou – menti, morrendo de vergonha de mim mesma por mais este deslize.

– Chá de quê? – ela perguntou curiosa.

Eu simplesmente não consegui responder. Engasguei, todos os nomes de chá sumiram da minha mente como que por encanto. Branco total.

– Por que você está me perguntando isso? – reagi irritada. – Mania que todo mundo tem de ficar controlando a minha vida! Até você agora? – apaguei a luz e entrei aborrecida sob as cobertas.

Martina não disse nada. Só alguns minutos depois, percebi que ela estava chorando sentida, com a cabeça enfiada no travesseirinho. Era a punhalada final: eu era mesmo um monstro, pensei, sentindo muito, mas muito arrependimento.

– Martina, desculpa a vovó... eu não queria magoar você... É que eu estava nervosa. Por favor, eu não devia ter falado assim com você... Me perdoe...

Ela apenas sacudiu a cabecinha em sinal afirmativo. Dormiu aninhada no meu peito. Eu não tinha coragem nem de tirar meu braço dormente debaixo dela para não acordá-la. Acabei demorando muito para pegar no sono. A culpa me era indigesta.

Quando finalmente adormeci, tive um sonho incomum, diferente de todos os que eu costumava ter usualmente. Um sonho tão estranho que custei a crer que tudo aquilo não fosse mera alucinação da minha cabeça, em meio a todos os problemas que estava vivendo.

6

No sonho, eu estava chorando, agachada, num canto da cozinha. Parecia até a Martina. Sentia-me como uma criança envergonhada de si mesma. Segurava, contudo, nas mãos, o pacote cheio de doces de leite. Aparecia então o meu pai, há tantos anos falecido. No sonho ele era tão real que era como se estivesse ali de verdade, como se jamais houvesse desencarnado – como Cris me ensinara a dizer.

– Não se culpe tanto, minha filha... – ele falava, me levantando do chão. – Você precisa entender que tudo na nossa vida é um processo. Ninguém evolui aos saltos, da noite para o dia só porque teve acesso a novas informações...

Eu olhava para ele, apenas piscava os olhos em sinal de agradecimento por sua preocupação. Engraçado que no sonho, o tempo todo, nós nos comunicávamos pelo olhar, pela mente, não sei como explicar direito. Conversávamos sem abrir a boca!

– Conhecer é muito diferente de aprender. E aprender leva tempo, é como as sementes que germinam na terra, a chuva que se forma nos céus... É necessário que muitas gotas de água se juntem até que efetivamente a tempestade se faça...

– Aprender e conhecer... Eu não consigo entender a diferença – eu disse a ele com o olhar.

– É como um aluno que vai à escola. Em sua classe, a professora ensina tudo sobre higiene: é preciso tomar banho todos os dias, escovar os dentes, cortar as unhas, pentear os cabelos. Ele estuda em casa, interpreta as gravuras; no dia da prova, tira nota máxima, porque acertou todas as questões. Todavia, de volta para casa, a mãe briga com ele porque não faz nada daquilo que escreveu na prova: não escova os dentes, não gosta de tomar banho, não quer cortar as unhas e muito menos pentear os cabelos. Só acontece o aprendizado quando conseguimos colocar em prática, naturalmente, aquilo que nos foi ensinado; quando aquele conceito implica em mudança lenta e gradual na sua vida, na sua maneira de proceder – explicou ele.

– O problema é justamente esse! Eu não consigo colocar nada em prática! Não dou conta da minha falta de disciplina! – desabafei. – Por que eu não consigo, pai?

– Estamos em processo de reeducação, minha filha, depois de bilhões de anos vivendo na animalidade, necessitando acreditar em nós mesmos, na nossa própria capacidade de enxergar as matrizes das virtudes divinas que trazemos em nós e reestruturar nossos conceitos de forma a consolidá-las definitivamente no nosso ser – ele observou.

– Tudo isso ainda é tão complicado para mim, papai... Como é que eu faço para entender melhor essas coisas? – perguntei com sinceridade.

– Vem comigo... – ele convidou.

Me vi então em outro ambiente, onde havia uma mesa grande cheia de livros e várias pessoas ao redor. Pareciam estar todos estudando. Para minha surpresa, notei que o dr. J. B. Lycopoddium estava entre eles e também a Cris, que parecia concentrada na leitura de uma página.

– Durante o sono físico, alguns espíritos conseguem se manter em sintonia com os ideais elevados e vêm continuar seus estudos em locais como esse, aonde são trazidos por seus amigos espirituais – meu pai explicou. – Pessoalmente, estou gostando muito de participar deste grupo, que, aliás, está bem próximo de você.

Eu me sentia completamente boquiaberta com tudo aquilo. Cris me cumprimentou de longe, mas não da maneira esfuziante e espalhafatosa como costumava fazer quando nos encontrávamos no dia a dia; o dr. J. B. também fez um sinal discreto quando me viu. Sentei-me então com eles, juntamente com meu pai.

"Enquanto dormes" – leu uma das pessoas presentes, um rapaz de aparência bem jovem. – "E ele, despertando, repreendeu o vento e disse ao mar: Acalma-te, emudece! O vento se aquietou e fez-se grande bonança", do *Evangelho* de Marcos, capítulo quatro, versículo 39. Todos ouviam atenta e silenciosamente à leitura. Em seguida, o mesmo rapaz tomou a palavra, como se naquela ocasião fosse ele o coordenador do grupo.

– De todo o texto, eu destaquei esta parte aqui – ele enfatizou:

"É quando te encontras invigilante que o vendaval da prova começa a fazer naufragar a embarcação de tua vida. (...) Enquanto o teu espírito dorme, sem maior consciência de si, conspiram contra o teu progresso aqueles que desejam mantê-lo hibernado indefinidamente. São os que agem à sombra do comodismo espiritual em que te entregas a infrutíferos devaneios e a sonhos que se eternizam em pesadelos"[87] – leu de novo no livro que tinha nas mãos.

– Vocês observaram que a tempestade, os ventos, a tormenta, tudo o que desestabiliza os apóstolos no trecho evangélico pode ser interpretado como um reflexo das inseguranças do nosso mundo íntimo?"

– Por que ele fala "enquanto teu espírito dorme"? Minhas maiores inquietações acontecem quando estou acordada mesmo! – observei.

– O dormir aqui no texto também tem um significado simbólico. Simboliza o nosso espírito ainda desatento, que não acordou para suas reais necessidades, de forma a efetivamente conseguir ultrapassar o estágio de dor e de sofrimento em que se encontra – esclareceu o dr. J. B.

– Mas então isso que vocês chamam de espírito funciona de uma maneira independente do meu cérebro? – questionei.

– O espírito nunca fica inativo. Durante o sono, os laços que o prendem ao corpo se relaxam e, como o corpo não precisa do espírito, ele percorre o espaço e entra em relação mais direta com outros espíritos, vivendo segundo sua vontade –[88] respondeu a senhora ao lado de Cris.

– E por que é que, muitas vezes, quando despertos, decidimos uma série de coisas que não queremos mais fazer, com base em tudo o que nós estudamos e aprendemos, mas, quando vamos dormir, muitas vezes sonhamos que estamos fazendo justamente o oposto? Eu, por exemplo, muitas vezes orei, antes de deitar, para vir participar deste grupo de estudos enquanto meu corpo estivesse em repouso, e, no entanto, ao sair do corpo físico, não é sempre que consigo chegar aqui. Muitas vezes até, ao invés disso, acabo sonhando que estou me embebedando com amigos, coisa que há anos não faço enquanto desperto. Por que isto acontece? – questionou um senhor de nome Mário, que eu também não conhecia.

– Às vezes temos acesso a muitas informações na vida prática, mas o fato de aprender alguma coisa não significa necessariamente que isso foi consolidado dentro da pessoa como conhecimento adquirido e sedimentado. Assim, se no seu dia a dia de encarnado você chegou à conclusão de que não deve mais beber, aprendeu que isto não faz bem para o seu corpo físico, mas se ainda não assimilou verdadeiramente esse valor dentro de você, o seu espírito vai continuar sentindo vontade de beber, porque todos os vícios, todos os maus procedimentos continuam gravados nas nossas camadas mais sutis – acrescentou meu pai.

– A natureza sutil e energética do corpo espiritual ou perispírito, é constituído por matéria de frequência energética situada além da faixa

---

[87] *In*: *Ramos da videira*. Carlos Baccelli, Irmão José. Uberaba, MG: Livraria Espírita Edições "Pedro e Paulo", 2002, cap. 5, p. 21.
[88] Cf. *O livro dos espíritos*, cap.8, questões 400 a 412.

normal de percepção humana, torna-o extremamente sensível aos fatores externos e internos, gravando, em sua própria estrutura astral, todas as informações produzidas pela experiência do espírito, encarnado ou desencarnado, atuando sobre o dinamismo de seus centros energéticos – acrescentou Augustus.

– No perispírito ficam registrados e armazenados todos os valores transitórios do ser, preconceitos, escolhas, vivências, enfim, tudo aquilo que pode ser modificado ou substituído à medida em que o ser espiritual evolui – lembrou meu pai.

– Todas as funções puramente físicas ou glandulares que determinam de maneira básica os estados de saúde ou as condições psicológicas enfermas dos indivíduos, enquanto na carne, trazem suas raízes na atividade das células e dos órgãos do corpo perispiritual, que se refletem no corpo físico –[89] lembrou ainda a senhora ao lado de Cris, a qual parecia estar ali na mesma condição de meu pai.

– O detalhe é que determinados pensamentos ou posicionamentos íntimos desequilibrados atraem para o corpo espiritual matéria astral ou mental de igual teor e intensidade – advertiu Augustus.

– Seriam os chamados obsessores, os espíritos desencarnados ainda em desequilíbrio que se sintonizam conosco? – deduziu Cris.

– Para compreender melhor isso, precisamos entender um pouco mais sobre as camadas que revestem o ser – continuou Augustus.

– Como assim? – eu não compreendi.

– A alma é a força atuante e pensante, que não podemos conceber isolada da matéria senão como uma abstração. Revestida de seu envoltório fluídico, a alma constitui o ser chamado espírito. Quando revestida, além disso, do envoltório corpóreo, constitui o homem.[90]

– São muitas as camadas que revestem a alma. Contudo, para entendimento imediato, basta a noção de que o corpo espiritual ou perispírito é protegido por outro envoltório fluídico, também chamado de duplo etérico ou corpo vital, que é uma espécie de duplicação da forma humana. Uma duplicata energética do indivíduo, interpenetrando o seu corpo físico, ao mesmo tempo em que parece dele emergir. Por sua constituição delicada, de

---

[89] Segundo Melo, Jacob, em *O passe: seu estudo, suas técnicas, sua prática*. RIJ: FEB, 2004,, cap. 4), "podemos considerar o duplo etérico como uma extensão do perispírito e não necessariamente um agente destacado e independente daquele; seria como que uma das capas do perispírito que, por suas funções de interligação do perispírito propriamente dito com o corpo físico, retém uma maior quantidade fluídica de consistência organo-molecular (fisiológica) que psíquica. Citado em *O espiritismo de a a z*, verbete "duplo etérico".
[90] Conforme afirma Kardec na *Revista Espírita* de março de 1866 e em *O que é o espiritismo*, segunda parte, cap. 2, it. 14.

natureza material mais sutil, de grande sensibilidade, é altamente influenciável e se ressente, em sua estrutura íntima, do comportamento equilibrado ou não, no que tange às virtudes e/ou viciações do indivíduo –[91] explicitou a senhora ao lado de Cris.

– Ele funciona para o ser encarnado como um manto protetor ou uma tela eterizada que impede o contato constante e sem barreiras com o mundo astral – detalhou meu pai.

– Assim como a camada de ozônio que reveste o planeta? – imaginou o rapaz que iniciara o estudo.

– É uma ótima comparação. Quando, por meio de seus desregramentos e vícios, o ser passa a consumir substâncias prejudiciais a sua saúde ou quando tem comportamentos abusivos na esfera da moralidade, ele literalmente bombardeia a sensível tessitura do duplo, queimando-lhe e envenenando-lhe as células etéricas, criando nele verdadeiras brechas, através das quais penetram comunidades de larvas e vícios do subplano astral, comumente utilizadas por inteligências sombrias para facilitar-lhes o domínio sobre o homem, favorecendo também, com estas brechas, o assédio mais intenso das consciências vulgares desencarnadas que usam o ser encarnado para saciar sua fome e sede de elementos materiais – detalhou o ancião Augustus.

– Quer dizer então que esses seres desencarnados podem também se aproveitar dessas brechas para usar drogas, bebidas e até para comer junto com uma pessoa? – concluí estarrecida.

– Perfeitamente. Afinal, assim como sente falta da bebida e da droga no plano astral, os seres que se condicionaram ao hábito da gula ou de qualquer excesso ou desvio de comportamento, através do jogo, sexo, ou mesmo compras, de forma a tentar saciar, compulsivamente, as suas mais íntimas frustrações, vão querer continuar fazendo o mesmo quando desencarnam, necessitando para isso de companheiros encarnados que se sintonizem com eles, oferecendo, literalmente, as brechas necessárias para que esse parasitismo seja possível – esclareceu Augustus.

Eu estava chocada com aquela informação

– Meu Deus! Então é isso o que Jesus quer quando fala da tempestade que surpreende os apóstolos? – inferiu o rapaz do início.

– Sim, a tempestade e a ventania simbolizam os nossos conflitos internos, assim como a água que invade a embarcação é uma referência aos muitos problemas criados por nós em função destes mesmos conflitos – confirmou Augustus.

---

[91] Sobre duplo etérico ver *Evolução em dois mundos*, André Luiz/ Chico Xavier, parte 1, cap. 17 e tb. *O espiritismo de a a z*, onde estão listadas, por assunto, todas as obras onde este vocábulo é mencionado e explicado nos textos espíritas.

– Por isso que o texto que estamos estudando fala que, enquanto dormimos, sem consciência de nós mesmos, conspiram contra o nosso progresso aqueles que desejam nos manter hibernados indefinidamente – refletiu Cris.

– Eu acho que o mais importante é este trecho aqui – opinou Mário: "Quando, todavia, acordas de tua secular letargia e tomas posse de tua vida, a paz, que não conheces por fora, se te instala no âmago do ser"... O sentimento de paz, de plenitude é o coroamento de toda esta luta. E que luta...

– Sim, como diz o último parágrafo, é preciso assumir "o controle dos próprios pensamentos para que desafetos de outras eras não te surpreendam fora da proteção do Senhor e te façam naufragar em tuas esperanças – destacou o doutor Lycopoddium, que até então se mantivera apenas observando o diálogo.

– Esperem um pouco! Mas como é que eu vou fazer para vencer as más tendências que ainda existem dentro de mim? – retomei a palavra.

– Como vimos, não basta o simples conhecimento teórico de tal realidade se não transmutarmos o nosso ser através da experiência alquímica da renovação moral. Conhecimento não é saber. E para que efetivamente se edifique este saber, e consequentemente o equilíbrio interior, a que chamamos de estado saudável de existir, dependemos única e exclusivamente de nós próprios: é imprescindível vontade e esforço para atingir tal condição – observou meu pai.

– E perseverança também. Afinal, a mudança íntima ou reformulação moral, quando adotada pelo indivíduo, pouco a pouco, à medida em que vai se consolidando, exerce seu efeito por todo o sistema vibracional de nosso corpo espiritual – acrescentou a senhora ao lado de Cris.

Na manhã seguinte, ao despertar, eu me lembrava de tudo isso com incrível nitidez, embora sem atinar ainda para a profundidade e o alcance de todas aquelas sementes que haviam sido plantadas em mim. Naquele momento, quando havia tido apenas um primeiro contato com todos aqueles conceitos ainda tão confusos para o meu ser transitório, minha mente consciente só conseguia se focar em um pequeno detalhe, que tinham sido as últimas palavras que ouvira de meu pai quando este me trouxera de volta ao quarto onde meu corpo físico continuava adormecido ao lado de Martina.

– Pai... E quanto ao Zeca? Por que precisei passar por tudo isso? Onde ele está?

– Ele está mais perto do que você imagina, Babete. Mas não se preocupe. No momento certo, quando os dois estiverem preparados, vocês irão se encontrar – ele disse, despedindo-se de mim com beijo na testa como sempre antes fazia.[92]

---

[92] Todas as informações contidas neste capítulo a respeito de nossa realidade espiritual, de nossos diferentes níveis de consciência e envoltórios foram extraídas do livro *Medicina da*

Durante todo aquele dia, apesar da agradável sensação que me traziam aquelas lembranças, não me senti muito bem. O tempo todo aquela sensação de fraqueza e cansaço; não conseguia fazer nada direito. Medi a glicose e percebi que estava um pouco acima do normal. "Tudo bem", pensei. "Deve ter sido porque comi muito bolo ontem. Vou fazer hoje a dieta direitinho, logo voltará ao normal". O que mais me angustiava, porém, era uma espécie de borramento visual. Eu não conseguia enxergar direito, parecia que a visão tinha se alterado de um dia para o outro. Será que eu tinha ficado míope?

À noite, Fênix chegou em casa com uma incrível novidade:

– Meu projeto foi aceito, mãe! Os professores do departamento aprovaram o roteiro! Amanhã começamos as gravações no hospital psiquiátrico!

A alegria foi tanta que eu nem quis comentar nada sobre o meu mal-estar. Com certeza, logo tudo aquilo iria passar.

---

alma, de Joseph Gleber (*op. cit.*, caps. 3, 4, 5 e 6; e da explanação feita por Leda Maria Reis no seminário sobre o programa Renascer, realizado no Hospital Espírita André Luiz entre os dias 24 e 25 de maio de 2014.

— Mãe, o pessoal da orquestra me chamou para comer *pizza* com eles... – nem bem atendi ao telefone e ela já foi logo dizendo.
– Nossa, Fênix! Até que enfim você deu notícias! Estou há horas ligando para o seu celular e só dá fora de área! – respondi preocupada.
– É que a gente estava no ensaio, tive que desligar o aparelho... Mãe... O que eu faço?
Há tempos ela estava naquele terrível dilema. Quase todos os dias, depois das filmagens, tinha ensaio da trilha sonora na orquestra. Só depois de encerradas todas as gravações, iriam inserir finalmente a música no curta. A questão é que o tal Edgar já não sabia mais o que fazer para conquistar minha filha e ela, morrendo de medo, arranjava uma desculpa atrás da outra para não ir a lugar nenhum – sozinha ou fora do Theatro São Pedro – com ele.
– Fênix, você está ou não está gostando desse rapaz? – perguntei, pela milésima vez, ao telefone.
– Eu... estou mãe! Quer dizer... acho que sim... – ela respondeu bem baixinho para que ninguém ouvisse. – Ai, você sabe o que eu sinto... A questão é que eu estou morrendo de medo...
– Medo de quê, Fênix? – eu não conseguia entender.
Ela ficou um tempo em silêncio, sem responder. Não sei bem se estava pensando ou se era porque tinha alguém passando perto e ela não queria falar. Ao fundo, ainda dava para ouvir alguns instrumentos tocando, risadas, falatório.
– De tudo, mãe! – respondeu por fim.
– Tudo o quê, Fênix?
– Ah, mãe... Eu nunca mais beijei ninguém... Nem sei o que a gente faz numa situação dessas! E se eu me apaixonar por ele, mãe?

— E o que é que tem isso, filha? Que coisa boa a gente se apaixonar por alguém que também está gostando da gente! – argumentei.

— A Martina já dormiu? – ela pareceu querer mudar de assunto.

— Já. Chegou exausta da escola, jantou e apagou. Fênix, falando sério, dê uma chance ao Edgar! – insisti.

— Ah, mãe... Você fica falando essas coisas... E se ele não estiver a fim de mim? – ela cogitou, sempre desconfiada.

— Se não estiver, como, Fênix? – eu já estava começando a perder a paciência com todo aquele drama. – O rapaz liga para você dez vezes por dia, vai até buscar sua filha na escola, só para te encontrar! Ele até te mandou flores no dia das mães, o que você quer mais?

— Queria que tivesse mandado no dia dos namorados! – ela reclamou.

— Então namora ele, ora essa! – respondi de rompante.

— Para você é tudo muito fácil, né mãe? Eu já sei! É sempre a mesma coisa! Você nunca fica do meu lado! Nunca me entende!

— Fênix, espera! Não é nada disso! Eu... – ainda tentei dizer.

Mas não teve jeito. Ela desligou aborrecida. Acho que estava zangada com ela mesma, com a sua falta de coragem para tomar uma decisão. Só que também não estava certo eu dizer para ela o que tinha que fazer. Depois, se por acaso não desse certo, ela ia dizer: "Está vendo? Deu errado por sua culpa! Você que mandou eu fazer isso ou aquilo!"

Fiquei tão nervosa que resolvi fazer um bolo. Já tinha algum tempo que eu não fazia nenhuma extravagância, o olho até voltara ao normal, depois de uns quinze dias de alteração. Estava enxergando tudo sem qualquer borramento, nem parecia que eu tinha tido aquilo. "Eu devo ter machucado a vista e nem percebi", imaginei, depois que tudo passou.

Enquanto batia o bolo, eu não conseguia parar de pensar em Fênix. Queria ser uma pulguinha para estar ao lado dela naquele instante! Sim, eu percebia que era chegada a hora de minha filha dar mais um passo no caminho de seu amadurecimento. Ela crescera como mãe, estava se destacando no caminho profissional, mas não se resolvera emocionalmente.

Coloquei o bolo no forno e ainda fiquei um tempo ansiosa, rodando em volta do telefone, esperando que ela ligasse de novo. Mas ela não ligou. Fazia já uns cinco meses que eles estavam nesse enrosco.

Entrei na cozinha e, num impulso, abri um pacote de biscoitos, para ficar beliscando enquanto esperava o bolo ficar pronto. Não eram exatamente biscoitos, era uma receita especial, mais um presente do Edgar. O nome certo era pão húngaro, torradinhas muito fininhas, parecia até uma *pizza* branca, só que feita com fibras e gergelim.

Que amor o Edgar, que rapaz fora do comum! Sabendo do meu problema, vivia preocupado em me trazer opções alternativas para o lanche. Ele seguia uma alimentação diferente, chamada vegana. Não era por nenhuma questão de doença, mas por ideologia. Não havia casos de diabetes próximos a ele na família, nada que o obrigasse a tal sacrifício. Às vezes eu pensava que Edgar devia ser um espírito especialmente evoluído, por fazer voluntariamente esta opção radical e ainda influenciar outras pessoas com sua escolha.

– Mas nunca na sua vida você comeu nenhum tipo de carne? – eu, que nunca havia passado sem um bom bifinho, certa vez cheguei a lhe perguntar.

– Comi quando criança, mas nunca me senti bem mastigando carne. Sempre sentia que doía muito o meu dente, eu sempre ficava pensando que um animal tinha morrido para que eu pudesse me alimentar. Depois, quando fiquei adolescente e comecei a ler sobre como os animais eram mortos e preparados até chegarem a nossa mesa, passei a não querer comer mais – ele comentou com simplicidade.

– Mas a sua mãe, a sua família, eles nunca acharam estranha essa sua postura? – fiquei curiosa em saber.

– No princípio, sim. Mas com o tempo eles foram se acostumando; eu sempre levava muitas coisas para eles lerem sobre o assunto. Hoje em dia, somos todos adeptos desta alimentação – contou.

Edgar explicou que o vegano necessariamente é um vegetariano estrito. Mas, além disso, ele não consome nada de origem animal ou que advenha de exploração animal. Nesse item, incluem-se artigos de limpeza, higiene, beleza e todos os tipos de produtos alimentares que sejam testados em animais (ou produzidos por empresas que testam quaisquer produtos, há um pouco de divergência quanto a isso), peles, pelos, lã, tudo que leve qualquer derivado animal.

– O vegetarianismo é uma conduta meramente alimentar, que pode ter vários motivos, desde simplesmente não gostar de carnes, passando por questões éticas, espirituais, religiosas, de saúde, de higiene e até ambientais. Já o veganismo é necessariamente uma conduta ética, pautada não só na questão alimentar, mas também no consumo em geral. Você ainda vai ouvir muitos vegetarianos estritos se denominando veganos, simplesmente porque assim é mais fácil das pessoas entenderem que eles não comem ovos, nem leite. No entanto, na concepção vegana legítima, respeitar os animais significa não matá-los ou explorá-los sob nenhuma hipótese – ele chegou a nos esclarecer, numa das primeiras vezes em que esteve em nossa casa.

Ele passava por lá quase todos os finais de semana, cada vez com uma desculpa diferente. Para mostrar uma nova canção para Fênix, para levar um CD, para pegar um livro emprestado, para trazer para nós um alimento diferente. Ou então para apresentar a ela um novo instrumento de corda – o pai dele era um colecionador, tinha em casa uma variedade imensa de bandolins, violões, violas de gamba e até uma mini-harpa, que encantou Fênix. Mas, mesmo nessas ocasiões, Fênix sempre tinha o cuidado de nunca ficar sozinha com ele. Houve um dia em que eu não estava em casa, nem Martina, e ela ligou para Cris implorando para que fosse até lá, sob um pretexto qualquer.

Por sinal, na primeira ocasião em que Edgar nos visitou, me senti numa situação bastante delicada. Tudo o que nós oferecíamos para ele não estava de acordo com o que ele costumava comer. Era hora do almoço, eu tinha feito até bastante coisa naquele final de semana, mas o Edgar comeu apenas a salada de alface e tomate que eu tinha colocado na mesa. Havia outros legumes, mas a couve-flor era à milanesa e o chuchu, eu tinha incrementado com molho branco e queijo ralado. Como eu não sabia ainda sobre os detalhes da alimentação dele, ainda caí da burrice de oferecer se não queria um ovo estalado! Imagine, oferecer um ovo frito na manteiga para um vegano!

Mas ele era tão espontâneo que nem se aborreceu. Aos poucos, foi me explicando sobre a dieta dele, descobri que eles têm até umas receitas bem interessantes. Nem todas são exatamente ideais para um diabético radical, porque levam açúcar mascavo. Além disso, eles não têm problemas com carboidratos, só não aceitam que se coloquem ovos, manteiga, leite, nada de origem animal nas receitas. Comem até macarrão e lasanha!

Na minha opinião, Edgar é um rapaz adorável em todos os aspectos. Nem mesmo a comida exótica dele me incomoda. Ainda por cima, tem uns olhos azuis lindos, que até lembram os do meu pai. É formado em música e arqueologia. Além de tocar na Orquestra do Theatro São Pedro, é também funcionário do Museu Histórico, onde pesquisa instrumentos antigos. É interessantíssimo conversar com ele sobre esses assuntos.

Há tempos eu vinha percebendo que Fênix estava a cada dia mais envolvida por ele. Mas era como se ela mesma não se permitisse experimentar esse tipo de sentimento. Ficava tremendo toda vez que ele ligava! Os dois têm muitas coisas em comum. Edgar, inclusive, ajudou muito na escolha das músicas do filme, tem participado intensamente de todas as etapas do projeto com ela. Ai, comi quase o bolo inteiro só de pensar...

– Mãe... – ela ligou de novo, quando eu já estava cobrindo Martina para ir me deitar. – Você não vai acreditar...

Fazia já mais de duas horas desde o último telefonema.

– Onde você está, filha? – perguntei aflita.

– Estou no banheiro do restaurante...

– Aconteceu alguma coisa? – eu me assustei.

– Aconteceu – ela respondeu.

– O que houve, Fênix? Você está passando mal? – imaginei o pior.
– O Edgar me beijou, mãe! – ela confessou, quase num sussurro.
Parecia até uma garota tímida de escola.
– Meu Deus!... – eu nem sabia o que dizer. – E você... não gostou?
– Gostei, mãe! Foi maravilhoso! Queria contar para você!
Fênix era assim. Por sob a máscara de futura cineasta e estudante dedicada, ainda trazia dentro de si a menininha ingênua que em toda vida só tinha namorado Matheus. Mas era também minha melhor amiga, minha parceira de todas as horas, minha filha e minha mãe, dependendo do momento e da necessidade.
– Mãe!!!! Martina!!!! – ela entrou em casa gritando como uma louca algumas semanas depois. – Eu trouxe uma bomba para vocês!!!
– Uma bomba? Como assim? – eu não entendi de imediato.
– A gente pode comer bomba, vovó? – Martina pensou logo no doce.
– O meu filme foi selecionado! Ainda nem terminamos de gravar, mas o roteiro já foi escolhido como um dos melhores!!!! – ela contou.
– Sério, filha? – eu a abracei emocionada.
– E o meu roteiro? Você mostrou para eles? – Martina quis saber.
– Ainda não, Martina... Mas a mamãe promete que, assim que voltar de viagem, a gente vai trabalhar no seu roteiro! – Fênix se abaixou para abraçar a filha.
– Viagem? Como assim? – de novo eu não entendi.
– Mãe, eu vou para o Canadá levar meu filme para ser avaliado por um júri popular! Tenho que estar com tudo pronto até o final da semana que vem! – ela se empolgou.
– Para o Canadá, filha? Mas... – quase falei sem querer no Matheus: foi a primeira coisa que me veio à mente.
Embora contente e orgulhosa por ela, é claro que uma parte de mim estava, por assim dizer, um pouco triste. Afinal, o Canadá não fica ali na esquina e eu não estava acostumada a passar muito tempo longe de minha filha. Ao mesmo tempo, eu sabia que aquela experiência seria muito importante para o amadurecimento dela, em todos os sentidos.
– Não se preocupe, mãe. O Edgar disse que vai comigo! Ele tem um período de férias acumuladas e está pensando em aproveitar para ir torcer pelo nosso filme! Aí, se eu for escolhida, ele volta e eu...
– E você?... – eu nem queria ouvir o restante, mas precisava.
– Eu fico um ano fazendo curso em Quebec, com tudo pago! – ela contou, apertando a mãozinha de Martina com angustioso receio.
Ela estava com os olhos cheios d'água. Entendi que, a despeito de toda a minha apreensão, eu tinha o dever de incentivá-la:

— Tenho certeza de que vai ser muito bom para você, filha!
— Eu vou também? O que é Quebec? — Martina ainda não compreendera o que aquilo significava.
Difícil foi explicar para minha neta que ela não ia poder ir com a mãe naquela viagem.
— Mas eu também sou roteirista! — ela ainda tentou argumentar.
— Eu sei, filha, mas é que o seu roteiro ainda não estava pronto, daí só o meu foi escolhido por enquanto... Mas logo você vai crescer, fazer também um super roteiro e ganhar um prêmio, que nem a mamãe! — Fênix tentou contemporizar.
— E o Edgar? Por que ele vai e eu não? — ela questionou sentida.
— Bem... — tentei ajudar. — O Edgar é o namorado da mamãe. Você não vai querer que ela fique andando sozinha lá num outro país, vai?
— Ele vai proteger a mamãe? — ela chegou onde eu queria.
— Isso mesmo! Você não gosta dele? — Fênix perguntou.
— Você vai casar com ele para ele ser meu pai? — Martina foi direto ao ponto.
Fênix olhou para mim pedindo socorro. Edgar já tinha dado a entender que estava disposto a casar-se o quanto antes. Mas ela achava que ainda era cedo e eu concordava com ela. Fênix queria namorar mais um pouco, ter certeza de que era ele mesmo o homem que queria para seu companheiro.
— Se tudo acontecer do jeito como a mamãe está pensando, quem sabe? — ela mesma achou um jeito de desconversar.
Faltava muito pouco para que o filme estivesse concluído. O melhor de tudo era que os pacientes do hospital estavam interagindo com a equipe de uma maneira muito saudável; para muitos deles as filmagens estavam sendo uma grande motivação.
Eu planejara todas as receitas, do jeito como Fênix imaginava, mas não quisera participar. Esse negócio de atuar não era exatamente a minha área; além de que, eu nem tinha tempo para isso.
Minha presença era muito necessária na confecção, que só crescia. Recentemente, um de nossos vestidos aparecera numa coluna de achados imperdíveis de uma revista famosa, estávamos recebendo pedidos de todo o Brasil. Por causa disso, eu não pudera sequer assistir a nenhuma das filmagens. Mas tinha certeza de que o curta estava muito bom, vibrava com cada detalhe que Fênix me contava.
Exatamente quinze dias depois, ela me ligava do Canadá aos prantos:
— Mãe... O meu filme ganhou!!!! Foi escolhido por unanimidade!
— Mas isso é maravilhoso, filha! Estou até chorando daqui — respondi, também emocionada. — Eu tinha certeza de que você ia conseguir!

– Mãe, você não sabe, não é só por isso que eu estou chorando... – ela parecia nervosa.
– Não? – estranhei.
– Você não imagina quem apareceu aqui...
– Ai meu Deus! – imaginei logo. – Não vai me dizer...
– Mãe... Ele tá casado! Mas veio até aqui só para me ver. Disse que nunca me esqueceu, que sempre teve certeza de que eu tinha tudo para ser uma grande cineasta...
– Mas... – eu nem conseguia achar o que dizer de tão surpresa. – E o que mais ele falou para você?
– Ah... Ele disse que quer se separar da mulher dele, que o relacionamento já está ruim há muito tempo... mas que precisava primeiro me ver para tomar a decisão... – ela continuava chorando do outro lado. – Ele tá tão diferente...
– Ai, meu Deus... – suspirei daqui. – E o Edgar?
– Você acredita que justamente na hora em que ele apareceu, o Edgar tinha ido buscar o meu vestido para a cerimônia de premiação? Ficou lindo, mãe. A própria loja fez os ajustes que eram necessários, do jeito como você tinha sugerido e... – ela já ia mudando de assunto.
– Fênix, eu não quero saber do vestido! Pelo menos, não agora! – corrigi. – Me explica melhor essa história do Matheus... Ele mora no Canadá até hoje? Como é que ele sabia que você estava aí?
– Mora, mãe. Ele nunca mais saiu do Canadá, desde aquela época. Se casou com uma moça de Montreal, virou até cidadão canadense. Trabalha como oceanógrafo de uma grande empresa de pesquisas nessa área... Ficou sabendo do concurso pelos jornais. Disse que viu minha foto e decidiu vir até aqui... – ela explicou.
– E onde é que ele está agora, Fênix? O Edgar já voltou? O que você sentiu? – de tão nervosa, eu queria saber tudo ao mesmo tempo.
– Graças a Deus, o Matheus já foi embora. Fiquei de encontrar com ele amanhã, para conversar, depois que o Edgar tiver embarcado para o Brasil... Eu não quero trair o Edgar, mãe, mas também não posso deixar de conversar com ele, você me entende? – ela explicou, ainda nervosa.
– Ai, Fênix... – suspirei mais uma vez. – O que você sentiu?
Eu também estava tensa com aquela situação. Ela ainda demorou um pouco para responder.
– Sinceramente, eu não sei, mãe... Parece que eu estou em estado de choque. Aconteceu tudo ao mesmo tempo! A premiação, o Matheus... E o Edgar aqui comigo!
– E vocês estão bem? – perguntei. – Você e o Edgar?

— Muito, mãe. A viagem tem sido fantástica... – ela respondeu.– O que é que eu faço, mãe? – ela parecia dividida.

— Ah, filha... Isso é uma coisa que, infelizmente, só você pode decidir – argumentei com dor no coração.

— Mas o que você acha, mãe? – ela ainda insistiu.

— Acho que você vai precisar ouvir o que te diz o seu coração, a sua consciência... Tomar a decisão de que não se arrependa depois.

"A voz da consciência é a lembrança do passado, que nos adverte para que não venhamos a recair nas mesmas faltas cometidas" – naquele momento, não sei por quê, me veio à cabeça a frase que eu escutara no estranho sonho que tivera com meu pai..[93]

---

[93] A frase é uma síntese da interpretação de Kardec da resposta dos espíritos à questão 393 de *O livro dos espíritos*.

8

No dia do casamento de Fênix, logo de manhã cedo minha glicose foi a mais de 400.[94] Quando percebi o número no medidor, quase caí de susto. Mas não falei para ninguém. Não queria estragar aquele dia tão especial para minha filha. Tomei a medicação e procurei seguir o máximo possível a dieta. Logo após o almoço, Fênix, Martina, Cris e eu combináramos de ir nos arrumar na casa dos pais do noivo, onde à noite aconteceria a cerimônia.

Desde a tarde anterior eu vinha sentindo alterações – já tinha até me acostumado com isto. Desta vez, porém, minha vista estava tão ruim que eu não estava conseguindo ler nada, nem que estivesse escrito com letra grande, nem mesmo colocando os óculos. Notara isso durante o estudo no centro.

Há tempos eu frequentava uma reunião de estudos com o pessoal do centro, todas as sextas-feiras no final da tarde. Era um grupo muito unido, do qual também participavam Cris e o dr. Lycopoddium, exatamente como no sonho que eu tivera com meu pai. Até contei a eles sobre o sonho.

Engraçado é que eu não me lembrei de imediato, logo que comecei a frequentar o grupo. Mas aí, de repente, no final de um estudo, eu tive uma sensação estranha, que eles disseram chamar-se '*dejà vu*', que quer dizer algo já visto, em francês. De fato, era como se a mesma cena, e até mesmo o assunto que a gente estava discutindo naquela tarde, como se tudo aquilo já tivesse acontecido antes. Foi então que eu me recordei do sonho.

Desde as primeiras reuniões, havia pessoas no grupo que eu tinha a impressão de que já conhecia de algum lugar, como era o caso do seu Mário

---

[94] De acordo com a Associação Americana de Diabetes (ADA), o ideal seria glicose em jejum abaixo de 120 – entre 80 e 120. Após uma refeição – até duas horas após – o açúcar no sangue deve ficar abaixo de 180. E, antes de deitar, os níveis do açúcar devem estar por volta de 140.

e da dona Cândida, um casal de frequentadores muito antigo do centro. Tinham sido eles os idealizadores daquele grupo de estudos.

O tema da véspera do casamento de Fênix tinha sido justamente a saúde, fiz uma retrospectiva enquanto estávamos indo para a casa de Edgar. Tudo por causa do embaçamento na vista, que estava me deixando muito preocupada. Será que não era o meu pensamento que estava provocando tudo aquilo?, me perguntava em silêncio.

"Se queres estar sempre bem fisicamente, saneia os teus pensamentos. A saúde é também um estado d'alma. Pensamentos negativos envenenam as células e comprometem o funcionamento dos órgãos. Cuidar do corpo não é somente exercitá-lo. O cérebro é um dínamo gerador de energias. Quem cede espaço mental para a imaginação doentia, acaba no desequilíbrio",[95] dizia mais ou menos a mensagem de abertura, que, já de início, eu não tinha conseguido ler e precisei passar para a Cris.

Acho que foi a única coisa que eu consegui reter, de toda a reunião. Passei o resto do tempo angustiada com o fato de não estar enxergando quase nada. Desde aquele momento, eu permanecia refletindo sobre aquela mensagem. Eu não estava tendo nenhum pensamento doentio, não estava pensando o pior. Ao contrário, estava até muito feliz com o casamento da minha filha. Por que então minha vista ficara daquele jeito?, eu continuava a me perguntar em silêncio.

Não entrei em detalhes com ninguém sobre o problema na vista, nem mesmo na reunião eu comentei nada. Disse apenas que meus óculos estavam fracos, que estava precisando trocá-los com urgência.

Não sei bem se, no ano passado ou retrasado, eu tinha passado no oftalmologista para fazer exames de rotina. Decidira procurá-lo quando tivera, pela segunda vez, a sensação de alteração visual. Descobrira então que estava com uma retinopatia, ou seja, uma lesão ocular causada pela glicose alta. Segundo o médico, era caracterizada por alterações que progrediam de modo gradativo nos vasos da retina, e que provocavam o aparecimento de várias áreas de má circulação no fundo do olho. Além disso, estava com uma espécie de miopia, também provocada pela descompensação do diabetes. Embora o grau fosse fraco, mudava sempre de acordo com a variação da glicemia. Mas nunca tinha chegado a este ponto, de eu mal conseguir enxergar.

– É preciso estar sempre atenta, o mau controle da dieta pode causar problemas sérios para sua vista. Lembre-se de que o diabetes é uma das principais causas de cegueira no mundo – o dr. Rafael, meu médico of-

---

[95] *Orai e vigiai*, "Saúde", p. 77.

talmologista, me advertira, daquela última vez em que eu estivera em seu consultório.

– Mas por que isso acontece? – eu lembro de ter perguntado.

– O que você tem é uma inflamação com sangramentos no fundo do olho, que pioram com a glicose alta e causam lesões, como se fossem machucados. À medida, porém, que esses machucados cicatrizam, ocorre a formação de novos vasos sanguíneos, muitos deles defeituosos, que às vezes sangram, provocando descolamento da retina. Pode ser necessário um tratamento a *laser* para cauterizar estes vasinhos. Vamos acompanhar – ele chegara a me avisar.

Mas acabei não "acompanhando" nada. Apenas fiz os óculos que ele tinha recomendado e fui levando do jeito que dava. Até porque eu nunca levei muito a sério essas advertências de médico; todos eles sempre gostam de fazer muito terrorismo. No fundo, eu sempre achava que eles exageravam só para me obrigar a seguir mais corretamente a dieta. Tanta gente tinha diabetes e não acontecia nada disso, por que iria acontecer justamente comigo?[96] Agora, no entanto, eu me questionava. Será que era verdade mesmo? Será que tinha a ver com esse turvamento estranho que eu estava sentindo?

De tempos em tempos, o borrão aparecia. Eu já sabia que em quinze dias voltava tudo ao normal e nem esquentava muito a cabeça com isto. Não queria nem pensar neste negócio de *laser* no olho. De alguns meses para cá, contudo, as alterações visuais começaram a acontecer de forma constante. Eu já andava um pouco preocupada. Tinha até pensado em marcar uma nova consulta. Mas nunca tinha acontecido do jeito como estava agora.

Sim, eu já vinha há tempos pensando que precisava voltar ao dr. Rafael. Com a proximidade do casamento de Fênix, contudo, acabei deixando tudo de lado para poder cuidar dos detalhes da cerimônia. Tinha tanta coisa para resolver...

Agora, no entanto, depois de dois dias sem enxergar direito e ainda por cima com esta tonteira que não passava, eu começava a ficar realmente apreensiva. Mas nada que não pudesse esperar até o final da cerimônia, afinal, já estava quase na hora do casamento, eu pensava comigo.

Enquanto Crís e o maquiador arrumavam Fênix, eu olhava de longe, espremia os olhos para tentar enxergar melhor os detalhes da pintura, sem falar para ninguém da minha dificuldade. Ela estava tão linda de noiva...

---

[96] É muito comum este pensamento entre os portadores do diabetes. Todavia, a doença, além de usualmente demorar uma média de cinco anos para se manifestar explícita, progride de maneira silenciosa e aqueles que não tomam os necessários cuidados podem ser subitamente surpreendidos por alguns de seus sintomas mais graves.

Uma leve tonteira veio de repente, mas consegui controlar sem que ninguém percebesse.

Fui até a suíte e antecipei minha dose de insulina. Eu tinha que segurar, não era hora para passar mal.

Eu e Cris havíamos nos encarregado pessoalmente do vestido de noiva de Fênix. Era um autêntico modelo dos anos 30, parecido com o que ela um dia vira na foto da minha bisavó. Era um vestido justo, reto, de mangas compridas, todo feito de renda cor de pérola, com um tomara que caia de cetim da mesma cor por baixo. Extremamente elegante. O primeiro vestido de noiva feito com exclusividade pela nossa confecção!

Como disse, a cerimônia simbólica seria realizada lá mesmo, na casa dos pais do noivo, onde seu Mário, o mesmo senhor do grupo espírita que se tornara muito nosso amigo, diria algumas palavras ao casal, no momento da troca das alianças.[97] Depois, haveria uma grande festa.

– Agora me responda uma coisa: em nenhum momento você se arrependeu das suas escolhas? Nem mesmo de ter desistido do curso de cinema que você iria fazer no Canadá? – perguntou Cris, enquanto ajeitava o caimento do vestido no corpo de Fênix. – Estou achando que tem um pontinho aqui que ficou meio torto. O que você acha, Babete? – ela perguntou quando eu tinha acabado de entrar de novo no quarto onde Fênix se arrumava.

Eu não conseguia enxergar nada direito. Mas disfarcei::

– Está ótimo assim. Não convém mexer com isso agora.

– Ah, Cris... Acho que tudo aconteceu da melhor maneira, do jeito como tinha de ser. Eu não iria aguentar ficar tanto tempo longe da minha filha! Eu não tinha como levar Martina para lá, minha mãe não poderia ir junto, enfim, seria muito complicado. Acho que a melhor coisa que nós fizemos foi ter desistido do curso e voltado para o Brasil. Por outro lado, foi legal ter largado tudo por causa dele... Além de que, eu já recebi tantas propostas depois que voltei para cá... – ela disse, olhando agora para uma foto de Edgar que ficava em cima de uma mesinha. – Estamos até estudando a possibilidade de uma especialização na Espanha...

– Por isso vocês escolheram a Espanha para a lua de mel! – deduziu o maquiador, que até então ouvira tudo em silêncio.

– Sim – confirmou Fênix. – Meu marido está vendo se consegue um doutorado por lá... – ela comentou satisfeita. – Queremos arrumar tudo de um jeito que Martina possa ir junto conosco. Por nada deste mundo quero ficar longe de minha filha – Fênix ainda fez questão de destacar.

---

[97] Nota da editora: a doutrina espírita não possui rituais nem cerimônias de caráter religioso; não existe cerimônia de "casamento espírita". Porém, em solenidades de casamento civil, quando os noivos são espíritas, tem se tornado rotineiro convidar-se alguém para proferir algumas palavras de orientação de cunho espírita ao casal e aos demais presentes.

Só de ouvir isso, a minha glicose já subiu mais um pouco. Por mais feliz que estivesse, eu não conseguira ainda aceitar a ideia de que Fênix e Martina não iriam morar mais comigo.

– Mamãe, você tá linda! – Martina entrou toda serelepe no seu vestido igualzinho ao da mãe.

Era apenas um pouco mais rodado, para combinar melhor com a idade dela, que iria levar as alianças na cerimônia.

– E você está uma boneca! Dá uma voltinha só para a gente ver como é que ficou, Martina! – pediu Cris.

Enquanto ela girava no quarto em infinitos rodopios, fui até o banheiro da suíte em que estava acomodada e me deparei com o inevitável. De novo, o vaso estava cheio de formigas! Meu Deus, como eu odiava aquela cena! E como eram rápidos aqueles malditos bichinhos! Respirei fundo, fechei a tampa e dei descarga por longo tempo. Mas não gritei. Já tinha aprendido a me controlar nessas situações.

Naquele momento, mais do que as formigas em si, me angustiava saber, já por experiência, que sempre que elas apareciam em tal profusão era porque minha glicose estava muito acima do normal. Sobretudo quando associadas àquela necessidade de toda hora ir ao banheiro. "O excesso de urina é um dos primeiros sinais e sintomas do diabetes. Quando há uma elevada concentração de glicose no sangue, geralmente acima de 180 miligramas por decilitro, o corpo precisa arranjar meios de eliminar este excesso.", eu sempre me lembrava das palavras da doutora Melissa quando me deparava com essa cena.

Tomei um copo de água da jarra que havia no quarto e respirei fundo. Revirei a bolsa à procura de um medicamento, mas, com a vista turva daquele jeito, não conseguia diferenciar a dosagem escrita nas várias caixas que eu tinha levado. Acabei deixando para lá. Estava me sentindo muito mal. Eu precisava melhorar daquela tontura, não podia ficar assim justamente no dia do casamento da minha filha – tentava dizer a mim mesma.

Desde que Fênix decidira marcar a data do casamento, eu vinha travando uma verdadeira guerra contra o diabetes. O pior é que, quanto mais eu tentava seguir a dieta, mais necessidade sentia de comer coisas proibidas, numa despedida que se prolongava *ad infinitum*.

Nos dias em que eu decidia fazer a dieta, parecia que não adiantava nada. Podia ficar até sem comer que ainda assim engordava. Aquilo me irritava muito. Então passava dois ou três dias de dieta, e o resto da semana comendo loucamente de tudo o que não podia. O resultado foi que eu engordei horrores nesse período, cerca de sete quilos só no último mês.

Na última semana, eu simplesmente não conseguia mais parar de comer; só de pensar que não podia, já me sentia morrendo de fome! E quanto mais eu comia, mais raiva sentia de mim mesma e, em nome desta raiva, comia ainda mais, como se de alguma forma me castigasse com isso. E não tinha remedinho do dr. Lycopoddium que desse jeito de controlar esse processo!

Por duas vezes, Cris tivera de me ajudar a alargar o meu vestido do casamento. Era óbvio que eu me sentia péssima com isso. Talvez eu precisasse mesmo de um psicólogo, como Cris vivia sugerindo, mas depois do casamento eu cuidaria de tudo.

Interessante é que Martina, que acabara de completar sete anos, já havia se adaptado completamente à dieta. Talvez por ter começado tão cedo, não sentia mais tanta falta de bolos e guloseimas. Seu pedido, porém, não me saíra da cabeça e até hoje eu sonhava inventar algo que substituísse para ela o prazer de saborear uma fatia de bolo de chocolate e uma porção de doce de leite.

Ela não sabia nada de meus desregramentos, eu tomava sempre muito cuidado para que não me pegasse novamente em flagrante. Mas era como se ela nem enxergasse mais as coisas proibidas, de tão acostumada estava em comer frutas, legumes e verduras para imitar a mãe.

– A questão principal é: como a criança vai consumir se os pais não comem? Na maioria dos casos, é necessária uma reeducação familiar. Pesquisas recentes constataram, inclusive, que muitas crianças sequer reconhecem alguns alimentos básicos, tais como abobrinha, chuchu, berinjela, caju. Não reconhecem porque a maioria delas nunca teve sequer contato com esses alimentos. E mesmo assim dizem que não gostam! –[98] lembro-me até hoje das palavras que ouvimos do nutricionista na primeira vez em que estivemos no consultório para planejar uma dieta para Martina.

Minha filha levara tão a sério as suas recomendações que minha neta hoje era praticamente uma vegana. Desde os tempos em que conhecera o Edgar, Fênix adquirira novos hábitos alimentares. Que influência boa aquele rapaz teve sobre a minha filha e, por extensão, sobre minha neta... Lá em casa não entravam nem bolos comuns, nem bolachas recheadas – o nutricionista dizia que um único pacotinho desses biscoitos equivale a oito pães de sal! E, obviamente, nem balas, nem doces de maneira geral. A menos que

---

[98] Estas palavras foram ditas pelo nutricionista Maycon Magalhães Azevedo Pereira, em entrevista realizada durante a elaboração deste livro. Segundo ele, atualmente trinta e três por cento das crianças brasileiras com menos de dez anos de idade encontra-se com problemas de obesidade ou de sobrepeso. Quase diariamente, ele recebe em seu consultório pacientes de oito, nove anos já portadores de diabetes do tipo 2, adquirida em função de excessos alimentares e, sobretudo, de uma escolha errada dos pais na hora de comprar os alimentos no supermercado.

eu comprasse e escondesse tudo dentro do meu guarda-roupas, como, aliás, eu continuava fazendo.

Depois do episódio da escola, Martina mudara muito. A presença e o exemplo de Edgar e da própria Cris tinham sido decisivos para ela. Minha neta desenvolvera em si um sentimento de aceitação e de disciplina bastante incomuns para sua idade. Era até vergonhoso para mim constatar isso. A menina tomava cinco injeções por dia sem reclamar de nada. Às vezes até brincava, dizendo: – Vó, você prefere injeção frontal ou transversal? Hoje eu tomei na transversal!

A única coisa que a incomodava era a necessidade de furar o dedo mindinho várias vezes ao dia para acompanhar os níveis de glicose. Dizia que doía mais do que as injeções. E tinha toda a razão a coitadinha. Pensando nisso, lembrei que talvez fosse bom se eu medisse a minha naquele momento. Estava, contudo, me sentindo tão tonta que não consegui encontrar o medidor.

Deitei um pouco na cama, só por alguns instantes, para ver se passava a tontura. A cabeça rodava, os olhos rodavam, era como se a mente toda rodasse. Precisava urgentemente ir ao banheiro, de novo tinha muita necessidade de urinar. Mas mal tinha forças n para me levantar. Ao mesmo tempo, sentia muita sede e um sono incontrolável começava a tomar conta de mim.

"Eu acho que tudo aconteceu da melhor maneira, do jeito como tinha de ser". De repente, em meio a todo aquele mal estar, voltaram-me à mente as palavras de minha filha em sua conversa com Cris e me senti transportar para o dia em que Fênix tinha voltado, de surpresa, do Canadá.

– Fênix, filha! O que aconteceu? Ontem mesmo você...

– Depois que você disse para eu fazer o que mandasse o meu coração, a minha consciência, eu pensei muito mãe... – ela disse, pousando as malas no chão.

– Mas você... – balbuciei, ainda surpresa.

– Participei da cerimônia de premiação, voltei para o hotel e continuei pensando... – ela se aproximou da mesa e reparou numa flor que estava murcha no vaso com água. – Cheguei à conclusão de que tudo aquilo era apenas um capricho – disse, arrancando a flor do vaso.

– Mas você ficou completamente desconcertada quando encontrou o Matheus! – não pude deixar de observar, enquanto ela jogava a florzinha no lixo.

– Olha, mãe, eu até fiquei... – disse ela, então sentando-se no sofá e arrancando as botas dos pés. – Não sei se pelo impacto de ouvir de novo a voz dele, depois de tanto temp–o, ou se pela expectativa que eu alimentei, nesses anos todos, de escutar que ele tinha se arrependido... Eu me sentia uma rejeitada! – ela confessou. – Como se não tivesse mais o direito, como se eu não fosse digna de nunca mais amar e nem ser amada por ninguém...

Eu ainda não conseguia entender como ela havia chegado àquela decisão. Sentei-me em frente a ela e continuei a ouvi-la.

– Veio a madrugada e eu, pela primeira vez na vida, conversei comigo mesma, com a Fênix... Perguntei: como você se sente em relação a isso? O que se passou, de verdade, aí dentro, quando viu o Matheus?

– E o que ela respondeu? – eu quis saber, depois de alguns instantes de silêncio.

– Ela, quer dizer eu, disse que tinha ficado decepcionada. Ele não era o homem que eu queria para mim, para a minha vida...

– Mas o que fez você chegar a essa conclusão? – tentei entender mais claramente.

– A realidade, mãe. Durante sei lá quantos anos eu vivi na ilusão, na fantasia de que o Matheus era uma pessoa, o principezinho que havia sido abduzido pela mãe perversa que não queria o nosso relacionamento... – ela virou no sofá a bolsa e começou a arrumá-la. – Quando decidi que realmente queria fazer cinema, meu grande sonho era contar para o Matheus, fiquei anos imaginando a cena... Afinal, foi ele a primeira pessoa que reparou que eu tinha essa vocação! – ela ia juntando papeizinhos, pequenas notas de compras, enquanto falava, amassando e jogando no chão.

– Mas você tinha mesmo esse dom. Tinha, não, tem! Tanto que...

Ela, no entanto, nem me deixou terminar a frase. Parecia ansiosa para contar a alguém tudo o que tinha acontecido na véspera.

– Foi bom reencontrar com ele justo naquele momento em que eu estava sendo reconhecida como uma cineasta de verdade! Mas num piscar de olhos, perdeu toda a graça... – juntou de repente todos os papéis e se levantou para jogar no lixo.

– Como assim Fênix? – fui atrás dela.

– Sabe, mãe, descobri que sou grata ao Matheus por ele ter me ajudado a encontrar quem eu realmente sou... Só que ele não cabe mais na vida que eu construí para mim... – ela voltou ao sofá.

Suas coisas de dentro da bolsa ainda continuavam espalhadas.

– Você tem certeza disso? – questionei, lembrando da triste manhã em que a encontrara ouvindo Capital Inicial e chorando depois de ter sonhado com Matheus.

– Eu tenho, sim! Quando me lembro dele falando de tudo o que tinha feito no Canadá, de como tinha se casado com a mulher dele, de como tinha conquistado tudo o que conquistou... Cheguei à conclusão de que ele não era um coitadinho, um menininho bonzinho que tinha sido convencido pela mãe malvada a me deixar para trás... Ele me deixou porque no fundo era isso o que ele queria, porque não me considerava uma pessoa importante por quem lutar! Porque lutar ele sabia e até muito bem! Eu só não concordava muito com os métodos dele... – ela começou a jogar tudo de novo dentro da bolsa.

– Como assim? – eu não entendi.

– Percebi que ele se aproveitava daquilo que era conveniente para ele. A viagem para o Canadá, quando ele, no fundo, não tinha certeza se queria assumir um relacionamento sério comigo; o casamento com a moça, quando era interessante para ele conseguir uma cidadania canadense; largar dela para ficar comigo, quando a vida artificial que ele construiu para ele, baseada em valores ocos, começou a ficar monótona e desinteressante... Não era a mim que ele estava procurando, mãe! Não era de mim que ele estava sentindo falta... Era dele mesmo! Acho que o Matheus estava tentando se reencontrar através de mim!

– Será que você não está sendo muito radical? – questionei, entregando-lhe um batom que havia caído no chão.

– Eu sei quem eu sou. Sofri muito nesses anos todos, mas aprendi a me respeitar e a me valorizar. E sei que o Edgar é a pessoa mais inteira, mais verdadeira e mais maravilhosa que eu já encontrei na minha vida. Sem que eu precise me anular para ficar com ele, e nem ele, para ficar comigo. Nós dois, como seres inteiros, nos complementamos. E é com ele que eu quero construir o meu futuro! – ela disse, fechando a bolsa.

A essas alturas, eu estava chorando, do mesmo jeito como chorava agora ao relembrar toda aquela cena, nem sabia o que dizer.

– O Matheus não era a mesma pessoa – Fênix ainda me disse. – Ou talvez ele nunca tivesse sido a pessoa que eu idealizava; aquele homem não tinha nada a ver com o garoto que eu guardava na lembrança. Estava usando uma roupa estranha, cheirando a suor, tinha um jeito de falar meio rude, deselegante!... Precisava ver as coisas que ele contou da mulher dele! Eu nunca que iria querer um homem assim do meu lado; eu não conhecia mais aquela pessoa. Era um estranho a quem eu pensava que tinha amado um dia, mas nem sei se aquilo era amor de verdade...

– Você nem foi ao encontro com ele? – só então perguntei.

– Não deu tempo – ela respondeu. – Precisava falar com o pessoal do concurso, com o Edgar para comprar a minha passagem, enfim, tinha coisas muito mais importantes para resolver do que me expor a falar de novo com ele. Achei que não valia a pena – justificou.

Acho que em toda a minha vida eu nunca tinha visto a Fênix tão satisfeita, tão lúcida e segura. Nem mesmo quando saíram os primeiros resultados da seleção para o concurso. Aquele talvez tivesse sido o maior de todos os prêmios para ela: a oportunidade de revisitar todo o seu passado e redescobrir a si própria. Tanto que nem se casou de imediato com o Edgar; mais de dois anos se passaram até que eles tomassem a decisão de construir uma vida juntos.

– E o curso, filha? – eu ainda questionei na ocasião.

– Ah... – ela disse, enquanto pegava uma fruta na cozinha. – O prêmio foi importante para eu ver que conseguia, que eu tinha condições de vencer, talento para ser uma cineasta de verdade. Mas eu não dependia de fazer ou não esse curso para ser feliz, para realizar todas as outras coisas que eu planejava para mim. Era só um título a mais – disse, mordendo a fruta –, uma opção a mais. Tudo o que eu queria era voltar para casa, para a minha vida, para a minha filha, com o Edgar. E foi isso o que eu fiz!

Como que amparada por aquelas lembranças, juntei todas as minhas forças e levantei de uma só vez, disposta a pegar na mala o medidor de glicemia. Em lugar disso, acabei encontrando a apostila de diabéticos que sempre carregava comigo, sobre o que fazer em situações especiais. "Aqui deve ter a explicação de algum procedimento para me ajudar a sair desta crise", pensei comigo, esperançosa.

Ainda estava virando as páginas da apostila, com muita dificuldade, forçando a vista para conseguir enxergar o que estava escrito, quando senti como se enorme mancha de sangue estivesse descendo pelo meu olho esquerdo. Isso nunca tinha acontecido antes! E agora, o que fazer?, pensei, sentindo medo.

Caminhei até as escadas atarantada; a orquestra já começava a afinar seus instrumentos.

– Ela já vai descer! – avisou Cris, empolgada, saindo do quarto onde estava Fênix.

Cambaleando, fui descendo as escadas muito devagar, as mãos geladas agarradas ao corrimão, a visão turva, aquela sensação de náusea profunda, a mancha vermelha aos poucos tomando conta de todo o meu globo ocular esquerdo. Por sorte, o pai do noivo veio em meu socorro. Tanto ele quanto a esposa eram sempre muito amáveis conosco.

– Está tudo bem, Babete? – ele perguntou, me tomando pelo braço para que ocupássemos nossos lugares na cerimônia. – Você está gelada!

– Tudo ótimo – respondi sorrindo, fazendo o possível para manter o equilíbrio sobre os sapatos. – É só nervoso...

A noiva já vinha descendo, logo começaram os primeiros acordes da canção que Fênix e Edgar haviam escolhido para a entrada. Era uma música de Paul MacCartney, chamada *"Calico Skies"*, que quer dizer 'céus de algodão'.

Embora fosse um arranjo orquestrado, não pude deixar de me emocionar ao me lembrar da letra, que tinha tanto a ver com a história dos dois: "Estava escrito que eu iria te amar... Desde o momento em que abrisse os meus olhos... E a primeira manhã em que te vi... Me deu vida sob céus de algodão... Eu vou te segurar, me manter abraçado a você enquanto você gostar... Eu vou me manter de mãos dadas com você, amando você pelo resto da minha vida", dizia mais ou menos a tradução daquela música, que eu também já conhecia de tão longa data.[99]

– Estou aqui, a pedido das famílias, para de alguma forma selar este compromisso de amor entre o casal Fênix e Edgar... – anunciou seu Mário, logo que os noivos se encontraram.

Me sentia enlevada ao ver a alegria de Fênix naquele momento. Era quase como se eu também estivesse ali me casando, diante do sorriso sincero e imenso de Edgar. Por alguma razão que eu não sabia explicar, porém, aos poucos tudo foi ficando distante, eu não conseguia ouvir praticamente nada do que diziam. A tonteira foi aumentando, senti estranho formigamento nas pernas e nos braços. Os dois acabavam de trocar as alianças. Olhei para o lado e tive a sensação de ver meu pai e minha avó Zuleika parados ao lado da escada, sem qualquer turvamento visual. Apaguei de uma vez, como se despencasse de um sonho.

---

[99] Escrita por Paul MacCartney em 1991; do álbum "Flaming Pie", lançado em 1997.

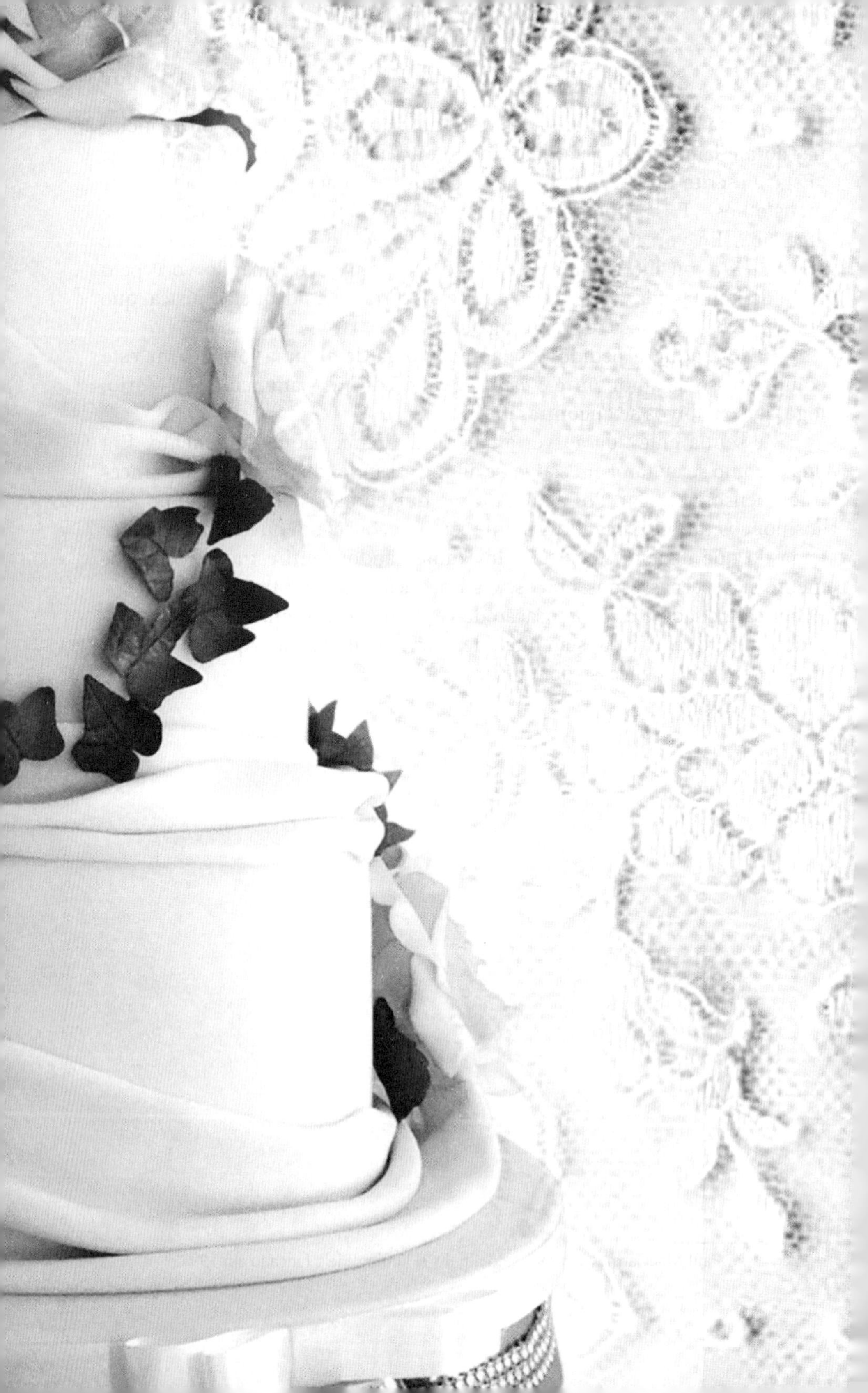

Renovação: Doçura Íntima

Jonas

PARTE 5

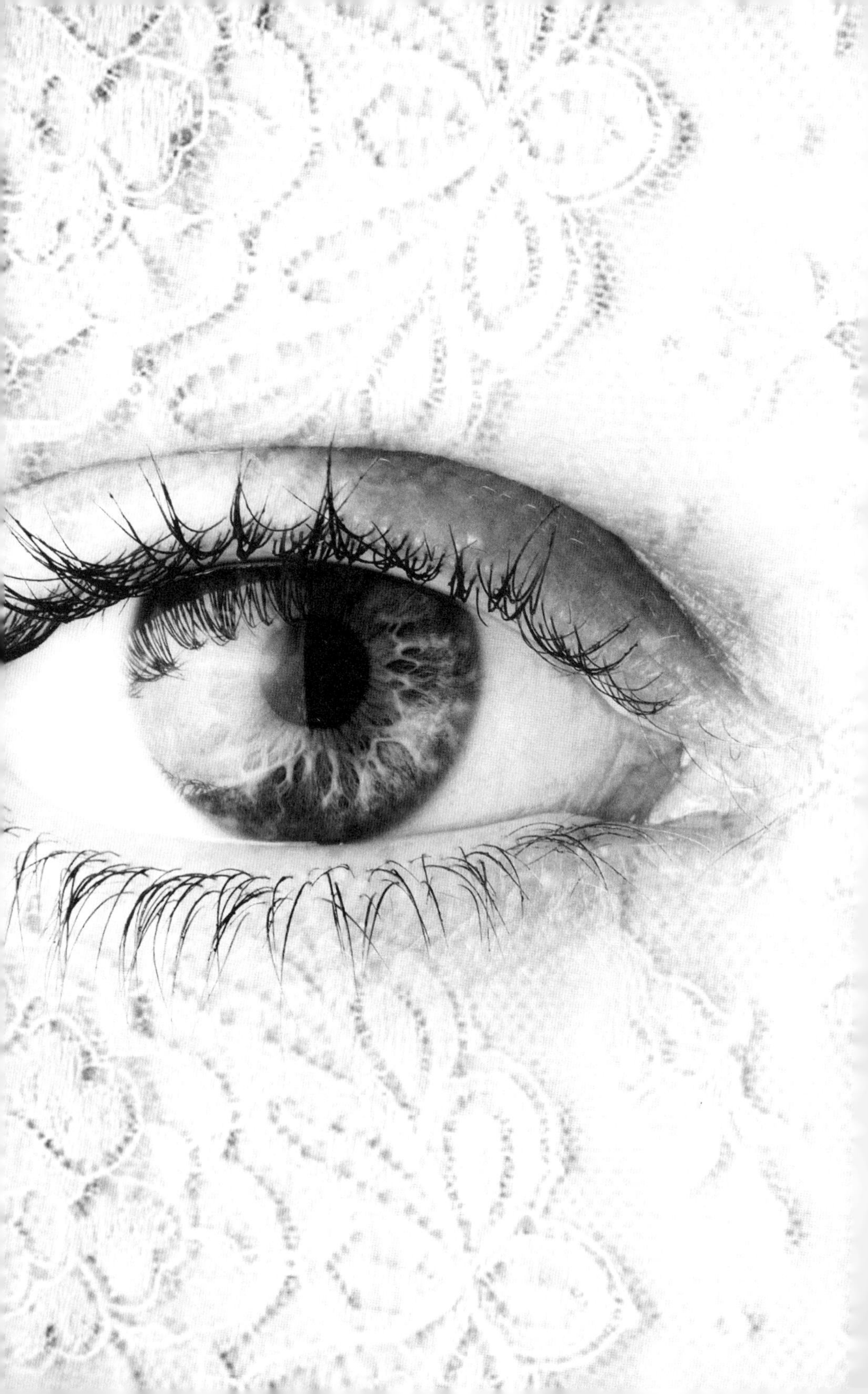

1

— Estou com fome! Vocês querem me matar de fome? – gritava, em altos brados, a gorda senhora ao lado de Babete.

Fui entrando devagar. Apesar da grande confusão vibratória que ela causava no ambiente, nenhum médico ou enfermeiro podia perceber sua presença ali no quarto. E nem a minha, tampouco. Ninguém ali podia me ver.

Deitada no leito, com os dois olhos vendados, com um tubo de soro e outro de medicamento diretamente ligados à veia, minha filha estava bastante agitada. Respirava com dificuldade, mexia-se de um lado para outro, não encontrava posição. Experimentava também uma sensação de fome.

Olhando de longe, já dava para perceber que ela e a gorda senhora estavam ligadas por uma espécie de tubo fluídico invisível que saía da altura do plexo solar de minha filha.

– Comida! Preciso de comida! Por que nos tratam tão mal neste hospital? – a gorda senhora parecia gritar dentro da mente de minha filha, tão altos eram seus brados, tão intensa era a ligação entre as duas.

Ela andava de um lado para o outro do quarto com dificuldade, dado seu enorme corpo. Depois parava novamente ao lado de Babete e recomeçava a gritar.

– Constância Eugênia! Quantas vezes já lhe disse! Babete está muito doente! Você não pode continuar aqui com ela! – parada ao lado da gorda senhora fluídica, minha sogra como que tentava arrancá-la à força dali.

Por seu aspecto cansado e abatido, via-se que dona Zuleika não tinha ainda condições de estar ali. Se negara, contudo, a retornar para a colônia onde trabalhava em seu próprio processo de restabelecimento espiritual, contrariando os conselhos e advertências de todos os mentores que lhe eram próximos. Tinha sido arrebatada pelos chamados desesperados de

301

Fênix, que não parava de exigir mentalmente sua ajuda desde o dia de seu casamento com Edgar.

Eu entendia a posição dela, também já experimentara angústia semelhante. A diferença, porém, era que, na época em que Babete descobrira sua diabetes, eu tinha sido autorizado a vir, a tarefa que me fora concedida fazia parte de meu aprendizado. No caso de d. Zuleika, porém, havia sido permitido apenas que viesse comigo para o casamento, mas ela simplesmente se recusou a voltar, diante do que aconteceu.

Minha tarefa agora era socorrê-la, visto que sua presença despreparada ao lado da acompanhante espiritual de minha filha só contribuía para que se agravasse ainda mais o quadro de Babete.

Por mais dolorosa que parecesse a situação de minha filha a olhos comuns, eu já não me emocionava como da primeira vez em que viera em tarefa de auxílio. Os anos de estudo na espiritualidade desde então haviam me ajudado a compreender que nem sempre os quadros que se desenvolvem na Terra são tal qual nos parecem quando os observamos com olhos de encarnados. Entendera finalmente que, dado o estágio evolutivo em que ainda nos encontramos, precisamos da dor para resgatar grandes erros de vidas passadas; é ela o único meio capaz de fazer surgir, de dentro de nós, recursos desconhecidos que nos levem a reformular padrões mentais por muitas existências cristalizados, impulsionando-nos para que venhamos a trilhar novos caminhos.

Dona Zuleika, no entanto, parecia não estar ainda convencida de tão nobres e indiscutíveis verdades; não estava ainda sequer preparada para lidar com uma entidade sofredora como Costância Eugênia e sua teimosia acabava por situá-las em semelhante padrão vibratório. Naquele momento, em seu tresloucado desejo de ajudar, d. Zuleika tentava uma aproximação cordial da obsessora, enovelando-se, por sua falta de prática, em perigoso terreno de indagações:

– Veja, estou aqui no intuito de ajudá-la, mas se não para de pensar em comida para poder me ouvir, como poderei auxiliá-la? – insistia ela ao lado de Constância Eugênia, como se falasse com uma criança.

– Então não entende que tenho fome? E que esta boba precisa reclamar para que nos tragam coisas melhores nas refeições? Não suporto mais viver de sopinhas e gelatinas neste lugar! – rebateu a acompanhante invisível.

– Interessante... – prosseguiu minha sogra, ainda alheia a minha presença no local. – E de onde você veio não tinha comida para precisar colar-se deste jeito a uma encarnada para alimentar-se? Ela está sofrendo mais do que deveria por sua causa! Será que já não basta tudo o que precisa passar em nome de seus próprios atos improvidentes?

— A senhora não entende!... A Providência Divina foi injusta comigo me mandando para lugares onde eu não merecia estar, entre criaturas... Ah, não gosto nem de me lembrar. Ainda bem que encontrei sua neta. Tenho certeza de que ela não se importa com a minha presença. Aliás, temos muitas afinidades, muitos gostos em comum. Por que não desfrutar do que a Terra tem de melhor a oferecer? – ela respondeu em seu raciocínio doentio e confuso.

— Mas afinal de onde você veio? Já conhecia minha neta antes de ligar-se a ela como espírito? – minha sogra persistia em sua curiosidade.

Dona Zuleika não tinha limites em sua necessidade de entender o passado daquela criatura para poder interferir a seu modo naquela questão, esquecendo-se de que a curiosidade, mesmo sadia, pode ser zona mental muito interessante, porém extremamente perigosa na maioria dos casos,[100] ao reconduzir um espírito muitas vezes já perturbado a lembranças que piorem ainda mais o seu estado mental. Ou mesmo povoando a própria mente sadia com imagens que não lhe seriam no momento convenientes.

— Espírito? Do que a senhora está falando? – Constância Eugênia irritou-se. – Pois saiba a senhora que não acredito em espíritos. Sou católica apostólica romana, abomino tudo o que se refere a essa malfadada religião – olhou para todos os lados, como se fosse pronunciar algo proibido –, aquele centro espírita! Tanto que todas as vezes em que sua neta entra lá naquele lugar, eu fico esperando na porta. Vou com ela a todos os lugares, mas lá eu não entro! Sou uma pessoa de bem, jamais entraria num... – de novo olhou em torno antes de dizer – centro espírita! – repetiu como quem diz um nome muito feio. – Uma coisa é sermos amigas, outra é partilharmos de certas loucuras. Isso não... Isso eu não aceito!

— Espere aí! Mas então quem você pensa que é? – a própria dona Zuleika ficou confusa. – Acha então que continua na Terra do mesmo jeito que minha neta?

— Ora essa. Do mesmo jeito que a senhora e sua neta. Eu sei que, desde que Deus permitiu que a minha família me lançasse naquele asilo de loucos, naquele lugar pior do que um leprosário, aproveitando-se da minha condição de doente... – ela se interrompeu, perturbada, ao lembrar dos detalhes – Veja só que crueldade, eu estava em coma, nem tinha consciência do que estavam fazendo... Tudo isso, com certeza, só por causa da herança... Foi justamente quando encontrei esta amiga, que estava sofrendo tanto quanto eu, injustiçada também por aqueles que roubaram tudo o que tinha, e passamos a andar juntas, dividindo nossas mágoas... A senhora acredita que agora todos eles, toda a minha família tem o desplante de fingir que não me conhece? Toda vez que me encontro com eles, simplesmente não res-

---

[100] Conforme conselho da senhora Laura a André Luiz, no livro *Nosso lar*, cap. 25.

pondem, fazem como se não me vissem... Mas tudo isso é só uma questão de tempo. Logo, vou encontrar um jeito de me vingar... Mas até para isso tenho que me alimentar! Não consigo nem pensar direito, fraca do jeito que estou! – argumentou a obesa entidade. – Preciso comer alguma coisa!

– Minha irmã, você precisa, antes de mais nada, aprender a perdoar – escandalizada com a exposição, dona Zuleika queria de toda forma doutrinar aquele espírito. – Não estaria equivocada ao imaginar que sua família tivesse jogado você no local que me descreveu? Afinal, são os nossos pensamentos que...

Constância Eugênia, contudo, nem a deixou terminar. Bateu o pé autoritariamente e falou irritada:

– Quem é você para me dizer o que eu devo ou não devo fazer? Conhece, por acaso, a minha família? Foram eles que te mandaram aqui para ver se consegue me extorquir mais alguma coisa?

Neste momento, percebendo que a situação tomava rumos insustentáveis, me fiz visível aos olhos de minha sogra, que a essas alturas já não sabia mais o que dizer:

– Jonas! – ela se assustou, enquanto a outra continuava a desfiar seu imenso rosário de desaforos, insatisfações e reclamações, sem sequer se dar conta do que acontecia a sua frente.

– Minha querida sogra... Então se esqueceu de que está diante de um espírito doente e perturbado? Que proveito a senhora pode tirar de seus relatos? Os doentes falam de maneira incessante e quem os ouve, gastando interesse espiritual, pode não estar menos louco – observei com gentileza.

Neste momento, Constância Eugênia também me viu e se mostrou assustada com o que acabara de ouvir.

– Louca? O senhor está me chamando de louca? – ela protestou. – Só porque exijo uma comida decente? – ela perguntou, achando estar diante de algum funcionário do hospital. – Pois fique sabendo que...

– De forma alguma – tentei reverter a situação. – O que eu acho é que a senhora deve estar muito cansada... Passou por tanta coisa antes de chegar aqui, precisa recuperar suas energias... Por que não se deita um pouco para descansar? – convidei, mostrando-lhe o sofá destinado aos acompanhantes.

Era tão grande o magnetismo amoroso que emanava de minhas palavras que Constância Eugênia não teve como argumentar. Efetivamente, sentia-se muito cansada. Envolvida por minhas vibrações, ajeitou-se no sofazinho e ainda pediu, sob os olhos incrédulos de dona Zuleika.

– Está certo. Eu vou descansar um pouco. Mas o senhor promete que manda vir uma comida que tenha sustância quando eu acordar? Estou com muita vontade de comer um bife com batatas! E também um doce bem gostoso de sobremesa! Não tem ideia de tudo quanto tenho sofrido, da fome que tenho passado durante todos esses dias... – ela já ia recomeçar suas lamúrias.

Eu, no entanto, cortei o assunto antes que ela se empolgasse de novo.

– Não comente o mal. Já fui informado de tudo que lhe ocorreu de amargo e doloroso. Descanse agora, pensando que vamos cuidar da senhora – sugeri, envolvendo-a mais uma vez com a força de meu magnetismo.

Em instantes, para total surpresa de minha sogra, a obsessora dormia profundamente. Babete também parecia bem mais tranquila em seu leito.

– Você não vai levá-la daqui? Precisamos retirá-la, o quanto antes, de perto de Babete – dona Zuleika logo atalhou preocupada, já querendo carregar Constância com suas próprias mãos, como se isso fosse possível.[101]

– Procure ficar calma. Tudo tem seu tempo. Não podemos socorrer Constância Eugênia agora e nem dessa forma – expliquei. – É necessário que Babete se desvincule das afinidades que as mantêm unidas, que ela mesma experimente um desejo, ainda que a princípio sem muita consistência, de sair desta situação.

– Mas ela não pode... – dona Zuleika ainda tentou argumentar.

– A senhora é que não deveria estar aqui. Aliás, não poderia nunca ter se negado a voltar para a área de proteção da colônia em que se encontra abrigada da maneira como fez – delicadamente tentei adverti-la. – Não vê que só piora o quadro com sua atitude ao invés de ajudar?

– Era uma urgência, Jonas! Não é possível que não tenha visto como a pobre da Fênix tem andado nervosa... E Babete então! Elas me chamam sem parar. Eu não tenho nervos de aço, tenho essas duas como se fossem minhas filhas. Não posso simplesmente fazer ouvidos de mercador sem fazer nada para pelo menos tentar minimizar o sofrimento das duas! – dona Zuleika justificou.

– Todavia, nem sempre a lágrima que se derrama é dor insuportável na alma... Eu também demorei bastante para entender isto. Nem por um momento pensou que, em fugindo para tentar socorrer as duas, estava deixando de socorrer a si própria? – argumentei, compreendendo seus sentimentos.

– Você tem razão... Estou me sentindo muito fraca, depois de tudo isso... – ela admitiu. – Mas quem irá cuidar de Babete e de Fênix? – ainda quis saber.

– Não podemos nem por um instante duvidar de que o amor divino esteja presente em nossas vidas, independentemente de nossas expectativas ansiosas. Deus tudo vê, tudo prevê e provê. Babete, Fênix e Martina jamais estiveram desamparadas. Assim como a senhora também não... – observei,

[101] Mesmo na condição de espíritos, continuamos revestidos de uma camada semimaterial que permite que mantenhamos nossas antigas formas, sendo que tal camada varia de densidade conforme o patamar evolutivo do espírito. Ou seja, quanto mais atrasado é o espírito, mais materializado é seu corpo espiritual e, por conseguinte, mais pesado. N. A.

enquanto uma gentil trabalhadora da colônia em que Zuleika se encontrava abrigada se apresentava, juntamente com uma equipe de médicos espirituais que tinham vindo comigo para buscá-la.

Envergonhada e exausta, depois de toda aquela luta energética com Constância Eugênia, ela ainda olhou mais uma vez para a neta e logo concordou em ser reconduzida à sua colônia espiritual.

– Você tem razão... Ainda não tenho forças... Mas um dia eu ainda hei de aprender como proteger melhor a todos... Que bom que ao menos você já conseguiu... – despediu-se emocionada.

Enquanto isso, do lado de fora do quarto, Fênix e o marido conversavam com o dr. Zeus, o médico endocrinologista que estava cuidando do caso de Babete juntamente com o dr. Lycopoddium, que sempre a acompanhava, mesmo de longe, em todas as situações.

– O caso dela é bastante delicado – explicava o dr. Zeus.

– Mas então o problema não era só na vista direita? – quis entender Edgar.

– O organismo do diabético sofre muitas alterações, sobretudo quando se apresenta debilitado como o organismo de sua sogra chegou aqui há quase duas semanas, quando vocês a trouxeram. É preciso ter em mente que o diabetes leva a complicações graves, como lesão de olhos, rins, nervos, coração. Os órgãos dela já não estão funcionando como deveriam, sobretudo os rins, que não estavam filtrando devidamente as impurezas do organismo. Além disso, também em consequência do diabetes, ela já se encontra com neuropatia – ele detalhou.

– Neuropatia, doutor? O que é isso? – Fênix perguntou, sentindo as mãos gelarem de medo só de ouvir essa palavra, já pensando também em Martina.

De imediato o marido a abraçou, querendo mostrar seu apoio. Simpatizei com aquele rapaz. Ele realmente parecia gostar muito de minha neta. Eu também ouvia as explicações do médico, querendo entender melhor o quadro de minha filha.

– A neuropatia é uma degeneração dos nervos. De tanto permanecerem imersos em excesso de açúcar, os nervos do diabético vão pouco a pouco deixando de funcionar corretamente. Sua mãe chegou aqui com mais de 600 mg de glicemia! O nível normal de qualquer pessoa é de no máximo 100 mg/dl em jejum. Ou seja, com toda aquela glicose boiando no sangue, os nervos não funcionam muito bem, tudo fica alterado... –[102] observou o doutor.[103]

---

[102] Cf. explicações da endocrinologista Marielle Costa Nobre durante o ciclo de palestras "Diabetes com vida", realizado pela Unimed Sul de Minas na cidade de São Lourenço em 26/02/2014.

[103] Critérios de diagnóstico para o diabetes: Glicemia de jejum ≥ a 126 mg/dl; Glicemia de 2h ≥ 200 mg/dl durante o teste de tolerância oral à glicose; Glicemia de 2h ≥ 200 mg/dl em paciente com sintomas clássicos de hiperglicemia. Os testes 1 e 2 devem ser confirmados por uma repetição. In: *Endocrinologia clínica*. Editor responsável: Lúcio Villar; editores associados Cláudio Elias Kater... [*et allii*]. RJ: Guanabara Koogan, 2013, cap. 50: Classificação e Diagnóstico.

– Mas onde exatamente ocorre essa neuropatia doutor? – perguntou Edgar.
– Ela pode dar no corpo inteiro, em qualquer lugar onde tiver nervo. Para vocês terem uma ideia, setenta a oitenta por cento dos diabéticos apresentam algum tipo de neuropatia. À medida que vai ficando crônica, o paciente deixa de sentir os sintomas da queda ou mesmo do aumento de glicose. Além de ter os nervos danificados, o organismo do paciente se acostuma com a glicose alta e não percebe mais os sintomas – explicou ainda o dr. Zeus.
– E por que os rins ficaram lesados? – Fênix tentou entender.
– O diabetes causa alterações específicas na estrutura renal. Provoca a nefropatia, ou seja, a esclerose das células renais, que leva à perda progressiva de proteína na urina, o que, com o tempo, causa a redução da capacidade de filtração renal. Isto poderia ter sido evitado se ela tivesse feito acompanhamento médico com pesquisa de proteína na urina e tratado corretamente os níveis de pressão e glicose. A hipertensão arterial é um dos principais agravantes da lesão renal– esclareceu o médico.
– Nefropatia por diabetes... Eu nunca tinha ouvido falar numa coisa dessas... – ela observou.
– São duas coisas distintas. Temos a nefropatia e a neuropatia, que afeta também os nervos que controlam o armazenamento de urina na bexiga. Quando a urina permanece muito tempo na bexiga, ocorre o crescimento rápido de bactérias, já naturalmente estimulado pela alta concentração de açúcar no sangue.[104] Por isso ela está tomando aquele antibiótico – o médico justificou.
– Mas como tudo isso aconteceu tão de repente doutor? Há poucos meses atrás ela estava bem, ao menos parecia... O senhor acha que o fator emocional, pelo fato de eu ter marcado o meu casamento, o trabalho com os preparativos e até a questão de eu ter me mudado de casa com a minha filhinha pode ter interferido de alguma forma no quadro dela? – ela ainda quis saber.
– Certamente. O fator emocional deve sempre ser levado em consideração. Existem, inclusive, inúmeros caos de diabetes do tipo 2 que se manifestam após a pessoa ter um grande abalo desse tipo, a ponto de muitas pessoas acharem que o diabetes é uma doença de fundo puramente emocional – observou o médico.
– Acho que foi exatamente isso o que aconteceu com a minha mãe... – refletiu Fênix. – Ela apresentou o diabetes justamente depois de passar por uma separação muito difícil, uma traição no mais amplo sentido que o senhor possa imaginar... Mas como um abalo emocional pode interferir na capacidade do pâncreas em produzir insulina, doutor? – minha neta parecia querer uma resposta mais clara.

---

[104] Cf. explicação contida no site: http://www.pro-renal.org.br/renal–036.php – "Como o diabetes ataca os rins?" e orientações da dra. Marielle Costa Nobre.

– Veja, a manifestação da doença pode ocorrer em qualquer etapa da vida; geralmente acontece após os quarenta anos, mas pode ser antecipada por um abalo emocional. O desequilíbrio dos sentimentos e emoções altera completamente a produção hormonal. Se, num primeiro momento, a grande quantidade de adrenalina acelera a absorção de açúcar pelo organismo, altas concentrações de adrenalina e cortisol por tempo prolongado inibem a secreção de insulina, que é o que determina o diabetes tipo 2, antecipando a manifestação da doença que, muitas vezes, só iria aparecer muitos anos mais tarde ou talvez, nem viesse a aparecer –[105] explicou o dr. Zeus.

– Doutor, desculpe a ignorância, mas o que é adrenalina? – Fênix perguntou.

Ela e Edgar acompanhavam agora o médico em direção à saída do hospital para tentar aproveitar o pouco tempo de que o dr. Zeus dispunha para as muitas explicações de que tinham necessidade.

– Adrenalina e cortisol são hormônios produzidos pelas glândulas suprarrenais, cuja secreção é aumentada em situações de estresse, ansiedade, perigo ou qualquer outra que deixe o corpo em estado de alerta e pronto para reagir. Por exemplo, numa situação em que uma pessoa leve um susto, seu organismo produzirá esse hormônio como uma defesa. Como disse, a adrenalina em maior concentração por um período muito grande acaba por inibir a produção de insulina pelo pâncreas...

– O que, indiretamente, aumenta a concentração de açúcar no sangue – deduziu Edgar.

– Exatamente – concordou o médico, abrindo agora a porta de um consultório que ficava no corredor. – No caso de sua sogra, o abalo emocional intensificou as complicações que já vinham se desenvolvendo há algum tempo, provocou, inclusive, o que nós chamamos de hemorragia vítrea, que é o que acontece quando muitos vasos se rompem no interior do olho e, posteriormente, uma lesão residual de fundo de olho – ele detalhou com termos técnicos.– Realizamos já uma cirurgia de vitrectomia, para remover o sangue derramado na parte intraocular e...

– Eu sei, foi logo que ela chegou aqui. Não posso nem me lembrar daquele dia! Minha mãe passou um tempão sendo operada, quase morri de desespero! – lembrou Fênix.

– A hemorragia era muito grande, por isso a situação ficou mais complicada. Como expliquei na ocasião, foi preciso colocar um gás dentro do olho para tentar pressionar a retina e colá-la onde devia –[106] esclareceu o médico, parado na porta do consultório.

[105] Cf. explicações do clínico geral e homeopata dr. Joel Beraldo, em série de entrevistas realizadas pela autora via *internet*, em abril de 2014.
[106] Todas as explicações a respeito das complicações visuais decorrentes do diabetes foram extraídas do livro *Doçura amarga: consequências do diabetes*, onde a autora Mônica Pinto

– O senhor já vai começar a atender, doutor? – uma enfermeira veio perguntar.
– Dentro de cinco minutinhos – ele respondeu, consultando o relógio.
– Mas o senhor falou que a lesão poderia estacionar com essa cirurgia e o controle clínico. Não é o que está acontecendo? – insistiu Fênix. – Achei os olhos dela estranhos quando chegamos aqui...
– Infelizmente a hemorragia continua e, o que é pior, nos dois olhos – ele informou. – Talvez seja preciso uma nova cirurgia.
– Minha mãe pode ficar cega, doutor?– desesperou-se Fênix.
– Estamos fazendo todo o possível para que isso não aconteça – ele garantiu.
– Meu Deus... Tenho uma filha de sete anos, com diabetes do tipo 1. Ela se adaptou de uma tal forma ao tratamento que leva uma vida normal, tomando sempre as suas insulinas, é claro; ela inclusive faz tratamento no Instituto da Criança Diabética, aqui em Porto Alegre...[107] Mas quem olha para ela nem imagina que tem qualquer problema... Em compensação, a minha mãe... Ela não tem disciplina nenhuma doutor... Só piora a cada dia, desde antes de minha filha nascer... O que nós podemos fazer? – Fênix perguntou, já desanimada.
– Não existe nenhum centro especializado no tratamento de diabéticos? – aventou Edgar, inspirado por minhas sugestões.
– É exatamente o que eu estava pensando em recomendar a vocês. Conheço uma clínica dessas que fica numa outra cidade aqui no Sul, mais ou menos a umas oito ou nove horas de viagem daqui. É uma clínica que tem tratamento multiprofissional para atender ao diabético, com angiologistas, especialistas em pé diabético, oftalmologistas, nefrologistas, psicólogos, enfim toda a equipe necessária para abordar o doente como um todo. Acho que seria uma ótima alternativa para Babete... – cogitou o dr. Zeus. – Eu vou anotar o telefone e o endereço para vocês... – ele disse, entrando no consultório para poder escrever.
Nem de longe poderiam supor que Renato recentemente acabara de aceitar um emprego na mesma clínica. De tanto estudar sobre dependências de todos os tipos, havia se interessado também pelos casos de diabetes e não muito tempo depois tinha sido convidado para assumir os cuidados dos pacientes diabéticos no hospital psiquiátrico. Foi justamente quando surgiu a vaga na tal clínica e ele ficou sabendo.
– Acho que vai ser um excelente ganho para ti, para o teu currículo. Até porque, se estudaste tanto por conta própria, não tens nada que comprove

Messias narra sua própria experiência (Brasília: ABC BSB Editora Ltda, 1999) e também de entrevista com o oftalmologista Rafael M. C. Vieira, de Campinas, especialista em problemas de retina, realizada em março de 2014
[107] Ver http://www.icdrs.org.br/

a tua experiência. Depois de trabalhar lá, vai estar atestado que tu entendes mesmo sobre diabetes, todos lá são especialistas no assunto! Além do mais, por ser uma clínica particular com tantos diferenciais, o salário vale a pena. Tu não vais acreditar quando receberes o primeiro contracheque – incentivou-lhe um colega, que tinha o sotaque bem carregado dos moradores de Porto Alegre.

Tudo parecia correr magicamente. Renato mandou o currículo acrescido de referências do hospital em que vinha trabalhando; logo em seguida foi chamado para uma entrevista. Uma semana depois, era convidado a trabalhar em caráter de experiência. O tempo exato para finalizar todas as suas tarefas no antigo emprego.

"Enfim, estou cada vez mais longe. Às vezes me sinto como se estivesse fugindo de meu passado, fazendo tudo isto de medo que eu tenho de algum dia vir a reencontrar minha antiga esposa. Ao mesmo tempo, outras vezes eu penso que reencontrá-la é a única coisa que eu realmente necessito na minha vida. Mas será que já estou pronto para isso?", Renato desabafara, certa noite, em um *e-mail* para seu grande amigo Alexandre, de Belo Horizonte – até hoje o único que sabia de seu segredo.

Fazia pouco mais de um mês que fora contratado. Naquela manhã, quando chegou para trabalhar, foi logo sendo alertado pelo enfermeiro chefe do departamento:

– Ontem à noite chegou uma paciente nova. Ela já ficou cega de uma vista, está fazendo uma série de exames para tentar salvar o outro olho e ainda corre sério risco de ir para a hemodiálise, porque os rins não estão funcionando direito. É de cortar o coração, ela tem olhos azuis lindíssimos!

Renato não entendeu por que, mas, naquele exato momento, sentiu uma coisa estranha no peito, um calor muito forte saindo do coração. Veio-lhe à mente a imagem distante de Babete e seus olhos azuis. "Com toda a certeza, ela jamais estaria internada em uma clínica especializada no tratamento de diabetes, ainda por cima com um quadro tão assustador", pensou consigo sem que eu pudesse deixar de ouvir. Eu continuava acompanhando Babete, com autorização da espiritualidade maior, ao longo de todo aquele processo por que ela vinha passando.

– Ela vai precisar de um enfermeiro praticamente só para ela; o caso requer muitos cuidados – avaliou o enfermeiro-chefe, ainda verificando a ficha de minha filha. – Tu estás disposto a assumir essa paciente?

– Sim, estou – Renato respondeu sem pensar duas vezes, sentindo agora o coração disparado.

Achou à princípio que se tratasse apenas da emoção de estar pegando seu primeiro caso difícil naquele hospital em tão pouco tempo. Seria digno?

Mereceria? Daria conta? – pensou tudo isso em menos de um segundo. Em seu constante sentimento de culpa e arrependimento velados, que porém ardiam dentro dele como um furúnculo interno, não poderia nunca imaginar que tudo aquilo que sentia naquele momento fosse apenas o reflexo da imensa alegria que toda a equipe espiritual responsável por aquele encontro, da qual eu também fazia parte, estava agora experimentando. Estava tudo certo, todos sempre se ajustam, querendo ou não, aos mecanismos da lei; homens e espíritos trabalham sempre interligados como integrantes de um mesmo e imenso organismo.

Renato abriu a porta devagar e se apresentou, acendendo a luz no quarto da paciente. Era a primeira visita da enfermagem àquele quarto naquela manhã:

– Bom dia! Como passou a noite? Meu nome é Renato e, a partir de hoje, você vai poder contar comigo para o que precisar! – exclamou bem-humorado.

Pude perceber que Babete teve um estremecimento ao ouvir aquela voz.

"Não pode ser... É claro que não pode ser" – cheguei mesmo a ouvir seus pensamentos, que até pareciam gritar de tão agitados.

Constância Eugênia continuava acompanhando-a, mas não percebeu nada de diferente, visto que tinha se aproximado de minha filha apenas depois da separação. Até porque Renato efetivamente não parecia a mesma pessoa. O timbre da voz, contudo, sempre permanece a mesmo.

Babete não gostou nem um pouco de ouvir aquela voz. Jamais poderia supor que não se tratava apenas de uma coincidência. Só de lembrar de Zeca, no entanto, ficou muito irritada:

– Apague esta luz! Não vê que estou cega? – respondeu mal-humorada. – O reflexo me faz doer a vista! – retrucou, antes de cobrir inteiramente o rosto com a coberta.

Mas ele já a tinha visto.

Por alguns instantes, Renato permaneceu parado ao lado da porta, petrificado, sem coragem sequer para esticar o braço até o interruptor.

2

Tão logo quanto possível, Renato correu a se isolar na pequena capelinha que havia nos fundos de um dos pátios da clínica. Segui atrás dele. Era uma capela de pedra, vivia sempre florida, enfeitada com as doações dos muitos internos em reverência à grande imagem de Nossa Senhora que ficava no fundo. Naquele raro momento, para seu alívio, estava vazia. Sentia-se como se ali estivessem apenas presentes ele e a imagem da mãe de Jesus, inconsciente das muitas legiões de espíritos de luz que ali se reuniam para amparar os corações dos aflitos que vinham para solicitar auxílio a Maria.

"Minha Nossa Senhora, o que é que eu faço?..." – ele fechou os olhos e deixou que caíssem as lágrimas que retinha dentro de si desde o momento em que vira Babete no quarto. "Será que foi por minha causa que ela ficou assim?... Eu não tenho coragem de olhar para ela... Acho que eu vou pedir demissão..." – imaginou, sentindo-se incapaz de prosseguir naquela prova.

– Não faça isso – eu disse-lhe em pensamentos, amparado por outras entidades de luz ali presentes, as quais fortaleciam a nossa comunicação mental. – Afinal, você não aguardou tanto por esta oportunidade? Não foi para isso que você se preparou durante todo este tempo?

Renato registrava meus pensamentos imaginando que o tempo todo várias partes de sua mente conversassem entre si.

– Foi e não foi... Jamais imaginei que fosse encontrá-la assim deste jeito... Minha ideia era encontrá-la bem, do jeito que estava quando eu a deixei... Queria entregar em suas mãos todo o dinheiro que eu tivesse conseguido juntar até esse dia, e implorar para que me perdoasse... – argumentou em silêncio.

– Será que é só dinheiro o que você teria de oferecer a ela? Não traz consigo algo de mais valioso que seria mais útil a Babete neste momento? – novamente eu sugeri a seu lado. – O que traz consigo de toda a experiência vivida? Que lições aprendeu?

Renato ouvia dentro de si a minha argumentação, mas não conseguia enxergar nada de bom em si próprio. Seu sentimento de remorso era muito profundo. Toquei-lhe então um ponto específico do cérebro e ele se lembrou do que certa vez ouvira de uma das evangelizadoras do projeto Renascer:

"Precisamos cultivar em nós o arrependimento, jamais o remorso. Porque são dois sentimentos muito diferentes entre si. Remorso é uma emoção pesada, porque pressupõe a culpa eterna por um ato cometido, sem chances de mudar esse quadro. A pessoa não pensa propriamente no dano causado a outra pessoa, mas sobretudo na culpa e no crime cometido. Fica o tempo todo rememorando aquilo, remordendo a própria ferida como se, com este procedimento, por si só, pudesse aplacar o medo que sente do momento em que acredita que terá de prestar contas de seus atos à autoridade divina. Em outras palavras, ela se autocastiga com essa autoflagelação mental, com o objetivo de não sofrer coisa pior por causa de sua má ação."[108]

– Sim, admito que tenho pensado demais nos meus erros... Nada do que eu faça, por mais dedicação que eu empregue, consegue me trazer um pouco de paz de consciência – admitiu em silêncio, olhando para a santa, com as lágrimas escorrendo pelo rosto triste.

As palavras da evangelizadora, contudo, continuavam a correr por dentro dele como um fluxo vivo e intenso de ensinamentos, como se tudo aquilo estivesse inscrito na memória de cada uma de suas células, impedindo-o de se entregar ao remorso como faria tempos atrás.

" Arrependimento, porém" – ele continuava a ouvir, por dentro de si as palavras daquela evangelizadora –, "é algo que supõe movimento. Quando você se arrepende de alguma coisa, diz logo: vou consertar. Vem do latim 're-pender-se', ou seja, reposicionar-se. O arrependimento leva a uma dor genuína pelo sofrimento causado a alguém e culmina com uma mudança de atitude para não voltar a cometer o mesmo erro. Implica em mudar de procedimento, de parecer e não apenas em lamentar 'o leite derramado', como se nada mais houvesse a fazer." Enquanto o remorso prende o indivíduo ao passado, que não deixa nunca de ser rememorado, o arrependimento liberta a pessoa para viver o futuro de uma forma mais consciente, aceitável e feliz".

---

[108] Segundo o espírito Emmanuel, na questão 182 do livro *O consolador* (psicografia de Chico Xavier. RJ: FEB, 28 ed., 2011), "o remorso é a força que prepara o arrependimento, como este é a energia que precede o esforço regenerador".

— Você já aprendeu a diferença entre uma coisa e outra. Por que não faz a escolha certa? — novamente tentei incentivá-lo.
— Sim, eu quero consertar! Mas como eu poderia ajudá-la? — em pensamentos, Renato se perguntou.
— Você a conhece como ninguém: sabe o que fazer para despertar suas forças!
— Será que eu ainda sei? Tanto tempo se passou... Ela está muito diferente de quando eu a deixei! — ele pensou.
— E você também. Siga sua intuição! A espiritualidade estará fazendo a parte dela. Apenas confie e prossiga! — disse, convidando-o mais uma vez à ação.
— Mas... E se ela me reconhecer? Se não quiser a minha ajuda? — ele ainda titubeou.

Lembrou-se então dos conceitos que aprendera ao longo das muitas reuniões do projeto Renascer que tivera a oportunidade de frequentar, quando ainda vivia resguardado pelos limites do Hospital Espírita em Belo Horizonte. Especificamente dos chamados "princípios básicos da autotransformação", que costumavam ser estudados em grupo. Veio-lhe então à mente o "princípio da harmonia", cujo texto, já tantas vezes lido e relido, dizia: "Os conflitos resultam do choque entre deficiências incompatíveis entre si. Para eliminar os conflitos basta que eu trabalhe a minha própria deficiência." Dona Leda Maria dizia que nestes momentos eram necessárias três perguntas, que o indivíduo devia fazer a si próprio e depois responder com a máxima honestidade possível:

— O que é que está mexendo tanto comigo nesta situação?
— Qual a minha responsabilidade neste conflito?
— Qual deficiência minha que está sendo colocada em xeque por esta pessoa nesta situação?

Com as perguntas em mente, fez uma reverência de agradecimento à santa e voltou para seus afazeres. Já havia terminado seu horário de almoço.
— A paciente está chamando... — foi avisado, logo ao chegar.

Entrou no quarto e encontrou Babete sentada na cama, chorando como uma criança diante da bandeja de almoço que lhe havia sido trazida pelo pessoal da cozinha. Sentada a seu lado, Constância Eugênia também chorava. Era tão forte a ligação entre as duas que eu mal conseguia distinguir de qual delas partira aquele choro.

— O que aconteceu com você? — ele se aproximou prestimoso. — Posso ajudá-la em alguma coisa?

Sempre de olhos vendados, ela apalpou a bandeja, querendo mostrar um dos recipientes. O almoço estava todo ali, ela mal havia tocado na refeição.

— É este feijão — ela respondeu, ainda chorando. — Onde está o feijão? — ela continuava apalpando a bandeja...

— Cuidado! — Renato segurou depressa a bandeja, antes que caísse. Você não poderia nunca ficar sozinha na hora do almoço. Alguém deveria ter vindo ajudá-la!
— Fui eu que quis assim — ela respondeu, parando de chorar. — Não gosto que tenham pena de mim!
— Ninguém aqui sente pena de você. Todos compreendemos que é apenas uma fase que você está passando e que qualquer um de nós poderia estar no seu lugar neste momento — Renato respondeu, mais uma vez lembrando-se dos tempos em que era paciente do hospital em Belo Horizonte.
— Mas o que tem de errado o feijão?
— Não tem gosto de nada! — gritou Constância Eugênia. — Não gosto de feijão sem tempero!
Babete repetiu suas mesmas palavras. Renato, contudo, soube lidar tão bem com a situação que eu nem precisei interferir:
— Neste momento, você não tem que se preocupar com o gosto do feijão. Tem que pensar que tudo aqui é remédio, que toda esta refeição foi preparada para fornecer a você o máximo de nutrientes possível para que se recupere o quanto antes de sua enfermidade. Aqui não é um restaurante de luxo! É um local onde você vai ter a oportunidade de reeducar o seu organismo para comer aquilo que é melhor para ele. Ainda que o gosto não lhe agrade de imediato — ele disse.
Falou com tanta certeza, com tanta decisão que minha filha não soube como responder. Constância Eugênia não gostou.
— Mas eu quero! — protestou.
Babete, contudo, desta vez não sintonizou com as suas palavras. Toda vez que o ouvia falar, ficava estática pensando como duas pessoas poderiam ter vozes tão parecidas.
— O que deu em você? — de novo Constância Eugênia reclamou.
— Deixa eu ver esse prato — Renato verificou. — Está tudo muito frio — constatou. — Espere um pouco que eu vou dar um jeito nisso.
Enquanto isso, entrou no quarto uma enfermeira de nosso plano trazendo um caldinho fumegante e dirigiu-se a Constância Eugênia:
— Experimente... é uma sopinha, mas tenho certeza que desta você vai gostar.
Constância olhou assustada para a enfermeira, também não estava acostumada a receber esse tipo de tratamento personalizado. Abriu a boca e foi tomando o caldo devagar. "Realmente está muito gostoso", pensou consigo, sem coragem de dizer nada para não perder nenhuma colherada.
Em instantes, Renato também voltava ao quarto com a refeição de Babete. Havia arrumado tudo em um prato, em lugar da tradicional bandeja do hospital, e reaquecido a comida.

– Veja se assim não fica bem melhor! – ele sorriu, colocando o prato sobre a mesinha que se deslocava para que os pacientes pudessem comer na cama.
– Eu não enxergo! – reclamou Babete.
– Você é que pensa! Vamos tirar isto aqui para ver se melhora... – ele retirou-lhe a venda com muito cuidado.
Ele sabia que o máximo que ela podia conseguir seria distinguir entre claro e escuro, e era exatamente o que ele queria.
– Está percebendo como arrumei seu prato de uma maneira bonita? Deste lado – ele levou a mão dela até a extremidade do prato – estão a carne e o feijão...
Ela estremeceu àquele contato com a pele dele. Mas não disse nada.
– Do outro lado estão os legumes, e aqui... um pouquinho só de arroz integral... Agora pense em todas as vitaminas que contêm tudo isso. Apenas pense nas vitaminas, no remédio de que você precisa, e abra a boca...
Imediatamente Babete lembrou-se de toda a experiência que vivera, anos atrás, ao preparar aquele cardápio para o filme de Fênix. Sim, ele tinha razão... Cada alimento produzido por Deus possuía suas propriedades específicas, que poderiam e deveriam ser aproveitadas conforme as necessidades específicas das pessoas.
– Você sabia que os pacientes psiquiátricos portadores de esquizofrenia devem anular ou suprimir ao máximo o consumo de leite e seus derivados? Isto porque a lactose comprovadamente piora os sintomas dessa enfermidade. Além disso, seu alto consumo pode provocar hiperatividade, comportamentos problemáticos, falta de concentração e pode até desembocar em condutas violentas – ela recordou de repente, entre uma colherada e outra que lhe era oferecida pelo enfermeiro.
– Sim! E é preciso também muito cuidado com o consumo abusivo de açúcar, que neste caso esgota rapidamente as reservas de vitamina B1, o que pode vir a originar diversas polineuropatias, piorando ainda mais a doença mental – Renato acrescentou.
– Eles necessitam de muita vitamina B1, essencial para o sistema nervoso, na transmissão dos impulsos nervosos dentro do cérebro! – Babete se empolgou.
Enquanto conversavam, ia comendo tudo sem perceber.
– A levedura de cerveja é uma das mais importantes fontes de vitamina B1. Que, aliás, é também um ótimo aliado para tratar os casos de ansiedade – ela se lembrou ainda. – Mas todas as vitaminas do complexo B são extremamente importantes para esses pacientes.[109]

---

[109] *In*: García, Manuel Eduardo Ruiz e Marisol Martínez Megías. *La alimentación saludable em enfermos mentales:um modelo integrado de dieta*. 10º Congresso Virtual de Psiquiatria.

— Onde você aprendeu tudo isso? — surpreendeu-se Renato.
Ela contou-lhe então toda a história a respeito do curta-metragem de Fênix.
— Quer dizer então que foi você? — Renato se mostrou surpreso com a explicação.
— Como assim? — Babete não entendeu.
Constância Eugênia já havia tomado todo o seu caldo e agora dormia tranquilamente na cama fluídica que fora instalada no quarto pela enfermeira de meu plano.
— Você não vai acreditar! Na verdade eu trabalhava nesse hospital na época em que tudo isso aconteceu! — recordou Renato.
— Sério? — minha filha não podia realmente acreditar.
— Eu trabalhava no turno da noite, mas fiquei sabendo de tudo. Teve uma repercussão imensa aquela comida que você preparou para os internos! Naquela noite, quando cheguei para trabalhar, encontrei-os mais tranquilos, mais bem-humorados, achei até que tivessem aumentado a dose das medicações por causa das filmagens! Mas não. Fiquei sabendo depois que a sua comida realmente mexeu com o comportamento deles. Foi uma experiência muito incrível!
— Puxa, ninguém nunca tinha me dito isso antes — comentou Babete surpresa. — Você não está dizendo tudo isso só para me agradar, está? — ela desconfiou.
— De jeito nenhum! Se quiser posso ligar para um colega meu do hospital e colocar você para confirmar tudo com ele! É sério mesmo. O pessoal do hospital gostou tanto que até andou mexendo com a equipe de nutricionistas, mas você sabe que ninguém até hoje, que eu saiba, conseguiu um resultado tão satisfatório como o seu? Não foi só no filme não, aconteceu de verdade!
— É só uma questão de tempero... Está vendo como faz diferença uma comida bem temperada? — pela primeira vez, desde que chegara do mundo espiritual naquela expedição de auxílio familiar, vi minha filha recuperar o seu ar de outrora.
A expressão de sua fisionomia também não passou despercebida para Renato. "Como eu senti saudades desse jeito dela", ele também se recordou, com o coração enternecido. Parecia incrível, mas ele começava a sentir de novo por aquela mulher doente a mesma atração que um dia sentira por minha filha tantos anos atrás, como se a personalidade dela despertasse nele um amor adormecido.
— Se eles acharam tudo isso, por que não me ligaram? Por que não me pediram ao menos uma consultoria pra melhorar a comida dos doentes do hospital? — ela reclamou, apalpando em volta à procura de um guardanapo.

Interpsiquis Febrero 2009. Psiquiatria.com.

– Acho que na verdade ninguém se tocou que havia uma grande cozinheira por trás daquilo tudo, alguém que havia estudado e trabalhado as características de cada alimento para obter aquele resultado – imaginou Renato, tomando a iniciativa de limpar-lhe a boca.

– Obrigada!... Mas então pensaram o quê? – ela quis saber.

– Pelo que sei, todo mundo achou que tudo aquilo era efeito do cinema. Uma comida cinematográfica, sabe como? Da mesma forma, acharam que a reação dos pacientes tinha a ver com a autoestima, que eles só apresentaram todas aquelas diferenças de comportamento porque estavam se sentindo importantes por terem participado da gravação de um filme – ele explicou.

– É um caso a se pensar... Mas teríamos que fazer uma nova experiência para poder chegar a uma conclusão – o raciocínio dela foi longe.

Eu não cabia em mim de contentamento, Babete parecia agora vibrar em outra sintonia depois daquela conversa.

Aproximei-me de Renato e tentei expressar-lhe mentalmente a minha gratidão. Ele se emocionou. "Talvez o caminho seja este... Preciso encontrar meios de ajudá-la a descobrir o que ela tem de melhor", pensou consigo, novamente inspirado por meus pensamentos.

Horas mais tarde, quando voltou ao quarto para se despedir, ele a encontrou de banho tomado, de camisola trocada, com outra disposição (havia uma enfermeira especialmente designada para ajudá-la nessas tarefas). Não tinha sequer recolocado a venda nos olhos. Constância Eugênia, por sua vez, continuava dormindo a seu lado, sob os cuidados da enfermeira espiritual que se responsabilizara por ela.

– Renato? É você? – ela percebeu assim que ele apontou na porta.

– Sim! Estive procurando nos meus guardados e encontrei uma coisa que eu queria muito mostrar a você... – ele disse.

Deixou então que ela tocasse no livro que ele trazia nas mãos.

– Mas eu não consigo ler nada! – ela lamentou. – Se soubesse o gosto que eu adquiri pelos estudos depois que me mudei para Porto Alegre... Na verdade, eu sempre gostei de estudar, mas com o tempo acabei me acomodando, perdi completamente o hábito. Mas foi só começar de novo para entrar no ritmo. Pena que agora...

– Não se preocupe – disse Renato. – Eu vou ler para você. É um livro sobre o açúcar, achei que você iria se interessar.

– Sobre o açúcar? Como assim? Como se chama? – ela apalpou o livro curiosa.

Era como se procurasse nele com os dedos, por mero instinto, as letras do título, que, contudo não haviam sido impressas em alto-relevo.

– O título é *Sem açúcar, com afeto: como evitar um vício doce e mortal* –[110] ele disse, tomando-lhe com cuidado o livro das mãos.

Constância Eugênia, neste momento, acordou confusa. Sentou-se na cama e ficou tentando entender o que estava acontecendo no quarto.

– Fiquei muito assustado quando li este livro. Mas acho que, como você gosta de estudar sobre os alimentos e está sofrendo tanto por causa dessa doença, é importante você saber...– ele anunciou.

– Assim você está me deixando curiosa! – Babete reclamou.

Ele verificou o soro e os medicamentos dela, preparou a injeção de insulina da tarde antes de começar a contar.

– Este livro fala que o açúcar é uma droga. Uma coisa refinada até não poder mais, que vai direto para o sangue das pessoas e ainda causa uma série de alterações físicas e mentais no consumidor – ele disse, enquanto trocava o recipiente de soro.

– Vai me dizer que você não gosta de açúcar? – ela duvidou.

– Gostar, eu gostava. Mas depois que li este livro, nunca mais consegui consumir da mesma forma. Se eu te contar que eu, hoje em dia, praticamente não como açúcar...

– Mesmo sem ser diabético? – estranhou Babete.

– Impossível isso! – retrucou Constância Eugênia.

– Mas afinal o que tem nesse livro? – Babete estava curiosa.

– Diz aqui que na Índia, alguns séculos antes do Cristo, os médicos usavam o açúcar como remédio, provavelmente para ele conduzir mais rapidamente no organismo as substâncias medicinais às quais era adicionado. Só que naquele tempo o processo ainda era artesanal. Foi só por volta do ano 600 que os persas inventaram a rapadura, que podia ser transportada, e aí começou o tráfico – ele injetava agora uma seringa contendo medicamento dentro do recipiente de soro, enquanto conversava.

Eu me mantinha o tempo todo atento, preocupado que ele não errasse nenhuma dosagem, nenhum procedimento enquanto conversava. Mas Renato realmente estava me surpreendendo. Fazia tudo com uma perícia, com um cuidado que eram de deixar qualquer um boquiaberto.

– Na Europa não tinha açúcar, era tudo importado do Oriente e custava uma fortuna, de modo que só os nobres podiam comprar. Eles mandavam navios e mais navios para o Oriente em busca de seda, metais preciosos e especiarias, principalmente açúcar... – ele agora verificava a injeção de insulina e também a prescrição médica antes de aplicá-la em Babete.

– Se não me engano, a Inglaterra era a maior consumidora – Babete lembrou-se de suas aulas de história.

---

[110] De Sonia Hirsch. Rio de Janeiro, Rocco, 4ª Ed., 1986.

– Isso mesmo. Este livro diz que, em 1665, os ingleses já importavam oito milhões de quilos de açúcar por ano! Agora o fato curioso: coincidentemente, nesse mesmo ano, a peste bubônica matou em Londres cerca de trinta mil pessoas que apresentavam inchações nas axilas e nas virilhas. Apenas pessoas que tinham acesso ao açúcar, já que no campo, entre os pobres, ninguém sofreu nada – Renato destacou. – Posso aplicar a injeção?
– Sim... – concordou Babete, mostrando a barriga. – Mas com base em que esse livro afirma isso?
– Segundo diz a autora, o açúcar predispõe o corpo a infecções. Ela conta que muita gente desconfiou da relação entre a nova doença e o espantoso consumo de açúcar que vinha acontecendo, mas ninguém disse nada, porque, afinal, o poder econômico britânico estava florescendo graças ao açúcar e seria crime de lesa-majestade insinuar que a coroa enriquecia às custas de um vício... – ele aplicou a injeção.
– Mas e depois? – Babete pareceu nem sentir a picada; continuava interessada no que ele estava contando.
– Cerca de cem anos depois, as importações inglesas já chegavam a sessenta milhões de quilos por ano. A França já tinha inventado técnicas excepcionais para refinar o açúcar bruto trazido pelos navios e, no século 18 essa já era sua exportação mais rendosa. Com tudo isso, Napoleão e a Inglaterra acirraram um pouco mais a disputa. A Inglaterra criou um bloqueio para impedir que o açúcar chegasse até a França, mas um cientista francês chamado Benjamin Delessert conseguiu extrair o açúcar da beterraba e, em apenas um ano, a França já produzia quatro milhões de quilos.
– E os americanos? Não participam dessa história? – estranhou Babete.
– E como não! Nessa mesma época, os norte-americanos inventaram o motor a vapor, a panela de pressão e ainda um método revolucionário de produzir carvão com ossos de animais. Com o auxílio de todas essas técnicas, acabam criando no mercado um açúcar mais branco e muito mais barato. Para você ter uma ideia, em 1893, segundo o livro, os norte-americanos já consumiam sozinhos mais açúcar do que o mundo inteiro tinha conseguido refinar em 1865.
– Mas, se o açúcar é tão prejudicial assim como você está tentando me convencer, como é que nesse tempo todo ninguém nunca disse nada sobre isso? – Babete novamente desconfiou.
– Tudo isso é história para boi dormir... Essa história toda está é me dando vontade de comer doce – reclamou Constância Eugênia. – A que horas chega o jantar?
– Ledo engano. Desde 1600, as autoridades inglesas, já sabendo que o açúcar tinha sérias contraindicações, proibiram severamente o seu uso para

apressar a fermentação da cerveja. E, em 1792, os melhores cientistas da Europa fundaram uma sociedade antissacarita. Em 1912, quase ao mesmo tempo em que era lançada a coca-cola e toda uma série de novos doces e novos xaropes no mercado, um dentista norte-americano escrevia que a moderna fabricação do açúcar nos teria trazido uma série de doenças, que seu baixo preço colocava em risco cada vez maior a saúde dos seres humanos, que o açúcar comercial nada mais era do que um ácido cristalizado. Foi mais ou menos nessa mesma época que se constatou o grande crescimento de uma doença mortal até então pouco conhecida, que vinha a ser justamente o *diabetes mellitus* – contou Renato. – Quer ver só uma coisa?

Ele abriu o livro e começou a procurar uma página onde havia previamente destacado várias frases com um marcador de texto amarelo.

– Escuta só isso: "em comparação com uma pessoa sadia, o diabético tem vinte e cinco vezes mais chance de ficar cego, dezessete vezes mais problemas renais, quarenta vezes mais tendência a gangrenas e amputações, duas vezes mais propensão a problemas coronários..." – ele leu no livro.

Babete entristeceu ao ouvir aquilo; Constância Eugênia tapou as orelhas.

– Mas não se pode viver completamente sem açúcar! – minha filha protestou.

– Nisso você tem toda razão – concordou Renato. – É do açúcar que vem toda a energia gasta pelo corpo. Ninguém pode viver sem açúcar. Só que não estamos falando aqui de açúcar refinado. O corpo precisa é de glicose para viver! – argumentou Renato.

– E qual a diferença? – Babete não entendeu.

– Glicose é, na verdade, o açúcar produzido pelo próprio organismo a partir de quase tudo o que a gente ingere: cereais, legumes, verduras, frutas. Isso é o que efetivamente dá energia. Sem ele a gente não anda, não pensa, não funciona! – explicou Renato.

– Mas qual a diferença? Não consigo entender! O açúcar refinado não cumpre o mesmo papel?

– De forma alguma. Pelo tanto de produtos químicos que são adicionados para que fique branquinho daquele jeito, a substância resultante, embora saborosa, nos rouba minerais, vitaminas e proteínas, afeta o sistema nervoso e ainda altera todas as funções físicas, mentais, nervosas, neuronais! – ele destacou.

– Eu não consigo digerir tudo isso o que você diz... Sei que é verdade, li muita coisa sobre isso quando estava pesquisando sobre a alimentação do paciente psiquiátrico. Não é só na questão da vitamina B1 que o açúcar atrapalha. O uso excessivo de açúcar pode até desestabilizar a tranquilidade de doentes com algum tipo de demência... – ela recordou, com certa tristeza. –

Só que eu sei de tudo isso mas adoro tudo o que é doce, bala, bombom! Na minha casa, quando não tem um doce na geladeira eu fico louca!

— Fica com esse livro. É um presente que estou dando a você — disse Renato, colocando-lhe o livro por entre as mãos.

— Mas eu não vou conseguir ler! — observou Babete.

— Pessoalmente, ainda acredito que você possa recuperar pelo menos uma parte da sua visão. Sobretudo se aceitar pensar com carinho no que estou tentando mostrar para você, se estiver realmente disposta a colaborar para que isso aconteça.

— Mas agora eu não consigo ler! — ela tentou devolver o livro.

— Sempre vai ter alguém para ler para você quando você quiser — Renato não quis aceitar o presente de volta.

— Para dizer a verdade, eu fico muito deprimida se eu não como açúcar... — ela admitiu.

— É isso! Eu também não consigo viver sem açúcar! — concordou Constância Eugênia.

— Pois eu garanto a você que só vai curar essa sua depressão no dia em que parar definitivamente de comer açúcar. É ele que causa a sua tristeza, porque cria dependência! Mas vá lendo esse livro, com calma, na medida que você conseguir, com o auxílio de outras pessoas. Tenho certeza de que vai melhorar muito se aceitar o que tem aí escrito... — ele se despediu.

— Você já vai? — lamentou Babete.

Nem parecia a mesma que se escondera sob as cobertas na hora em que ele entrara no quarto.

— Meus turnos são de doze horas. Mas amanhã eu volto... — ele prometeu.

Com a minha sensibilidade aguçada, podia perceber que, no íntimo, ele também relutava em deixá-la e pensei: "Como são curiosas, como são delicadas e imprevisíveis as relações humanas".

— Bem, então obrigada por toda a paciência que teve comigo ao longo de todo este dia... — minha filha se despediu — Ah! — ela de novo o chamou quando ele já estava na porta. — Esqueci de dizer que meu nome é Maria Elisabete. Mas pode me chamar de Babete, se você quiser... Todo mundo me chama assim...

— Babete... — ele repetiu como quem prova um doce.

3

— Estive pensando... Quer dizer então que açúcar e droga são a mesma coisa? – uma semana depois, Babete surpreendeu Renato com a pergunta logo de manhã cedo, quando ele chegou. – Sim, porque tanto uma coisa quanto outra, todas elas viciam e causam dependência...

Constância Eugênia andava de um lado para outro do quarto. Parecia muito irritada.

– Lá vem ela de novo com esses assuntos! Não vê que já ando farta de tanta teoria! Se eu não conhecesse tão bem a Babete, já tinha ido atrás de outra companhia... Nem reclama mais da comida do hospital! Mas eu sei que a qualquer momento ela volta ao normal. Deve estar fazendo isso só para enganar aquele boboca daquele enfermeiro; quando todo mundo menos esperar, ela consegue um pacotinho de doce de leite para nós! – ela esfregava as mãos satisfeita, só de pensar.

– Que ótima notícia! Vejo que finalmente você andou estudando! – Renato comemorou.

Os dois se viam quase o tempo todo; Renato até abrira mão de sua folga semanal para poder estar perto dela. Eu acompanhava essa proximidade, sempre preocupado que Renato pudesse fazer ou dizer algo capaz de prejudicar a recuperação de Babete. Enquanto isso, os enfermeiros do mundo espiritual cuidavam de Constância Eugênia como se fosse uma paciente comum do hospital.

– É que ontem esteve aqui uma pessoa especial... – Babete comentou.

– Pessoa especial... Uma chata de galocha aquela amiga dela! Nunca fui com a cara dela! Nem para trazer um docinho para nós! – Constância reclamou.

– Quer dizer então que você recebeu visitas? – Renato inquietou-se.

— Minha amiga Cris chegou ontem de Porto Alegre! Esteve aqui à noitinha, assim que você saiu! Como veio de longe, os médicos deram permissão para que ficasse comigo até as dez horas da noite. Adivinha só o que eu mostrei para ela? — comentou Babete, enquanto tateava a mesinha de cabeceira para encontrar a gaveta.

— O livro que eu te dei? — ele deduziu, abrindo para ela a gaveta.

— Isso mesmo! — ela disse, tirando de lá de dentro o livro.

Ele não pareceu muito satisfeito. Aliás, aparentava até ter ficado um pouco incomodado com a notícia da chegada de Cris. Lembrava-se de ter conhecido a amiga de Babete no último aniversário dela que passaram juntos. O tempo todo ele tinha muito medo que alguém o pudesse desmascarar.

— Eu tenho que conseguir um jeito! — Constância Eugênia andava de um lado para outro, com seu passo lento. — Tenho que arrumar pelo menos um docinho!

— Minha amiga adorou o livro! Ficamos lendo até a hora dela sair. Eu me empolguei tanto que, se pudesse enxergar, teria continuado até de madrugada... — ela contou, enquanto Renato separava os comprimidos que ela teria de tomar de manhã.

— Eu não disse que você ia arrumar uma maneira de ler? — brincou ele, preparando agora a injeção.

— Você está estranho hoje... — ela percebeu.

— Estranho como? — ele desconversou, aplicando-lhe a injeção na barriga.

— Está frio, fechado... Parece até que não quer conversar — observou Babete. — Até a sua mão está mais pesada para aplicar a injeção! Aconteceu alguma coisa?

— Bobagem. Você é que está de implicância comigo hoje! Sua amiga já voltou para casa? — ele não deu muita atenção para suas observações.

— Não! Daqui a pouquinho ela está aqui de novo! — anunciou Babete.

Renato ficou nervoso ao ouvir isso, derramou no chão um vidro inteiro de remédios.

— O que foi isso? — Babete tentou identificar o barulho.

— O vidro de remédios escapuliu... Nada demais — ele explicou, nervoso.

— Sobrou algum comprimido? — ela tentou adivinhar.

— Só o seu, que já estava separado. Tome! — ele deu a ela o comprimido, juntamente com um copo de água.

— Mas me fala, Renato, por favor, me explica isso direito para que as coisas façam sentido na minha cabeça... Então açúcar é uma droga? — ela insistiu, depois de beber todo o conteúdo do copo.

— Quando estive internado, aprendi que... — ele revelou sem querer.

– Você também já esteve internado? – Babete, que prestava minuciosa atenção a cada frase que Renato dizia, percebeu seu deslize.

Constância Eugênia olhava agora desconfiada para os dois.

– Aí tem coisa! Esse enfermeiro não sai daqui! Bem que podia trazer uns docinhos para nós... Babete iria adorar! – ela imaginava um meio de fazer o pedido.

– Não. É mania que eu tenho de falar desse jeito. Acho que é porque passava tanto tempo de plantão naquele hospital psiquiátrico que me sentia como se estivesse internado... – Renato justificou rapidamente.

Babete, contudo, desde que perdera a visão, vinha sentindo cada vez mais aguçada a sua sensibilidade e não pôde deixar de notar que o tom de voz dele se alterara àquela explicação. Não entendeu direito o porquê, mas registrou.

O fato também não passou despercebido a Constância Eugênia. Mesmo sem aceitar que não estava mais encarnada, fixara seus olhos na aura irradiada por Renato e percebera, sem querer, a presença de um pontinho negro enquanto ele mentia.

– Desconjuro credo! Não é que eu dei mesmo de ver umas coisas esquisitas nas pessoas quando fixo o olhar! Posso jurar de pé junto que esse aí está escondendo alguma coisa... Mas o quê? – ela continuou a observá-lo.

– O que eu queria dizer é que tanto o açúcar, quanto as drogas, se você parar para pensar, são formas externas de tentar resolver as situações difíceis que as pessoas enfrentam em suas vidas – ele explicou, verificando mais uma vez os comprimidos, preocupado em não cometer nenhum engano com seu nervosismo.

– Como assim formas externas? – Babete entendeu.

Renato já ia abrir a boca para dizer "No trabalho que eu fiz de prevenção às dependências", mas se corrigiu a tempo. Constância Eugênia, porém, acabou captando exatamente o que ele tinha pensado:

– Ora essa, se ele fez um trabalho de prevenção às dependências é porque também já foi dependente... Será que ele já foi um viciado? – ela deduziu.

– Tem gente que usa drogas, tem gente que come doces, tem gente que joga até perder todo o dinheiro, tem outros que são compradores compulsivos, outros que são viciados em *internet*, outros ainda que assistem a um filme atrás do outro, enfim – Renato continuou sua explicação. – Na verdade, todas essas pessoas, quando optam por algum destes comportamentos, e muitas vezes até perdem o controle depois de se acostumarem com eles, estão em busca de paliativos capazes de curar suas tristezas, suas insatisfações. Como se pudessem, fazendo isso, colocar uma rolha nas suas dores da alma, você entende o que eu quero dizer?

– Não é meu caso! Como porque gosto e pronto! – protestou Constância Eugênia, incomodada com aquele raciocínio.

– Nunca havia pensado dessa forma... – tornou Babete.

– Todos essas situações capazes de levar as pessoas a um total descontrole sobre suas decisões e atitudes são um reflexo da nossa necessidade de buscar recursos externos para resolver nossas questões internas. São como um sintoma da incapacidade que as pessoas em geral têm de buscar dentro de si a solução para seus problemas... – Renato detalhou, lembrando de tudo o que aprendera ao longo de todo o tempo que frequentara as reuniões do programa Renascer. – A pessoa que me ensinou isso chamava ao conjunto de todos estes comportamentos voltados para o exterior de "dependência espiritual" – acrescentou.

– Mas o açúcar não faz tanto mal ao organismo quanto uma droga! – imaginou Babete.

– É claro que não! – Constância Eugênia concordou de pronto.

– E também não afeta a capacidade de pensar, a lucidez das pessoas... – Babete argumentou, depois de engolir seu comprimido de metformina.[111]

– Em termos. Conheci pacientes que substituíram a dependência química por outro tipo de dependência, inclusive por açúcar – ele comentou, lembrando mais uma vez de seus dias como interno no Hospital Espírita André Luiz. – Alguns deles vieram até a se tornar diabéticos por causa disso. Posso te dizer que vi essas pessoas cometendo verdadeiras loucuras por causa de açúcar! Alguns escondiam doces debaixo do travesseiro, outros roubavam guloseimas do armário daqueles que ganhavam esse tipo de coisa da família...

– Todo diabético é mentiroso e ladrão! – ironizou Constância Eugênia, lembrando da frase que se acostumara a ouvir em família.

Babete, por sua vez, abaixou os olhos envergonhada. Não tinha coragem para confessar as muitas vezes que fizera coisas do gênero, ou até piores.

– Quer saber? Para mim já chega dessa conversa – Constância Eugênia, muito irritada, saiu do quarto e foi dar uma volta no jardim.

– Mas a cocaína e o *crack* destroem completamente o organismo de uma pessoa – Babete continuou argumentando. – Não dá para comparar açúcar com...

---

[111] A metformina, também conhecida pelos nomes comerciais Glifage, Dimefor, Glucoformin, Glucophage, Risidon ou cloridrato de metformina (genérico), é a droga por via oral (antidiabético oral) mais usada para o controle glicêmico no *diabetes mellitus* tipo 2. Além de reduzir a produção de glicose pelo fígado e sua absorção pelo trato gastrointestinal, ela aumenta a sensibilidade dos tecidos, principalmente dos músculos, à insulina. A metformina não aumenta a produção de insulina, mas sim otimiza a ação da insulina já produzida.

— Você sabia, por exemplo, que uma única lata de refrigerante equivale a sete colheres de sopa de açúcar? Se uma pessoa toma apenas — ele fez questão de grifar o apenas — uma latinha por dia, só esta pequena quantidade equivale a um quilo e duzentos gramas de açúcar por mês. Em geral, o brasileiro consome cerca de cinquenta e um quilos de açúcar por ano! São mais de quatro quilos por pessoa ao mês, sendo que esse consumo excessivo contribui para a morte de trinta e cinco milhões de pessoas por ano em todo o mundo! E não estamos falando aqui apenas de diabetes! Doenças cardíacas, também causadas por alimentação inadequada e obesidade, matam mais do que o câncer, derrame e homicídios —[112] Renato despejou tudo o que havia lido sobre o assunto de uma só vez.

Parecia tenso, o tempo todo apreensivo com a chegada de Cris. Babete respirou fundo. A cada dia tornava-se mais difícil passar à margem daquelas informações. Era como se todos aqueles dados estivessem agora gritando por dentro dela.

Havia melhorado bastante emocionalmente com a convivência de Renato. Mas seu corpo físico continuava muito debilitado. Dadas suas condições espirituais, levando-se em conta que sua dependência já vinha de longa data, a reincidência nas mesmas faltas fora para ela como um tombo sobre a mesma ferida. Tendo sido tão próximo naquela existência, não posso negar que muitas vezes angustiei-me com seu estado de saúde. Todavia, sempre que a tristeza vinha mais forte, eu me recolhia em um canto, de preferência junto à natureza.

Depois de permanecer em meditação por algum tempo, religando-me às esferas superiores, conseguia perceber com clareza que a doença de Babete havia se manifestado não só com a finalidade de ajudá-la a modificar-se através da dor decorrente de todo processo de adaptação à realidade da doença, quando não devidamente prevenida e cuidada, mas sobretudo para que minha filha não viesse a perder sua oportunidade evolutiva nesta encarnação.

Afinal, o diabetes ensinava também muitas lições importantes a Babete, ainda que ela viesse até agora se negando a enxergar quase todas. Por causa da doença ela era obrigada a aprender a ter resignação, aceitando, ainda que paulatinamente, as coisas que por hora não tinha como modificar; as necessidades que naquele momento não tinha ainda condições de entender racionalmente; e até mesmo a enxergar de maneira diferente. Além disso, a doença a obrigava a ter disciplina na alimentação, nos exames constantes de glicemia, nas visitas frequentes ao médico, nas atividades físicas. Era,

---

[112] Dados recolhidos durante entrevista com o nutricionista Maycon Magalhães Azevedo Pereira, realizada em agosto de 2013.

enfim, um constante exercício de sua capacidade de aceitação, de flexibilidade, de superação.

Todavia, se era complicado ainda para mim refletir racionalmente sobre todos estes pontos, para ela, certamente, era bem mais difícil assimilar profundamente aquela prova. Babete ainda conversava com Renato sobre a questão das dependências espirituais quando eles ouviram as batidas na porta, que logo se abriu. Era Cris. Viera para passar o dia todo com minha filha.

Renato estremeceu ao vê-la. Mais do que rapidamente recolheu o que trouxera de material de enfermagem e saiu do quarto como um relâmpago, antes mesmo que Babete tivesse a oportunidade de apresentá-los.

– Renato! Espere! – ela ainda chamou quando percebeu que ele não estava mais no quarto.

– Acho que ele foi lá para a outra ala – disse Cris, verificando que o corredor estava vazio. – Você precisa de alguma coisa?

– Não, nada... Só queria que você o conhecesse... – explicou Babete. – Não imagina como ele tem me ajudado nos últimos tempos... Foi ele que me deu aquele livro que estávamos lendo ontem!

– Ah, sei! – associou Cris. – Engraçado, por um instante eu tive a sensação de que o conhecia de algum lugar, mas não me lembro de onde...

– Ele também veio de Porto Alegre. Imagine! Ele trabalhava naquele hospital psiquiátrico onde Fênix fez as filmagens! – Babete contou.– Não é muita coincidência?

– Ele é de lá? Você reparou se tem algum sotaque? – Cris mostrou-se curiosa. – Já o vi em algum lugar... – ela repetiu, tentando puxar pela memória.

– Acho que não... Parece que morou também em Belo Horizonte, o sotaque dele é normal, não é muito característico de lugar nenhum. Mas sabe que a voz dele me lembra muito a voz do Zeca? Às vezes eu acho que é igualzinha! – Babete comentou. – Você se lembra do Zeca? Você achou que eles se parecem? – ela perguntou curiosa.

– Não deu para reparar direito. Nem na voz, nem na aparência. Aliás, ele nem disse nada antes de sair do quarto... Para dizer a verdade, acho que também não me lembro muito da fisionomia do Zeca. Eu encontrei com ele apenas uma vez naquela festa... Mas, olhe, eu trouxe o que você pediu! – ela anunciou, tirando da bolsa uma porção de livros.

Eram alguns dos livros que elas costumavam usar no grupo de estudos espíritas. Babete estava sentindo tanta falta daqueles finais de tarde nas sextas-feiras que pedira a Cris que trouxesse os textos, para não ficar muito desatualizada.

– Só fico me perguntando como é que você vai fazer para conseguir ler todo este material...

– Não se preocupe, o enfermeiro Renato é muito atencioso. Tenho certeza de que ele vai gostar de estudar comigo esses assuntos...
– Estudar com você? Ah, Babete, desse jeito você só pode estar exagerando! Aliás, o tempo todo que estive aqui ontem e hoje mais uma vez, só escuto você falar neste tal enfermeiro Renato. Já estou começando a ficar desconfiada... – observou Cris.
– Ah, Cris! Olha bem para o estado da minha pessoa e veja se eu posso sequer me dar ao luxo de pensar nessas coisas! – Babete retrucou. – Mas me fale um pouco de Fênix, de Martina, de Edgar! Estou morrendo de saudades de todos!
– Acho que eles devem vir no próximo final de semana – comentou Cris.
– Eu sei, a Fênix me disse ontem por telefone. Mas como é que eles estão? E o apartamento novo? Como está Martina na escola? – Babete queria saber de tudo.

Deixei as duas conversando e saí do quarto à procura de Constância Eugênia. Para minha total surpresa, fui encontrá-la justamente na cozinha, diante de imenso tabuleiro de bolo que acabara de sair do forno.

Ouvindo os pensamentos do pessoal da cozinha, logo descobri que era o bolo de aniversário de uma funcionária da tesouraria, o pessoal do setor havia combinado de se reunir na sala dela no final da tarde para cantar parabéns.

– Eu sabia que iria encontrar meu bolinho em algum lugar – suspirou Constância Eugênia, depois de ter aspirado muitas vezes o aroma ainda morno que exalava do bolo.

Para meu espanto ainda maior, notei que ela começou a ficar tonta logo em seguida. Terminou por desmaiar ali mesmo.

– Constância Eugênia! – a enfermeira espiritual veio correndo em seu socorro. – Eu sabia que isso ia acabar acontecendo! – disse, já fazendo sinal para que outros enfermeiros trouxessem uma maca.

– Desculpe, eu não entendi direito... – me aproximei devagar. – Por que ela desmaiou?

– Constância Eugênia também é diabética, desencarnou por causa disso! Como nunca aceitou se tratar, continua apresentando os mesmos sintomas de quando encarnada; um simples aroma de bolo é suficiente para ela se sentir com se tivesse sua glicose nas alturas! – explicou a dedicada enfermeira, enquanto ela era acomodada numa espécie de maca gigante trazida pelos outros enfermeiros invisíveis. – A mente dela já produz naturalmente esse efeito.

– E para onde irão levá-la agora? – eu perguntei preocupado.

Eu sabia dos vínculos de afinidade que a uniam a minha filha com laços profundos, mas não conseguia entender o que fariam para romper bruscamente estes laços, agora que ela passara tão mal.

– Não se preocupe. Nós a levaremos de volta ao quarto de Babete. Sabemos da forte ligação entre as duas e da necessidade de tratá-las juntas, pelo menos por enquanto. Mas adianto-lhe que na última semana esses laços se afrouxaram bastante diante da nova postura de sua filha. Não demora as duas vão se soltar naturalmente e Constância Eugênia poderá ser levada para um local onde efetivamente receberá o tratamento de que necessita.

– Isso significa que ela já vai nascer diabética em sua próxima existência? – eu ainda me encontrava em estágio de aprendizado sobre esta doença.

– Não necessariamente – esclareceu a enfermeira. – Somente depois que ela se restabelecer no mundo espiritual, teremos noção da amplitude das lesões em seu perispírito e só então será estudada a melhor forma de reparar seus enganos na medida de suas forças. Porque, afinal, Deus só permite que ocorram as devidas reparações quando o espírito está pronto e em condições de sair vitorioso da prova – ela fez questão de grifar.

Voltei aliviado para o meu posto na tarefa que me fora designada. Acabara de perceber que minha filha, ainda que estivesse passando por uma prova muito difícil, tinha todas as condições de vencer e de superar, ainda nesta vida, aquela deficiência atualmente impressa em suas camadas mais sutis e que certamente a acompanhava já há muitas existências – às quais, mesmo intuindo que estivera ligado a Babete em muitas dela, eu, por hora, ainda não obtivera permissão para ter acesso.[113]

---

[113] Dificilmente o espírito tem acesso a suas existências pregressas logo depois de seu desencarne. No livro *Nosso lar*, André Luiz nos narra o caso de dona Laura e seu esposo, que passaram dois anos sendo preparados para ter acesso a uma parte de seu passado, e mesmo assim, só ao que tinha ocorrido nos últimos trezentos anos pregressos, porque, segundo os espíritos, se tivéssemos acesso direto a essas informações, não teríamos equilíbrio suficiente para continuar a nossa existência.

4

– Para mim? Você trouxe isto para mim? – Babete apalpou com carinho a imensa tela que acabara de ganhar de presente de Renato.

– Sim. Para quem mais poderia ser? – ele respondeu sorridente.

– Mas por que você me trouxe isto? – ela perguntou, meio desconfiada.

– Trouxe também pincéis e todas estas tintas! – ele fez com que ela tocasse no interior da sacola repleta de tintas e artigos de pintura. – Pode pintar sem medo. São tintas acrílicas, não têm nenhum risco de fazerem mal para o seu pulmão – ele fez questão de avisar.

O simples roçar de dedos no tecido natural de algodão cru de que era feita a tela fez com que Babete voltasse a seu passado. Reviu o espaço do ateliê no estaleiro e também os antigos quadros que jogara fora sem ninguém saber; suas noites românticas com Zeca que passara ali; a última exposição; a única tela vendida – comprada por vó Zuleika; a partida de Zeca no dia seguinte; o enorme vazio que sentira desde então. Uma grossa lágrima escorreu-lhe dos olhos.

– Você não gostou? – Renato perguntou preocupado ao vê-la chorando.

Confesso que, observando a cena de longe, num primeiro momento eu também me perguntei: onde será que ele quer chegar com tudo isso?

Constância Eugênia rodeava a bolsa de tintas, preocupada se não haveria nenhum bombom escondido ali dentro.

– Quem te disse que eu sabia pintar? – Babete perguntou, depois de alguns minutos de ausência.

– Ninguém me disse. Apenas olhei para você e achei que gostaria de fazer isso... Você não sente vontade de pintar? – tornou Renato, escolhendo bem as palavras para não se denunciar.

– Por que não trouxe bombons? – reclamou Constância Eugênia.

– Não, eu não sei pintar... – Babete respondeu, a lembrança ainda emaranhada nas lembranças do passado.

– Droga! – protestou Constância, vendo que ninguém lhe dava atenção.

– Por que você não tenta? – sugeriu Renato, segurando com cuidado a mão delicada de Babete.

Ela estava, porém, tão distante, que nem deu importância quando ele fez isso.

– E por que tentaria? – respondeu, fria, soltando-se das mãos dele.

– Porque a pintura faz bem para a alma! Todo diabético fica sem ânimo pela falta de açúcar no organismo. Sem ânimo e sem vitalidade, porque o açúcar, por mais artificial que seja, mal ou bem é fonte de prazer: estimula a produção de endorfinas[114] pelo organismo. Você precisa encontrar outros meios de produzir estas substâncias sem depender apenas da alimentação. Então pensei que se desenvolvesse alguma atividade prazerosa, você... – ele tentou explicar.

Mas ela não o deixou terminar.

– Você não disse que devemos nos desligar de todas as formas de buscar o prazer fora de nós? Que só o prazer que experimentamos internamente conta de verdade? – ela rebateu com amargura.

– Eu disse que não devemos tentar ser felizes de fora para dentro. Mas nada impede que nos utilizemos de recursos que nos ajudem a perceber a nós mesmos como um espírito em processo de evolução. A arte nos impulsiona a expressar e repensar nossa essência, é também uma forma de produzir, de dar ao mundo um pouco daquilo que você é! – ele mais uma vez tentou explicar.

Babete, contudo, estava muito deprimida naquele dia. Acabara de receber uma visita do médico oftalmologista da clínica. Entre outras coisas, ficara sabendo que seu quadro de hemorragia proliferativa no olho direito não conseguira ser revertido, o que poderia comprometer seriamente sua visão com o descolamento total da retina. Ela ainda conseguia enxergar uma linha estreita de imagens no canto inferior do olho, mas muito deficitária quando não havia um contraste forte de cores para identificar o que tinha bem diante de si. Mas até mesmo aquele resquício de visão parecia estar se diluindo com o passar dos dias.

Além disso, os médicos também não estavam conseguindo deter seu processo infeccioso dos rins. Naquela manhã, ela eliminara sangue na urina e sentia agora muitas dores nas costas e nos flancos.

---

[114] *Endorfina* é um neuro-hormônio produzido pelo próprio organismo na glândula hipófise. Sua denominação se origina das palavras 'endo' (interno) e 'morfina' (analgésico). A dificuldade na coleta desse hormônio na região de sua produção explica muito das controvérsias a seu respeito. O que se sabe, com certeza é que a endorfina tem uma potente ação analgésica e, ao ser liberada, estimula a sensação de bem-estar, conforto, melhor estado de humor e alegria.

– É preciso tomar muito cuidado – alertara-lhe o oftalmologista. – Não apenas com os olhos, mas com todo o corpo de maneira geral. Quando a glicose atinge níveis em torno de 180mg/l, as células de defesa não agem direito, aumentando muito o risco de infecções.

– Há tempos venho notando que meus machucados sempre demoram muito a cicatrizar, às vezes até inflamam... E também tenho tido furúnculos e abscessos super dolorosos, toda hora aparece um. Isso também tem alguma coisa a ver com o diabetes? – Babete perguntou.

– É o que acabei de dizer: a glicemia alta dificulta a ação das células de defesa. Por isso é importante estar sempre atenta, tratar qualquer ferimento para não evoluir para infecções mais graves – explicou o médico.

– É... a doutora Melissa também falava sempre sobre isso. Não gostava nem que eu fosse fazer as unhas no salão – minha filha lembrou.

Mas não teve coragem de confessar que nunca dera muita atenção ao conselho, como eu podia ler claramente em seus pensamentos.

– Todo diabético acaba se tornando muito sensível. São muito comuns, por exemplo, os traumas provocados por calçados, principalmente sapatos novos, e também ferimentos causados por manicures. Por isso a sua médica se preocupava. A pessoa machuca e, por causa da neuropatia, não sente que está inflamado. Quando vai ver, a coisa já tomou proporções preocupantes. Às vezes, pode ser necessário até o corte do membro afetado para deter o processo infeccioso, o que, lamentavelmente, é comum de acontecer nos casos mais graves de diabetes. – advertiu o dr. Zeus.

– Hoje é você quem parece distante, diferente... – Renato observou.

– Estou chateada com as coisas que ouvi do médico hoje cedo; não consigo parar de pensar nisso... – ela confessou. – Às vezes tenho a sensação de que nunca mais voltarei a enxergar...

Constância Eugênia havia se sentado ao lado da cama e segurava a mão de Babete como se realmente fossem amigas muito próximas.

– Não se preocupe – ela disse a minha filha. – Já sei onde é a cozinha. Logo, logo vou dar um jeito de trazer um docinho para você.

Nem a imagem de uma torta de chocolate que veio à mente de Babete quando ela disse isso, porém, pareceu modificar seu estado de ânimo. Ela, aliás, não vinha querendo comer mais nada, emagrecera muito nos últimos dias. Mas ainda assim se sentia obesa por causa dos rins e da bexiga, que estavam muito inchados, provocando grande retenção de líquidos.

– Você não pode ficar assim! Precisa reagir! – Renato estava fazendo de tudo para tentar incentivá-la a continuar lutando. – Vamos fazer uma coisa? Eu trouxe a cadeira de rodas, trouxe também um tripé para você apoiar sua tela. Podíamos sentar lá fora, no jardim e...

– Busque uma torta de chocolate! Um *milk shake* que seja! Ela está precisando é de alimento decente para se refazer! Eu estou dizendo... Ninguém fica vivo com uma comida dessas! – insistia Constância Eugênia.

Logo entrava no quarto a enfermeira espiritual, trazendo algo que parecia uma injeção de insulina, que ela, assim como minha filha, também tomava três vezes ao dia.

– Eu pinto muito mal, Renato! – Babete respondeu, ainda mais amarga do que antes. – Você não tem ideia do quanto eram horríveis as telas que eu fazia...

– Não é possível. Eu não acredito que uma pessoa como você não consiga expressar toda sua sensibilidade através das cores. Não precisa ficar bonito! O importante é colocar para fora. Você não pode ficar com essa amargura guardada, precisa reencontrar a esperança que tem dentro de você! – ele argumentou.

Pude perceber, pelas radiações que partiam dele enquanto falava, que Renato não estava mentindo. Queria mesmo muito ajudar a minha filha. Efetivamente, ele se lembrava com carinho dos trabalhos dela. Sabia que não eram os quadros mais bonitos do mundo os que ela pintava, mas não os achava de todo horríveis. Havia mesmo alguns de que ele gostara muito quando a vira pintar.

Babete, contudo, não quis mexer com tintas naquele dia.

– Jurei para mim mesma que nunca mais voltaria a pintar – ela respondeu com tristeza.

– Desse jeito eu também vou acabar me sentindo deprimida – reclamou Constância Eugênia.

Também preocupado, Renato captura minhas sugestões e até havia solicitado, no início da semana, que ligassem para Fênix e para Cris, pedindo para que viessem o quanto antes fazer uma visita, se possível trazendo a netinha de que ela tanto falava. Elas já tinham vindo diversas vezes, ele sempre encontrava uma maneira de não aparecer quando elas estavam no quarto. Em geral, aproveitava essas ocasiões para tirar suas folgas acumuladas. Dizia então a Babete que o hospital havia determinado que era necessário que folgasse para não entrar em conflito com a lei.

Fazia quase dois meses que minha filha se encontrava internada naquela clínica, sem conseguir melhorar o suficiente para ter alta. Ela e sua companheira invisível, Constância Eugênia, que não a abandonava de jeito nenhum. De tanto tomar conta das duas, eu já estava até me afeiçoando àquele pobre espírito, que sequer tinha consciência de sua própria situação.

No final daquele dia difícil, Renato sentiu verdadeiro alívio quando viu pela janela o carro de Fênix estacionando no jardim e Martina e Cris saindo lá de dentro. Se não fosse isto impossível, teria mesmo esperado para falar com elas.

— Renato... Renato? — Babete sempre pressentia quando ele saía do quarto.
— Vovó!!!! — logo em seguida Martina entrou correndo para abraçá-la. Vinha comendo uma tangerina.
— O moço lá de baixo nem queria me deixar entrar! — ela contou indignada, abraçando a avó.
Enterneci ao ver aquele abraço. Como eu gostaria de também poder abraçá-las daquela forma.
— Sério mesmo, meu amor? — Babete buscou dentro de si as últimas energias para saudar a neta que ela tanto adorava. — Nossa! Mas eu estou muito feliz porque você veio!!!! O que é isso o que você está comendo?
— Não sentiu o cheiro? É tangerina, quer? — ela já foi logo abrindo a mochilinha e tirando uma para a avó. — Tó, eu trouxe para você! — disse, entregando-lhe a fruta.
— Martina de Deus! O que é que você está dando para sua avó? — Fênix viu de longe.
— É tangerina, mãe! Fruta não faz mal para diabético! Quer dizer... Só banana que a gente não deve ficar comendo toda hora...
Babete não pôde deixar de sorrir ao ouvi-la falar.
— Só que ela não pode comer agora! — explicou Cris. — a alimentação da vovó, neste momento, está toda controlada, tem que ter hora certa para tudo!
— Deixa aqui que depois eu como, tá? — Babete apalpou a tangerina a seu lado. — Que bom que vocês vieram! É verdade que não queriam deixar Martina entrar?
— Então! Só nos deixaram entrar com ela porque o seu enfermeiro, o tal de Renato, que a gente não encontra nunca, tinha deixado lá embaixo uma autorização do médico para que Martina pudesse subir. Você está com prestígio, hein, mãe? — Fênix foi até a cama e deu-lhe um beijo estalado. — Estava com saudades!
— Eu também, filha! — ela segurou nas mãos de Fênix e os olhos dela se encheram de lágrimas, me emocionando mais uma vez.
— Muitas, muitas saudades! — repetiu Babete, entre lágrimas, de dentro do abraço. — A única coisa ruim desta clínica é que fica muito longe...
— Desse jeito vou ficar com ciúmes — disse Cris, também correndo a abraçá-la.
— Sabe o que eu trouxe para a gente fazer aqui? — Martina anunciou, toda serelepe. — *Evangelho* no lar! — disse, tirando da mochila *O evangelhinho segundo o espiritismo* e também um livro de mensagens.
— Martina! Eu disse para você não trazer essas coisas! Vai incomodar a sua avó! — ralhou Fênix, já catando depressa os livros para colocar de volta na mochila. — Mania de espalhar tudo por onde passa! Ela agora aprendeu isso

na evangelização, todos os dias quer fazer o estudo do *Evangelho* no lar! É só uma vez por semana, filha, e lá em casa, não pode ser em qualquer lugar![115]
– Deixa ela, Fênix! – tornou Cris. – Quem sabe não é de um pouco de alimento espiritual que a Babete está precisando?

Constância Eugênia também parecia encantada em ver Martina.
– Que linda está você – disse, fazendo-lhe um carinho nos cabelos.

Pensei em impedir que ela tocasse em minha bisneta, mas ao mesmo tempo percebi que seu carinho por ela era sincero, até a fisionomia de Constância Eugênia ficava diferente quando olhava para Martina.
– Você quer ler a mensagem, tia Cris? – Martina ofereceu a ela o livrinho, imitando o jeito da mãe.

Todos os presentes, inclusive Constância Eugênia – ela, mais por curiosidade do que por verdadeiro interesse, e eu nos sentamos em torno do leito em que se encontrava Babete:

"A lamentação é a fixação no ponto infeliz de um determinado problema. Se me prendo a este ponto, não verificando outros pontos positivos e outras possibilidades, minha mente se fecha na negatividade e passa a atrair tudo o que for negativo também. Não focalize o fracasso, a dor e a dificuldade... Apenas aprenda com as situações à sua volta e faça o que precisa ser feito para sair daquela situação (...) Em qualquer problema, sempre há uma porta aberta do lado que nós menos esperamos. A lamentação, porém, sempre coloca a nossa visão em direção à porta fechada. Lamentar é investir no fracasso e se afastar de suas possibilidades de vitória. Vamos enxugar as lágrimas?"[116]
– Que mensagem bonita! – Constância Eugênia gostou.

Ela se aproximou para ver o título da publicação e acabou levando um susto ao se deparar com o livrinho fino e comprido que estava ao lado : *O evangelhinho segundo o espiritismo*,[117] estava escrito na capa.

[115] Pelo menos uma vez na semana, sempre no mesmo dia e no mesmo horário, os espíritas costumam realizar o estudo do *Evangelho* no lar. Trata-se de uma reunião de aproximadamente meia hora, quando a família se reúne para estudar os ensinamentos de Jesus à luz da doutrina espírita. O estudo consiste basicamente na leitura de uma mensagem, seguida por uma oração pedindo proteção à espiritualidade maior para aquela casa e seus moradores, e da leitura, comentada por todos, de uma passagem do *Evangelho*, que, no caso de um lar com crianças, pode ser seguida por uma historinha espírita que ajude na compreensão da mensagem. Ao fim do estudo, a família faz uma oração encerrando a reunião familiar. Dizem os espíritos que este procedimento, quando seguido regularmente, eleva o padrão vibratório de todos os moradores da casa, criando uma espécie de proteção invisível para aquele lar, o qual passa a ser visto no mundo espiritual como mais um pronto-socorro destinado ao auxílio de encarnados e desencarnados naqueles momentos. Pode-se, contudo, realizar esse estudo nestas mesmas bases em qualquer lugar onde se achar necessário. Os espíritos recomendam, inclusive, que, quando a família viaje, deve realizá-lo, no mesmo dia e horário, onde quer que esteja.
[116] Adaptado do livro: *Sempre melhor*, de José Carlos de Lucca. São Paulo: Intelítera Editora, 2014, mensagem nº 42.
[117] Bragança Paulista, Instituto Lachâtre, 4ª Edição, 2014.

– Cruzes! – ela deu um pulo pra trás e fez o sinal da cruz. – O que é isso? Quem trouxe isso para cá? – disse, já encarando Cris com desprezo.

Olhou em torno, porém, e percebeu que ninguém estava "recebendo santo" como imaginava. Estavam todas sentadas, em postura muito tranquila, fazendo agora uma pequena prece.

"Querido Jesus... Quero que abençoe todo mundo!" – disse Martina com simplicidade.

Enquanto elas oravam, vários trabalhadores invisíveis do hospital entravam pela porta e se colocavam também em torno da pequena roda que se formara. Mas Constância não pôde perceber nada disso, porque só conseguia enxergar os espíritos que lhe eram superiores quando estes abaixavam seu padrão vibratório voluntariamente para se dirigir a ela. Apenas a enfermeira que sempre cuidava dela se fez visível a seus olhos.

– Como permitem que tragam essas coisas para cá? – Constância Eugênia foi logo perguntando ao vê-la também na roda.

– Preste atenção, querida. Este estudo vai ser bom para você também – a enfermeira recomendou-lhe com carinho.

Constância Eugênia não gostou. Foi sentar-se sozinha num canto, em sinal de protesto, imaginando que assim não estaria participando. Mas era curiosa e queria saber o que era aquilo que "os espíritas" estavam fazendo.

Após a mensagem e a prece, a própria Martina passou a ler o trecho que escolhera no 'seu' Evangelho para estudar com a avó naquele momento:

– "O ponto de vista" – foi lendo da maneira pausada que caracteriza a leitura daqueles que foram alfabetizados há pouco tempo. "A ideia que temos da vida futura (ou espiritual) é fundamental para a nossa evolução, porque vai influenciar muito na maneira com que encaramos a vida terrena (ou material). Quem acredita firmemente na vida espiritual vê a vida terrena como uma passagem breve e suporta os problemas e os sofrimentos materiais com paciência, uma vez que sabe que eles são passageiros e que serão seguidos de um estado mais feliz."[118] Tia Cris, explica de novo o que é ponto de vista? – ela pediu.

Tinha escolhido aquela passagem porque fora a mesma que haviam estudado em sua casa na semana anterior, do qual Cris também havia participado, por estar passando por lá de visita naquele momento.

– Ponto de vista é a maneira que uma pessoa tem de enxergar uma situação, de acordo com os seus valores, com o que ela acredita. Se alguém, por exemplo, olha para o quarto de onde eu estou, vai ver a mesinha com a jarra de água, a porta do banheiro, o quadro na parede. Outra pessoa, porém, que

---

[118] Bergallo, Laura. *O evangelhinho segundo o espiritismo*, cap. 2 de, "Meu Reino não é deste Mundo", item "Ponto de vista".

olhe para este mesmo quarto de uma janela mais alta lá daquele prédio em frente – Cris mostrou o prédio – vai ter outro campo de visão.

– Vai ver todo mundo sentado na cama em volta da minha avó... a minha mochila no chão... – tentou imaginar Martina.

– Da mesma forma como alguém que abra a porta agora, vai ver sob outro foco – lembrou Fênix. – Vai olhar para o quarto pelo outro lado!

Babete se mantinha em silêncio. Ouvia o que elas diziam, mas só conseguia prestar atenção aos barulhos no quarto, ansiosa para que Renato entrasse e também participasse do estudo.

– Escute, filha, é importante que você reflita sobre o que elas estão dizendo – tentei sugerir a ela com carinho.

– O ponto de vista pode ser diferente, mas isso não é um problema. Cada um de nós agora, por exemplo, está olhando para o quarto de um determinado ângulo, mas nossas visões se complementam. Não dá para dizer que a visão de uma é melhor do que a de outra. Apenas são pontos de vistas diferentes – Cris voltou a explicar.

– O *Evangelho* está dizendo que as pessoas olham para a vida delas na Terra e acham que a única coisa boa é fazer as coisas que parecem importantes aqui: ser bonito, ter dinheiro, ser famoso... – interpretou Martina.

– Isso mesmo – tornou Fênix. – Agora, se eu olho para a Terra do ponto de vista do mundo espiritual, lembrando que eu sou de lá e não daqui e que só estou aqui de passagem, por algum tempo, vou ter uma visão completamente diferente...

– Uma vez ouvi uma oração que dizia algo como "quero viver hoje pensando no amanhã, de olhos no que é da Terra e o pensamento no que é dos Céus", lembrou Cris. – O certo seria a gente viver aqui preocupado em conquistar valores para o nosso espírito e não simplesmente coisas materiais...

– "De olhos no que é da Terra e pensamento no que é dos Céus"... – repetiu Babete, pensativa. – Como é que eu posso ter olhos no que é da Terra se eu perdi completamente a visão? Por que uma pessoa precisa perder sua visão? Será que algum dia eu vou recuperar quando chegar ao mundo espiritual? – Babete desabafou. – Que ponto de vista uma pessoa pode ter na minha situação?

Cris, Fênix e Martina se olharam preocupadas. Só então percebiam o quanto minha filha estava amargurada.

– Vovó, eu acho que deve ser muito difícil enxergar tudo escuro. Mas a mensagem falou que a gente não pode ficar só no ponto de vista da lamentação.

– Martina, e você por acaso sabe o que é lamentação? – estranhou Babete.

– Sei. É reclamar, choramingar, que nem disse a minha tia da escola outro dia, quando a gente estudou essa palavra. Acho que quer dizer que a gente precisa aprender com as coisas que acontecem, procurar o jeito de resolver os problemas ao invés de ficar fazendo manha e malcriação! – ela disse com desenvoltura.

Babete, Fênix e Cris se olharam boquiabertas. Nenhuma delas esperava que Martina desse uma resposta como aquela. Aproximei-me de minha bisnetinha e procurei iluminá-la ainda mais para que conseguisse transmitir a todos a sabedoria que ela, como espírito eterno, apesar da pouca idade nesta existência, trazia guardada no imenso tesouro que era seu coração.

– Eu, por exemplo, vovó, tenho a mesma doença que você – ela continuou. – A mamãe disse que não é exatamente a mesma coisa, mas que é quase a mesma coisa... A gente ia para a lanchonete quando era pequena, comia de tudo... Eu adorava sair com você. Então, quando eu descobri que estava doente, não pude comer mais nada. No começo eu fiquei muito triste, porque eu achava que a vida só era boa quando a gente podia comer todas as coisas, principalmente balas, doces, bombons e chocolates. Daí a minha mãe conheceu o Edgar e ele me ensinou um outro ponto de vista, que nem sempre aquelas coisas gostosas fazem bem para a nossa saúde e que a gente pode se acostumar a comer outras coisas, que às vezes a gente nunca comeu e pensa que são ruins, mas na verdade não são! Acho que, como eu descobri a doença muito cedo, eu não tive nenhum problema.

Fênix ficou emocionada ouvindo a filha falar. Pensava agora consigo que Martina tinha sido a maior bênção que Deus colocara em sua vida. E no entanto, quando era jovem e descobrira que estava grávida, tinha outro ponto de vista diferente e até havia pensado em abortá-la... – uma lágrima escorreu de seus olhos quando ela lembrou disso.

Todos agora haviam entrado em uma mesma sintonia, de vibrações mais espiritualizadas e pensamentos mais elevados. Era bem mais fácil para os espíritos de luz inspirarem as pessoas quando as mentes estavam assim afinizadas.

– Você vê um lado bom para o diabetes, Martina? Babete perguntou incrédula.

– A mamãe ensinou que a gente deve ver o lado bom em tudo na vida. Para mim, o lado bom do diabetes é que, desde que eu tinha cinco anos – ela falava como se dois anos fossem uma eternidade –, eu fiquei mais saudável. Antes eu comia muita bobagem, não fazia nenhum exercício, mas agora só como coisa boa e quase não falto no balé! O diabetes não é um problema quando a pessoa faz tudo certo!

– Martina tem toda razão – concordou Cris, orgulhosa de suas palavras. – Se você parar para pensar, Babete, tudo na vida pode ser encarado de várias maneiras diferentes. Você já reparou, por exemplo, o quanto você cresceu e se fortaleceu depois daquele episódio triste com o Zeca? Foi um momento difícil, mas graças a isso você se tornou uma pessoa mais humana, mais inteira e até mais corajosa!

– Às vezes as coisas nos acontecem, e até mesmo as doenças, para nos mostrar um outro lado de nós mesmos... Através dessas situações, conforme o ponto de vista que escolhermos, podemos enxergar aquilo que nós temos de pior, as nossas imprudências, tudo o que nos levou a chegar àquele ponto. Mas podemos enxergar também a nossa capacidade de vencer obstáculos. E, quando conseguimos fazer isso, descobrimos que somos muito mais fortes do que imaginávamos! Porque todos trazemos em nós a capacidade de vencer as dificuldades que apareçam no nosso caminho, sejam elas quais forem! – disse Fênix, fortemente inspirada por um dos médicos espirituais ali presentes.

– Mãe! Como se chamava aquele moço que ficou cego quando viu Jesus? – tentou lembrar Martina, novamente inspirada por nós.

– Paulo! – Cris pegou de imediato a nossa sugestão. – Sim, o apóstolo Paulo! Você conhece a história dele, Babete?

Minha filha fez que não com a cabeça.

– Deixa eu contar – tornou Fênix.– Acabei de ler toda a história dele no livro que você me emprestou, Cris![119] – Paulo, ou melhor, Saulo de Tarso era judeu de origem e formação, emérito homem da lei em Jerusalém, de grande prestígio, considerável cultura e notável inteligência. Tornou-se, porém, cruel perseguidor de cristãos. Possuía até uma carta do Sinédrio, que era o tribunal dos antigos judeus, composto pelos sacerdotes, anciãos e escribas, que lhe dava plenos poderes para fazer o que fosse necessário para acabar com os cristãos...

– Até que um dia, continuou Cris, quando ele estava indo pela estrada de Damasco em perseguição a mais um cristão, em meio ao sol fustigante do meio-dia, ele cai do cavalo e encontra-se de repente com os olhos magnéticos de Jesus, que, embora irradiando infinita ternura, revelavam também uma divina tristeza...

– Essa parte eu sei! – se empolgou Martina. – Jesus diz: "Saulo, Saulo, por que me persegues?"

Todos rimos da maneira como ela disse isso, querendo imitar a voz de Jesus.

– Paulo ficou cego por três dias, como se a grande luz que irradiasse de Jesus o fizesse voltar-se para dentro de si... – continuou Fênix.

– Eu sei. Eu falei nele porque ficava cego igual a vovó. A tia Alice, da evangelização, disse que ficar cego foi importante para que depois ele conseguisse ver melhor – lembrou Martina.

– Aqueles três dias que ficou cego em Damasco foram de rigorosa disciplina espiritual para o apóstolo. Ali ele pôde examinar erros do passado,

---

[119] *In: Paulo e Estêvão, episódios históricos do cristianismo primitivo*: romance ditado pelo espírito Emmanuel; psicografia de Francisco Cândido Xavier. 37ª Ed.. Rio de Janeiro; FEB, 2001.

dificuldades do presente e até as realizações que pretendia fazer no futuro...
– observou Cris.

Nesse momento, Constância Eugênia, que até então se mantinha quieta, apenas ouvindo de longe o que era dito, começou a se lembrar do momento de seu desencarne, quando também experimentara uma sensação de escuridão e cegueira. Era a primeira vez que ela conseguia olhar para o seu passado.

"Não há mais nada a fazer, ela teve falência múltipla de órgãos" – ouviu nitidamente o médico dizer, como se estivesse de novo naquela UTI.

– Não! Eu não quero morrer, ouviu bem? Eu não vou sair daqui! – ela ainda tentara gritar para que o médico a ouvisse.

Mas já estava tudo escuro e ela se sentiu tomada por um sono irresistível. Quando acordou, estava deitada em outro hospital, de onde fugiria em seguida.

– Está tudo bem, Constância Eugênia. Logo, logo você vai ficar boa – anunciou aquela mesma enfermeira, que cuidava dela até hoje.

– Eu quero comida! Quero bife, arroz, feijão, batata frita e pudim! – ela gritou.

– Infelizmente, você no momento não pode comer essas coisas... Precisa descansar, recuperar o seu organismo debilitado...

– Então não fico mais aqui! Eu quero, eu preciso comer alguma coisa!

Foi quando, novamente, ela se viu transportada para o lugar horrível e escuro de onde ela não gostava de se lembrar.

– Não! Eu não gosto de pensar nessas coisas – ela se desesperou.

– Talvez tenha chegado a hora de enxergar o que você precisa – a enfermeira de sempre surgiu a seu lado. – Não gostaria de vir comigo para continuar seu tratamento no hospital de onde você fugiu? – convidou gentil.

Constância Eugênia pensou por alguns instantes. Voltaram-lhe à mente algumas frases que ela acabara de ouvir de Martina e que tinham mexido bastante com ela. "Daí a minha mãe conheceu o Edgar e ele me ensinou um outro ponto de vista, que nem sempre aquelas coisas gostosas fazem bem para a nossa saúde e que a gente pode se acostumar a comer outras coisas, que às vezes a gente nunca comeu e pensa que são ruins, mas na verdade não são!..."

– Martina também disse que não é bom ficar só no ponto de vista da lamentação, da dor, da dificuldade; que é preciso aprender com as coisas que nos acontecem e fazer alguma coisa para sair daquela situação! – lembrou-lhe a gentil enfermeira do plano espiritual.

De longe, pude perceber que Constância gostava tanto de minha bisneta que suas palavras a tocavam muito profundamente. Não podia simplesmente fingir que não tinha ouvido o que Martina dissera.

– Tudo bem... eu vou – ela decidiu, enxugando uma lágrima que lhe brotara bem no cantinho de um dos olhos, mas que ela não queria que ninguém visse. – E quanto a minha amiga? Quem irá convencê-la a ir também? Quem irá fazer companhia para ela enquanto estiver aqui? – disse, lançando um olhar em relação a minha filha. – Nós somos muito amigas!

– Não se preocupe, ela vai ficar bem – respondi, me fazendo visível a seus olhos. – Eu vou ajudar a cuidar dela.

– E quem é você? – estranhou Constância Eugênia.

– Sou Jonas, o pai dela – respondi.

– Mas o Paulo não ficou cego para sempre, né? – Martina continuava interessada na história do apóstolo.

– Não. Apenas por três dias. Foi curado por Ananias, o mesmo cristão que ele estava perseguindo. Jesus apareceu para Ananias em sonho, disse onde estava Paulo e pediu para que ele fosse até lá para curá-lo. Depois disso, Paulo ainda meditou por três anos no deserto e viveu numa condição humilde, desconhecido por todos por mais três anos, preparando-se para se tornar o grande divulgador da mensagem do Cristo... – contou Cris.

– Legal é que, de perseguidor, ele passa a ser o grande protetor dos cristãos... – lembrou Fênix.

– A vovó também ficou cega porque ela vai ter uma grande tarefa no futuro – refletiu Martina, retirando uma mensagem que pegara no centro e guardara dentro de um de seus livrinhos..

– Que linda! – Fênix beijou a filha enternecida. – Ouviu o que ela falou, mãe?

– Toma vó... – Martina disse, entregando a minha filha a mensagem que pegara dentro do livrinho. – Trouxe lá do centro. Dá para aquele moço que cuida de você, o enfermeiro que deixou eu entrar... Pega vó!

– Pode deixar aí do lado, Tina, depois eu pego – Babete respondeu com a voz entrecortada.

Só então perceberam que ela estava encolhida, tremendo de frio sob os cobertores. Eu sabia que a partir daquele momento as coisas tomariam rumo inesperado. Entrei em oração.

– Mãe! – desesperou-se Fênix.

– Ela está com muita febre! – constatou Cris, já correndo lá fora para procurar um enfermeiro, mas Renato já tinha ido embora.

Outro enfermeiro veio ajudá-las. Horas mais tarde, o médico surpreendia a todos com a notícia:

– O quadro dela é gravíssimo. A infecção nos rins transformou-se em um abscesso muito grande, que está provocando uma insuficiência renal aguda – explicou.

– Não tem tratamento para isso? – preocupou-se Cris.

– O que é um abscesso, mãe? – quis saber Martina.

– É um buraco muito grande, uma ferida que se formou no rim da sua avó por causa da infecção e que agora está cheia de pus – explicou Fênix baixinho.

– Vamos tentar entrar com um novo antibiótico, mais adequado e mais potente. Dependendo do tamanho da lesão, talvez seja necessário um procedimento drástico – ele avisou.

Nem Fênix e nem Cris tiveram a coragem de perguntar, na frente de Martina, o que o médico queria dizer com "procedimento drástico".

– Sugiro que não tragam mais a menina ao hospital. E, se possível, que permaneçam na cidade por mais algum tempo, porque o quadro pode piorar e ela possivelmente entre em hemodiálise – o médico advertiu, enquanto a examinava.

– Como assim, doutor? – Fênix perguntou assustada.

– Tomara que eu esteja enganado, mas é possível que o quadro só seja revertido com um transplante de rim...

5

"Ó relógio costura, meticulosamente, quilômetros e quilômetros do silêncio noturno".[120] Sozinho em seu quarto, sem conseguir dormir, Renato lembrava de mais uma frase de Mário Quintana. Durante o tempo em que vivera em Porto Alegre, havia aproveitado para comprar de novo toda a coleção do poeta, que o acompanhava desde os tempos de mocidade.[121] Até mesmo os livros infantis! Pensava mesmo que era a única qualidade que ele tinha, essa de gostar de Mário Quintana.

"A recordação é uma cadeira de balanço embalando sozinha", ele se lembrou de mais uma frase do poeta. Não conseguia parar de pensar em Babete, na situação dela, na impossibilidade de estar ao lado dela naquele momento tão difícil.

Com a presença constante de Cris e Fênix no hospital, fora obrigado a tirar férias para que elas não o vissem. Sentia-se profundamente culpado, sabia que Babete estava sentindo a falta dele; tudo o que desejava era poder cuidar dela como fizera durante todo esse tempo. Também ele estava sentindo profundamente a ausência dela nos seus dias. Era quase como se a vida tivesse perdido a graça para ele. Mas Renato sabia que não podia se expor visitando-a. Babete estava cega, mas Fênix certamente o reconheceria.

– Ai, coitadinho... Estou com tanta peninha dele, você não está? – ouvi, de repente alguém dizer.

---

[120] *In*: *Lili inventa o mundo*, de Mário Quintana. São Paulo, Global, 2005.
[121] Embora natural da cidade de Alegrete, RS, o poeta Mário Quintana adotou Porto Alegre como sua cidade do coração. Atualmente, seu acervo se encontra na Casa de Cultura Mário Quintana, importante centro cultural da cidade, que é um dos maiores e mais bem aparelhados do país e faz parte do patrimônio histórico nacional. Outrora ali funcionava o Hotel Majestic, onde o poeta viveu entre os anos de 1968 e 1982, no quarto 217.

O som parecia vir da pequena varanda do apartamento, guardada por grossas cortinas. Fui andando devagar até lá e qual não foi a minha surpresa quando me deparei com o grupo de seres estranhos reunidos na área externa. Dado seu baixo padrão vibratório, eles não puderam me ver. Todos eles tinham um aspecto sujo e truculento, parecia mesmo que alguns estavam drogados. Notei, contudo, que havia uma espécie de barreira invisível, quase coincidindo com a porta de vidro de correr da varanda, que os impedia de passar para o interior do apartamento.

– Agora que nós já encontramos o infeliz, não vai ser difícil conseguir trazê-lo de volta para o nosso lado – disse um deles, que parecia ser o líder do grupo.

– Isso mesmo! Tanto tempo nós ajudamos o cara quando ele era do grupo e ele simplesmente nos abandona assim, sem quê nem porquê? Ele nos deve muitos favores! – reclamou outro.

– E muitas explicações! Muitas vezes quebramos o galho dele, ajudando a conseguir o que queria! – disse um terceiro. – E agora, que virou careta, ele nem liga mais para a gente? Não, isso não! Não é assim que a banda toca!

Dei um passo para trás e agradeci mentalmente a Deus a intuição de ter vindo para ver Renato. Sentia, dentro de mim, que eu precisava fazer alguma coisa para ajudá-lo naquele momento de prova. Fragilizado como estava, e ainda por cima com aquelas companhias à espreita, ele corria sério risco de recair.

O interior da casa, contudo, parecia fortemente iluminado. Não propriamente por uma luz artificial, destas que a gente acende e apaga no interruptor. Havia ali uma luz espiritual, uma proteção típica das residências onde se costuma cultivar o hábito saudável da oração.

Encontrei Renato de pijama, muito abatido, sentado na cama, ao lado de um exemplar de O evangelho segundo o espiritismo, aberto ainda na página que ele provavelmente acabara de ler. Remexia agora vários cadernos à procura de algo.

– São os cadernos que ele utilizou para anotar estudos e explicações no tempo em que frequentava os grupos do programa Renascer, em Belo Horizonte – explicou-me o protetor de Renato, logo depois de se apresentar.

Chamava-se Simeão. Embora jovem, aparentava grande sabedoria.

– Achei! – de repente gritou Renato, parando numa página cheia de anotações. – São estas mesmas as perguntas, eu não estava enganado...

– Fico feliz que tenha vindo em nosso auxílio. Renato está vivenciando um momento importante e decisivo de sua caminhada, suas vibrações serão de extrema valia neste processo – Simeão explicou, enquanto tocava em um dos livros sobre a cama, de maneira a, com seu magnetismo, atrair bem para a ponta da página um papelzinho pequeno, que ficou quase caindo do livro.

Não tive tempo de perguntar o que ele pretendia com aquilo, logo as palavras que irradiavam da mente de Renato tomaram de novo toda a minha atenção.

"O que está mexendo comigo nesta situação?", ele revirava do avesso as três perguntas que aprendera no programa Renascer, ansioso para encontrar uma porta que o ajudasse a sair daquele profundo estado de angústia, sem conseguir, contudo, se acalmar o suficiente para ouvir as respostas que estavam gritando dentro dele. O problema não estava no enunciado das perguntas, que ele tão minuciosamente fizera questão de verificar, mas na sua coragem de ouvir a si mesmo para interpretá-las.

— Ele está quase no ponto! — comemoravam os obsessores do lado de fora da varanda. — Um passo em falso, uma pequena lembrança do passado e nós projetamos nele o desejo da droga!

De onde estávamos, Simeão e eu podíamos ouvir nitidamente tudo o que diziam. Olhei para o mentor de Renato apreensivo, mas ele não parecia abalado com isso. Apenas concentrava-se em enviar mentalmente para o seu protegido uma grande quantidade de emanações fortalecedoras.

Inconscientemente receptivo àquelas vibrações, Renato nem por um momento pensou em se anestesiar para sair daquela situação angustiosa. Ao contrário, queria dispor de sua máxima lucidez para conseguir encontrar um meio de fechar aquele ciclo que há tanto tempo o fazia sentir-se torturado pela própria consciência.

Passou o resto da noite debruçado sobre seus muitos cadernos e livros. De vez em quando fazia pausas e procurava orar pelo restabelecimento de Babete: "Senhor, eu sei que eu não sou nada, mas por favor, cuida dela enquanto eu não puder estar perto, não deixa que nada de mal aconteça com ela..."

"Eu não queria ser como um bandido procurado, alguém que precisa estar o tempo todo se escondendo. Queria ser livre para estar onde eu quisesse! Sinto raiva de Cris e de Fênix porque elas me obrigam a encarar de frente o meu passado sujo!" — a resposta surgiu de repente naquela madrugada, enquanto ele tomava banho.

Tomou então a decisão de ir até o hospital. Precisava ver Babete, nem que fosse de madrugada, bem cedinho, antes de todo mundo chegar. "E qual a minha responsabilidade nisso tudo?", as perguntas continuavam a se repetir dentro de sua cabeça, enquanto ele se arrumava.

— Ora essa! — disse a si mesmo, bravo, diante do espelho. — A minha responsabilidade! Fui eu que fiz isto comigo mesmo! Fui eu quem estraguei a minha vida! Fui eu que me comportei como um bandido!

Deu um soco na mesa e deixou-se cair sobre a cadeira, chorando angustiado.

– É agora! – gritou o líder lá de fora. – Vamos fazer um esforço conjunto, pensar com a máxima força para que nossas sugestões consigam chegar até ele!

De olhos fechados, formando um círculo luminoso ao redor de Renato, eu e Simeão tentávamos protegê-lo com as nossas vibrações para que aqueles dardos energéticos não viessem a atingi-lo. Enquanto não havia a vontade dele a perfurar o círculo, nós podíamos fazer isto.

– Eu sei que fui eu... Sou o único responsável por tudo... Mas eu mudei! Eu quero ser outra pessoa! Como é que vou provar isto a elas? Como farei para que elas me escutem? – Renato continuava culpando a si mesmo.

Senti grande compaixão por ele. Através da história de José Renato, compreendera que as pessoas podem mudar. Que todos nós cometemos erros, dos quais um dia nos conscientizamos e nos desesperamos na ânsia de tentar consertar. Mas nem sempre é fácil fazer isso. Muito menos em uma mesma existência.

E quem nunca errou? Quem pode garantir que na última existência não foi bandido, assassino, mentiroso, ladrão? Se ainda não conseguimos sequer nos desvencilhar das muitas dependências espirituais que tão fortemente caracterizam a nossa civilização atual, como julgar aqueles que, como nós, continuam prisioneiros do hábito de buscar a felicidade do lado de fora, voltados apenas para objetos e focos diferentes dos nossos?

Olhando agora para ele naquele seu momento de testemunho, pensava no quanto são distantes e opostas as realidades que vivenciamos no mundo espiritual, nos intervalos entre nossas muitas experiências existenciais, e a vida na Terra, a vida material propriamente dita. Há tempos eu mesmo vinha passando por delicado processo de aprendizagem e conscientização desta realidade...

Ocorre que, uma vez em contato com os planos mais elevados, quando relativamente refeitos do choque e de algumas sequelas de nosso desencarne, voltamos a ter ciência e consciência da nossa real condição de seres espirituais em constante processo de evolução. Vemos, então, com uma maior isenção e assustadora nitidez, a nossa trajetória até aqui e percebemos a imperiosa necessidade de mudança de muitos dos padrões que há tantas eras carregamos conosco. Tomamos então a decisão de investir em nossa própria transformação, de buscar provas capazes de nos lapidar, de forma a que não venhamos mais a cometer os mesmos desatinos.

Assim como fez Renato em seus muitos meses de estudo e recolhimento no hospital espírita em que esteve abrigado, antes de tomar a resolução de voltar à vida terrena, por longo tempo também nós, espíritos, nos dedicamos a estudar as causas que determinaram os nossos fracassos, as atitudes errôneas que nos levaram ao sofrimento e ao não aproveitamento integral de nossas experiências.

Lançamos mão de todos os meios disponíveis – cursos, visitas, técnicas de terapia, estudos dirigidos, palestras, estágios e trabalhos no bem – tudo o que é possível e viável, de acordo com a condição evolutiva de cada um, de forma a que tenhamos como nos aparelhar, nos tornar mais aptos a uma nova experiência com perspectiva de resultados mais satisfatórios.

É uma regra no mundo espiritual este tipo de preparação. Em alguns cursos nos aprimoramos em detalhes e técnicas para melhor aproveitamento da posição que ocuparemos na próxima existência, inclusive em termos profissionais e religiosos. Em outros, somos treinados para identificar possíveis problemas com os quais costumeiramente estivemos envolvidos no campo emocional; analisamos meios de lidar de forma diferente com as inúmeras tentações da matéria a que tantas vezes já sucumbimos. Procuramos nos fortalecer sobretudo nas chamadas oficinas contra o medo. Nossos mentores classificam esse sentimento como um dos piores inimigos da criatura, por alojar-se na cidadela da alma, atacando as forças mais profundas do indivíduo. "A calma é garantia do êxito", ensinam-nos constantemente os mentores.[122]

O objetivo de todos os que se empenham neste tipo de estudo e preparação é sempre o de procurar reforçar os meios de proteção, armazenar no subconsciente o máximo possível de dados e recursos capazes de criar raízes profundas em nós, na esperança de que possam nos influenciar e defender quando estivermos já encarnados, envolvidos pelo esquecimento temporário.

Em geral, nestes períodos, também aprendemos a olhar para situações antigas com olhos mais experientes e atualizados e, com base nessa nova visão, vamos à procura daqueles a quem um dia prejudicamos em outras vidas. Infelizmente, porém, uma vez no mundo físico, dificilmente conseguimos enxergar com este mesmo alcance. Não controlamos as antigas emoções, nos descontrolamos, dificultamos soluções e reajustes.

Se no mundo espiritual temos plena consciência de que a vida no corpo físico é meramente um estágio, dentre os muitos que o espírito efetua em sua jornada para Deus, uma vez encarnados não raro nos deixamos contaminar pela excessiva pena de nós mesmos, pelo exagero das dificuldades e tantos outros comportamentos enfermos a que voluntariamente aderimos e que só servirão para deformar os fatos, transformando-os em problemas, exatamente como no passado, fazendo com que continuemos sempre repetindo o mesmo ciclo, com as mesmas necessidades, atraindo os mesmos sofrimentos de antes, inutilizando o ajuste e, muitas vezes, até a própria reencarnação.

---

[122] Os cursos contra o medo são descritos por André Luiz no cap. 42 de *Nosso lar*.

Por tudo isso, a cada dia que passava, aprendia a ver José Renato como um irmão, um companheiro de jornada, alguém que também necessitava de ajuda. Por isso estava ali naquela noite. Compreendia, melhor do que ninguém, o seu desespero, fruto de seu intenso desejo de não mais errar.

"Qual a minha deficiência que está sendo colocada em xeque por estas pessoas, por esta situação?", ele continuava a se perguntar em sua dolorosa e obstinada sede de autoanálise.

Estava sentado de novo na cama, já pronto para sair, mas também exausto de tanto pensar, necessitando urgentemente de um pouco de repouso para o refazimento das forças físicas.

– Não se condene tanto! – ousei dizer-lhe, em pensamentos. – Sabe-se lá há quantas eras carregava consigo essa fraqueza, essa deficiência? O importante é que agora você está consciente, lutando para se libertar! Dê um crédito a você mesmo! Tem se esforçado muitíssimo, você merece esse crédito!

De longe, sem descuidar-se de suas vibrações, Simeão sorriu para mim num sinal de gratidão. Renato sentiu minhas palavras ecoando por dentro de si mesmo, mas não se contentou. Estava realmente disposto a encontrar, a consertar o quanto antes aquilo que o impedia de continuar caminhando. Era mais do que uma pedra no sapato, uma pedra no caminho, era uma pedra que ele carregava na consciência.

– Ninguém tropeça em montanha! Todos nós tropeçamos em pedras pequeninas. Não se deixe abater por isso! Conscientize-se ao máximo de suas ações, de qualquer conduta que esteja querendo modificar. Um método eficiente para evitar o mal consiste simplesmente em identificar as pedras nas quais usualmente tem tropeçado e, ao avistá-las no caminho, utilizar firmemente o poder da atenção e da vontade[123] – dizia a mensagem do pequeno livrinho que Simeão o fez abrir.

"Qual a minha deficiência que está sendo colocada em xeque por estas pessoas, por esta situação?", Renato, contudo, continuava a se perguntar. Não conseguia enxergar a resposta, que estava ali diante dele. Mesmo querendo muito, não tinha coragem para admitir que não podia dar valor a nada do que conseguira até então pelo simples fato de sentir ainda muita vergonha de si mesmo. Vergonha por ter consciência de tudo e, ainda assim, ter fingido, por tanto tempo, que não se lembrava; por ter enganado tanta gente que ele admirava, pessoas por quem ele desejaria tanto ser admirado algum dia.

"Se está marcado em nossa consciência que fizemos mal a alguém, inevitavelmente a Providência Divina vai enviar para nós um meio de reparar o

---

[123] Palavras extraídas da mensagem 86 de *Sempre melhor* (José Carlos de Lucca, SP: Intelítera, 2014) e livremente adaptadas ao texto.

mal cometido, ainda que através de uma outra pessoa que fatalmente vai ser colocada no nosso caminho. Porque de alguma forma, a nossa consciência, desejosa de reparar este mal, vai atrair isto para nós. Cabe a nós estarmos atentos quando isto acontecer, sempre prontos a nos doar e a dar de nós o nosso melhor, porque, afinal, um ato de amor cobre uma multidão de pecados, conforme nos ensinou o apóstolo Pedro", a um gesto de Simeão sobre sua cabeça, como se iluminasse uma área de seu cérebro com um simples toque, Renato lembrou-se das palavras de seu amigo Alexandre.

– O bonzinho está atormentado com questões morais, vocês acreditam? Se escondeu durante todo esse tempo, mentiu para todo mundo e agora se pergunta: o que será que eu tenho de ruim? – um dos homens lá fora contou aos outros numa gargalhada.

Percebi que se fazia próximo o momento do ataque; o próprio sentimento de culpa de Renato acabaria criando a necessária abertura.

– Apresse-se... Babete está precisando muito de você no hospital – sugeri, no intuito de despertá-lo, sentindo no íntimo a informação de que minha filha efetivamente piorara seu estado.

Renato obedeceu. Estava mesmo sentindo uma urgência íntima de chegar logo no hospital.

– A lesão provocada pelo abscesso no tecido renal foi muito grande. Os rins dela pararam de funcionar. O doutor está só aguardando uma melhoria do quadro, mas a equipe de transplantes foi chamada para avaliar o caso. O grande problema é que ninguém até agora, de todo mundo que se apresentou como doador, se mostrou compatível... O médico disse que, nessas condições, ela não vai conseguir resistir por muito tempo sem hemodiálise... – explicou, lamentoso, o enfermeiro de plantão.

De fato, até Edgar, que viera até a cidade para buscar Martina, a pedido de Fênix, havia feito os testes, mas nenhum dos resultados foi compatível. Fênix, que teoricamente teria o genótipo mais semelhante ao da mãe, havia herdado a maioria de suas características do pai biológico, até seu sangue era diferente do de minha filha.

Renato entrou no quarto e ficou horas ali segurando a mão de Babete, enquanto ela dormia sob efeito de fortes sedativos. Não pôde esperar que ela acordasse, voltou para casa ainda mais arrasado.

Dias depois, o quadro piorou de tal forma que Babete teve de ser removida para a UTI, onde já entrou em hemodiálise. "Dos males, o menor. Ela precisa ficar bem para poder fazer o transplante tão logo encontremos um doador", o médico disse à família.

Renato entrou num desespero tão grande ao saber disso que correu imediatamente para o hospital, onde procurou a equipe de transplantes e se apresentou como possível doador, para avaliação. Estava disposto a doar seu rim, o que mais fosse necessário para conseguir salvá-la.

– O sangue dela é "O" negativo, é muito difícil encontrar um doador compatível com alguém que tem este tipo de sangue – argumentou o plantonista da UTI, ao saber de sua atitude.

Renato, contudo, parecia extremamente seguro de sua decisão.

– Meu sangue também é "O" negativo. Eu quero fazer os testes de compatibilidade! Eu vou doar esse rim de que ela precisa!

Percebi que, de longe, alguns dos companheiros trevosos que faziam plantão na varanda do apartamento continuavam à espreita, embora ainda não tivessem logrado êxito no plano de atingi-lo.

– O aluno não pode ser avaliado sem que passe pelos desafios da prova – Simeão mostrou-se ciente das necessidades de seu tutelado.

Antes mesmo que saíssem os resultados dos testes, Renato passou por várias entrevistas e avaliações, foi chamado a conversar com a psicóloga da equipe, que procurou deixar claros para ele todos os inconvenientes e sequelas que poderiam ocorrer-lhe após a doação. Ainda assim, ele nem por um momento titubeou em sua convicção.

Menos de um mês depois, mediante os insistentes pedidos de urgência de Renato ao colega do laboratório, saíram os resultados e o transplante foi finalmente autorizado pela equipe responsável. Por sua conta e risco, Renato se dirigiu então ao juiz e formalizou sua decisão. A seu pedido, o amigo Alexandre veio de Belo Horizonte para servir de testemunha, já que ele não queria que ninguém mais soubesse o que precisaria declarar.

– Como você sabe, a lei 10.211, de 23 de março de 2001, em seu artigo 9º, permite a doação de órgãos até o quarto grau de consanguinidade, fora dessas situações e da doação entre cônjuges, faz se necessária autorização judicial – explicou o funcionário do fórum.

– Eu sou ex-marido dela – afirmou sem medo. – Nunca fomos casados oficialmente, mas vivemos juntos por muito tempo. – De qualquer forma, eu desejo, por livre e espontânea vontade, estou aqui para oficialmente atestar que estou disposto a fazer a doação e me responsabilizo por todos os riscos.

– Estou orgulhoso de você! – Alexandre o abraçou na saída do fórum.

– Não estou fazendo isso para que ninguém se sinta orgulhoso, e nem para aplacar a culpa que trago em minha consciência. A única coisa que desejo, do fundo do meu coração, é que ela fique bem – ele respondeu com sinceridade.

– Como é que pode... Você foi casado com ela por sei lá quantos anos, fez aquele monte de bobagens e agora encontra com ela nesta situação... É por isso que eu acredito na providência divina – comentou o amigo.

— Se eu te dissesse que descobri que eu sou profundamente apaixonado por ela, você acreditaria? — confessou Renato.

— Acredito. Se você descobrisse isso vendo sua ex-esposa com outro, ou constatando como continua bonita, diria que era só dor de cotovelo. Mas descobrir que ama uma pessoa depois de cuidar dela doente desse jeito?... É muito difícil, é quase impossível de acontecer aqui na Terra! — observou Alexandre. — Eu te admiro!

— Mesmo sabendo de tudo o que eu já fiz? — duvidou Renato.

— Há mais de dois mil anos, Jesus já dizia: "Atire a primeira pedra aquele que estiver livre de pecado" —[124] respondeu-lhe o amigo, despedindo-se. — Conte sempre comigo no que precisar!

---

[124] Jo 8,2-12.

6

Talvez até em função deste componente mágico e intangível, o amor tão incomensurável quanto inesperado de Renato por Babete, a operação do transplante, embora muito delicada, foi um sucesso. A pedido do próprio Renato, nem Babete e nem ninguém ligado a ela ficou sabendo quem era o doador.

– Encontrei a brecha! – comemorou o obsessor, depois de acompanhar de perto o nervosismo de Fênix durante todo o processo da operação.

Na tarde seguinte, tomada de profunda curiosidade e instigada pelos obsessores de Renato, minha neta colocou na cabeça que tinha sido o pai biológico dela quem tinha feito a doação. Não houve meios de convencê-la do contrário, estava refratária a qualquer influência de equipe de espíritos elevados que cuidava do caso. E ela tanto fez que, sempre intuída por seus invisíveis ajudantes, interessados em ver "o circo pegar fogo", acabou descobrindo que o doador estava internado no mesmo hospital.

Queria fazer algo que a impedisse de chegar até o quarto, mas Augustus, meu mentor, me detêve a tempo:

– "Tudo me é lícito, mas nem tudo me convém" – ele lembrou-me da frase de Paulo.[125] – Não podemos interferir no livre-arbítrio dos encarnados. Até porque não cai uma folha de uma árvore sem que seja do conhecimento do Pai. Existem coisas que, independentemente do nosso ponto de vista e da nossa avaliação, cedo ou tarde precisam vir à tona. Na vida, tudo acontece sempre para o melhor – ele observou, antes de sumir novamente.

Com o coração disparado, Fênix atravessou o longo corredor em direção ao quarto, na outra extremidade.

– Como você deve saber, o transplante é um procedimento cirúrgico que transfere um rim saudável de um indivíduo para outro. Esse novo rim

---
[125] I Coríntios 6,12.

que você doou para ela irá fazer as funções que os rins doentes não podiam mais fazer. Agora você vai ter que viver com apenas um rim, o que é perfeitamente compatível com uma vida normal –[126] o médico estava dizendo a Renato no momento em que ouviram duas batidinhas na porta.

– Pode entrar – o médico respondeu, achando que fosse um enfermeiro.

Assim que entrou, os olhos de Fênix foram direto nos de Renato. Ele estava bem mais magro desde a última vez em que ela o vira, e também abatido e barbado por causa da cirurgia. Ainda assim ela o reconheceu de imediato.

– Você... – foi a única palavra que ela conseguiu articular, antes de sair batendo a porta do quarto furiosa.

Nem quis ouvir o que ele tinha a dizer.

– Vitória!!!! – comemoravam, lá fora, os perseguidores de Renato.

– Isso é um absurdo! Esse cara nunca poderia ter voltado a pisar na vida da gente. Ele jamais devia ter se aproximado da minha mãe! – ela passou a noite protestando, revoltada, em seu quarto de hotel. – Se eu pudesse, devolvia agora para ele aquele rim!!!!

Não cabia em si de tanta indignação, sequer conseguira dormir naquela noite. Cris tentara usar de todos os argumentos para acalmá-la, mas Fênix estava irredutível. Queria convencer Cris a ir com ela até a delegacia para denunciar Renato. Seu desejo era que ele fosse preso "em flagrante" antes mesmo de sair do hospital.

– Como assim "em flagrante", Fênix? Já faz muitos anos que tudo isso aconteceu! Em flagrante é só quando a pessoa acabou de cometer o delito, se ele estivesse na estrada, por exemplo, fugindo com toda a mudança de sua mãe. Mas na época não ficou nada comprovado, Babete não quis nem dar queixa! – observou Cris.

– Mas é como se fosse. Pegamos ele ali de novo, do ladinho da minha mãe, se aproveitando do fato de ela estar cega só para se aproximar... Parece até coisa daqueles filmes de psicopata! Meu Deus, só de imaginar que ele cuidou dela durante todo esse tempo... – Fênix não podia se conformar.

– Você disse tudo isso a ele? – espantou-se Cris.

– Mas é claro que não! Eu mal olhei na cara dele! – rebateu minha neta.

– Este cara é um...

– Calma, Fênix! Procure pensar com um pouco mais de tranquilidade! – pediu Cris, inspirada pelas minhas vibrações. – Você já ligou para o Edgar?

– Liguei. Assim que eu saí daquele quarto, antes mesmo de falar com você. Eu nem conseguia conversar direito no telefone, de tão nervosa que eu estava...

– Mas o que é que ele acha? – quis saber Cris.

---

[126] *In*: http://www.samaritano.org.br/pt-br/informacoes-ao-cliente/publicacoes/foldersdesaude/Documents/transplante–renal.pdf.

— Ah, o Edgar tem um coração mole, também veio com umas argumentações malucas, que eu devia pensar que não é qualquer pessoa que doa um rim, que o infeliz poderia continuar a levar uma vida completamente normal se não tivesse tido esse gesto... Bati o telefone na cara dele! – contou Fênix, com a respiração até ofegante de tão descontrolada.

— Pois eu acho que o seu marido é muito ponderado. Você devia ter ouvido com calma a opinião dele, o Edgar...

— Cris, pelo amor de Deus, não venha você também querendo defender esse homem! É um bandido. Será que ninguém enxerga isso, só eu?

— Fênix, escute! Logo depois que você saiu do hospital, eu também estive lá...

— Você foi até o quarto dele? – surpreendeu-se Fênix.

— Sim. Ele me contou sobre tudo o que aconteceu... Mas nem conseguiu se estender muito em detalhes, porque ele estava passando muito mal. O médico estava achando até que ele não ia nem mais ter alta amanhã, como estava previsto... – contou Cris.

— Ai, não... Quer dizer então que ele já vai ter alta... Precisamos nos apressar! – impacientou-se Fênix.

— Ele me deu o endereço dele! Se colocou à disposição para conversar de novo com você a qualquer hora que você quiser! – insistiu Cris.

— Vai me dizer que você também ficou com peninha dele? Deve ser mentira! A essa hora, ele deve estar longe daqui! – imaginou Fênix.

— Fênix, ele está recém-operado! Não pode sair viajando por aí desse jeito. De qualquer forma, ele é funcionário do hospital, não ia largar tudo assim por...

— Cris, esse cara é um marginal! Um bandido! Será que ninguém vê isso? Você sabe, melhor do que todo mundo, o que a minha mãe passou por causa dele!!! Ele não tinha nem o direito de trabalhar como enfermeiro em lugar nenhum! Eu vou cassar o diploma dele!... – ela começou a mexer nervosamente a bolsa, em busca do celular. – Eu sempre disse para a minha mãe que ela tinha que denunciar esse cara! Só que ela não quis... Agora olha só no que deu! Esse cara tinha era que estar preso! – ela achou o aparelho e começou a discar para a polícia.

Cris tomou-lhe o telefone das mãos, antes que a ligação se completasse:

— Fênix, pense bem! Ele salvou a vida da sua mãe! Ele doou...

— E quem me garante que ele não fez tudo isso só para sair bonitinho na fita? Para se aproximar de novo dela e roubar tudo de novo? Quer saber, a única coisa que eu quero é tirar a minha mãe daqui, o quanto antes! Mas antes eu vou ligar para a polícia! Me dá aqui esse telefone!

— Fênix, nós não podemos fazer isto – Cris levou o telefone para trás de si, de forma a impedir que ela pegasse o aparelho. – O que sua mãe teve foi muito grave. Babete precisa estar plenamente recuperada para enfrentar uma viagem de nove horas até Porto Alegre!

Por orientação de Augustus, eu procurei me manter em oração, vibrando em sintonia com os planos maiores para que ela se acalmasse, durante todo o tempo que passei ali. Com muito custo, Cris acabou conseguindo convencê-la a esperar até o dia seguinte para decidir sobre o que fazer. "Nada melhor do que um dia depois do outro e uma noite no meio para a gente colocar as ideias em ordem" – sintetizou, antes de dar boa noite a minha neta.

No dia imediato, fui designado para ir dar assistência ao ex-marido de minha filha. Renato conseguira convencer o médico a antecipar sua alta. Havia voltado para casa arrasado. No confronto com Fênix, tinha se esvaído toda a sua alegria pela boa ação realizada. Sentia-se de novo como um bandido qualquer, um eterno devedor perante as leis divinas, mal tinha forças para lutar por sua própria recuperação.

– Você está acabado! Não vale nada mesmo! Por que não vai à rua procurar um pouco de droga para esquecer de tudo isso?

– Está vendo só? Não vale a pena ser bom! Você ficou todo esse tempo de recesso, curtindo anos de abstinência, fazendo tudo certinho... E olha só no que deu? Uma vez bandido, bandido sempre. Você não tem salvação!

– Não existe nada capaz de apagar o seu passado! Fênix tem toda razão: você não vale nada! – ainda retidos na varanda, os obsessores ali concentrados faziam de tudo para instigá-lo a fazer o que não devia.

Renato, contudo, não lhes captava as sugestões. Pelo menos, não por enquanto. Mesmo abatido, não se sentia como uma vítima da situação. Ao contrário, continuava se esforçando muito para trabalhar em si as dificuldades que haviam gerado tudo aquilo em lugar de simplesmente sentir ódio da filha de Babete por tê-lo tratado tão rispidamente. Não, ele não tinha raiva dela, chegara a esta conclusão. "Qual a deficiência que está sendo colocada em xeque por essa pessoa nesta situação?", continuava a se perguntar.

– Faça uma prece! – pedi a ele. – Não entre de novo nessa sintonia de autoacusação. Procure manter seu equilíbrio!

Com certa dificuldade, posto que ainda experimentava muitas dores por causa da operação, sentou-se na cama sentindo muita vontade de orar. Não conseguia, contudo, concatenar nenhuma prece. Estava muito confuso e abalado. Começou então a orar em voz alta a única oração que lhe vinha na cabeça, como quem pede socorro:

– Pai Nosso que estai nos céus...

Em instantes, pude vê-lo cercado por um grupo de espíritos de luz. Eles lhe aplicavam passes calmantes em cada um de seus centros de força, enquanto ele fazia sua prece decorada, porém cheia de sentimento. Envolvido por aquelas energias calmantes, Renato começou a se sentir sonolento e deitou-se de novo para cochilar. Foi quando seus olhos espirituais se abriram e ele me viu sentado a seu lado.

– Quem é você? – ele assustou-se.

– Sou um amigo. Vi tudo o que você fez e quero muito te ajudar – respondi.

– Você está enganado. Eu não presto! – ele escondeu o rosto de vergonha. – Dei meu rim a essa moça, mas deveria ter dado a ela todos os meus órgãos para pagar o mal que um dia fiz a ela... – explicou, ainda com o rosto coberto por vergonha.

– E se eu te dissesse que ela necessitava dessa experiência? – perguntei.

– Não é possível! E como alguém pode necessitar de uma experiência como essa? Eu roubei tudo o que ela tinha! Ela ficou doente por minha causa! – ele desabafou.

– Ninguém fica doente por causa de ninguém. São as nossas próprias atitudes diante da vida que irão criar a saúde ou a doença...

Simeão estava a meu lado, fortalecendo e intensificando minha ligação com o alto para melhor prestar aquele auxílio, mas Renato não podia vê-lo.

– Sempre que os excessos à mesa se repetem, quando os abusos da bebida ou das drogas se sucedem, quando o descontrole emocional não cessa, tenha certeza de que o corpo fatalmente irá apresentar mais tarde a conta dos nossos desequilíbrios. Por outro lado, o coração daquele que confia na providência divina e se esforça para sempre procurar extrair o melhor de cada situação, com vistas ao próprio aprendizado, é como um dínamo gerador de energias, encorajando e incentivando ao bem quantos se encontrem em seu raio de ação – expliquei.

– Mas... e quando, ao invés de fazer isso, eu faço o mal a uma pessoa? – ele tirou finalmente as mãos do rosto.

– Cabe a essa pessoa encontrar nela mesma as razões por que precisou passar por esse mal e, ao invés de abater-se, fazer do mal um instrumento capaz de guiá-la na construção de novos padrões de comportamento para que a mesma situação não volte a acontecer – respondi. – Sempre atraímos para nós aquilo de que necessitamos para a nossa evolução, embora nem sempre reconheçamos a nossa responsabilidade. Como diz mais ou menos uma frase de Sartre, de que eu sempre gostei muito, "não importa o que fizeram com você, mas o que você faz com o que fizeram com você".[127]

– Mas como fazer para reparar o que em mim faz mal a mim mesmo e indiretamente atingiu a outras pessoas? Eu tenho necessidade de reparar esse mal! – ele disse com sinceridade.

---

[127] "O importante não é aquilo que fazem de nós, mas o que nós mesmos fazemos do que os outros fizeram de nós", diz a frase original de Jean-Paul Charles Aymard Sartre, filósofo, escritor e crítico francês, conhecido como representante do existencialismo (Paris 1905-1980).

– Primeiramente reconhecendo o que precisa ser mudado. Até quando vamos ao supermercado, precisamos saber o que vamos comprar. Sem foco, ficamos perdidos, nada fazemos diante do infinito de possibilidades – observei. – Somos nós quem percebemos quando precisamos fazer uma mudança e essa opção só acontece por razões pessoais, nunca por causa dos outros. Decidimos mudar porque aquela determinada característica não está nos criando uma situação muito boa, porque está, acima de tudo, incomodando a nós mesmos... – argumentei.

– Mas como é que eu faço para encontrar meu foco? – ele parecia perdido.

– O que realmente te incomoda em você? – perguntei.

– O senhor fala um defeito?

– Sim. Conta-se que Jesus, quando do julgamento da mulher adúltera, enquanto todos pediam para que a apedrejassem, disse: "Aquele que estiver sem pecado atire a primeira pedra!" Em seguida, teria se inclinado, passando a escrever no chão com o dedo. Diz uma tradição que escrevia ali os pecados de cada um que se encontrava naquela roda. À medida que a pessoa que tinha o hábito daquele procedimento específico lia a palavra no chão, automaticamente se retirava da roda, a ponto de, em dado momento, só restarem ele e a mulher adúltera. Eu então te pergunto. Se por acaso estivesse nessa roda, que palavra faria com que você se retirasse?

– Eu me sinto um cara desonesto – ele admitiu. – Sim, acho que este é o defeito que mais me incomoda, o que me faz sentir vergonha de mim mesmo.

– Então esse é o seu foco. Lute para se transformar na pessoa honesta que gostaria de ser. Comece por ser honesto consigo mesmo, com os seus sentimentos. O verdadeiro homem de bem questiona sua consciência sobre seus próprios atos, pergunta-se diariamente se não fez o mal, se fez todo o bem que podia, se negligenciou voluntariamente uma ocasião de ser útil, se ninguém tem queixa dele, enfim, se fez aos outros tudo o que gostaria que lhe fizessem –[128] elucidei.

– E se eu não conseguir? Se eu de repente me pegar trapaceando de novo? Sabe, cheguei à conclusão de que tenho muito mais aptidão para o mal do que para o bem. Se começo a tentar imaginar algo de errado, precisa ver a rapidez com que funciona o meu raciocínio. Em um instante encontro várias alternativas para chegar onde quero. Como no dia em que recaí quando estava na clínica... – ele comentou com humildade. – Em compensação, quando quero fazer algo de bom, preciso lutar muito comigo mesmo, pensar com muito mais dificuldade sobre como chegar ao meu objetivo, as ideias custam a vir, as coisas custam a acontecer...

---

[128] *O evangelho segundo o espiritismo*, cap. 17: "Sede Perfeitos", item 3, "O homem de bem".

– Kardec dizia que o verdadeiro espírita e o verdadeiro cristão são a mesma coisa. E que o verdadeiro espírita se reconhece pela sua transformação íntima, mas acima de tudo, pelos esforços que faz para domar suas más inclinações.[129]

– Mesmo se, no meio do esforço, a gente cair de novo?

– Nenhuma criança chegaria a andar se desistisse na primeira tentativa. Toda queda ensina muito. O aprendizado de um único tropeço muitas vezes é suficiente para nos fazer ficar de pé em várias provas semelhantes que nos venham pela frente. Apenas aqueles que já sofreram na pele, que já caíram e levantaram diversas vezes sabem avaliar a intensidade da dor dos semelhantes – ponderei.

– Às vezes sinto muito medo de não ter forças para me levantar depois de um tombo muito grande... – Renato confessou.

– Lembre-se: fé é vontade de querer! Está escrito isso em *O evangelho segundo o espiritismo* que eu vi que você tem em casa! Guarde sempre isto no coração e siga adiante! Nenhuma força pode suplantar a força da sua vontade! Que Deus te abençoe! – despedi-me.

Renato despertou de repente, lembrou-se de um retrato que ficava na sala nos tempos em que ainda vivia com Babete.

– Meu Deus! Não pode ser! Será que era o pai dela? – ele associou imediatamente as imagens, enquanto, ainda a seu lado, eu sorri para Simeão.

Em seguida pegou o *Evangelho* que sempre deixava ao lado da cama e, quase em ato reflexo, foi direto à página onde havia um pequeno papelzinho marcando. Era exatamente a página que eu mencionara, a mesma que, sem que eu então soubesse do que se tratava, havia sido previamente marcada por Simeão dias atrás. "No homem, a fé é o sentimento inato de seus destinos futuros; é a consciência que ele tem das faculdades imensas depositadas em gérmen no seu íntimo, a princípio em estado latente, e que lhe cumpre fazer que desabrochem e cresçam pela ação da sua vontade (...) O Cristo, que operou milagres materiais, mostrou, por esses milagres mesmos, o que pode o homem, quando tem fé, isto é, a vontade de querer e a certeza de que essa vontade pode obter satisfação",[130] Renato leu o que estava escrito e fechou os olhos, em sinal de agradecimento.

Percebeu então que o papelzinho havia caído e, ao abaixar para pegá-lo, deparou-se com a mensagem que a netinha de Babete havia deixado para ele no dia em que estivera no hospital visitando a avó. Na hora, ele não dera muita importância, apenas chegou em casa e a colocou dentro do *Evangelho*. Estava tão preocupado naquele dia que nem tivera a curiosidade de ler o que estava escrito. Agora, no entanto, parecia até que aquela men-

---

[129] *O evangelho segundo o espiritismo,* cap XVII: "Sede Perfeitos", item 4: "Os bons espíritas".
[130] *O evangelho segundo o espiritismo,* cap. XIX: "A Fé transporta Montanhas", item 12: "A fé humana e a divina".

sagem havia sido escrita para ele, complementando tudo o que ouvira de mim no sonho:

"Um dia, de tanto irradiar a luz que originariamente não te pertence, quando a noite da provação se adensar à tua volta, te surpreenderás brilhando e, então, saberá que, pelo continuado esforço de refleti-la, terminaste por absorvê-la".[131]

Com os olhos cheios d'água, levou a mensagem até a altura do coração e deixou-se chorar. Que delicadeza daquela menininha deixar aquela mensagem para ele, do pai de Babete em aparecer em sonho para conversar com ele... Como ele gostaria de ser digno de fazer parte daquela família, como podia ter sido tão idiota em ter perdido uma oportunidade como aquela..., pensava sentido.

Foi quando, por alguma razão que ele nunca conseguiu explicar, o aparelho de som, que há meses parecia estar com defeito, naquele momento começou magicamente a funcionar. De longe, Simeão sorriu para mim.

"Mas é claro que o sol... vai voltar amanhã... mais uma vez... eu sei...", a música de Renato Russo encheu de repente o ambiente. Renato nem se lembrava há quanto tempo havia deixado ali aquele CD, mas sentiu-se profundamente revigorado por aquela canção. "Escuridão já vi pior, de endoidecer gente sã... Espera que o sol já vem..." Levantou-se da cama, sorridente e começou a arrumar o quarto, cheio de planos sobre o que fazer. "Se você quiser alguém em quem confiar, confie em si mesmo... Quem acredita, sempre alcança...",[132] continuava o CD.

Os seres em perturbação ainda continuavam tentando influenciá-lo, mas ele lhes era indiferente, não captava absolutamente nada de suas sugestões. Assim que a música acabou, Renato pegou o telefone e discou para Belo Horizonte.

– Dona Leda Maria, estou ligando para a senhora porque preciso muito me aconselhar sobre uma questão... – ele disse.

Cris e Fênix não tiveram coragem de contar a Babete sobre os últimos acontecimentos. Seu estado ainda inspirava bastantes cuidados; o médico recomendara-lhe tranquilidade e repouso. Já mais calma, Fênix acabara concordando em deixar para depois a decisão se deveriam ou não conversar com ela sobre tudo e também a resolução sobre a melhor atitude a tomar com respeito a Renato. Efetivamente, graças à ajuda que também recebera dos mentores de luz, minha neta também tivera sonhos que a ajudaram a refletir. Sentia-se feliz por a mãe estar viva; chegara enfim à conclusão de que isso era o mais importante.

---

[131] Trecho da mensagem "Não te escondas". Do livro *Ramos da videira*, Carlos A. Bacelli, Irmão José. Uberaba, MG: Livraria Espírita Edições "Pedro e Paulo", 2002, cap.1.

[132] Trecho da canção "Mais uma vez", de Flávio Venturini e Renato Russo.

Elas tinham acabado de sair do quarto, quanto Babete sentiu no ar uma presença diferente, um perfume familiar.
– Renato? – ela o reconheceu de imediato.
– Sim, sou eu – ele entrou no quarto com certa dificuldade, ainda sentia muitas dores.
– Você sumiu! O que aconteceu? Eu senti muito a sua falta! Você sabia que eu fui operada? – ela perguntou.
– Sim, eu sabia. O tempo todo estive mais perto do que imagina – ele disse. – Mas tem mais uma coisa que eu preciso contar a você...
Ele se aproximou reticente.
– Foi você quem me doou o rim, não foi? – ela perguntou.
– Elas contaram a você? – deduziu Renato.
– Não – Babete respondeu. – Ninguém me disse nada. Mas eu imaginei... Eu lhe sou muito grata por isso...
Ele segurou na mão dela:
– Babete, escute, não se sinta grata a mim por causa disso... Eu não mereço a sua gratidão...
– Merece sim! Graças a você, eu estou viva – ela respondeu, sem soltar a mão dele.
– Babete... Tem mais uma coisa que eu preciso lhe contar... Acho que você não vai mais sentir tudo isso depois que souber... Acho mesmo que você vai me odiar quando eu contar... – ele ensaiou nervoso, sua voz começava a ficar embargada.
"Comece sendo honesto com você mesmo. Com os seus próprios sentimentos", minhas palavras ainda ecoavam em sua mente.
– Eu nunca odiaria você... – Babete respondeu.
– Acontece que eu não sou quem você pensa que eu sou – ele disse.
– Será mesmo que não? – ela o desafiou, sem soltar a mão dele.
– Babete, eu... – ele não conseguiu continuar.
Ela sentiu as lágrimas dele escorrendo sobre seu pulso.
– Eu sempre soube quem você era... – ela respondeu, apertando a mão dele.
De lá, Renato foi direto para a delegacia. Estava disposto a se entregar e a cumprir a necessária pena pelo seu erro. Levava no coração o perdão de Babete e as palavras que um dia ouvira de seu melhor amigo: "Acredito que, assim como a Misericórdia Divina sabe aguardar até o momento em que o espírito esteja preparado para enviar-lhe a oportunidade de pagamento de seus débitos passados, no momento certo, quando se sentir preparado, você mesmo saberá o que fazer a esse respeito". Experimentava no peito uma alegria sem fim por poder constatar que o seu momento havia chegado e que ele soubera reconhecê-lo.

7

— Eu trouxe hoje uma coisa muito especial para você – Cris anunciou ao entrar no quarto.

Ela tinha vindo sozinha desta vez. Fênix ficara no hotel descansando um pouco. Ao sair, Cris tivera o cuidado de deixar sobre a mesinha a seu lado uma cópia daquele mesmo texto que agora trazia para Babete.

— É uma história psicografada que um dia uma médium recebeu para que fosse entregue a uma jovem diabética, então em estado muito grave, que desejava muito receber uma mensagem que lhe ajudasse a entender o porquê de sua doença. Ela também tinha acabado de fazer um transplante, não era adepta do espiritismo, mas sentiu uma identificação profunda com a personagem da história narrada. Tempos depois, ela inseriu esta carta no livro em que contava sua biografia. Comprei este livro logo que descobri que estava diabética e até hoje o carrego comigo, para onde quer que eu vá, para não me esquecer de tudo o que pode acontecer se eu não me cuidar...
— Cris explicou bem humorada.

— Você trouxe a carta para mim? – sorriu Babete. – Por que nunca me mostrou antes, quando eu podia ler? – perguntou curiosa.

— Porque achei que você não estava ainda preparada para ouvir, para refletir sobre o seu significado tão delicado e ao mesmo tempo tão intenso e profundo – Cris revelou.

— E agora? Você acha que estou? – perguntou Babete.

Ela parecia muito mais serena depois que confirmara suas suspeitas sobre Renato, daquela última conversa entre os dois. Já fora informada de que ele havia se entregado e já havia traçado na mente várias estratégias de ação a esse respeito. Mas não queria falar sobre isso por enquanto.

— Sim. Sinto que agora você está pronta a tirar o máximo de proveito da sua doença, entender realmente o que ela veio dizer para você — tornou Cris.

Passou então a ler para minha filha a história, que se chamava "Diário de Bordo no Trem da Vida".

"Era uma vez um trem. Muito grande e com muitos vagões. Os vagões transportavam gente. Muita gente. De todos os tipos, tamanhos, qualidades, defeitos e cores.

"Mas os vagões não eram desorganizados. Nesta aparente confusão havia ordem. Cada vagão transportava gente com a mesma faixa etária. Era o único critério de organização e seleção. Havia um vagão dos recém-nascidos, o vagão dos bebês, das criancinhas, das crianças, das crianções, dos adolescentes, dos jovens, dos adultos, dos muito adultos, dos velhos, dos muito velhos. Dos outros vagões não posso contar nada porque não sei. Mas estou sentada num vagão com muitas crianças que parecem ter a minha idade. Eu tenho oito anos e, de repente, me dei conta desta viagem. Não sei como vim parar aqui, me esqueci. Mas só sei que carrego uma mala comigo. Ela é bem grande e pesada. Deve estar cheia de coisas dentro, mas eu não consigo me lembrar o que eu coloquei nela. Vejam só!"

Cris parou um pouco a leitura, viu que Babete estava sorrindo. Parecia estar gostando.

— Continue, por favor! — ela pediu.

Cris retomou a narrativa:

"Eu reparei que os meus colegas de vagão também trazem malas consigo. Mas é tudo muito estranho. Ninguém mexeu ainda na bagagem. Tem um menino todo arrumadinho no banco da frente, com roupa bonita e enfeitada, aparentando riqueza, que carrega uma malinha bem menor que a minha. Tem outro, aqui do meu lado, que não tem sapato, está sujo e rasgado e a sua mala é bem grandona. Tem, ainda, uma menina que parece uma princesa, pois tem ouro dos pés à cabeça. Sua mala é enorme, foi preciso que o condutor do vagão retirasse uma cadeira e colocasse o baú no seu lugar. Só assim a princesa pôde se acomodar e sentou-se bem em cima do baú. Que esquisito! O que será que cada um traz nas malas? Não sei. Só sei que, de repente, o trem parou. O condutor pediu que nós descêssemos com a nossa bagagem. Quem estava com malinha desceu logo, mas quem, como eu, estava com a mala pesada teve dificuldade.

"Ficamos em terra por um tempo, que eu não sei precisar quanto. Logo em seguida, ouvimos o apito do trem nos chamando e, estranho, mudamos de vagão. Passamos para o vagão das crianças com nove anos. E assim a minha viagem prosseguiu com paradas, descidas, idas, e mudanças de vagão. A cada parada, o retorno se fazia em outro vagão. E eu, sempre carregando aquela mala fechada, pesada, cansativa, para lá e para cá. Nunca me interessei em abri-la. Acabei me acostumando com ela. A mala era como um braço ou uma perna. Estava lá e eu não conseguia me livrar dela.

"Um dia, num dos meus retornos a um novo vagão me senti estranha. Estava com vinte e tantos anos e um sentimento de revolta tomou conta de mim. A viagem tinha transcorrido tranquila entre tantas paradas e partidas, mas aquela mala... Que coisa! Por que eu tinha que carregar aquele trambolho tão pesado, sendo que o moço aqui do meu lado, bem mais rude e pobre que eu descia lépido e fagueiro? Definitivamente não aguentava mais aquela mala. Foi quando, de repente, me enchi de coragem e resolvi abrir a mala. Precisava fazer isso sem que os outros vissem. Sei lá o que iria encontrar lá dentro! Mas nem precisei de tanta coragem assim. A condutora do nosso vagão, uma mulher com a cara muito boa que inspirava confiança, nos disse que todos nós devíamos abrir a nossa bagagem.

"Fez-se um silêncio, só quebrado pelo tilintar de fechaduras, trincos, lacres e fechos se abrindo."

Neste momento, minha filha se lembrou de Renato e uma delicada lágrima escorreu de seus olhos. Logo, no entanto, voltou de novo sua atenção para Cris, que continuava com a leitura:

"Outro silêncio mais profundo se fez quando nos deparamos com o conteúdo de nossas malas. Não sei as dos outros, mas a minha... Que horror! Estava carregada de muita raiva, muita rebeldia, muita insatisfação, alguma maldade e alguma inveja..."

Babete começou a rir neste momento, percebia-se que ela estava se identificando com a história.

"Mexi, revirei e encontrei no fundo só um pouquinho de amor e quase nada de fraternidade", prosseguiu Cris. "Tive curiosidade e olhei para a mala do meu vizinho de banco. Lembram? Aquela malinha miudinha carregava uma quantidade enorme de amor e resignação, outro tanto de fraternidade... Eram quantidades tão grandes que se tinha dificuldade em recolocá-las na maletinha. E como eram leves para aquele volume todo! Como se explicava tudo isso? Estava confusa.

"A nossa condutora, vendo as caras espantadas, tratou de nos explicar calmamente, como se fosse tudo corriqueiro. Ela nos disse que, quando nós iniciamos a nossa viagem, nós já trazíamos conosco aqueles pertences e que nós mesmos tínhamos escolhido a nossa bagagem. Muitos de nós não nos lembrávamos, porque o caminho de onde estávamos até a estação inicial do trem tinha sido muito longo e cansativo e nós havíamos esquecido de tudo. Mas que não precisávamos lembrar. Aquele momento do nosso encontro com o conteúdo de nossas bagagens era mais importante.

"Aí começaram a pipocar as perguntas... E eu, claro, fiz a minha. Por que a minha mala é grande, tem uma quantidade de coisas dentro, pesa muito e a do meu colega aqui do lado é menor, carrega uma imensidão de amor e não pesa? Parecia que eu carregava pedras e ele carregava nuvens! A nossa condutora abriu um sorriso e foi de cadeira em cadeira mostrando a todos a bagagem de cada um. A princesinha cheia de ouros por fora tinha o seu enorme baú carregado somente com imensa cobiça. Aquele outro moço vestido de andrajos e que carregava um malão tinha no seu interior apenas revolta e vingança. Enfim, pobres ou ricos, bonitos ou feios, não parecia haver um critério. Cada um tinha trazido consigo aquilo que escolhera."

– A minha, no mínimo, devia estar cheia de potes de doces de leite, caixas e caixas de bombons de marzipã... – observou Babete.

Cris olhou para ela e percebeu que, embora sorrisse, tinha o rosto banhado em lágrimas. Ainda assim, continuou:

"Fiquei atormentada e atordoada. O que fazer para me livrar daquela pesada carga? Tentei, num ímpeto de fúria, arrancá-los e atirá-los pela janela do trem. Foi em vão. Eles não saíam. Estavam presos! Nossa condutora parece que viu meu desespero e talvez o dos outros também. Foi quando outra garota, lá no fundo, chorando muito, pediu que a condutora lhe ensinasse um meio de se livrar de sua bagagem. A condutora prontamente empunhou o seu apito e pôs-se a soprá-lo. No mesmo instante foram entrando novos condutores e cada um deles se pôs ao lado de um de nós. Ela disse que escutássemos com atenção o que este condutor falaria para aprendermos o segredinho de como nos livrarmos do peso inútil de nossas bagagens e para que passássemos a carregar somente coisas leves.

"O condutor que se pôs ao meu lado era muito engraçado. Tive a sensação de conhecê-lo de outra estação, mas não tinha certeza. Enfim, simpatizei com ele e não tive a menor vergonha de pedir-lhe uma forcinha para me livrar daquele monte de bagulhos. Ele deu uma sonora gargalhada e disse que o truque era muito simples. Eu deveria deixar a minha mala no vagão com todas as coisas pesadas dentro. Ao descer, só deveria carregar as leves. Olhei para dentro da mala e experimentei. Tentei todos. Mas tudo era muito pesado. Só consegui retirar o volume do pouquinho de amor e de fraternidade que tinha lá dentro. O condutor engraçado me disse que não me importasse. Quando o trem parasse na próxima estação, eu deveria dar aqueles dois pequenos volumes para o primeiro que aparecesse e que mostrasse necessidade de ter aqueles objetos. Concordei com tudo e esperei a parada do trem.

"Era uma estação esquisita e cheia de gente faminta e doente."

– É... assim como a Terra... – Cris fez uma rápida parada para comentar e logo foi adiante:

"Fiquei triste e preocupada ao mesmo tempo. Eu não tinha trazido comigo nem remédio e nem comida. Eu tinha só um embrulhinho mixuruca de amor e fraternidade. Só o que eu conseguira retirar da minha mala. Passei por uma velha, tão velha e feia que qualquer semelhança com uma bruxa não ia ser exagero. Fiquei com muita pena. Ela nada me pediu. Assim mesmo, entreguei-lhe os meus dois pequenos volumes. Ela os recebeu com um sorriso desdentado e retirou da trouxa que carregava um outro embrulho maior que o meu e me entregou. Não tive tempo de falar-lhe nem de abrir. O trem apitou e corri para o vagão.

"Já acomodada no meu lugar, o condutor engraçado perguntou-se sobre a minha mala. Contei-lhe o ocorrido na parada. Enquanto falava, abria o embrulho que a velha tinha me dado. Vi, muito espantada e impressionada, que nele havia uma quantidade muito maior de amor e fraternidade. Muito mais do que aqueles que eu havia dado para ela.

"O condutor não pareceu se impressionar. Pediu-me para que olhasse no interior da mala mais uma vez. Por incrível que pareça, a mala estava mais vazia e mais leve. O volume da indiferença tinha desaparecido. No lugar dele coloquei os novos que eu recebera.

"E assim foi em todas as estações. Descia, carregava o que era leve, deixava o pesado, trocava com quem precisava. Fui tocando a viagem dessa forma, até chegar aos vagões dos muito velhos. A minha bagagem estava bem levinha, graças ao meu amigo condutor. Mas sabe de uma coisa? Neste vagão ainda havia uns super velhos carregando ainda super malas. Por que será?"[133]

Quando terminou a leitura, Cris olhou para Babete e percebeu que ela estava muito emocionada. Minha filha esticou os braços – na medida do possível, por causa do soro e do outro medicamento, e pediu à amiga:

– Vem aqui para eu te dar um abraço?

As duas se abraçaram longamente.

– Sabe, acho que você tem sido o meu condutor há bastante tempo... – Babete disse, ainda emocionada. – Obrigada por tudo!

– Engano seu – disse Cris, enxugando-lhe as lágrimas. – Somos, na verdade, companheiras de viagem... Trouxe esta história para você, tão logo depois do transplante e de tudo o mais que aconteceu nestes dias, para que você tenha a oportunidade de pensar bastante antes de sair daqui...

Eu, que imaginava estar sozinho no quarto a protegê-las, vi de repente quando vários outros benfeitores de luz se mostraram presentes, dispostos a aproveitar o momento para insuflar boas mensagens. Um deles colocou sua

---

[133] Este texto foi originariamente publicado no livro *Doçura amarga: consequências do diabetes*, de Mônica Pinto Messias (Brasília: DF: ABC BSB Editora Ltda, 1999. Segundo a autora, ele foi psicografado por sua prima Lulu, de Campo Grande, em 4 de agosto de 1995.

destra luminosa sobre a testa de Cris, que continuou a falar, como se nada de diferente estivesse acontecendo:

– Sabe, muitas vezes, ocupados em carregar nossas pesadas bagagens, nos esquecemos de perceber a reencarnação como a ocasião oportuna, a chance de avanço e progresso que nos é dada para a reconstrução de nosso passado cheio de erros e delitos, como um verdadeiro voto de confiança de Deus. Afinal, uma vez aqui, por que será que temos tanta dificuldade em enxergar a oportunidade de nos entregar ao trabalho, de nos dedicar ao próximo, de desenvolver cada vez mais a nossa capacidade de amar e compreender, como um bom presságio, uma promissora e favorável possibilidade de liquidação de nossos débitos escabrosos, que não se adequam definitivamente aos padrões desejáveis pela lei de Deus e que viemos acumulando no decorrer de tantos séculos e séculos?

Babete ouvia com atenção, lembrando de tudo o que aprendera desde os tempos em que sua vida se erguia apenas sobre castelos de marzipã, de tudo o que enxergara depois que perdera a visão física.

– Sabe de uma coisa? Estou aqui deitada, nesta cama, sem enxergar nada a minha volta, cheia desses pirulitos de soro e outras coisas mais, eliminando minhas impurezas com um rim que me foi doado por outra pessoa e estou me sentindo tão grata e feliz como nunca me senti antes na minha vida!

– Me lembrei agora daquela parábola do paralítico de Cafarnaum, que te deixou tão impressionada da primeira vez que foi lá no centro, sabe qual? – perguntou Cris.

– Sim! Lembra que o dr. Lycopoddium falou um tempão sobre ela no dia em que fomos naquela consulta? – Babete recordou.

– Pois então. Outro dia, numa das nossas reuniões de estudo, nós discutimos de novo sobre esta parábola. O texto que nós estávamos estudando destacava o momento em que Jesus diz ao paralítico: "Levanta-te, toma o teu leito e anda". Ao dizer "Levanta-te", Jesus quer dizer que a partir daquele momento não existia mais um paralítico, e sim um espírito, pronto a adotar uma nova atitude e dispor-se ao trabalho, não esquecendo, no entanto de que carrega consigo resíduos ou reflexos de uma experiência menos feliz, vivida anteriormente...

– Eu entendo o que você está querendo dizer – tornou Babete.

– Ao mesmo tempo, quando Jesus fala para o paralítico: toma o teu leito, e anda, ele quer dizer que é importante transportarmos, com humildade, as experiências vivenciadas e as lições aprendidas, até que esse 'leito' não seja mais necessário à nossa vida –[134] os espíritos de luz se afastaram e Cris concluiu.

---

[134] *In*: Apostila EADE – Tomo II – Módulo IV – "Aprendendo com as Curas: Roteiro I – O Paralítico de Cafarnaum", p. 208.

– É... – Babete continuava pensativa. – Acho que vou precisar da sua ajuda para renovar algumas bagagens... E também para me ajudar a carregar o meu leito por enquanto... – ela sorriu, beijando a mão da amiga. – Você me ajuda?

– É claro que sim, minha amiga! Como disse, estamos juntas neste trem! – respondeu Cris. – Difícil vai ser a gente acalmar a Fênix entre as estações... – as duas riram, envolvidas pelo halo amoroso de luz que eu agora projetava sobre elas.

8

— Sabe que eu estava pensando uma coisa? – Babete disse a Renato, enquanto os dois pedalavam.

– O que? – perguntou Renato, enquanto atravessavam, de bicicleta, a pitoresca ponte sobre o rio Ibirapuitã.

– Olha, se o diabetes é uma doença poligênica, ou seja, que depende de todo um conjunto de genes para se manifestar, como nós estávamos estudando ontem naquele livro que você trouxe para casa, e se ninguém contrai diabetes se não tiver esses genes, ainda que sejam várias as combinações possíveis, uma criança de nove, dez anos que venha a manifestar precocemente o diabetes do tipo 2, de alguma maneira já tinha aquilo programado dentro dela, como uma coisa que poderia vir a acontecer nesta vida... – ela continuou explicando seu raciocínio.

Renato havia comprado uma bicicleta dupla, dessas de dois lugares, para que pudessem pedalar todos os dias. Babete conseguira recuperar apenas um porção ínfima de sua visão direita após muitos tratamentos. Ainda assim, agora praticava esportes como uma verdadeira atleta, Renato havia traçado para ela todo um programa de treinamento físico que os dois executavam juntos todos os dias.

– Como assim, Babete? Ainda não entendi onde você está querendo chegar com esse raciocínio – ele disse, sem parar de pedalar.

Chegavam à praça onde ficava uma réplica em miniatura do Arco do Triunfo, construída em homenagem aos soldados brasileiros que lutaram na Segunda Guerra. Os dois viviam agora em Alegrete, a cidade onde nascera o poeta Mário Quintana. Eram assíduos trabalhadores e frequentadores do Centro Espírita Jardim dos Girassóis, onde coordenavam estudos sobre diabetes e também sobre dependências químicas. Renato levara para lá o programa Renascer e, sempre orientado de longe por dona Leda Maria, coordenava agora o grupo que funcionava na cidade; Babete era responsável pelo núcleo que reunia pessoas interessadas em pesquisar o diabetes à luz do espiritismo.

– O que eu estou querendo dizer é que, se todo efeito tem uma causa geradora, como nos diz o espiritismo, essas crianças nasceram carregando essa combinação de genes porque muito provavelmente já traziam esse comprometimento de vidas pregressas... – continuou Babete, enquanto seguiam em direção ao bairro onde moravam.

– E que poderia se manifestar ou não nesta existência, dependendo do empenho individual de levar adiante os seus projetos de modificação do padrão vibratório, traçados antes do momento do reencarne... – confirmou Renato.

– Assim como aconteceu comigo – disse Babete. – Só que essas crianças, talvez até por falta de cuidado dos pais, que com certeza foram alertados no plano espiritual antes de recebê-las, e que obviamente não aceitaram recebê-las como filhas por mero acaso, acabaram contribuindo para que trouxessem à tona a doença antes até do tempo mínimo previsto... O que eu estou querendo dizer é que, por um lado, o erro não é apenas dos pais. Ninguém pode criar um diabetes num corpo que não seja propenso a isto, da mesma maneira como não se colhem uvas dos espinheiros e nem figos dos abrolhos...

– Mas por outro... – Renato já estava até acostumado com as reflexões complexas e profundas da esposa.

– Por outro, isto já era um ponto fraco desses espíritos e os pais precisam estar atentos a isso! A gente nunca sabe qual o ponto fraco dos nossos filhos, o que eles trazem marcado em sua constituição genética em função de suas atitudes em outras vidas! Devemos sempre tomar muito cuidado para não acabar incentivando situações que, se não fossem estimuladas, se tivessem sido pensadas e analisadas com um pouco mais de cuidado e bom senso, talvez pudessem nem vir a acontecer... Como é o caso desta manifestação prematura de diabetes do tipo 2 em tantas crianças hoje em dia! – ela concluiu seu raciocínio.

– Sabe de uma coisa? Se eu pudesse voltar no tempo, queria ter tido filhos com você! – disse Renato.

– Não sei se seria uma boa coisa... – questionou Babete.

– E por que você diz isso? – estranhou Renato.

– Porque daí eu não seria quem eu sou hoje, e nem você quem você é. Nossa história seria uma outra história. Gosto das coisas do jeito que estão. Como é mesmo que diz aquele poeta que você citou no outro dia... – ela tentou buscar na memória.

– Mário Quintana? – ele logo imaginou.

– Não, aquele inglês... Thompson... Francis Thompson! – ela lembrou.

– "Por um poder imortal, todas as coisas, perto ou distantes, ocultamente estão ligadas entre si. E tão ligadas estão, que não se pode tocar uma flor sem incomodar as estrelas" – repetiu ele.

– É exatamente isto o que eu queria dizer – Babete soltou as mãos do guidom para abraçá-lo pela cintura. – Está tudo certo do jeito que está, não precisamos mudar nada...

Os dois se calaram, ainda meditando sobre as conclusões de Babete. Eu não os acompanhava mais permanentemente, como na época do transplante. Havia, contudo, obtido autorização para vir visitá-los apenas por dois dias para matar as saudades. Estava agora envolvido em muitas tarefas no mundo espiritual; tinha sido difícil conseguir um tempo para aquela visita. Mas havia vários motivos especiais para que viesse.

Enquanto pedalavam, eu ia junto com eles em uma espécie de terceiro banco fluídico que eu havia improvisado para poder acompanhá-los naquele passeio. Para mim era verdadeiramente glorioso ver minha filha refeita, andando de bicicleta, inteiramente feliz e resignada com sua situação.

Pedalando em silêncio, ela agora recordava os quatro anos em que, com a ajuda de Cris, semanalmente visitara Renato na prisão em Porto Alegre. Ele tivera sua pena atenuada pela iniciativa de ter se entregado mesmo sem que houvesse nenhuma queixa contra ele e também por seu bom comportamento, já que, logo depois de ser preso, rapidamente se candidatara a contribuir como ajudante na enfermaria.

Babete a princípio quisera encontrar um jeito de declarar que não tinha havido roubo, que ela voluntariamente havia cedido a ele todos os seus bens, mas Fênix não permitiu que ela fizesse isso. Até por que ele havia se entregado também como traficante e sobre isso não havia o que declarar.

No dia em que Renato foi solto em liberdade condicional, Babete o esperava na porta da cadeia com a ansiedade de uma noiva no dia de seu casamento. A partir de então, os dois nunca mais se desgrudaram e vinham descobrindo a cada dia uma quantidade maior de afinidades entre eles.

– Tenho um presente para você! – ela disse, logo que chegaram em casa, no dia em que ele saiu da prisão.

Tirou então do canto do armário a tela que um dia Renato lhe dera no hospital e entregou a ele:

– Mas é lindo, Babete! É o quadro mais maravilhoso que você já fez até hoje! – ele disse, verdadeiramente admirado com a pintura. – Eu estou encantado!

– Fiz para você – ela disse. – Só que eu descobri que não é esta a tarefa que eu assumi quando vim para este mundo... O talento que eu trouxe para desenvolver... – ela interrompeu a frase, abrindo uma gaveta e tirando um maço de folhas digitadas. Estava tão adaptada a sua nova situação que sabia exatamente onde ficava tudo dentro de casa. – é este aqui! – disse, entregando-lhe os papéis.

– O que é isso? – ele tentou entender, antes de pegar as folhas.

– São receitas especiais para diabéticos. Quase todas com um toque naturalista e macrobiótico. – ela explicou.

– E o que você quer dizer exatamente com macrobiótico?

– São alimentos destinados a prolongar a vida e que se baseiam no uso de cereais, legumes, frutas frescas e peixe! Tenho pesquisado muitas coisas no computador que Fênix me deu!

Era um computador especial, dotado de um programa próprio para deficientes visuais, que podiam 'ouvir' ao invés de 'ler' todo o material escrito a que tinham acesso e até digitar textos através de um recurso semelhante.

– Mas isto é fantástico! – comemorou Renato, verificando agora as receitas que ela havia digitado no computador.

– E é tudo muito gostoso! Levei meses estudando receitas e ingredientes, criei até um bolo delicioso, à base de cacau, que há anos eu tinha prometido para minha neta, sem ovo e sem leite, porque, afinal, ela é vegana, não come essas coisas de jeito nenhum! Mas precisa ver que gostoso, ninguém diz que é um bolo para diabéticos. Ora essa, por que é que diabético tem que comer comida ruim? Existem muitas coisas gostosas que nós podemos comer! Descobri que, com o meu dom, eu posso inventar o que eu quiser na cozinha! – ela comemorou satisfeita, antes que ele a beijasse emocionado.

Ainda viveram até o final daquele ano em Porto Alegre e só então decidiram se mudar para Alegrete, onde Renato conseguiu um emprego no hospital. Moravam em uma chácara, muito aconchegante, cercada de verde por todos os lados. Passava até um pequeno rio no meio do pomar. Aqui "o verão é um senhor gordo sentado na varanda e reclamando refresco; o inverno é um vovozinho tiritante; o outono, um tio solteirão; a primavera, uma menina pulando na corda", Renato costumava dizer, parafraseando Mário Quintana:[135]

– Vovó! Você chegou! – Celine e Cecília, as gêmeas de Fênix e Edgar vieram correndo a seu encontro logo que eles entraram nos limites da chácara.

– A bicicleta! Vocês não podem sair correndo desse jeito! – gritou Babete, preocupada.

Renato parou com cuidado para que ela descesse para abraçar as netas.

– Queridas! Amores da vovó! – ela encheu as duas de beijos. – Martina também veio?

– Está lá na sala, vendo as novas receitas – respondeu Celine.

---

[135] In: *Caderno H*, citado em Mário Quintana: "Para viver com poesia".

– A gente hoje vai poder cozinhar? – perguntou Cecília.
Martina era a provadora oficial de todos os pratos inventados por Babete. Sempre que vinha para a chácara, ela ajudava a avó a preparar as novas receitas, dava palpites nos ingredientes, experimentava para ver se tinha ficado bom.
Babete e Renato agora eram donos de uma rede de lanchonetes especiais para diabéticos espalhadas por todo o Rio Grande do Sul. Estavam fazendo grande sucesso; vinham sendo procurados até por não diabéticos, que iam em busca dos deliciosos cardápios preparados por Babete. Todos eles tinham o mesmo nome: "Castelos de Marzipã". Recentemente, a marca havia inaugurado também uma fábrica, que produzia em larga escala alguns dos alimentos vendidos na lanchonete.
– Hoje nós não vamos mexer com cozinha – ela disse às meninas, enquanto andavam juntas em direção à casa. – Sua mãe veio me buscar para a entrevista que eu vou dar na TV.
– Puxa! Eu queria fazer torta de mirtilos e rocambole de cacau com laranja – reclamou Cecília.
– Eu posso ir com você na sua entrevista? – perguntou Celine.
– Eu também quero ir! – Cecília foi logo dizendo.
– Vovó, eu adorei as novas receitas! – Martina veio recebê-la na porta.
Babete entrou e as meninas continuaram brincando no jardim.
– Gostou? Tem lá um risoto de camarão com arroz integral e *curry* de abóbora madura que eu inventei especialmente para você! – ela comentou satisfeita com Martina. – Fênix? – chamou ao entrar na sala.
Sua única tristeza era o fato de Fênix e Renato não se falarem direito.
– Oi, mãe – Fênix veio também beijá-la.
Ela estava na janela quando eles chegaram de bicicleta; pude reparar pelo seu olhar que ficara comovida com a cena da mãe pedalando junto com Renato. "Interessante que antigamente Babete vivia querendo fazer plásticas e tratamentos para que ninguém notasse que ela era mais velha do que ele. Agora, no entanto, que ela passou por tanta coisa, parece até que remoçou depois de tudo. Quem olha pensa que os dois têm a mesma idade...", chegara mesmo a observar em silêncio. Fênix parecia especialmente bem-humorada naquele dia:
– Está bonito o seu cabelo. Você fica muito bem com esse conjunto vermelho... – elogiou, quando Babete se aproximou.
– Obrigada, filha. Acho que é porque hoje estou muito feliz – ela disse.
– E como está esse bebê? – ela tocou com carinho na barriga de Fênix.
– Estou achando que deve ser outra menina, mãe... De novo estou com desejo de comer salada de frutas o dia todo...

Renato entrou logo em seguida, segurando uma das meninas em cada braço. Elas pareciam gostar muito dele.

"Veja, Fênix, as pessoas mudam, todo mundo merece uma chance! Observe como Renato é atencioso com sua mãe, como é amoroso com suas filhas", eu disse a ela, em pensamentos.

Fênix não disse nada, mas ficou um tempo olhando Renato correndo atrás das crianças pela casa. Ela nunca proibira as filhas de se relacionarem com ele, sequer costumava falar mal dele com elas. Apenas não se abria para muita conversa quando estava lá, tratava-o ainda com muita formalidade. Era o seu jeito de dizer que não o tinha perdoado. Renato também nunca forçou nada. Sentia-se sempre muito envergonhado diante de Fênix.

– Eu tenho uma surpresa para você! – ela disse à mãe, segurando a barriga com um largo sorriso de satisfação.

– Mais uma? – sorriu Babete. – Vai me dizer que está esperando gêmeas de novo?

– Não, mãe! Mas é quase isso! Meu novo filme recebeu seis prêmios no festival!

– Seis, Fênix? Mas é muita coisa, filha! – Babete comemorou.

– Melhor filme, melhor roteiro, melhor diretor, melhor atriz, melhor ator e melhor trilha sonora, não é o máximo? – Martina contou orgulhosa.– E foi meu pai que fez a trilha sonora!

Percebi que ela se acostumara a chamar Edgar de pai.

– A premiação vai ser neste final de semana, mãe! Vai ter uma super festa. o Edgar vai até fazer uma apresentação especial com a orquestra! – Fênix contou. – Pensei: já que você está indo hoje para a entrevista, poderia ficar até o final de semana para participar da festa!

– O papai disse que da próxima vez a gente também vai poder tocar! – Celine e Cecília disseram juntas.

– Desta vez então eu vou querer ir! – disse Renato.

Ele encontrou-se com o olhar de Fênix e tentou corrigir:

– Quer dizer... – não conseguiu encontrar as palavras.

"Já é tempo de acabar com isso, Fênix! Seja gentil!", pedi a minha neta. "Não sabemos o que fomos nem podemos prever o que seremos um dia. Você não é melhor e nem pior do que ninguém. Quase sempre caímos naquilo que mais condenamos! Aprende a ceder em favor da felicidade alheia, valoriza o teu esforço, mas também o dos outros... Lembre-se, a gentileza abre portas há muito tempo cerradas, um simples sorriso de simpatia teu pode resgatar uma alma ao abismo: um vaso de flor muda uma rua inteira!", insisti a seu lado, "coragem!"

Pela primeira vez naqueles anos todos, ela se sentiu verdadeiramente tocada por minhas palavras e teve vontade de fazer o que eu estava pedindo.

– Eu ficaria muito feliz se vocês estivessem lá – ela disse, um pouco sem jeito.
Babete apertou a mão da filha em sinal de gratidão.
– Nós estaremos! Não é, Renato? – minha filha quis ter certeza de que o marido tinha ouvido o convite.
Por alguns instantes, ele ficou parado, pensando. Há tantos anos Fênix o tratava com indiferença e desprezo, ele jamais batera de frente com ela. Até compreendia suas razões, mas achava também que ela era excessivamente turrona, como diria sua mãe, há tantos anos falecida. Não havia nada que a fizesse dar o braço a torcer. Por outro lado, ele tinha tanto carinho por aquelas meninas...
"No fundo somos todos filhos de Deus. Crianças pequenas, que mal sabem o que fazem, mas com quem o Pai sempre se preocupa, querendo trazer de volta ao caminho do bem. Porque essencialmente, todos temos o bem dentro de nós", como ocorrera anos atrás, quando de certa forma tivera início a sua trajetória de regeneração, ele sentiu de repente como se sua mãe me dissesse.
Uma presença tão forte, aliás, que até eu me senti compelido a olhar para trás e me emocionei ao constatar que dona Rosa, a mãe de Renato, espírito dotado de intensa luz, também estava ali visitando-os. Ela dirigiu-me um luminoso sorriso de cordialidade.
– Você também vai, vô Renato? – Celine já o puxava pela mão, enquanto as outras duas aguardavam sua resposta com um olhar interrogativo.
"Vencer o mundo da doença é colocar-se acima das desilusões e mágoas – Rosa disse a ele em pensamentos. – Isso só será possível se tivermos ânimo e boa vontade para recomeçar e seguir adiante... Vamos! Aproveite esta chance! Além do mais, se não perdoarmos a quem nos ofendeu, com que direito pediremos o perdão quando for a nossa vez de errar?" –[136] insistiu ainda.
– Depressa, vai arrumar sua mala, Renato! Eu, a essas alturas, vou ter que comprar para mim um vestido de festa! – Babete foi inspirada pela nossa presença.
– Está bem – ele se deixou finalmente convencer. – Eu vou.
Fez questão de olhar dentro dos olhos de Fênix e dizer:
– Muito obrigado pelo convite!
Fênix sorriu. Sentira-se feliz com ela mesma com aquela pequena conquista.
– Então vamos todos nos apressar para não pegarmos a estrada muito tarde! Eu tenho pavor de dirigir na estrada de noite – ela disse.
– Não se preocupe, eu vou dirigindo atrás de vocês, para o caso de qualquer emergência – Renato respondeu.

---

[136] Esta fala foi inspirada na mensagem 84 do livro *Sempre melhor*, de José Carlos de Lucca, já citado.

– Eu te ajudo a escolher o vestido no *shopping*, vó! – ofereceu Martina, já toda animada.

Na noite de sábado, quando eles chegaram para a tão esperada premiação, o teatro estava todo enfeitado. Parecia até a noite do Oscar. Além do auditório comum, havia um espaço no fundo, com várias mesas dispostas, como se fossem camarotes. A família, porém, preferiu sentar-se nas poltronas do auditório, logo nas primeiras filas, para poder ver melhor a premiação. Algumas pessoas reconheceram Babete quando ela passou.

– Não é a dona dos Castelos de Marzipã? – comentou uma senhora.

– Nossa, eu adoro seus doces, seus cremes de frutas! Sou diabética há mais de vinte anos, queria agradecer por ter me devolvido o prazer de me alimentar! – disse uma outra, aproximando-se para cumprimentá-la.

– Está vendo só? – disse Cris, também abraçando a amiga orgulhosa. – Olha quantas pessoas você está conseguindo ajudar com seu dom!

Em instantes, iniciava-se a cerimônia de premiação, havia cineastas de várias partes do mundo na comissão julgadora. Era a quinta vez, desde a faculdade, que Fênix era premiada por seu trabalho. Mas aquela tinha um sabor especial que ela não sabia explicar, parecia até um sonho estar ali com todas as suas filhas, a barriga de cinco meses já se pronunciando, toda a família naquele clima de tanta paz e harmonia, sem nenhuma preocupação iminente.

O filme premiado era uma bem humorada ficção sobre o diabetes. Mostrava pessoas no mundo espiritual planejando a vida que teriam na Terra, muitas delas pedindo muito para virem com uma doença, uma limitação qualquer que as ajudasse a não incorrer nos mesmos erros de vidas passadas, dadas as suas naturais propensões. Fênix conseguia mostrar isto de uma maneira bem engraçada até.

Algumas destas pessoas, que haviam desperdiçado a última oportunidade encarnatória com vícios e exageros, alguns com o problema da gula, outros que haviam se perdido por causa das drogas, entre várias compulsões diferentes, depois de muito pensarem acabavam optando pelo diabetes, que então viam como a melhor maneira de se exercitarem, de forma a adquirirem o hábito da disciplina. Era cômico no filme ver a empolgação com que as personagens defendiam a sua teoria para 'os maiores' no mundo dos espíritos, como realmente imploravam para nascer com aquela doença, vista ali como uma importantíssima ferramenta para a melhoria desejada.

Por fim, somente alguns poucos, uns por sua maturidade e outros por sua mais intensa necessidade, eram autorizados a 'descer' com um diabetes do tipo mais grave, que deveria se manifestar logo no início da existência. Aos demais, a Misericórdia Divina optava por conceder uma oportunidade de verificar suas boas intenções. Renasceriam carregando o gene, que herdariam de pais biológicos especialmente escolhidos, mas só manifestariam a doença caso incorressem nas situações que os levaram às mesmas falta de vidas passadas. Neste caso, a doença funcionaria como uma espécie de alarme, a fim de ajudá-los para que não viessem a perder sua oportunidade evolutiva nesta vida.

Quase todo o auditório aplaudiu de pé a montagem de cenas exibida de forma a dar uma ideia da história do filme, que Fênix fez questão de dedicar publicamente à mãe, à filha Martina, e também à Cris, que tanto os ajudara na história real que havia inspirado a ideia do filme.

– Antes de encerrar esta noite, tão especial para todos, gostaria de fazer uma homenagem a minha esposa Fênix, mãe dos meus filhos, a mulher que deu vida a todos os meus sonhos – após a entrega de todos os prêmios e todos os discursos, Edgar, que naquela noite era o maestro da orquestra, fez questão de anunciar.

Ele começou então a tocar a romântica canção de Joe Brown eternizada na voz de George Harrisson, a mesma que estava tocando na tarde em que os dois se conheceram: "*I'll see you in my dreams*" – eu vejo você nos meus sonhos. "Lábios que uma vez foram meus... Olhos ternos que brilhavam...Eles iluminarão meu caminho esta noite... Te verei em meus sonhos", dizia um trecho da letra em inglês, cantada agora no palco por um coro especialmente.

Fênix beijou o marido emocionada. Enquanto a orquestra ainda tocava; as meninas subiram ao palco levando-lhe lindos buquês de flores, aplaudidas por todos os presentes, sobretudo por Cris, Renato e Babete, que assistiam a tudo da mesa que ficava mais próxima ao palco.

Ninguém reparou, mas no fundo escuro do salão em que acontecia a festa, Matheus estava sentado em uma mesa junto com uma jovem, supostamente sua namorada. Pela conversa entre os dois, fiquei sabendo que ele estava morando de novo no Brasil, tinha vindo até Porto Alegre só para assistir à premiação de Fênix, cujo sucesso acompanhava pelos jornais. Talvez tenha sido ele o único que não se levantou para aplaudir.

– Vamos embora – ele chamou sua acompanhante enquanto Fênix era homenageada no palco.

– Mas eu queria tanto pegar um autógrafo dela... – a moça ainda reclamou.

– Vamos, vamos... Vai ser um grande tumulto na hora em que acabar – ele se apressou. – Você sabe que eu não gosto dessas coisas...

Perto dali, na mesa vazia onde eu me acomodara com dona Zuleika, que também viera para prestigiar aquele momento de alegria na família, ela comentou:

– E pensar que ele já está indo para o terceiro casamento e nunca quis ser pai... Sempre preocupado em 'aproveitar a vida' e crescer mais e mais profissionalmente...Será que Fênix seria tão feliz se tivesse ficado ao lado de

Matheus? Será que a história dele não teria sido diferente se ele optasse por ela desde o princípio? – tentou imaginar.

– Quem saberia dizer? A felicidade neste mundo, como diria Chico Xavier, são apenas pequenas vírgulas, pequenos momentos de pausa e refazimento, a fim de que possamos nos fortalecer entre as nossas muitas provações. Alguns, porém, conseguem amplificar esse sentimento com a alegria de estar sempre vencendo os próprios limites – respondi, feliz pela alegria de minha neta.

– Quem sabe numa outra vida os dois ainda se encontrem para acertar o que ficou mal resolvido entre eles... – insistiu minha sogra.

Ela sempre tivera grande simpatia por Matheus e lamentava muito que, embora bem sucedido financeiramente, ele não parecesse nem um pouco feliz com a vida que havia escolhido para si.

– Quem sabe?... Cada um tem o seu tempo, a sua história... Falando nisso, a senhora tem notícias de Constância Eugênia? – perguntei.

– Se tenho! – dona Zuleika se empolgou. – Venho acompanhando de perto a recuperação dela no mundo espiritual. Constância está querendo muito reencarnar. Já entrou, inclusive, com um pedido para renascer numa família muito pobre em Alegrete, que possui toda a carga genética de que ela precisa, mas, ao que tudo indica, sequer teria condições de ficar com ela. Ainda assim, ela está disposta a arriscar. Seu grande sonho é ser adotada por Babete e Renato. Ela acha que eles seriam os pais ideais para ajudá-la em sua caminhada...

– Que coisa! Quem diria! Para a senhora ver... Nada na nossa história é permanente. Nem a tristeza, nem a alegria, nem a doença... Tudo é passageiro, até que consigamos construir efetivamente o nosso equilíbrio espiritual. Enquanto isso não acontece, o tempo todo estamos nos transformando, nos renovando e evoluindo... Como diria o poeta Mário Quintana, que o Renato vive sempre citando, "Nunca dês um nome a um rio:/ Sempre é outro rio a passar./ Nada jamais continua, tudo vai recomeçar!"

O palco havia se transformado em uma grande pista de dança para os convidados especiais para a noite de festa. Pessoas dançavam alegremente; no salão, garçons serviam um coquetel. Em respeito ao tema do filme, Fênix solicitara para que fossem incluídos diversos produtos da empresa de sua mãe, de forma a não causar problemas aos diabéticos presentes. Cada vez que o garçom passava com uma bandeja com os quitutes de Babete, havia uma bandeirinha com o nome "Castelos de Marzipã", para que todos soubessem que aqueles alimentos poderiam ser ingeridos sem riscos.

– Sabe que estou pensando agora em abrir um *buffet* para diabéticos? Vou me especializar em festas e casamentos! – anunciou Babete, depois de provar um dos canapés que ela mesma havia inventado.

– Eu acho uma ideia fantástica! – disse Cris. – Cheguei à conclusão de que você, além do dom para a cozinha, nasceu com o tino para os negócios!

– Aliás, estamos pensando em lançar um livro com as nossas melhores receitas – complementou Renato.

– Só é preciso tomar cuidado para que a gente não perca o ideal de vender comida saudável, que alimente de verdade, por substâncias gostosas que apenas estimulem a gula... – lembrou Babete.– É preciso reformular o padrão de comer das pessoas, para que aprendam a importância de realmente se alimentarem do jeito como nosso corpo precisa para funcionar bem!

– Estou vendo que você finalmente está seguindo rigorosamente a dieta! – comentou Cris, satisfeita.

– Precisa ver os exames dela! – comemorou Renato.

– Vou dizer a verdade para vocês: a cegueira me ajudou demais neste processo. Pode parecer brincadeira, mas foi um verdadeiro presente de Deus para me ajudar neste controle. Descobri que pelo menos setenta por cento da minha gula vinha do olhar... – Babete confessou sem nenhuma reserva.

– Falando nisso, agora que ela não tem mais esse problema da gula, sabe que eu estou quase conseguindo concluir a receita de um marzipã caseiro feito com amêndoas, canela e adoçante natural? – comentou Renato.

– Assim você acaba comigo, Renato! – protestou Babete.

– Ora essa, como você mesma disse, é só não exagerar... – ele brincou.

Foi realmente uma pena Rosa não ter podido ficar. Naquela noite de festa, dona Zuleika e eu voltamos ao mundo espiritual cheios de histórias para contar. Estávamos convencidos de que não havia dependência espiritual, por pior que fosse, que não pudesse ser vencida com perseverança, ânimo, coragem, fé, criatividade e vontade! Afinal, a oportunidade de dissolver nossas antigas mazelas é preciosa demais para que a deixemos sufocar na falsa ilusão de uma compulsão qualquer...

Fim

Oração para Agir Bem

Senhor Deus!
Como conseguir a vitória, sem persistir nos objetivos? Como chegar à felicidade, sem praticar o bem? Como viver, sem alentar a esperança?
Quero, senhor Deus, ter continuidade no que começar e persistir no bom caminho, ainda que apareçam dificuldades. Desejo adotar o lema de servir, de ajudar e, assim, aproveitar esta vida para engrandecer o espírito, disciplinar os sentimentos, desenvolver faculdades e inteligências.
Dessa forma, com continuidade e constância nos bons empreendimentos que começo, vou, aos poucos, edificando-me como pessoa, tal como o engenheiro que constrói altos prédios a partir de pequenos tijolos, grãos de areia e barras de ferro.
Ilumina-me o espírito, Deus, para que eu persevere, acredite no valor da persistência, observe as melhorias que vou tendo, o aumento das minhas alegrias e a felicidade que pousa no meu coração.
Obrigado, Deus, muito obrigado!

(Do livro: *Fala com Deus: preces de Lourival Lopes*. Brasília: Otimismo, 2010.)

BIBLIOGRAFIA

Diabetes / Aspectos espirituais da saúde:

Barsaglini, Reni Aparecida. *As representações sociais e a experiência com o diabetes: um enfoque socioantropológico*. RJ: Editora Fiocruz, 2011.
Bernardi, Ricardo di. *Temas polêmicos do século XXI*. Santo André, SP: EBM Editora, 2000.
_____. *Gestação sublime intercâmbio*. SP: Intelítera Editora, 2010.
Brewer, Sarah. *Como conviver com o diabetes: saiba como controlar o diabetes com exercícios, alimentação equilibrada e métodos alternativos*. Tradução Áurea Akemi Arata. SP: Publifolha, 2009.
Brólio, Roberto. *Doenças da alma*. 7ª. Ed.. SP: Editora Jornalítica Fé, 1997.
Cabezuelo, Gloria e Pedro Frontera. *Cuidem bem de mim: as doenças infantis explicadas aos pais*. Tradução Elza Maria Gasparotto. SP: Editora WMF Martins Fontes, 2013
Cairo, Cristina. *Linguagem do corpo: aprenda a ouvi-lo para uma vida saudável*. SP: Mercuryo, 1999.
Casacapera Jr., Rubens. *Saúde mais saudável: viva mais e melhor*. São Paulo: Intelítera editora, 2012.
Claudino, Hilton. *As 50 frutas e seus benefícios medicinais*. SP: Elevação, 2007.
Cousens, Gabriel. *A cura do diabetes pela alimentação viva: o Programa de 21 dias do Tree of Life*. Tradução de Bianca Albert e Rosane Albert. SP: Alaúde Editorial 2011.
Dahlke, Rüdiger. *A doença como linguagem da alma: os sintomas como oportunidades de desenvolvimento*. Tradução Dante Pignatari. SP: Cultrix, 2007.
Franco, Divaldo P. Franco/ Joanna de Ângelis. *Joanna de Ângelis responde*. Organizado por José Maria de M. Souza. Salvador, BA: Livraria Espírita Alvorada Editora, 1999.
Franco, Lelington Lobo. *Como prevenir, tratar e conviver*. SP: Elevação, 2005.
Hay, Luise L. *Você pode curar sua vida*.RJ: Editora Best Seller Ltda, 1999.
_____. *Cure seu corpo: as causas mentais dos males físicos e o modo metafísico de combatê-los*. RJ: Best Seller, 1982.
Hirsch, Sônia. *Sem açúcar com afeto:como evitar um vício doce e mortal*. 4ª Ed. RJ: Rocco, 1986.
Larramendi, Jose L. Lopez. *Ervas para a diabetes: um tratamento natural preventivo e curativo*. RJ: Irradiação Cultural, 1998.
Lawson, Jack. *Como superar a doença: um guia prático para entender a linguagem do corpo e seus sintomas*. Tradução de Alvanísio Álvaro damasceno. RJ: Irradiação Cultural, 1997.
Louzeiro, José. *Diabetes, inimigo oculto*. RJ: MemVavMem, 2007.

Mello, Décio de e Regina Garbellini. *Meu manual de vida integral com diabetes.* SP: Editora da Tribo, s.d.

Mello, Romário de Araújo. *Embriologia da alma: fatores determinantes na gestação.* Barra Bonita, SP: Solidum, 2012.

Messias, Mônica Pinto. *Doçura amarga: consequências do diabetes.* Brasília – DF: ABC BSB Editora Ltda, 1999.

_____. *Diabetes nunca mais! – Meu transplante: o divórcio.* Brasília, 2010.

Minicucci, Walter José. *Diabetes: o que fazer em situações especiais.* Edição com distribuição exclusiva pelos representantes do Grupo Sanofi Aventis, patrocinador da publicação, 2005.

Miranda, Hermínio C. *Nossos filhos são espíritos.* 11ª Ed., SP, Bragança Paulista: Editora 3 de Outubro, 2010

Moalem, Sharon e Jonathan Prince. *A sobrevivência dos mais doentes: um estudo radical das doenças como fator de sobrevivência.* Tradução Ana Beatriz Rodrigues. Rio de Janeiro: Editora Campus/ Elsevier, 2007.

Moreira, Andrei. *Cura e auto-cura: uma visão médico-espírita.* 1ª Ed. Belo Horizonte, MG: Editora AME, 2011.

Pinheiro, Robson/ Joseph Gleber. *Medicina da alma.* 2ª Ed. revista e ampliada. Contagem, MG: Casa dos Espíritos, 2007.

Santos, Jorge Andrea dos. *Psiquismo: fonte da vida.* 1ªEd. Sobradinho, DF: EDICEL, 1995.

Santos, Wellerson/ Fritz Schein. *A cura real.* Belo Horizonte, MG: Sementeira de Bênçãos, 2012.

Schiochet, Roni Anderson. *Os dois lados da moeda: a história de um ex-diabetico.* SP: Scortecci, 2012.

Silva, Denise Maria Guerreiro Vieira da. *Narrativas do viver com* diabetes mellitus*: experiências pessoais e culturais.* Florianópolis:UFSC/ Programa de Pós-Graduação em Enfermagem, 2001.

Silva, George Eliani. *Livreto de emergência em homeopatia.* Produzido pela Homeopatia Clínica Médica Nutrologia. São José dos Campos, SP, s.d.

Sugayama, Maria Cristina. *Conviva bem saboreando "amor".* SP: Casa do Editor, 1999.

Thorwald, Dethlefsen e Rüdiger Dahlke. *A doença como caminho: uma visão nova da cura como ponto de mutação em que um mal se deixa transformar em bem.* Tradução Zilda Hutchinson Schild. SP: Cultrix, 2007.

Valcapelli & Gasparetto. *Metafísica da saúde.* Vol. 3 ""Sistemas Endócrino e Muscular. SP: Centro de Estudos Vida & Consciência Editora, 2011.

Valle, Procópio do. *Aprenda a viver com seu diabetes.* 3ª Ed. RJ: Ediouro, 1996.

Varella, Drauzio e Carlos Jardim. *Hipertensão e diabetes.* Coleção Doutor Drauzio Varella: Guia Prático de Saúde e Bem-Estar. Barueri, SP: Gold Editora Ltda., 2009.

Diabetes Mellitus/ [coordenação] Ruy Lyra, Ney Cavalcanti. RJ: Diagraphic, 2006. (coletânea de artigos sobre o diabetesescritos por médicos endocrinologistas brasileiros, prefaciadospelo Professor David R. Matthews, da Oxford Centre forDiabetes, Endocrinology & Metabolism.)

Endocrinologia Clínica. Editor responsável: Lucio Villar; editores associados Claudio Elias Kater... [ET all]. RJ: Guanabara Koogan, 2013.

Saúde integral: uma interação entre ciência e espiritualidade/ Márcia Regina Colasante Salgado, organizadora. Vários autores. SP: AME Brasil Editora, 2013.

101 dicas para simplificar a diabetes. Equipe de tratamento da Diabetes da Universidade do Novo Mèxico; tradução Marilene Tombini. RJ: Anima, 2005.

Coleção ISTO É: *Guia da saúde familiar, diabetes* (vol.10) – Com a supervisão médica do hospital israelita Albert Einstein. SP: Editora Três Ltda., s.d.
Diabetes Tipo 2: entenda mais, junte-se a nós. Material destinado ao paciente elaborado pelos laboratórios Bristol-Myers Squibb e AstraZeneca, produzido em março de 2012.
Sou diabético e agora? Conhecendo o diabetes: um guia prático para simplificar a vida do diabético. Uma publicação educacional da sanofi aventis, SP, Edição 2011.

Drogas:
Baccelli, Carlos A./ Odilon Fernandes. *Para vencer as drogas.* 4ª Ed. Votuporanga, SP: Casa Editora Espírita "Pierre-Paul Didier", 2008.
Bouer, Jairo. *Tudo sobre álcool, cigarro e drogas.* Coleção Quero Entender. SP: Editora Melhoramentos, 2006.
Carvalho, Vera Lúcia Marinzeck de/ Rosângela. *O difícil caminho das drogas.* SP: Petit, 2001
Silva, Valci. *Drogas: causas, consequências, recuperação – uma abordagem multifatorial das drogas.* Capivari, SP: EME, 2011.
Aquino, Eduardo. *Xará, o doidão (que começou na maconha e terminou no pó).* Belo Horizonte, MG: Modus Vivendi Editora e Produtora Ltda, 1999.
Programa Renascer: terapêutica espírita para as dependências. Apostila elaborada por Janete Reis e divulgada no Seminário de Evangelização e Programa Renascer, realizado no Hospital Espírita André Luiz, em Belo Horizonte, nos déias 24 e 25 de maio de 2014.

Doutrina Espírita:
Bacelli, Carlos A./ Irmão José. *Vigiai e orai.* Votuporanga, SP: Casa Editora Espírita "Pierre--Paul Didier", 21ª Ed., 2013.
Baccelli, Carlos/ Irmão José. *Ramos da videira.* Uberaba, MG: Livraria Espírita Edições "Pedro e Paulo", 2002.
Bergallo, Laura. *O evangelhinho segundo o espiritismo.* Bragança Paulista, SP, Lachâtre, 2013.
Franco, Divaldo/ Amélia Rodrigues. *Primícias do reino.* 4ª Ed. Salvador, BA: Livraria Espírita Alvorada Editora, 1987.
Kardec, Allan. *O livro dos espíritos.* SP: Petit, 1999.
_____. *O evangelho segundo o espiritismo.* SP: Petit, 1997.
_____. *O que é o espiritismo.* RJ: FEB, 1993.
Xavier, Francisco Cândido/ Humberto de Campos. *Boa Nova.* Brasília, DF: FEB, 1941.
Xavier, Francisco Cândido/ André Luiz. *Nosso lar.* Brasília, DF: FEB, 1944.
Xavier, Francisco Cândido/ Emmanuel. *O consolador.* 28ª Ed., 5ª reimp., RJ: FEB, 2011.
O novo testamento. Tradução de Haroldo Dutra. Brasíia; FEB, 2013.
O espiritismo de a a z. Coordenação de Geraldo Campetti Sobrinho. 4ª Ed., 4ª imp., Brasília: FEB, 2013.
Lopes, Lourival. *Fala com Deus: preces.* Brasília: Otimismo, 2010.

Outros:
Quintana, Mário. *Para viver com poesia.* Seleção e organização Márcio Vassalo. 2ª Ed., SP: Globo, 2010.
García, Manuel Eduardo Ruiz e Marisol Martínez Megías. *La alimentación saludable em enfermos mentales:um modelo integrado de dieta.* 10º Congresso Virtual de Psiquiatria. Interpsiquis Febrero 2009. Psiquiatria.com

Sumário

1ª Parte
(Jonas)
Açúcar refinado, 11

2ª Parte
(Fênix)
Açúcar de confeiteiro, 79

3ª Parte
(José Renato)
Gosto amargo, 141

4ª Parte
(Babete)
Frutas da estação, 227

5ª Parte
(Jonas)
Renovação: doçura íntima, 299

Oração para agir bem, 380

Bibliografia, 381